中國古代物質文化史

绘画

寺观壁画（上）

赵伟 著

开明出版社

出版说明

在人类历史长河中，我们的民族创造出光辉灿烂的中华文明，虽历经坎坷而连绵不绝，成为我们这个星球上唯一从远古走来，中途不曾断裂的最完整的一脉文化体系，留下了博大丰厚的文化遗产，对人类文明进步作出了独特而巨大的贡献。完整而丰富的地上、地下物质文化遗存就是中华文明传承与发展的最好佐证。然而遗憾的是，到目前为止，尽管我们的物质遗存如此丰赡，却没有一部全面系统基于实体的物质资料而构建和叙写的中国古代文化史。我们这个出版项目的主旨，就是尝试弥补这个巨大缺憾和学术空白。

以往我们看到的中国历史著作，大都是基于传统文献资料，来进行政治、经济、军事、文化等各个领域的书写和诠释。当我们开始有意识地利用考古资料、地上文物遗存资料，并借助人类学、民族学、社会学等研究方法和手段来观察历史时，我们的研究空间和视域顿时更加广阔，某些隐藏至深的信息得以深入发掘，原有的历史认识进一步丰富而立体。这是因为历史本身的复杂性，决定了我们发掘历史信息的方法和途径也应该是多方面的。而随着近几十年考古发掘工作的不断推进，地下考古发现越来越丰富，地上文物遗存越来越受关注，同时学界的相关研究也越来越多，这些地下、地上文物遗存所展示给我们的信息就越来越系统，这些信息所构成的历史文化空间就越来越恢宏。最终使得我们不仅有必要而且也有可能不再拘泥于传统的历史记述与研究的路数，另辟蹊径，书写一部基于物质的中国古代文化史，即首先立足于地下、地上文物遗存，同时充分参考文献资料来诠释这些文物遗存的文化内涵与外延而构建的中国古代物质文化史。

这样的一部中国古代物质文化史，必然是一部能够让我们从物质实体出发来认识博大精深的中国古代文化的历史，一部广阔而深邃、客观而生动、系统而完整的历史，既能反映政治、经济、军事、文化、法制、科技、社会各方面情况，又能反映人们的生产、生活、信仰以及思想观念、审美理念、价值取向、生活情趣等。从中我们可以感受到历史发展的脉搏，探索历史最生动的层面，还原历史本来面貌。

从某种意义上来说，编纂这样一部系统科学的物质文化史不但势在必行，而且极具创新价值、学术价值和开拓意义。这样的工作，对于彰显中华民族的伟大创造力、诠释中华民族优秀的历史文化、使我们更好地认识源远流长的中华文明有着极为重要的意义。同时这种注重物质的客观性和系统关联性的学术视角，也必然会在学术领域产生积极的影响，对于推动历史学、人类学、考古学等学科的深入研究具有积极意义。此外，我们也希望这部书能够进一步唤起我们珍视历史、热爱文物、保护文物的意识。一个爱护文物、爱护历史文化遗产、尊重历史的民族，才是一个有未来的民族。

我们的中国古代物质文化史项目从策划到最终立项经过了数年时间的酝酿，从立项到陆续开始出版又经历了数年。我们计划全套书共出70卷，除索引卷外，分为通史和专题两个系列，以纵、横的脉络建立历史时空坐标。纵的是通史系列，分为史前、商周、秦汉、魏晋南北朝、隋唐五代、宋元明清六个阶段，按中国历史的时间顺序，遵循物质文化变化节奏和规律，在历史大背景下宏观阐述中国古代物质文化史的发展进程，使读者对文化遗存在中国历史洪流中有个整体、全局性的把握。横的是专题系列，按照材质、用途和功能、艺术表现形式等的不同分为石器、陶器、瓷器、玉器、青铜、金银器、漆器、兵器、乐器、家具、纺织、货币、天文历法、水利、建筑、墓葬、雕塑、绘画、书法篆刻等类。内容丰富的类别再做进一步的细致分类，并分册出版，如绘画类包括壁画（寺观壁画、墓室壁画、石窟寺壁画）、卷轴画等；雕塑类包括石窟寺雕塑、墓葬雕塑和其他雕塑等。各专题或以时间为轴或以类别为序，展现各个物质形态继承与发展、沿袭与嬗变的过程，通过点线面结合，揭示物质遗存所特有的发展曲线和深层次的历史内涵。每卷随文附图200幅左右，以体现内容和版面的活泼生动，强调实证效果，增强视觉感知及可读性。对于某些卷册，如龟兹、敦煌等，由于涉及大量译名，还会附加名词索引。

经过编委、各位作者和编辑人员的共同努力，如今这套书终于要依次与读者见面。个中滋味，甘苦各半。回顾起来，我们不得不说，这样大规模高难度的项目，在当今要集合如此众多的专家学者，进行如此大量的资料、图片的收集与整理工作，其难度远超我们的预期；尤其是若没有足够的资金支持，仅凭一家出版社的力量，几乎是不可能开展也不可能完成的。对此，国家出版基金会给我们提供了最大限度的支持，不仅是资金方面，还有精神方面，使得我们有决心、有信心也有力量把这个项目逐步完成。也正因为这样，这套书才能有幸与读者见面。在此，我们对国家出版基金会表示由衷的感谢。此外，参与主编策划和书稿撰写的各位专家、学者也付出了异常艰辛的努力，他们每个人本身的工作都很忙，可为了这套书的构思策划，为了每一卷书稿的高质量完成，还是付出了大量的时间和精力，做了最严谨而细致的工作，在此也对他们表示诚挚的谢意。

项目编辑组

总序：中国历史和文化的物质表征

《中国古代物质文化史》经过参与该书策划、撰写和编辑的诸多学者的共同努力，现在终于问世了。这个总序本来应该由项目的主编、前国家文物局局长、北京大学兼职教授张文彬先生来写，以阐述项目成果即本套书的编写宗旨、设计体例、内容特点，并介绍每分卷的写作情况等。由于张文彬先生在主持项目过程中遇身体不适，我这个后来被指定的执行主编只有勉为其难，代张文彬先生撰写这个《中国古代物质文化史》的总序了。鉴于这套书的编写宗旨、内容特点及框架体例等在出版说明中已有介绍，每分卷的写作情况在每本书的后记中也多有述及，无须我在这里重复。下面，我拟从中国物质文化史的概念定义、发展历程、专项分类三个方面，谈谈自己对中国古代物质文化史以及编写这套书的粗浅认识。

一、中国物质文化史的含义

人们通常这样认为，“物质文化，是指为了满足人类生存和发展需要所创造的物质产品及其所表现的文化”。物质文化既然是文化的一种呈现形态，那么，与“物质文化”相对应的另一种文化呈现形态就应是“非物质文化”，它们之间的关系是怎样的呢？要弄清这个问题，还需要从“文化”这个最基本的概念说起。

关于文化的定义很多，二十世纪五十年代有人作过统计，据说那时就有164种之多。文化人类学的鼻祖英国学者爱德华·伯内特·泰勒（Edward Burnett Tylor，1832—1917）是第一个从学术的角度对文化进行定义的学者。他认为，文化是复杂的整体，它包括知识、信仰、艺术、道德、法律、风俗，以及其他作为社会成员所习得的任何才能与习惯的综合体，是人类为使自己适应其环境和改善其生活方式的努力的总成绩[1]。泰勒关于“文化”的定义，尽管还存在不全面等问题（如泰勒没有提及需要后天习得的文化要素“语言”），却已给后人奠定了很好的解释基础，以后的学者又不断有补充和发展。英国功能主义人类学家A. R. 拉德克利夫-布朗（Alfred Radcliffe-Brown，1881—1955）认为，文化是一定的社会群体或社会阶级与他人的接触交往中习得的思想、感觉和活动的方式，是人们在相互交往中获得知识、技能、体验、观念、信仰和情

1 [英]泰勒：《原始文化》，上海文艺出版社，1992年。

操的过程，文化只有在社会结构发挥功能时才能显现出来，如果离开社会结构体系就观察不到文化。美国学者阿尔弗雷德·克鲁伯（A.L Kroeber）和克莱德·克拉克洪（Clyde Kluekhohn）在1951年出版的著述中，对西方164种文化的定义进行了评析后，提出了他们新的定义，即“文化存在于各种内隐的和外显的模式之中，借助符号的运用得以学习与传播，并构成人类群体的特殊成就，这些成就包括他们制造物品的各种具体式样，文化的基本要素是传统（通过历史衍生和由选择得到的）思想观念和价值，其中尤以价值观最为重要”[1]。以后，还有一些学者对文化下过定义，如美国学者罗伯特·F·莫菲（Robert F. Murphy）这样定义文化：“文化是意义、价值和行为标准的整合系统，社会的人们据此生活并通过社会化将其在代际传递。”文化具有这样一些特点：“文化定义关键部分就是，它意指行为的规则和确定方式，而不是指行为的本身”“文化是我们在这个世界上的行为导引和对这个世界经验的符号表达”“文化也是所有知识、信念和生存技能的百科全书”“行为的不同习惯方式，以及某些特定的物质制品或艺术风格，可以使文化具有典型特征”[2]。根据以上学者对文化这一概念的解释，我们可以将文化理解为：

文化是人类社会在长期发展过程中凝固下来并在代际传承的价值观念、社会机制和行为规则，社会的人们据此思维、交流和行为，并且产生和创造具有特征的物质制品或艺术风格。

上述对文化的解释，包括了三个层面：其核心层面是人们的社会性，其中间层面是人们基于这种社会性的思维和行为，其外表层面则是人们思维和行为的产物。文化从表至里的三个不同的层面，其他两个层面都蕴含在表层的物质层面之下，故文化的三个层面又可以归结为两个不同的范畴（或两种不同的存在状态）——无固定形态的非物质的范畴就是所谓“非物质文化”（无形文化），有固定形态的物质范畴就是通常所说的“物质文化”（有形文化），这两种文化范畴构成了完整的文化形态。作为前人的完成了代际传承，经历了时间的筛选的两种文化的存在形态，已经成为我们需要加以关注、保护和传承的遗产。按照通行的解释，“非物质文化遗产”是人类创造这些物质文化的过程以及人类各社群为了满足自己精神生活需要的具有社会性、凝固性和典型性的行为，它是被各地区和社群视为其文化传统的表现形式、知识和技能，包括了口头传说、表演艺术、社会风俗、礼仪节庆、传统工艺等；而“物质文化遗产”，则是人类这些思维和行为的创造物，是有固定形态的可以被视觉感知的人类创造、制作和使用的人工遗留物。

说到文化的物质层面，就不得不提到考古学的一个核心概念“考古学文化”。我的专业是考古学，我们考古学家天天都在与考古学的文化打交道，不少考古学家还强调我们的考古学文化与别的学科的文化如何的不一样。翻开《中国大百科全书·考古卷》，该书对考古学文化的解释代表了目前中国考古界的主流认识：“文化一词有着不同的含义，一般是指人类社会在科学、技术、艺术、教育、精神生活以及其他方面所达到的总成就，如中国文化、文化遗产等。考古学中所讲的文化，有其特定的含义，专门指考古发现中可供人们观察到的属于同一时代、分布于共同地区、并且具有

1 Kroeber,A.L. and Kluckhohn,C, Culture:A Critical Review of Concepts and Definition, Random House, New York, 1952.

2 [美]罗伯特·F·莫菲：《文化与社会人类学引论》，商务印书馆，2009年。

共同的特征的一群遗存。"[1]从这个定义中也可以看出，所谓具有独特性的考古学文化，与其他学科的文化概念并没有什么不同。文化的物质表层要素——即可以观察到的一定时期、一定区域的一群经常共存的具有共同特征的遗迹和遗物——就是考古学的文化；获取并研究这些文化的物质表征，透过现象去发现本质，揭示隐藏在物质表层之下的创造和使用这些遗存的人们的行为及其社会关系，即这些物质遗存所蕴含的非物质的东西，就构成了考古学这一学科的基本内涵。

考古学在包括中国在内的不少国家和地区的学科分类中，是历史学的分支，是以物质材料为主要研究对象去探究人类历史的一门学问。这里，我们有必要再谈谈物质文化史与考古学的联系与区别。考古学是通过调查和发掘地下古代物质遗存、并通过这些遗存提供的信息来理解和复原古代社会历史的学科，物质文化研究也是通过古人的物质文化遗存来重构古代社会历史，从研究目的上来看，二者并没有什么不同。正是由于这样的原因，苏联的全国性考古研究机构曾经被命名为"物质文化史科学院"或"物质文化研究所"[2]，以后才改为"考古学研究所"。仅从研究机构名称上来说，物质文化研究与考古学之间无疑具有密切的关系。不过，物质文化研究与考古学尽管内涵大致相同，其外延（主要是研究对象、研究内容等）也还存在差异。考古学研究的主要是埋藏在地下的古代物质遗存，物质文化研究的对象则包括了地下、地上和传世的古代文化遗存，后者比前者的研究范围要宽；考古学不仅研究古人遗留下来的物质遗存所包含的历史文化信息，还要研究获取这些物质遗存并提取其包含信息的技术和方法，后一方面的研究已经不是物质文化史研究所关注的问题。就中国的考古学科而言，其构成包括了考古学理论与方法、中国考古学、外国考古学、专门考古学等，如何开展田野考古和如何更多地提取遗存的历史信息，已经包含在考古学方法和专门考古学的分支中。可以这样说，中国考古学是基于考古获取的物质资料和考古学的研究方法所构建的中国物质文化史；而中国物质文化史，则是通过考古发现和现存于世的实物资料所构架的能够反映历史发展主线的中国古代史。

英国学者鲁惟一（Michael Loewe）和美国学者夏含夷（Edward Louis Shaughnessy）在《剑桥中国古代史》的序言中，将研究中国古代史的材料分为"文献资料"和"物质资料"两类，前者包括了出土文献和传世文献，后者也就是通过考古调查和发掘获取的实物资料。他们指出："一个不注意考古证据的历史学家会感到他无法去顺应当代的学术潮流；同样，一位不熟悉传统文献的考古学家会难以把握相当一部分的中国文化之精髓。"正是基于这种考虑，这两位学者在主编《剑桥中国古代史》时，组织了历史学家和考古学家两个领域学者，各自基于不同类型资料来分别撰写同一个时期同一个区域的历史[3]。《剑桥中国古代史》的先秦卷面对的是文献资料并不丰富的"原史时代"，所以他们采取了历史学家和考古学家各自表述而不加整合的编写方式。即使在文献资料逐渐丰富的汉唐时代，甚至文献资料已经非常丰富

1 中国大百科全书总编辑委员会《考古学》编辑委员会：《中国大百科全书·考古学》，中国大百科全书出版社，1986年。

2 王伯洪、王仲殊：《苏联考古工作访问记（一）》，《考古》1959年第2期，第101—104页。

3 The Cambridge History of Ancient China: From the Origins of Civilization to 221B.C, Edited by Michael Loewe and Edward L. Shaughnessy. Cambridge University Press, 1999.

的宋元明清时代，主要基于通过物质的资料来编写一套中国古代的历史，与主要采用文献资料编写的中国古代历史并行于世，这对于全面认识和理解中国的古代文化和古代社会，仍然会有很大的帮助。

二、中国古代物质文化发展的历程

我们这套“中国古代物质文化史”是由纵、横两部分组成。最前面的是“中国物质文化史综述”，这是按中国历史的纵向时间顺序来概述中国古代物质文化史的发展进程。中国古代漫长的物质文化发展进程从来不是匀速前进，波澜不惊的，发展中会有大小不同的转折，高低不同的峰谷。根据物质文化面貌变化节奏的不同和撰写史书详略的不同，一套多卷本的中国古代物质文化史也有不同的分卷方式。如果编写比较简明的中国古代物质文化史，我个人倾向于以魏晋之际将其划分为两个阶段，也就是一套两卷本的书系。如果编写稍微详细的中国古代物质文化史，我希望划分为四卷，四卷本除了以魏晋之际作为一个分界外，另两个分界可定在龙山时代与二里头文化时代之间、五代十国与北宋之间。如果要编写更为详细的中国古代物质文化史，也就是类似本书系的规模，我们可将其细分为史前中国、商周、秦汉、魏晋南北朝、隋唐五代、宋元明清六个阶段即六卷，这样分卷主要基于这样一些理由。

我们知道，最能导致物质文化发生大变化的因素，是重大技术发明带来的产业革命。这些发明或本土自身产生，或域外传播而来。正是基于这些重大发明，才导致了中国古代社会的巨大变化，才引起中国物质文化的多次明显转折。在这些创造性的发明中，首先应该提到的是谷物栽培和动物驯化。谷物中的人工粟等人工栽培作物大约在距今一万年前后出现在中国北方的黄河流域，以后向周边传布，甚至远布至青藏高原地区，形成了范围广大的北方旱地粟作农业区。而稻等人工栽培作物，更远在一万多年前就出现在中国南方长江中游地区，以后更传播至东北至朝鲜半岛，东南至东南亚等广阔的温暖湿润的区域，形成了广大的南方水田稻作农业区。农业的发生和推广，使得人类的生活资源趋于稳定，从而脱离了栖居山洞和追猎迁徙的不稳定生活，开始走出山洞步入旷野，在平川形成了定居的聚落，产生了钻孔、磨制和制陶等新的工艺，促使社会逐渐复杂化和多样化，奠定了中国万年农业文明的基础。大约在距今4000年前后，大麦、小麦和青稞等作物传入中国，这种适应性强的谷物丰富了旱地农业的种类，除了在低海拔地区普遍种植外，青稞这类作物还经过了高原严酷的自然选择，成为青藏高原的单一谷物。至于工业的技术革命，从先前的手工业发展成为近代化的大工业，在中国开始较晚，直到清代晚期的鸦片战争后才逐渐引入西方工业革命的成果，从而从某种程度上推动了社会的变革。因此，以农业革命的发生和工业革命的引入为标志，将中国的物质文化史划分为三个大的时代，也就是猎取时代、农业时代和工业时代（相当于以生产工具为标准划分社会发展史的旧石器时代，新石器、青铜、铁器的时代，以及机器的时代），应该是比较恰当的。只是中国的工业时代已经属于近代，古代的物质文化史不宜包括工业革命时代；而旧石器时代的人类物质文化遗存较少，如果把它作为书系中的一本就显得单薄，故将其与新石器时代合并称为“中国史前物质文化史”，只是在这个“史前时代”

中，也明确划分出这两个时代而已。换句话说，这套中国古代物质文化史去掉了工业时代，弱化了猎取的时代，强调的是建立在农业革命基础上的石器、铜器、铁器三个时代。物质文化材料的年代越早，保存至今的也就越少，因而石器时代和青铜时代只能各自作为一卷，而物质文化材料丰富的铁器时代却被划分为四卷，可能会给人以前轻后重之感，尽管历史时代考古学的重要性已不如更早的时代。

说到史前时代，这就不可避免地会涉及介于史前与历史时代之间的"原史时代"。学术界一般认为，原史时代是一个过渡性质的时期，这一时期无论是属于本社群文字还是他社群文字的文献记录都相当有限，仅据这些零星和片段的文字和文献资料无法复原该社群历史的主要梗概，要认识一时期该社群的历史需要综合考古学、人类学、文字学、历史学及自然科学的知识体系和研究手段[1]。原史时代可有广狭二义：严格的原史时代不包括传说时代，而是以成熟文字体系的出现为开始，以这种文字体系撰写的史书出现为结束。具体到中国古代史来说，也就是商代晚期至西周时期，其开端以殷墟甲骨文的出现为标志，结束以中国最早的编年体史书《春秋》开始的年代为标志，二者间的年代跨度很小[2]。宽泛的原史时代以中国古史传说时代为开始，以文字产生后出现史书为结束，具体到中国古代史来说，其开端可以上推到传说中的夏代甚至龙山时代，而其下限则与狭义的原史时代相同。不过，就物质文化这个层面来看，无论是技术上还是艺术上，大约相当于夏代后期的二里头文化与先前的龙山时代诸文化都发生了许多变化，而这种变化在战国中期又一次出现。这之间的时间幅度约略相当于中国考古学界的夏商周时代或史学界的先秦时代，也约略相当于西方汉学界所说的"从文明起源到秦统一"的阶段[3]。在这个时代里，青铜既是一种制作工具、武器和礼仪用器的最重要材料，制造青铜器又是当时技术含量最高的工艺，青铜器具这类作品还是当时艺术的集中体现，如果史前时代是以石器制作为标志的石器时代，这个时代就是以青铜为标志的青铜时代。尽管关于中国青铜时代开始和结束的时间，学术界还有一些不同的说法。

按照我个人的见解，中国的原史时代应当定位在二里头文化中期至战国前期，这是基于这样几个考虑。首先，从二里头文化兴盛开始，具有中国金属铸造的特色的泥范铸造技术开始出现，并完成了从红铜时代（或称铜石并用时代）向青铜时代的转变；而人工铁器尽管早在两周之际就已引入中国，却也是在战国前期偏晚才与青铜冶铸技术相结合，使得大量冶炼铁和普遍使用铁器成为可能，才真正进入了铁器时代。其次，也是从二里头文化兴盛期起，青铜鼎等礼器、青铜戈等兵器，以及兽面纹等动物纹样才出现并流行，独特的中国艺术传统才开始形成；而到了战国前期以后，先前流行的礼器种类和装饰纹样已经趋于消失，来自北方草原地区的艺术风格已经占据主导地位。其三，从中国的史学传统来看，中国古人向来有将秦以前的历史划分为五帝时代和三王时代的传统，现代的史学家也还将先秦史单独出来，并将夏以前的传说时代与夏商周三代区分开来。因此，我们将夏、商、周三代作为中国物质文化

1 Daniel,Glyn,A Short History of Archaeology. London: Thames and Hudson.1981.

2 李学勤先生就这样说，这样一个原史时代与中国古代历史时代的对应关系，学者们认识也不尽相同，李学勤先生认为，商与西周时期属于原史时代，而不同于商和西周的东周已脱离了原史时代而跨入真正意义的历史时代了。参看李学勤《东周与秦代文明》，文物出版社，1984年。

3 鲁惟一、夏含夷主编的《剑桥中国古代史》，其副标题就是"从文明起源到秦统一"，由此可见一斑。

发展历程中的第二个时期，也就是这套书通史系列的第二卷。

中国中心地区在战国后期就已出现了统一的趋势，东齐西秦是当时最有可能推进统一事业进行的大国，在齐国当时就有一批学者聚集在一起，开始构拟大一统后的政治构架，勾画新王朝的理想图景。秦国结束了战国时期诸侯割据的局面，建立了中央集权的大一统王朝，开创了中国历史的一个全新的时代。从此广泛推行的郡县制代替了传统的封建制，由中央政府控制的官营手工业作坊遍及全国各地，各地间的商业往来也较过去更为频繁。在这种背景下，秦汉王朝直接统治范围内物质文化产品，无论是工艺、种类，还是形制、纹饰，都逐渐呈现高度一致的状况，中国大部分地区的延续了千百年的区域文化差异从此逐渐减弱甚至消失。尽管从战国后期到西汉前期，这一时期物质文化的总体面貌还处在从商周旧制向秦汉新制的转变过程中；尽管在三国至两晋时期，中国的物质文化的发展进程发生了从“早期中国”到“晚期中国”的大转变；但如果模糊这个具体的分界，将秦汉时期这个中国古代文化发展的高峰期作为中国物质文化史的一个时期，单独设置秦汉卷作为这套书通史系列的第三卷，这应该是恰当的。

从三国鼎立局面形成一直到隋代，除了西晋短暂的统一外，中国出现了长达三百余年的分裂局面。北方古族在这期间纷纷进入中原，出现了空前的民族大融合。在这种历史背景下，各地区在文化面貌上的差异也进一步缩小，但由于从西晋以后长期的南北对峙，以及僻处一隅的某些由少数民族建立的国家保留了比较多的自身文化传统，这一时期文化除了存在着比较明显的南北差别外，在北方还存在一些更小的地区之间的差异。隋王朝结束了自西晋以后长期的分裂混乱局面和南北对峙的政治文化格局，中国遭受长期战乱破坏的社会经济得以恢复和发展。唐王朝继承了隋王朝的统一基业，实行了一系列重要的政治、经济和军事的改革措施，将中国古代社会推向了秦汉王朝以来又一个空前鼎盛的发展阶段。盛唐气象强大而持久，流风余韵，一直延续至五代十国间。基于这种考虑，虽然两晋南北朝和隋唐都是宗教热情极度高涨的时期，但两晋南北朝与隋唐五代的物质文化仍然存在比较大的差异。因此，我们将两晋南北朝与隋唐五代各自作为中国物质文化史的一个时期，各自单独作为一卷。

至于宋元明清时期，这个时期文献资料已经非常丰富，考古学家讲历史时期考古一般都只讲到元，北京大学过去的中国考古学教材最后一卷就是《宋元考古》，就反映了这个问题。我们认为，尽管在中国历史的重要性中，明清时期的物质遗存的确不如早先时期，但作为中国物质文化史应该是一个完整的过程。因此，我们这套中国古代物质文化史通史系列的最后一卷，从宋代一直写到清代，希望这些年代较晚的物质文化资料有助于丰富对这段时期历史的认识。

三、中国古代物质文化的种类

如同历史著述有通史和专门史一样，按照中国物质文化发展阶段编写的历史，只是基于物质文化遗存透露的历史文化信息，按照时间发展顺序和物质文化表征的变化程度连缀而成的中国物质文化的“通史”，“通史”中不同时段的物质文化史则相当于“断代史”。就整个中国物质文化史来说，有了这个“通史”系列，虽然可以从纵向认识整个中国古代物质文化发展的概貌，却难以从横向全面展示中国古代物质文化的方方面面。因此，还需要根据中国古代物质文化遗存的分类，按“类”来叙述某类物质文化遗存的分述系列，这个系列就是中国物质文化的“专门史”。

物质文化具有可视性，不同的物质文化具有不同的面貌特征，因而可以根据这些特征展开分类。物质文化是一个笼统的概念，我们所面对的古代物质文化是过去人们行为创造的物质遗留，也就是人们通常所称的“物质文化遗产”或“文物”。物质文化遗产的体量有大有小，大的文化遗产如建筑、壁画、纪念碑等，当初选址、设计、创造时就考虑了永固性等因素，没有考虑其位置变换，今天我们采取保护措施时也不便于将其移至他处，只能在原地保存（从保留关联信息的角度，也只能在原地保存）；小的文化遗产如家具、陈设、用具等，当初设计制作时就考虑了方便移动的使用功能，今天我们对其进行保护时，可以将其搬移到博物馆等具有更好保存环境的空间去保存。因此，物质文化遗产即文物首先可以划分为不可移动文物和可移动文物两大类，这两大类文物各自可以作为中国古代物质文化史“专门史”中的一个系列。

不可移动文物包括了大到历史城镇、传统村落、古代遗址等综合性的文物，也包括了宫殿衙署、寺观祠庙、陵园坟墓、石刻造像等专门性的文物，这些文物有三类不同的保存状态：第一类文物在历史上就已经废弃，成为历史的陈迹，呈现在人们面前的只是残缺不全的局部，有的还全部或大多掩埋在地下。历史上城镇村落的废墟、曾经一度兴旺的工矿作坊场所、废弃并垮塌殆尽的寺观祠庙、地面建筑甚至封树都已经不存的帝陵坟墓，乃至于一座房屋或一座塔幢的废址等，都属于这类文物。第二类文物虽然失去了它在历史上的作用，却仍然屹立在地表，被作为其他用途或作为历史名胜而存在。已经没有皇室官员使用的宫殿衙署、中断了宗教活动的寺观祠庙、原有功能已经退化或消失的石窟碑刻、已经弃置或被改做他用的城堡等，都属于这类文物。 第三类恐怕已不能简单地称之为文物，而是具有“物”和“非物”的综合体。至今还基本保持着原来的功能和文化传统，并随着时代的推移，继续在发生着变化，古今重叠且文化延续的城镇和村落，至今还有人居住的古村落民居，仍在使用传统工艺进行生产的作坊、农庄、牧场等，都可归属此类。

可移动文物，包括历史上各时代的重要工具、武器、礼仪用器、生活用器、艺术品、文书、档案、图书等，这些文物的材料和材质大致有两大类：第一类采用曾经具有生命的物质制作而成，也就是被称为“有机质文物”的一类，如竹木漆器、骨牙角器、纤维制品等。这类文物的存在周期相对较短，对保存条件要求也较高。第二类采用没有生命的物质制作而成，也就是被称为“无机质文物”一类，包括地球自然演化形成的天然材料和人工合成的金属材料，如玉石制品、金属制品等。这类文物的存在周期相对较长，对保存条件的要求也相对较低。

上述对于物质文化遗产即文物的分类方式，是以文物的保存状态和保存条件作为分类标准，这对于文物的保护研究来说，无疑是最恰当的分类方式。不过，这种分类没有考虑这些文物的用途和功能，而文物这方面的属性恰好是从文物这一文化的表层物质现象通向创造和使用这些文物的人、人的行为及其社会关系的桥梁，是将物质资料变为物质文化史的重要途径。因此，我们这部中国古代物质文化史的“专门史”不采取上述分类方式来分卷，而是按照材质和功能对不可移动文物进行分类。

中国文物管理部门对于不可移动文物的分类，以全国重点文物保护单位的分类最具代表性。该文物分类体系将不可移动文物分划为古遗址、古墓葬、古建筑、石窟寺及石刻、近现代重要史迹及代表性建筑等类。这些类型的不可移动文物，除了古遗址是以文物的保存状态为分类标准，近现代重要史迹及代表性建筑是以时代为分类标准，其类型与以功能作为分类标准的类型有所不同外，其他诸类都可以作为中国物质文化专门史的不可移动分系列。由于遗址大多都在中国物质文化通史系列中曾经引述，且通史系列的物质材料主要就是遗址加上遗址和墓葬等出土的各类可移动文物，专门史系列可以不必再列出遗址作为一卷；由于中国物质文化史只是有关古代中国，不涉及近代中国，故本丛书也没有近现代重要史迹及代表性建筑的内容。

中国文物管理部门对于可移动文物的分类，以全国首次可移动文物普查的分类标准最为详细。该分类标准“根据文物的异同，即构成每件文物基本物质的自然属性和社会属性之差异性、同一性”，将可移动文物划分为金/银器、铜器、铁器、陶/泥器、瓷器、砖瓦、宝/玉石器、石器石刻、漆/竹器、绘画、书法、拓片、珐琅器、玻璃器、骨/牙/角器、纺织/绣品、皮革、玺印、文具/乐器/法器、货币、雕塑/造像、古人类遗体遗骸、文献图书、徽章/证件、邮品、票据、音响制品、交通/运输工具、度量衡器、武器装备/航天装备、古脊椎动物化石和古人类化石、其他共32类[1]。正如该分类系统的分类标准有文物的自然属性和社会属性两个一样，可移动文物实际上可以划分为两个小系列：一个系列是按照文物的自然属性即材料和材质划分的系列，如玉石器、金银器、铜器、铁器、陶器、瓷器、玻璃器、骨牙角器等；一个系列是按照文物的社会属性即功能用途等划分的系列，如纺织品、货币、雕塑、武器、度量衡器等。我们编写的这套中国物质文化史的可移动文物部分基本就按照这个体系进行划分，只是一些偏小的文物类型和产生年代较晚的文物类型难以单独成册，我们这套古代物质文化史只能暂且舍弃了。

在艺术史学界，尤其是西方关于中国艺术史的研究，往往综合考虑其时代、功能和形式等方面的因素，将能够基于视觉观察的物质文化领域的中国艺术品划分为四大类。第一大类是主要兴盛于商周时期的青铜艺术；第二大类是主要存在于两汉时期的汉画艺术；第三大类是风行于晋唐时期的佛教艺术；第四大类则是从宋代以后大盛的以卷轴画为主体的绘画艺术。青铜艺术比较单纯，其物质材料就是青铜器。绘画艺术也不复杂，主要是卷轴画，此外就是壁画。汉画艺术的涉及面较广，包括了汉代画像砖、画像石、独立雕塑和建筑雕刻等诸多类型的文物。佛教艺术就更为广泛，与佛教相关的石窟、雕像、壁画、供器等，乃至于佛教寺庙建筑等都可归属于佛教艺术。以上四大类，只是中国艺术门类的主流，其他如产生于中国本土且长期与佛教艺术并存的道教艺术，在东亚地区具有广泛影响的建筑艺术（尤其是园林建筑），具有中国特色的玉器、漆器、瓷器等艺术类型，也从不同的方面丰富和补充着中国艺术史和中国物质文化史。

正是基于以上诸方面的考虑，我们主编的这套中国物质文化史的专门史划分为了不可移动文物和可移动文物两大系列，前者又包括了古建筑、石窟寺、古陵墓、古水利、古天文等不同的功能类型，后者更包括了玉器、铜器、铁器、瓷器、金银、玻璃

1 国家文物局编：《第一次全国可移动文物普查工作手册》，文物出版社，2013年。

等不同的材料材质类型，雕塑、绘画等不同艺术表现形式的类型，以及兵器、货币、纺织品等不同社会功能的类型。每个类型作为一卷，有的类型因文物丰富再细分为若干册。这种最终分卷的分类标准的不一致，我想读者应该是能够理解的。

四、另类的中国物质文化史

编写一套系统的中国古代物质文化史，是主编张文彬教授提出的构想。张文彬教授早年就读于北京大学历史系考古专业，以后曾在郑州大学历史系任教，对中国古代物质文化史自然非常熟悉；他又曾担任国家文物局局长和中国博物馆学会会长，熟悉全国的文物状况和博物馆藏品情况，是主编中国古代物质文化史的最好人选。在已经拟定了基于文物分类的物质文化史编写纲要，这套书各卷刚启动编写不久，张文彬教授就因病卧床，不能继续主持编写工作。还在张文彬教授患病之前，我就受他之命协助联络作者；张文彬教授患病后，我受参与编写工作的朋友的推举，担任这套书的"执行主编"。我基于自己对中国古代物质文化史的理解，增强了这套书的纵向通史系列，其他基本上按照张文彬教授原先拟定的编写体例来组织。现在大部分分卷已经定稿，回过头来看当时全书的设计框架，总觉得还有一些不尽如人意之处。这些主要表现在以下两个方面：

首先，一套完整的古代物质文化史通史不仅要有以时间为纲的通史主干，还应该有相应的纵向旁支。就如同北宋司马光主持编写《资治通鉴》（下简称《通鉴》），他首先按照年代编出汇集史料的"长编"，以此为基础才编写《通鉴》这部翔实的编年体通史。与此同时，为了说明自己对史料异同的取舍，还编写了《资治通鉴考异》作为附属，以驳斥相反意见并客观保存异说。由于皇帝日理万机，没有那么多时间来翻阅294卷的《通鉴》，他们还编写了简写本30卷的《通鉴目录》，以满足特定读者的需要。除此之外，为了弥补《通鉴》覆盖时间跨度上的不足，司马光等还编写了20卷的《稽古录》这样的简录，时间上溯至传说中的伏羲，下延至宋英宗末年。可见司马光等人编写《通鉴》，原本有一整套完整周密的构想，即便都是编年体的史书，也有主有从，有繁有简，有纲有目，所以《通鉴》才显得与众不同，为史家所重。作为一套体例完整的中国物质文化史，在通史部分也需要像《通鉴》那样，除了需补充强化史前的旧石器时代卷和新增近现代卷，编写与中国古代物质文化史相关的资料和研究汇集外，还需要考虑简化本的中国古代物质文化史。

简化本的中国古代物质文化史以上下两卷最为恰当，这是因为基于可视的物质文化形态和面貌，在公元三至四世纪间，也就是三国至两晋间，以佛教传入并流行中国为标志，中国的主流物质文化发生了重大变化——在佛教传布开来之前，中国的城市和乡村的标志性建筑和景观是统治者的宫殿、衙署、宗庙、神祠，人们崇奉的是祖先以及社稷、山川、天地诸神祇，并且这些神祇都不采用造像的形式来表现；而在佛教流行中国后，中国城市的标志性建筑和人文景观除了宫殿和衙署外，佛教寺庙（包括仿效佛寺而建的道教宫观）成为城乡最引人瞩目的标志性建筑和人文景观，大量佛教造像和少许道教造像占据了人们精神世界，成为最广泛的崇奉对象。因此，西方汉学界往往都是以佛教传入并流行中国作为中国历史和艺术的最重要的转折标志，这以前的中国为“早期中国”，这以后的中国是“中晚期的中国”。早期中国的文化主流是传统的自然发展过程，尽管不断会有来自周边，尤其是来自北方草原地区文化的影响，但这种影响的程度是有限的，没有造成传统的变异、转移或中断。晚期的中国，由于外来佛教的强力介入，使原先中国的主流文化发生了变异，佛教深深地浸入到社会生活的各个方面。原先不事偶像崇拜的中国社会，开始将大量财富用于制作顶礼膜拜的佛教像设和象征物，用于营建覆盖这些像设和象征物的殿堂楼塔，从而导致国家财政来源的分流，带来相应的经济和社会问题。宗教的驱动力量往往巨大且持久，以佛教传入中国且在中国流传为标志，将中国物质文化史划分为早晚两个大的时期，我想应该比较恰当。佛教传入中国的年代，尽管可以追溯到两汉之际前后[1]，但在整个东汉时期，佛教都是混杂在中国传统的神仙方士中流传，还没有得到人们的广泛认知。佛教成为一种专门的宗教为人们所接受，不会早于三国两晋时期。三国两晋时期正是中国制度、思想和文化的大变革时期，文学上有所谓“魏晋风骨”，反映在物质文化上，这时期的城市、陵墓、器用、书画等也都出现了一系列新的气象。据此，以三国两晋之际作为首要转折点，将中国古代物质文化史的通史部分划分为两个大的时期，编写一套两卷本的中国古代物质文化史简本，这一定是很有意义的。

其次，我们这套中国古代物质文化史虽配有大量的图片，但基本体例还是以文字为主，图片配合文字出现。而物质文化的视觉感知非常重要，故以文物的图像为基础而加以文字解说和诠释，对于形象地认知和理解中国古代物质文化非常必要。中国国家博物馆（原中国历史博物馆）研究员孙机先生，曾编写了一本《汉代物质文化资料图说》。这是孙机先生基于多年对汉代文物研究的心得，在数十篇论文的基础上完成的图文并茂的著作[2]。这种以图说的方式叙述一个朝代的物质文化史，既是中国“左图右史”史学传统的延续，又是博物馆陈列必要的基础研究和公众获取知识的良好途径，应当大力推广。只是这种以图说史的著述，另有一套独特的编写体系，需做大量资料整理的工作，还需有系统的研究积累，编写难度很大，故迄今未见以图说的形式撰写的其他时代的中国物质文化史的著作。续写一套中国古代物质文化史图说，应当很有必要。

作为一套全方位的“中国古代物质文化史”，理所当然应有一个“中国古代物质文化史图说”系列。这套图说不宜按照中国的历史时代来述说，而应该以物质文化本身发展演变的阶段性来编写。如果按照我们前面所说的中国物质文化发展的进程，需要有史前、三代、秦汉三国、两晋南北朝、隋唐五代、两宋·辽金西夏·南诏大理、蒙元、明清诸时代。每个发展阶段则应该有都城市镇、宫殿衙署、坛壝社稷、神祠寺观、祭祀礼器、街坊住宅、园囿苑林、陵园坟墓、矿场作坊、生产工具、钱币量具、路河邮驿、衣冠服饰、家具陈设、生活用器等名目，每个名目下再细分为若干种类来展开图文的叙述。这样一部图说的中国古代物质文化史，可以弥补目前这套书的不足，

---

1 关于佛教传入中国的时间，有两种说法：一种是西汉末期汉哀帝元寿年间，大月氏使者伊存向博士弟子景庐口授《浮屠经》之说，见《三国志》卷三〇裴松之注引曹魏鱼豢《魏略·西戎传》；一种是东汉明帝永明年间，蔡愔出使大月氏，与僧人摄摩腾和竺法兰一起用白马驮回佛经和佛像至洛阳之说。二说的年代相差不多，且都与大月氏有关。

2 孙机：《汉代物质文化资料图说（增订本）》，文物出版社，2008年。

能够从更具体和更微观的层面展现中国古代物质文化的面貌。

我希望，今后如果能够有比较充裕的时间，组织相关专家编写一套这样的中国古代物质文化图说，对于更加深入地理解古代中国，普及传统文化知识，推进博物馆教育，将是一件很有意义的事情。

编写中国古代物质文化史是一项长期的工作，要有相当长时间的资料积累和研究积累。北京大学的考古学科，自1952年以来先后编写过多个版本的《中国考古学》征求意见稿，如1960年、1972年版的《中国考古学》铅印本等，并有“多卷本中国考古学”这样的重大科研项目来推动，但迄今为止，这套多卷本《中国考古学》仍然没有问世。这其中既有新的考古资料不断涌现所带来的认识的更新，也有老一辈学者与新一辈学者认识上的差异，当然也还有这样和那样的原因。不过，仅从这一事例就可以看出，要编写一套优秀的学术著作是多么的不容易。《中国考古学》从某种意义上来说，与《中国古代物质文化史》有许多共通之处，要编写这样一套书需要投入较长的时间和相当的人力和精力。这部《中国古代物质文化史》作为一项国家出版项目，有出版的时间限定，我这个慌忙上阵的执行主编，只能尽可能召集一些长期从事中国考古学教学和科研，手头有比较现成的研究成果或讲稿，经过补充、整理、强化就可以成书的研究者，来承担中国古代物质文化史的通史系列各卷的撰写任务[1]。由于撰写时间的限制使得一些作者在完成初稿后，可能没有更多的时间来广泛征求意见和做细致的加工完善。可安慰的是，这套《中国古代物质文化史》本来就有为今后编写《中国考古学》和修订补充各专门物质文化史征求意见的意图。如果读者发现这套《中国古代物质文化史》存在着这样或那样的不足，就尽管提出批评和建议，我们一定虚心听取，以便在今后编写《中国考古学》系列时能够做得更好些。

孙 华

1 考虑到我所在的北京大学考古文博学院，也在考虑重启多卷本《中国考古学》的编写，为了使二者不发生重合，保持《中国古代物质文化史》通史系列自身的特色，我主要邀请了北京大学以外的高校考古专业的专家和教师来承担各卷的编写任务。

目 录

绪 论 / 〇〇一

第一章 汉魏寺观壁画 / 〇〇三

第一节 中国寺观壁画源起 / 〇〇三
一、原始宗教艺术 / 〇〇三
二、先秦宗教艺术 / 〇〇四
三、秦汉壁画艺术 / 〇〇六
第二节 佛教东传与两汉佛道艺术 / 〇〇七
一、汉明帝与佛教东传 / 〇〇七
二、早期佛教艺术样式与佛像仪轨 / 〇〇九
三、早期神仙信仰与其遗存 / 〇一一
四、鲁灵光殿及汉代神祇崇拜 / 〇一四
第三节 魏晋南北朝寺观壁画 / 〇一七
一、魏晋南北朝时期寺院的兴起 / 〇一七
二、魏晋南北朝时期画家 / 〇一八
三、魏晋南北朝时期道教艺术 / 〇二一
第四节 《洛阳伽蓝记》等史料钩沉 / 〇二五
一、《洛阳伽蓝记》概况 / 〇二五
二、北魏皇室与佛道关系 / 〇二五

三、洛阳城内佛教寺院 / 〇二六
四、洛阳城东佛教寺院 / 〇二八
五、洛阳城南佛教寺院 / 〇三〇
六、洛阳城西佛教寺院 / 〇三〇
七、洛阳城北佛教寺院 / 〇三二
八、西域佛教寺院及礼佛情况 / 〇三二
九、魏晋南北朝时期的佛教信仰与相关争端 / 〇三四
第五节 西域佛教寺院壁画遗存 / 〇三五
一、西域佛寺的发掘活动 / 〇三五
二、米兰寺院遗址 / 〇三六
三、于阗佛寺遗址 / 〇三九
四、龟兹佛寺艺术 / 〇四一

第二章 隋唐寺观壁画 / 〇四三

第一节 隋唐时期帝王佛道崇奉 / 〇四三
一、隋代宗教政策 / 〇四三
二、唐代佛道政策 / 〇四七
第二节 隋唐画工群体与寺观壁画传承 / 〇五二
一、隋代画工群体 / 〇五二
二、唐代寺观画工群体 / 〇五三
第三节 《历代名画记》、《寺塔记》等相关史料钩沉 / 〇六二
一、西京长安寺观概况 / 〇六二
二、东都洛阳寺观概况 / 〇七三
第四节 唐代寺观壁画遗存 / 〇七四
一、山西佛光寺壁画 / 〇七四
二、新疆地区唐代寺观壁画 / 〇八〇
三、陕西庆山寺舍利塔地宫壁画 / 〇八七

第三章 五代两宋寺观壁画 / 〇九一

第一节 五代十国时期寺观壁画 / 〇九一

一、五代寺院壁画概况及画工群体 / 〇九一

二、南唐寺观壁画及画师概况 / 〇九三

三、西蜀寺观壁画概况 / 〇九三

第二节 山西平顺大云院五代壁画 / 〇九七

一、平顺大云院概况 / 〇九七

二、大云院弥陀殿东壁《维摩变》 / 〇九八

三、大云院弥陀殿扇面墙及北壁东隅壁画 / 〇九九

第三节 两宋时期寺观壁画 / 一〇一

一、宋初佛道政策 / 一〇一

二、真宗、徽宗的道教举措 / 一〇一

三、汴京大相国寺等佛教寺院 / 一〇二

四、汴京道教宫观 / 一〇七

第四节 宋代寺观壁画遗存 / 一一一

一、山西高平开化寺壁画 / 一一一

二、宋代寺塔壁画 / 一三六

第四章 辽、金、西夏佛寺壁画 / 一四一

第一节 辽代佛寺壁画 / 一四一

一、辽代佛教传播与宗教艺术概况 / 一四一

二、辽宁沈阳无垢净光舍利塔地宫辽代壁画 / 一四三

三、山西灵丘觉山寺塔辽代壁画 / 一四八

四、山西应县佛宫寺释迦塔辽金壁画 / 一五一

第二节 金代佛寺壁画 / 一五四

一、金代皇室与佛教崇奉 / 一五四

二、山西朔州崇福寺金代壁画 / 一五六

三、山西繁峙县岩山寺金代壁画 / 一六二

第三节 西夏佛寺艺术 / 一八三
一、西夏佛教崇奉概况 / 一八三
二、黑水城的西夏遗物 / 一八四
三、新中国对西夏遗址的发掘 / 一八五
四、西夏佛寺艺术特色 / 一八六
第四节 回鹘寺院艺术 / 一八七
一、吉木萨尔佛寺壁画 / 一八七
二、焉耆佛寺壁画 / 一八九
三、高昌回鹘摩尼教壁画遗存 / 一九一

第五章 元代寺观壁画 / 一九二
第一节 元代宗教政策及寺观壁画概况 / 一九二
第二节 山西芮城永乐宫壁画 / 一九五
一、永乐宫概况 / 一九五
二、龙虎殿壁画 / 一九五
三、三清殿壁画 / 一九六
四、纯阳殿壁画 / 二一〇
五、重阳殿壁画 / 二二三
第三节 山西平阳府壁画 / 二三二
一、平阳府壁画概况 / 二三二
二、平阳府壁画相关研究 / 二三二
三、平阳府壁画的绘制年代 / 二三二
四、平阳府壁画神祇身份 / 二三五
第四节 河北曲阳北岳庙壁画 / 二四九
一、北岳庙壁画概况 / 二四九
二、北岳庙壁画相关研究 / 二四九
三、北岳庙壁画的绘制年代 / 二五〇
四、北岳庙壁画神祇身份 / 二五四
第五节 山西洪洞水神庙壁画 / 二六一
一、水神庙概况 / 二六一

二、水神庙壁画相关研究 / 二六二
三、水神庙壁画绘制内容 / 二六三
第六节　稷山县青龙寺、兴化寺及其他元代壁画 / 二七一
一、青龙寺壁画概况 / 二七一
二、青龙寺壁画的绘制年代 / 二七一
三、青龙寺壁画绘制内容 / 二七一
四、兴化寺概况 / 二七七
五、兴化寺壁画题材 / 二七七
六、兴化寺壁画绘制年代及绘制者 / 二八〇
七、其他元代壁画 / 二八二

参考书目 / 二八七
古籍 / 二八七
专著 / 二八八
期刊 / 二八九

后　记 / 二九一

绪　论

按学界公认的说法，佛教传入中国当在东汉孝明帝夜梦金人之后。中土佛教第一座寺院白马寺，便是明帝专为出使西域的使者蔡愔、秦景等带回的月氏国沙门摄摩腾、竺法兰所建，当时与二僧同至中土的还有佛经六十万言及释迦立像。摄摩腾、竺法兰二师在白马寺翻译佛经《四十二章经》，同时礼拜佛像，深受其影响的孝明帝利用皇家力量大力推行佛教。据《汉显宗开佛化法本内传》载，孝明帝曾请人画壁千乘万骑，绕塔三匝，并于南宫清凉台及高阳门上、显节陵所图佛立像并《四十二章经》。《三宝感应要略录》亦载称蔡愔等人带回的优填王所制释迦佛像，与孝明帝所梦金人同。白马寺壁画之千乘万骑、绕塔三匝的图像构置方法源自印度，对此，《魏书·释老志》中有明确记载："自洛中构白马寺，盛饰佛图，画迹甚妙，为四方式，凡宫塔制度，犹依天竺旧状而重构之，从一级至三、五、七、九，世人相承，谓之'浮图'，或云'佛图'。"由是，这种以佛塔为中心，于塔院壁面作画的方式延续下来，成为中国佛寺格局的重要参照。除千乘万骑、绕塔三匝图像之外，《图画见闻志》卷三还载有摄摩腾、竺法兰在保福院画《首楞严二十五观》事迹，称其笔力尤健，有图轴流传，且好事者往往误评为孙知微之笔。

汉季的这些壁画，乃佛教寺院壁画之最早范例。之后，相关记述汗牛充栋，佛事兴衰亦交相兴替，既有"南朝四百八十寺"的慨叹，又有"诸有佛图、形像及胡经，尽皆击破、焚毁；沙门无少长，悉坑之"的悲歌。然佛教普光震旦，虽历经磨难，终未衰竭，自汉至清，圣迹已遍布华夏大江南北矣。

相较于数目众多的石窟壁画，寺观壁画因岁月侵蚀、兵戈相争，已万不存一。现今留存的寺观壁画主要分布于中原北方的山西、陕西、河北、山东等地以及新疆、云南、西藏等边远地区。其中，尤以山西最为集中，寺院壁画多达7000多平方米。本卷所及寺观壁画大多出自山西界内。

中国现存最早的寺观壁画当属新疆地区的米兰壁画，该壁画一经公布便占据早期寺观壁画的榜首之位。之后直至唐代，数百年间再无寺观壁画出其之右。山西佛光寺残留的唐代壁画，是现今可见的最为重要的地面寺观壁画遗迹之一。而山西大云院五代壁画及开化寺宋代壁画，亦为各自所属时段的优秀艺术作品。除此之外，唐宋间大量的美轮美奂的寺观壁画艺术大都在历史的尘埃中归于黄土，若想参见其繁盛之貌，只能通过解读历代文人骚客的点滴记载。

《中国古代物质文化史·绘画·寺观壁画》共分为上下两卷，本卷所涉内容由汉魏直至元代，下卷则囊括明清两代。之所以做如此分类，主要基于对现存寺观壁画整体情况的考量。本卷所涉各代寺观壁画材料，除元代较为丰富外，其他朝代遗存较少，需汇总后方可成编。但由于唐宋寺观壁画艺术乃中国壁画艺术之集大成者，当时凡名家绘手皆于壁上较其高下，逞其英豪。所以，尽管这一时期遗存较少，但其重要程度不容忽视，唯有深入探讨汉魏唐宋间寺观壁画的辉煌成就，才可令人明晓宋元以降诸代壁画风格之流变。所以说，如果没有汉魏佛道体系的建立和唐宋道释壁画的积淀，便不会有影响至今的佛道经典样式以及中国绘画的独立审美品格。鉴于此，本卷着意于对早期文献所载之寺观壁画和绘壁艺术家的梳理以及遗存图像的分析，以探视早期寺观壁画的基本状况，并特别关注到各代政权对宗教政策和宗教艺术观念的推行。这其中，在基础材料的梳理和个案研究方面，不乏借鉴前辈学者的研究之处。

本卷共列五章：第一章，汉魏寺观壁画。重点探讨中国寺观壁画的起源以及史料所载的寺观原貌，并参考石窟及墓室壁画中与此时段相关的考古发现和研究成果，以弥补汉魏寺观壁画图像之不足。第二章，隋唐寺观壁画。首先探讨了隋唐时期帝王的宗教政策及当时寺观壁画概况，然后重点梳理了这一时期的画工群体及史料所载的壁画艺术，最后对唐代遗存的寺观壁画做一简单介绍。第三章，五代两宋寺观壁画。开篇仍以介绍这一时期的寺观壁画概况为主，继而按时代对文献中所存寺观壁画情况及工匠特点进行梳理，并着重介绍五代和两宋遗留下来的几处寺观壁画艺术。第四章，辽、金、西夏寺观壁画。第一节仍以介绍这一时期的壁画艺术概况为主，重点探讨不同时代的执政者所采取的各项宗教政策，之后详细介绍了辽、金、西夏时期的寺观壁画艺术遗存。第五章，元代寺观壁画。元代寺观壁画遗存极为丰富，其总数超出前面数代所存之和，各项研究成果亦极为丰硕。为平衡各章篇幅，此章略作删减，仅以山西芮城永乐宫壁画、现藏加拿大的山西平阳府壁画、河北曲阳北岳庙壁画以及山西洪洞水神庙壁画作为主体，其他部分合并为一节仅进行概括性介绍。对于青龙寺壁画，因该壁画绘制时间涉及元明两个时期，下卷的撰写也将涉及此处壁画。为避免重复，本卷仅就前人的研究成果稍加介绍，更深入的探讨留待下卷展开。至于兴化寺、广胜寺、五岳庙及万寿宫等元代壁画，本卷亦点到为止，未做过多涉足。另外，对于陕西耀县南庵壁画的绘制时间，学界意见不一，虽然其神祇构成具有宋元传统，但人物风格更符合明代特征，为此，本卷未将其列入重点探讨范围。除此之外，在全国各地，还有一些散落的元代寺观壁画因各种原因未能收录于此，尚待日后补充。

寺观壁画是一个极易引人入胜的研究领域，其所承载的信息，涉及政治、宗教、社会、经济、文化等多个领域。但相对于石窟艺术、墓葬艺术以及卷轴画而言，寺观壁画研究相对薄弱。此次本人冒昧承担此卷的撰写任务，虽广为涉猎，悉心博采，仍会挂一漏万，有所偏颇。此次刊出，纯属抛砖引玉，以期各位前辈及同行批评指正。

第一章
汉魏寺观壁画

第一节　中国寺观壁画源起

一、原始宗教艺术

中国寺观壁画肇始于何时，目前尚无明确的文献记载。但作为寺观壁画本身，其存在的必要条件之一——佛寺和道观的出现将成为其产生的最早节点。所以，佛教的传入与道教的产生是寺观壁画得以产生和发展的必要前提。

中国佛教寺庙的产生早于道教宫观。虽然道教根植于中国本土，但相对晚出。即便按佛教在汉明帝时期传至中土的时间算，也比五斗米道早半个多世纪。只不过，道教的晚出并不意味着中国其他宗教意识形态及宗教艺术形式的晚出。从流传至今的甲骨文看，殷商时期的人们已经具有一定的宗教意识，并且能够通过一定的仪式表达出来。

虽然目前尚无足够证据可以证明中国大陆在新石器时期存有原始宗教壁画，但在考古发掘中，确有早期绘画的些许痕迹。如在甘肃秦安大地湾遗址，便绘有一幅地画（图1-1-1）。1982年10月，甘肃文物工作队在对秦安五营乡大地湾遗址的考察中，发现了一幅绘于房屋原址的画作。该房址年代为仰韶文化晚期，距今已有5000年左右的历史。画面位于居室正中的火膛后首，靠近房址北壁。画面似为木炭涂抹而成，共分上下两个部分。上部绘有两个人物形象，居中者两腿交叉，作行走状，左臂向上弯曲靠近头部，右臂于身侧下垂，手中似握一物抵身侧。该人右侧又绘一人，姿势与前人相近，只是身体略向中间人物方向倾斜，尤其是头部，具有伸颈探视左前方的意向。在其左前方，为一长方形黑框，框内有二物，对此，学界意见不一：有人认为是昆虫；有人认为是屈肢而葬的两位死者；还有人认为是象征害人生病的鬼像；更有一

图 1-1-1　甘肃秦安大地湾地画，新石器时代，现藏甘肃省文物考古研究所

种观点认为是表现性生活的裸体仰身的女性；第五种观点则认为该图像表现的是狩猎场景，框内二物为落入陷阱的动物。

无独有偶，在属于红山文化的辽西牛河梁女神庙中，也发现了壁画残块，这些残块上有赭红色勾连纹、赭红间黄白色交错三角纹等几何纹样。[1]而红山文化泥塑女神头像的出土（图1-1-2），更为该遗址的宗教归属提供了明确指向。另外，仰韶文化庙底沟类型的鹳鱼石斧图彩陶缸（图1-1-3）以及青海大通县上孙家寨出土的舞蹈纹彩陶盆（图1-1-4），也都显示了人类早期宗教信仰与社会生活习俗的相关性。

图 1-1-2　女神头像，泥塑，红山文化时期，出于辽西牛河梁女神庙

除此之外，在距今约三万年的旧石器时代晚期遗址中，还曾出土过一件刻有状如羚羊、飞鸟和猎人图像的兽骨片，结合甘肃秦安大地湾遗址的地画和辽西牛河梁女神庙中的几何纹壁画残块，似可彰显原始人类艺术创作的魅力。

二、先秦宗教艺术

新石器时代末期至战国时代的壁画遗存虽极为稀少，史料记载却较为丰富，且极为真切。据应劭《风俗通义》载，黄帝时有神荼、郁垒兄弟二人，能执鬼，曾于度朔山桃树下检阅百鬼之无道者，缚以苇索，执以饲虎。黄帝乃立桃板于门，画二人像以御鬼，谓之仙。《风俗通义》中的神荼、郁垒，当为三皇五帝以来最为知名的人物形象，实开后世门神之先河。《史记·殷本纪》亦载商时著名大臣伊尹从汤言素王及九主之事。《集解》引刘向《别录》称："九主者，有法君、专君、授君、劳君、等君、寄君、破君、国君、三岁社君，凡九品，图画其形。"[2]殷汤所言的九主图像，在湖南长沙马王堆3号汉墓所出土的一幅定名为"九主图"的帛图残片中有所展现，帛图上残存的12个题记文字和比较完整的两幅"灭社之主"图像印证了商时的崇奉习俗已延续到秦汉时期。除此之外，《尚书》也记载了商王武丁"梦帝赉予良弼，乃审厥像，俾以形旁求于天下。说筑傅岩之野，惟肖其画"[3]的故事。在这则故事中，武丁为寻求贤臣假借梦境，令人将梦中贤臣的形象绘制出来求之于天下，最终以此方式获取了极有见地但出身卑微的傅说。另一则有关商代绘画的记载出自刘向的《说苑·反质》，该文以墨子之名评介商纣往事，称："纣为鹿台糟丘，酒池肉林，宫墙文画，雕琢刻镂，锦绣被堂，金玉珍玮，妇女优倡，钟鼓管弦，流漫不禁，

1 辽宁省文物考古研究所：《辽宁牛河梁红山文化"女神庙"与积石冢群发掘简报》，《文物》1986年第8期，第3—4页。

2 柳诒徵：《中国文化史》（上册），北京：中国大百科全书出版社，1988年，第77页。

3 郑午昌：《中国画学全史》，长春：时代文艺出版社，2009年，第13页。

而天下愈竭……”[1]其中“宫墙文画，雕琢刻镂”当是对商代建筑及壁画的真实描述。

至春秋之季，原被描述为“宫墙文画”的殷商绘事扩大到明堂等礼制建筑。《孔子家语·观周》载：“孔子观乎明堂，睹四门墉有尧舜之容，桀纣之象，而各有善恶之状，兴废之诫焉。又有周公相成王，抱之负斧扆南面以朝诸侯之图焉。”[2]从《孔子家语》的记载可以看出，汉唐以来绘画所具有的规诫意义在春秋时便已呈现。

图 1-1-3 鹳鱼石斧图彩陶缸，高 47 厘米，口径 32.7 厘米，底径 20.1 厘米，新石器时代前期仰韶文化，1980 年出于河南省临汝县阎村，现藏河南省博物馆

图 1-1-4 舞蹈纹彩陶盆，器高 14.1 厘米，口径 29 厘米，新石器时代，1973 年出于青海大通县上孙家寨。现藏国家博物馆

战国时期，各种绘事更延至先王庙宇和公卿祠堂，所绘内容亦更加丰富。圣君贤相、忠臣烈女、天地鬼神、山灵海怪均罗列其中。对此，汉代王逸在《楚辞章句·天问章句》卷三中有细致描绘：“屈原放逐，忧心愁悴。见楚有先王之庙及公卿祠堂，图画天地山川神灵，琦玮僪佹。及古贤圣，怪物行事，周流罢倦，休息其下，仰见图画，因书其壁，呵而问之，以泄愤懑，舒泻愁思。”《天问》共设一百七十多个问句，将楚国先王庙宇中所绘制的林林总总的形象，从天地、山川、河流、神灵鬼怪到圣贤故事，都一一记录在案，成为标榜古代庙堂壁画的不朽诗篇。虽然，楚时的先王庙宇现已不存，但那些琦玮僪佹的形象在楚地漆器和帛画中仍大量保存。如湖北随州西郊擂鼓墩的战国早期曾侯乙墓，共葬有25具漆棺，其中，主棺为曾侯乙所有，可分为内外两层。外棺髹黑漆，黑色的底子上满绘红色和金色的装饰图案。内棺髹红漆，上绘蛇、鸟及各种神人怪兽图像。两层漆棺分别以红、黑为主，间以黄、灰等色，交相错杂，神秘气息浓郁。而湖南长沙马王堆1号汉墓出土的漆棺为四层髹漆套棺，其中第二层和第三层漆棺上均绘有动物图像，歌舞弹唱，神情怪异。而该墓出土的T型帛画，亦洋溢着楚地特有的仙怪气息。画面从上到下，遍布各色神祇，无论是人首蛇身主尊还是手托弯月的仙人，亦或骑于怪兽背上的兽首御者，或者蹲踞于巨鱼身上的半裸托举力士，以及立于巨鱼尾端的半狼半羊怪兽，都与荆楚崇奉巫术的传统有着密切联系。

对于以上艺术作品的创造者，史料鲜有涉及。较早记录绘制者及其所绘内容的文献是西汉刘向的《说苑》。刘向在《说苑》中记述了一个齐王霸占敬君妻的故事，称齐王营

1 刘殿爵、陈方正主编：《先秦两汉古籍逐字索引丛刊·说苑逐字索引》，香港：商务印书馆，1992年，第174页。
2 薛安勤、靳明春译注：《孔子家语今注今译》，大连：大连海运学院出版社，1993年，第70页。

图 1-1-5　车马图，全画高 87.6 厘米，宽 106 厘米，秦，出于陕西咸阳市秦都 3 号宫殿遗址，现藏陕西省咸阳市文物保护中心

造九重台，召敬君参与其事。敬君因离家日久思妻弥深，遂绘妻像以对之。齐王看到敬君妻的画像，因其美貌而以钱百万纳之。该记载并未着重突出敬君的绘画技艺，但从其妻被齐王纳入的结局看，其技似不可小觑。在后世文献中，亦有零星的善绘者记录。如《历代名画记》便记载了黄帝之臣史皇的技艺，称其善为图画，并载称周之封膜亦善画。

三、秦汉壁画艺术

秦代，虽立国不长，但其承前启后的意义深远。秦咸阳宫作为当时最为著名的都城，其营建凝聚了秦人7代君王长达144年的心血。在现已发掘的秦都咸阳古城遗址中，考古人员发现了壁画残片，除了二方连缀、四方连缀组成的几何图案外，还有仕女、车马等。其中，秦咸阳宫3号宫殿遗址中出土过一些车马壁画，马多作奔驰状，后拖一车，有的拖车之马为并排四匹（图1-1-5）。按前人对《诗·小雅·采菽》中“载骖载驷，君子所届”的解释，马四匹为驷。驷马，便是驾一车之四马。所以，秦咸阳宫的四马单辕图像应是对“驷马”一词最形象化的注解，其驷马气势与春秋时人“拥大盖，策驷马，意气洋洋，甚自得也”的心理一脉相承。另一图像残迹为一侧身跪坐的男子，头戴风帽，身着缁衣，领间露出白色，腰系一条白带，正双臂前伸，似与人交谈，又似供奉某物。其身后为一白描武士，正呈跪射姿势侧身向前（图1-1-6）。还有一幅图像为一站立人物，头部残损，仅剩身体部分，该人物身着褐色长袍，袍子下部为喇叭口状，沿地平线向两

图 1-1-6　跪坐人物，秦，高 12 厘米，出于陕西咸阳市秦都 3 号宫殿遗址，现藏陕西省咸阳市文物保护中心

侧伸展（图1-1-7）。以上遗存现均藏于陕西省咸阳市文物保护中心。

秦咸阳宫壁画的颜色极为艳丽明快，多为矿物性颜料，颜色有黄、蓝、黑、赭石、朱红、大红、石青、石绿等，其中黑色用得最多，赭、黄次之。秦代之所以崇尚黑色，与始皇帝笃信阴阳五行学说有关。当时，秦代周，被视为水克火。因为周朝崇尚火德，以红为其方色。在西周王朝的发祥地陕西岐山，出土过红色丝织品残迹，此乃目前所知最早的周代着色织物。而出土于周原的西周漆器残片，也以红色为主。作为取代周王朝的秦，自称水德，其色尚黑。故此，秦咸阳宫中壁画的色调以黑为主。虽然秦咸阳宫的这些壁画并不隶属佛道系统，但其构图和色彩均为后世佛道壁画的兴起奠定了基础。

图1-1-7 站立人物残片，秦，出于秦咸阳宫3号宫殿遗址，现藏陕西省咸阳市文物保护中心

应该说，在秦汉之前的绘画中，与巫术相关的祭祀活动和实用为主的记事状物活动是绘画的两个主要目的。单就记事状物而言，从有巢氏之绘轮圜，到轩辕氏之染衣裳，其目的无不旨在实用。在实用基础上，人们才开始利用绘画藻饰礼制，也即张彦远所谓的“成教化，助人伦”。汉代，是图像的教化功用最为突出的时代。汉武帝时，曾因爱将霍去病的逝去而“发属国玄甲，军陈自长安至茂陵，为冢像祁连山”。时至今日，霍去病墓残存的石雕仍以其生动的态势、朴拙的刀法、沉雄浑厚的体量、高超的艺术概括力和感染力而饮誉群雄。西汉甘露三年（前51），汉宣帝以戎狄宾服，思股肱之美，乃图画霍光、张安世、韩增、苏武等十一人于麒麟阁，法其形貌，署其官爵、姓名。东汉永平（58—75）中，又图画前世功臣二十八将及王常等共计三十二人于南宫云台，既配享，又世祀，尽显追崇之典，古所未有。汉宣帝大力表彰功臣的做法，使汉世忠君扬名之风日盛，以致出现“或不在于画上者，子孙耻之”[1]的现象。

汉明帝雅好丹青，别开画室。又创立鸿都学，以集奇艺。汉代壁画艺术的兴隆在现已发掘的两汉宫廷宅第、达官显贵墓室的壁画中有所显现，一些以珍禽异兽、山灵海怪以及墓主人生前车骑出行、楼阁宴饮、杂技表演为主题的壁画相继出现，从另外一个角度弥补了地面殿堂壁画的缺失。

第二节　佛教东传与两汉佛道艺术

一、汉明帝与佛教东传

中国汉地“官方”引进佛教且专为佛教信徒修建寺庙的时间，相传起于东汉明帝感

1 ［东汉］王充著，陈蒲清点校：《论衡》，长沙：岳麓书社，1991年，第313页。

梦求法时期。尽管《历代三宝记》将汉地佛教传入的时间定于秦始皇时期，称当时一位叫以室利防（Sramana）的僧人曾与其他僧众携大量经文抵达秦始皇所在的都城，却被正迷恋于寻丹问药以求长生的始皇帝投入牢狱。所幸的是，这些僧众并未被嗜杀的始皇帝处以极刑。一天晚上，他们被一个身高丈六的金人救走。另一则可与之相互印证的材料来自《高僧传》，称公元前120年汉武帝穿昆明池底时，得黑灰。问东方朔，不解。再问天竺僧人法兰，法兰答曰："世界终尽，劫火洞烧，此灰是也。"[1]虽然以上两则信息都将佛教在汉地始传的时间指向比汉孝明帝求法更早的秦皇汉武之时，但均未被史学界采信。长期以来，人们始终将明帝求法作为佛教进入汉地的标尺。

东汉时所撰的《四十二章经序》记录了汉明帝派人求取佛经的始末及建造寺塔的缘起："昔汉孝明皇帝夜梦见神人，身体有金色，项有日光，飞在殿前，意中欣然甚悦之。明日问群臣：'此为何神也？'有通人傅毅曰：'臣闻天竺有得道者号曰佛，轻举能飞，殆将其神也。'于是上悟，即遣使者张骞、羽林中郎将秦景、博士弟子王遵等十二人，至大月氏国写取佛经四十二章，在十四石函中，登起立塔寺。于是道法传布，处处修立佛寺。"[2]

而东汉末年牟子所撰的《理惑论》，在记叙汉明帝感梦求法事宜之后，亦对洛阳佛寺绘造佛像一事进行了更为详细的描述："时于洛阳城西雍门外起佛寺，于其壁画千乘万骑，绕塔三匝。又于南宫清凉台及开阳门上作佛像。明帝存时，预修寿陵曰'显节'，亦于其上作佛图像。"[3]与此记载类似的文献还可见《魏书》卷一百一十四："愔又得佛经四十二章及释迦立像。明帝令画工图佛像，置清凉台及显节陵上，经缄于兰台石室。愔之还也，以白马负经而至，汉因立白马寺于洛城雍关西。摩腾、法兰咸卒于此寺。"[4]

文中所载的洛阳西雍门外佛寺即今白马寺，寺内西院现存两座墓穴，安葬的即是明帝求法时请来的天竺高僧摄摩腾和竺法兰。此二人初到洛阳，即在白马寺翻译《四十二章经》。白马寺最初本来是安置外国僧人的居所，后来专门用作译经之地，并增建了印度式的佛塔。《魏书·释老志》中曾有一段文字专门记述白马寺的寺塔制度："自洛中构白马寺，盛饰佛图，画迹甚妙，为四方式，凡宫塔制度，犹依天竺旧状而重构之，从一级至三、五、七、九。世人相承，谓之'浮图'，或云'佛图'。"[5]白马寺依天竺旧状构置佛塔，并在塔院壁面作画的方式为后来中国佛寺格局的形成提供了参照的范例。

洛阳佛教寺院，除白马寺之外，城西尚有菩萨寺（《道行经后记》），城中则建有专供西域人参拜和居住的"官浮图精舍"，周闾百间（《法苑珠林》引《汉法本内传》）。《洛阳伽蓝记》称洛阳"至晋永嘉，惟有寺四十二所"，此说与《魏书》所载一致。洛阳的这些佛寺塔庙有一部分当建于汉魏之际。当时的洛阳，俨然已成为中土佛教中心。

洛阳佛事活动的兴隆，也渐渐影响至民间。郦道元在《水经注》中曾经记载洛阳以东有襄乡浮图，立于东汉熹平年间（172—178），并刻碑记其事。除此之外，在许昌、仓垣等地也都有佛寺的兴建。按文献提供的线索，至迟在汉魏之际，洛阳以东、淮水南北，民间业已建有正式的佛寺塔院。

洛阳佛法，除浸渍周边民间外，亦向江南流布。东汉灵帝末年，中原战乱，安息僧人安世高避乱江南，于会稽、庐山、广州一带开展佛事活动。汉献帝末年，月氏人支谦亦由洛阳前往吴地，入侍东宫，在孙权的庇护下翻译佛经。江南佛寺建于吴赤乌十年

1 文渊阁《四库全书》（电子版），上海：上海人民出版社、香港：迪志文化出版有限公司合作出版，1999年，子部，释家类，法苑珠林，卷二十。

2 ［法］烈维著，冯承钧译：《西洋汉学家佛学论集》，台北：华宇出版社，佛历2529，第182—183页。

3 文渊阁《四库全书》（电子版），子部，释家类，《弘明集》卷一。

4 ［北齐］魏收撰：《魏书》，北京：中华书局，1974年，第503页。

5 耿相新、康华：《标点本二十五史（四）》，郑州：中州古籍出版社，1996年，第552页。

（247），时交趾沙门康僧会到达建邺（今南京），“设像行道”。孙权为其立塔建寺。由于此寺为东吴建造的第一座佛寺，故取名为建初寺。自此以后，江南佛寺日趋繁茂，不但兴盛于城垣，亦广布于寻常巷陌。《三国志·吴书》中载有孙琳毁坏佛寺之事，事见《孙琳传》：“琳意弥溢，侮慢民神，遂烧大桥头伍子胥庙，又坏浮屠祠，斩道人。”[1]浮屠祠即为佛寺，道人系指佛教僧人。孙琳侮慢民神之事，说明汉末三国时，佛教已经进入江南民间。

中国汉地佛寺的定型，除了借鉴天竺遗法外，还经历了佛道互融的过程。佛教初传时，往往被视为神仙方术的一种，与黄老相并列。佛经的翻译亦参照老庄道家之学，奉祀佛陀也必经斋戒沐浴，其仪轨等同于传统祭祀。

二、早期佛教艺术样式与佛像仪轨

对于早期中国佛教艺术，海内外学者多有探讨。1953年，日本学者水野清一和长广敏雄在《云冈石窟》卷六部分提出最早表现佛像的实例为汉式铜镜纹饰。1954年，理查德·爱德华（Richard Edwards）在其对四川地区麻浩崖墓的调查报告中称，该墓葬前室中的一个浮雕图像为佛像。考古学家俞伟超也在《东汉佛教图像考》中认定四川、山东以及内蒙古等地出土的一些文物具有早期佛教特征。以上学者的观点得到了大多数佛教艺术研究者的认同。不过，在得到认同的同时，水野清一、长广敏雄以及中国考古界前辈曾昭燏女士也注意到中国早期佛像与印度佛像的差异，认为有些图像并非真正意义上的佛像，而仅是佛化后的中国传统神仙。

其实，如果按汉明帝的感梦记载：“身有金色，项有日光”，应该是佛陀初传中土时的主要特征。此形象一直延传至晋。晋散骑常侍薛莹所作的《后汉纪》中对佛陀形象的记载与明帝所感梦境类似。该书将佛陀形象描述为：“佛身长一丈六尺，黄金色，项中佩日月光，变化无方，无所不入，故能化通万物而大济群生。”[2]《法苑珠林》卷十四则引用《佛本行经》，对佛陀及其他一些神祇的身高作了具体阐述：“调达身长一丈五尺四寸，佛身长一丈六尺，难陀身长一丈五尺四寸，阿难身长一丈五尺三寸，其贵姓舍夷长一丈四尺，其余国种皆长一丈三尺。”[3]而约成书于3世纪中叶的《牟子理惑论》（统称《牟子》，亦称《理惑论》），认为佛不但具有中国神仙式的迷幻色彩，可以随意地飞来飞去，更拥有无穷变化的能力。为此，它宣称：“佛者，谥号也。犹名三皇神、五帝圣也。佛乃道德之元祖，神明之宗绪。佛之言觉也，恍惚变化，分身散体，或存或亡，能小能大，能圆能方，能老能少，能隐能彰，蹈火不烧，履刃不伤，在污不染，在祸无殃，欲行则飞，坐则扬光，故号为佛也。”[4]

从以上记载可以看出，早期汉地佛陀形象从体量上有过从一丈六尺到能小能大，能圆能方，能老能少的一种不可知状态的演变。佛陀形象的这种变化反映了佛法传入中土后与黄老学说密切结合的事实，导致早期造像中，佛道图像往往不易辨识。所以说，中国早期佛像在塑造过程中的确掺杂进一些中国本土的神仙因素，只不过这种杂糅式的佛像样式并未成为魏晋以后汉地佛像的主体。唐宋以降，佛教造像与道教尊神从形制上逐渐拉开距离，各自形成了较为成熟的造像体制。即便是汉魏之际，天竺传入的佛像

1 杜斗城：《正史佛教资料类编》，兰州：甘肃文化出版社，2006年，第567页。
2 陈长琦：《战国秦汉六朝史研究》，广州：广东人民出版社，1997年，第181页。
3 ［唐］释道世著，周叔迦、苏晋仁校注：《法苑珠林校注》（第一册），北京：中华书局，2003年，第312页。
4 麻天祥、姚彬彬、沈庭：《中国宗教史》，武汉：武汉大学出版社，2012年，第132页。

规制也有零星再现。以佛像为例，尽管佛陀的面相及衣着渐趋华化，但姿态、手势等大都遵循外译佛经规制，尤其是后期藏传体系的佛教造像，其造像规制直接来源于由天竺转译而来的《佛说造像量度经》。

虽然汉地早期的佛教造像未见依据《佛说造像量度经》雕造的记录，但从现存的佛教造像样式和尺度观察，当时的雕绘应该有所依据。如佛陀的“三十二相”和“八十种好”，在佛教造像中普遍受到重视，其造像规制很可能依据了佛教经典《长阿含经》、《弥勒上生经瑞应钞科》、《方广大庄严经卷》及《慈悲道场水忏法随闻录》等经文而来。对于佛陀所具有的“三十二相”，一般被认为是：

一者足安平，足下平满，蹈地安隐。二者足下相轮，千辐成就，光光相照。三者手足网缦，犹如鹅王。四者手足柔软，犹如天衣。五者手足指纤，长无能及者。六者足跟充满，观视无厌。七者鹿膊肠，上下佣直。八者钩锁骨，骨节相钩，犹如锁连。九者阴马藏。十者平立垂手过膝。十一、一一孔一毛生，其毛右旋，绀琉璃色。十二、毛生右旋，绀色仰靡。十三、身黄金色。十四、皮肤细软，不受尘秽。十五、两肩齐亭，充满圆好。十六、胸有万字。十七、身长倍人。十八、七处平满。十九、身长广等，如尼拘卢树。二十、颊车如师子。二十一、胸膺方整如师子。二十二、口四十齿。二十三、方整齐平。二十四、齿密无间。二十五、齿白鲜明。二十六、咽喉清净，所食众味，无不称适。二十七、广长舌，左右舐耳。二十八、梵音清彻。二十九、眼绀青色。三十、眼如牛王，眼上下俱眴。三十一、眉间白毫柔软细泽，引长一寻，放则右旋螺如真珠。三十二、顶有肉髻。是为三十二相。

对于佛陀的“八十种好”，各部经文所载并不一致，以《方广大庄严经卷》卷三为例，其“八十种好”为：

一者、手足指甲皆悉高起。二者、指甲如赤铜。三者、指甲润泽。四者、手文润泽。五者、手文理深。六者、手文分明显著。七者、手文端细。八者、手足不曲。九者、手指纤长。十者、手指圆满。十一者、手指端渐细。十二、手指不曲。十三、筋脉不露。十四、踝不现。十五、足下平。十六、足跟圆正。十七、唇色赤好如频婆果。十八、声不麁犷。十九、舌柔软色如赤铜。二十、声如雷音清畅和雅。二十一、诸根具足。二十二、臂纤长。二十三、身清净严好。二十四、身体柔软。二十五、身体平正。二十六、身无缺减。二十七、身渐纤直。二十八、身不动摇。二十九、身分相称。三十、膝轮圆满。三十一、身轻妙。三十二、身有光明。三十三、身无斜曲。三十四、脐深。三十五、脐不偏。三十六、齐称位。三十七、齐清净。三十八、身端严。三十九、身极净遍发光明破诸冥瞑。四十者、行如象王。四十一、游步如师子王。四十二、行如牛王。四十三、行如鹅王。四十四、行顺右。四十五、腹圆满。四十六、腹妙好。四十七、腹不偏曲。四十八、腹相不现。四十九、身无黑子。五十者、牙圆正。五十一、齿白齐密。五十二、四牙均等。五十三、鼻高修直。五十四、两目明净。五十五、目无垢秽。五十六、目美妙。五十七、目修广。五十八、目端正。五十九、目如青莲。六十者、眉纤而长。六十一、见者皆生喜。六十二、眉色青绀。六十三、眉端渐细。六十四、两眉头微相接连。六十五、颊相平满。六十六、颊无缺减。六十七、颊无过恶。六十八、身不缺减无所讥嫌。六十九、诸根寂然。七十者、眉间毫相光白鲜洁。七十一、额广平正。七十二、头顶圆满。七十三、发美黑。七十四、发细软。七十五、发不乱。七十六、发香洁。七十七、发润泽。七十八、发有五卍字。七十九、发彩螺旋。八十者、发有难陀越多吉轮鱼相。

虽然佛陀的“八十种好”在不同的佛经中记载不一，但因其仅是对佛陀形象进行描述，所以并不会改变佛陀整体的形象结构。兼之佛像制作往往以造像工匠们口传身授的方式世代相承，所以不同工匠塑造的佛像虽有差异，但主体形象保持了一定的稳定性。这就导致世人评价佛陀造像是否圆满，常常依据“三十二相”、“八十种好”作为标准。宋代《德隅斋画品》便载称，唐赵公佑所绘正坐佛像，将“三十二相”、“八十种好”表现殆尽。从《德隅斋画品》著者李廌对公佑作品的描述可知，赵公佑绘制的佛像与世俗所画佛、菩萨截然不同，他一改平常人们所作西域像“拳髮虬髯、穹鼻黝目，一如夷人，或作庄严相则妍柔姣好，奇衣宝服，一如妇人”的惯例，创作出一种“慈悲威重，有巍巍天人师之容”的端正佛像。而且，在用笔敷色方面，也别出新意，“笔迹劲细，用色精密”，即便缣素暗腐也能够保证丹青不渝。

所以说，就佛教造像而言，“三十二相”、“八十种好”是制造佛像的主要蓝本，在此基础上，不同时期的制作者可能会根据具体情况和个人好恶而加以变更。如汉魏之际的佛教造像，除西域一带因地利之便可以更多地仿造印度佛像样式外，内陆佛像多呈现一种中外杂糅之势。像四川彭山汉墓出土的公元2世纪晚期佛像，比较明显地体现出这一特点。该佛像为一坐佛，塑于泥质灰陶摇钱树底座之上，两边塑有二夹侍像。虽然这尊佛像的雕琢手法极为粗陋，但佛陀应具有的三十二相中高高凸起的肉髻极为明显，除此之外，佛所着僧衣的褶皱纹理以及佛的坐姿和手势亦等同印度佛陀造像样式。那些当时的佛像雕凿者，有选择地吸收和运用了这些外来因素，使之以一些孤立的符号形式，作用于当地的佛陀造像。在突出以上外来佛像因素之外，它也体现出一些地方性宗教特征，如佛陀饱满浑圆的东方面孔，二夹侍既非菩萨又非弟子的袍服样式，以及陶座底部双龙意欲衔璧的浮雕，都表明在一般汉人心目中，佛陀所代表的可能仅是长生不老的外来神仙。只有基于这种认识，佛陀才可能较容易地融入到多种地方宗教信仰之中。所以说，汉魏佛寺雕像与壁画，的确与当时的道教神仙造像有着千丝万缕的联系。

三、早期神仙信仰与其遗存

在我国数千年的历史长河中，道教思想源远流长，其起源于先秦，完成于两汉魏晋之际。在早期道教信仰中，求仙问道是其主要表现方式。神仙信仰源起于古人对自然的种种神秘传说。如《楚辞》的《天问》、《九歌》等篇，都描述过一些超越凡俗的神祇形象，他们游息自在，无忧无虑，不老不死，故为道家所羡慕。《老子》将这种具有理想人格的神祇称为“圣人”，《庄子》称之为“至人”、“神人”、“真人”。从以上所列这些名称可以看出道家超人思想渐次发展的历程。圣人生活于人间，至人、神人、真人则超脱人间，成为游于“方外”或“物外”者。道家采取民间传说中的超人或神仙生活作为本派理论的例证，当时的小说家与辞赋家也同样采用那些故事来做文章，但尚未形成求仙信仰。到方士出来倡导之时，产生了所谓神仙家，求不死药及求仙之风才渐次盛行起来。

到战国齐威王、宣王时期，神仙信仰已趋于稳定。齐人邹衍将其改造成阴阳相生、五德终始理论以游说诸侯。《月令》言四时之神即本于邹衍五德转移、治各有宜之说，称：春，其帝太皞，其神句芒。夏，其帝炎帝，其神祝融。中，其帝黄帝，其神后土。秋，其帝少皞，其神蓐收。冬，其帝颛顼，其神元冥。另外，帝王君临天下，亦需与五德相配，如伏羲以木德王，神农以火德王，黄帝以土德王，少昊以金德王，颛顼以水德王，高辛以木德王，唐尧以火德王，虞舜以土德王，夏禹以金德王，商汤以水德王，周文、武以木德王。可以说，邹衍的五行学说在后来神祇信仰中占据了非常重要的地位，寺观壁画中频繁出现的五帝、五岳、五湖龙王等神祇均遵循着五行之色。邹衍又有所谓天子南面有常位，而月异其处论。并称五辂亦各有用，而时拘其色。以至五谷六畜日用饮食之常，亦随时而变，从而将五气与四时密切结合在一起，使之成为行乎天地间无处不在的重要礼法。现在邹衍的思想散见于《论衡》、《盐铁论》及《史记》中。《史记正义》称秦始皇曾采邹衍五德学说，以周为火德，自称水德，称之为母代子。之后历代帝王均效仿此规制，以五德运行作为朝代兴替的重要指向。

始皇重视五德学说，宠信燕齐术士。徐市，也即徐福，为齐人。宋毋忌、正伯侨、充尚、羡门子高，皆燕人，为方仙道，形解销化，多为鬼神之事。始皇之前，自威、宣、燕、昭，便使人入海求蓬莱、方丈、瀛州三神山。三神山，相传在渤海中，去人不远，山上有仙人及不死之药，其物禽兽尽白，而黄金、银为宫阙。未至，望之如云。及到，三神山反居水下。临之风辄引去，终莫能至。及至秦始皇兼并天下，听信徐市有关海中三神山的传说，便遣徐市发童男女数千人入海求仙人。虽最后无果而终，但由此可知始皇求仙之心迫切。此外，秦始皇还多次参与斋戒祷祠活动。一次，他梦见与海神交战，发现与之交战的海神其状如人，遂向占梦博士询问。占梦博士告之曰：水神不可见，以大鱼蛟龙为侯，今上祷祠备谨，而有此恶神，当除去，而善神可致。始皇听信其言，派人以连弩候大鱼出时射之。在这一记载中，大鱼是作为海神的僚属出现的，性质邪恶，终被除去。1973年，长沙子弹库战国楚墓出土了一幅《人物御龙图》（图1-2-1）帛画，该画高37.5厘米，宽28厘米，出土时平放于棺板与椁盖板之间，帛画上部有一根细竹条，系有棕色细绳。按专家研究，此幅帛画应该是引魂升天的铭旌。铭旌的正中间画的是一位侧身直立的男子，他身穿长袍，腰佩宝剑，头戴高冠，胲下系带，正挺身御龙前行。画中巨龙首尾上翘，状如龙舟。舟尾部位站立一仙鹤，一足直立，一足抬起，正向龙舟后方引颈高歌。龙舟顶部绘有华盖，上饰流苏，于劲风中向后飘扬。龙舟之下绘有一鱼，几与龙舟平行。虽然此鱼未必是始皇梦中的大鱼，但将鱼绘于升仙图像之中似在表明其身份的特殊性。

图 1-2-1　人物御龙帛画，高 37.5 厘米，宽 28 厘米，战国，出于湖南长沙市子弹库。现藏湖南省博物馆

与上述战国帛画同属一个类型的长沙马王堆西汉帛画，亦绘有鱼类。长沙马王堆共出土帛画两件，年代为西汉惠帝至文帝之间（前194—前157）。最早发掘的轪侯夫人墓被定名为马王堆1号汉墓。马王堆1号汉墓出土的帛画（图1-2-2）长205厘米，上部宽92厘米，下部宽47.7厘米。帛画的顶部裹有竹竿，并系有丝带，四角缀有长20厘米的青色丝麻筒状绦带。帛画内容分为上、中、下三部分：上部为天际部分，绘有太阳和金乌，以及月亮和蟾蜍。其中，画面中间部分，即日月之间，侧坐一蛇身人首神祇，形状与汉画像石及墓室壁画中出现的伏羲、女娲类似。金乌绘于蛇身人首神祇左侧的圆环状太阳中，太阳下为扶桑树，并有八个体型较小的太阳。其意图，似在述说后羿射日故事。蛇身人首神祇右侧是一弯新月，月上站立蟾蜍和玉兔。月下为一女子，一说为奔月嫦娥，一说为升仙的墓主人。蛇身人首神祇下方为对龙，龙身四周祥云缭绕，龙首相对，龙嘴大张。二龙之间又有一对怪兽，豹纹马身，各由一位亦仙亦怪的神祇驾驭。怪兽之间悬一铎，铎的底部系有彩带。悬铎之下为二守门司阍及二神豹。帛画中部描绘的是轪侯夫人的日常生活场景。此组人物共计6位，同处于一斜柱支撑的平台之上。从图像上看，轪侯夫人已近老

图 1-2-2 T型帛画， 纵 205 厘米，上宽 92 厘米，下宽 47.7 厘米，汉代，出于湖南长沙马王堆 1 号汉墓，现藏湖南省博物馆

年，双手扶杖，体态略胖，周身裹一锦袍，袍上有五彩流云图案。老妇人前面跪着两位奉食者，老妇人身后为三位侍女。这组人群上面有华盖、仙禽，身下及两边为穿璧巨龙，玉璧之上立柱两边各立豹纹怪兽一只。玉璧之下向两边飘扬的彩带上各有一戴冠人首鸟身图像，有研究者将其识为妙音鸟。彩带之下为一悬磬，悬磬下是两列对坐人物，旁置壶、鼎等酒食器物。马王堆1号墓帛画下部绘一裸身力士，正站立于两条交身大鳌之上托举上述对坐人物及器具，大鳌尾部又各立一直立羊角兽身怪物，正用一手闭合鳌嘴。马王堆3号墓出土的T型帛画除墓主人部分改为男性外，其他与1号墓大同小异。

由此可见，战国及汉时帛画中的龙、鱼图像是作为升仙图中极为重要的部分而呈现的。除此之外，在出土文物中，也有其他神祇存在。1978年湖北随县发掘的曾侯乙墓中，出土了7000余件文物，除了享誉海内外的编钟之外，还有一件漆内棺颇具艺术特质。该棺内壁髹朱漆，外表以朱漆为地，并用黑、黄、灰三色绘制装饰图案及鬼怪神祇。首先，在内棺的左右侧板上，绘有八位兽面人身、双臂曲举、双手执戈的舞蹈状神祇。其中，位于下层的四位两腮留有胡须，头上有角，形象类羊，双腿染成黑色，胸前饰有交叉状网纹，耳际有云纹。上层的四位神祇头戴硕大的四目熊首假面，脚踏火焰纹。有研究者将头戴熊首假面的怪兽视为古代傩仪中的方相氏，而将下层的羊首怪物视作由百隶扮演的神兽，称其装扮的目的为驱鬼逐疫。方相氏与神兽的左侧，还绘有两位头生双角的神怪。这两位神怪身有双翅，人面鸟身，人腿鸟足，被认为是羽人。羽人手执锋利的戈具。曾侯乙内棺右侧紧靠羽人和方相氏的上框内，还绘有四只鸡首蛇颈、振翅张爪的巨鸟，而内棺的头档上则绘有造型灵动的朱雀和雄健的白虎。内棺头档与左右侧板的其他部位，还绘有数目众多的小型人首神怪，他们或人面鸟身，或人面蛇身。有的头生双角、耳饰两蛇、脚践两蛇；有的头顶二鸟、腮边饰链；有的头顶两只长角，长角上又负二龙。此外还有不少二鸟啄蛇的图案，这与马王堆1号汉墓漆棺中出现的一些神祇图像具有一定的关联。

在马王堆1号汉墓出土的四层套棺中，有两层为黑地彩绘和朱地彩绘木棺，木棺上绘有众多的云气和神怪图像。其中有一组神祇食蛇图像绘于黑地彩棺之上，共四幅，食蛇神祇被命名为土伯。第一幅为一大鸟正低头寻找食物，第二幅为该鸟发现一蛇，第三幅为衔着蛇的大鸟将蛇放入土伯的大嘴之中，第四幅为土伯吞咽蛇后正欲离去。按《楚辞》言，土伯应是幽都中有角的一种怪兽。《日知录》认为：长人、土伯，则夜叉、罗刹之类。土伯食蛇类图像在墓穴中出现，表达的是时人期望土伯保护死者尸体不受虫蛇侵害的一种愿景。后世寺观壁画中出现的地府神祇，很可能便是先秦两汉时期土伯信仰的延续。

四、鲁灵光殿及汉代神祇崇拜

与考古资料可相互映照的是汉代史料。据《佩文斋书画谱》载，汉代省中皆以胡粉涂壁，画古贤烈士，并以丹朱漆地，故谓之丹墀。这种以古贤烈士为主题的殿堂壁画，延续的仍是先秦传统。按王逸《楚辞章句》记载：楚有先王之庙及公卿祠堂，图画天地山川神灵，琦玮僪佹，及古贤圣怪物行事。屈原放逐时，曾书其壁间而问之，以泄愤懑之情。与《楚辞章句》的记载相辅相成的是东汉王延寿所作的《鲁灵光殿赋》，该赋是对西汉初期建筑——灵光殿的赞颂，曾得到《文心雕龙》作者刘协的高度评价，被认为“延寿灵光，含飞动之势”，从而使之得以与其他九家并称为辞赋英杰。

规模庞大的灵光殿是当时周公庙的主要建筑。按《山东通志》卷十一之六载：周公庙，在曲阜县东二里，故鲁太庙之墟，鲁灵光殿即此。南为文宪王坊，左侧为经天纬地坊，右侧为制礼作乐坊，北为庙门三间，又北为仪门三间，榜曰：忠诚格天。左右有两掖门，中为灵光殿五间，殿内祀元圣文宪王，以鲁公伯禽配右，设金人三缄像。两庑各五间，分祀鲁三十三公。后为寝殿五间，祀文宪王夫人。庙左为宰牲房，右为更衣亭，又增建问礼堂三间。《水经注》称灵光殿位于孔庙附近，孔阙北百余步即灵光殿，基东西二十四丈，南北十二丈，高丈余。东西廊庑别舍，中间方七百余步。阙之东北有浴池，方四十许步。池中钓台，方十步。池台悉石也。到北魏时，其遗址尚整，与王延寿赋中“周行数里，仰不见日者”的描述颇为一致。

作为一处供养先贤公卿的殿堂，灵光殿具有祖先崇拜和神灵崇拜双重含义，其内外布局堪称典范。王延寿通过对灵光殿的实地考察，写就《鲁灵光殿赋》，内容丰富，言辞优美，其精妙程度超过乃父及文学名家蔡邕。据传，最初延寿之父王逸欲作此赋，为此，才专门命延寿前往该殿图写其状。延寿完成此赋后呈交王逸，逸认为无以复加。而蔡邕亦欲为灵光殿作赋，十年不成。后见延寿此赋，遂隐而不出。

王延寿的《鲁灵光殿赋》，先以序的形式叙述大殿源起，称鲁灵光殿，盖汉景帝程姬之子恭王馀之所立。初，恭王始都下国，好治宫室，遂因鲁僖基兆而营焉。遭汉中微，盗贼奔突，自西京未央、建章之殿，皆见堕坏，而灵光殿岿然独存，遂被认为是神明庇佑，以保汉室。此乃有赖于该殿规矩制度，上应星宿，所以可得永安。感佩之余，遂作此赋，其中“圆渊方井，反植荷蕖。发秀吐荣，菡萏披敷。绿房紫菂，窋咤垂珠。云楶藻棁，龙桷雕镂。飞禽走兽，因木生姿。奔虎攫拏以梁倚，仡奋亹而轩鬐。虬龙腾骧以蜿蟺，颔若动而躨跜。朱鸟舒翼以峙衡，腾蛇蟉虬而绕榱。白鹿子蜺于欂栌，蟠螭宛转而承楣。狡兔跧伏于柎侧，猨狖攀椽而相追。元熊舑錟以龂龂，却负载而蹲跠。齐首目以瞪眄，徒脈脈而狋狋。胡人遥集于上楹，俨雅跽而相对。狌以雕囗，鹧顤顟而睽睢。状若悲愁于危处，憯嚬蹙而含悴。神仙岳岳于栋间，玉女窥窗而下视。忽瞟眇以响像，若鬼神之髣髴。图画天地，品类群生。杂物奇怪，山神海灵。写载其状，托之丹青。千变万化，事各缪形。随色象类，曲得其情。上纪开辟，遂古之初。五龙比翼，人皇九头。伏羲鳞身，女娲蛇躯。鸿荒朴略，厥状睢盱。焕炳可观，黄帝唐虞。轩冕以庸，衣裳有殊。下及三后，淫妃乱主。忠臣孝子，烈士贞女。贤愚成败，靡不载叙”部分，被认为是对大殿壁画及雕塑的记述。

王延寿的《鲁灵光殿赋》，是从一个观者的角度按照从外至内的顺序写就，他首先关注的是大殿的外貌，之后是内部的栋宇结构及图画雕刻装饰，最后才是大殿周围环境。灵光殿作为西汉建筑的代表，其殿堂格局和奉神体系在当时都具有一定代表性。赋中言及的神仙玉女、山岳海灵、伏羲女娲、忠臣孝子、烈士贞女等，在后世寺观壁画中依然存在。尤其是仙人玉女、忠臣孝子、仙禽瑞兽以及鳞身蛇躯的伏羲、女娲图像，不但显现于地上寺观壁画中，还频繁出现于墓室之内。如河北望都的东汉末期墓葬，在壁画人物的下层即绘有预示祥瑞的植物、鸟兽图像，其中芝草、白兔、鸳鸯、凤凰等，都是仙界物种的代表。而河南洛阳西汉卜千秋墓（图1-2-3）、山西大同北魏沙岭墓、甘肃高台和敦煌的魏晋墓以及新疆吐鲁番阿斯塔那唐墓出土的鳞身蛇躯伏羲、女娲图像，表明汉魏直至隋唐，地上、地下两种信仰在部分神祇身上具有一致性和延续性。汉代的神祇，在很长一段时间内，都曾成为后世人们持续膜拜的对象。

汉代对神祇的崇奉，以汉武帝最为著名。汉武帝酷好神仙之道，即位之初，便诏曰：河海润千里，其令祠官修山川之祠，为岁事。平素亦常祷于名山大川、五岳，以求神仙。元封元年（前110）正月甲子，汉武帝登嵩山起道宫，斋戒七日。在其诸多求道举措中，相会西王母是最为人津津乐道的一段。据《汉武帝内传》载，王母曾因武帝轻四海之禄寻道求生，降帝王之位而屡祷山岳，而有心与之一见。于是便派紫兰宫玉女王子登传话，告知武帝她将于七月七日与之相会，在此之前需要武帝清斋，不闲人事。为此，汉武帝修除宫掖，设坐大殿。以紫罗荐地，燔百和之香，张云锦之帏，燃九光之灯，并列玉门之枣，酌葡萄之醴，以候王母。时值七月七日，大约二更时分，王母驾临。众多仙人，或驾龙虎，或乘白麟，或乘白鹤，或乘轩车，或乘天马。群仙数千，光耀庭宇。王母所乘系紫云之辇，驾九色斑龙。别有五十天仙侧近鸾舆，皆长丈余，同执彩旄之节，佩金刚灵玺，戴天真之冠，全部来到殿下。王母上殿东向坐。其身着黄褡襹，文采鲜明，光仪淑穆，带灵飞大绶，腰佩分景之剑，头上太华髻，戴太真辰婴之冠，履玄璚凤文之舄，年纪约三十许，修短得中，天姿掩蔼，容颜绝世。虽然《汉武帝内传》所载内容荒诞不经，但文中对西王母的描绘与现今出土的汉画像石、画像砖中的西王母图像似可相互印证。在现存汉画像石和画像砖中，西王母多端坐于龙虎座上，头上戴胜，身边陪侍羽人及三足乌、九尾狐、捣药玉兔，以中年妇人的形象出现，比较典型的实例为四川出土的东汉西王母画像砖（图1-2-4），该图像是围绕西王母展开的仙境图景，画面的主体便是位于中央位置的正襟危坐的西王母，西王母身前及周边还围绕一些仙人及三足乌、蟾蜍等特定动物。尽管在此幅图像中西王母的装扮没有《汉武帝内传》所描述的那般奢华，但二者的奉神体系确属同类。

图 1-2-3　伏羲、日轮，出于河南洛阳卜千秋墓

图 1-2-4　西王母画像砖，东汉四川成都出土

据《汉武帝内传》记载，在七月初七的相会中，汉武帝接受了西王母《五岳真形之图》（图1-2-5）及其他经书的馈赠。武帝驾崩时曾遗诏将杂道书四十卷置于棺中。后延康二年[1]河东功曹李及入上党抱犊山采药，于岩室中得此书，被盛于金箱内。由于卷后所题日月为武帝时，便将之示于武帝近臣，验证后始知其为帝崩时殡殓物。《汉武帝内传》载此事似为说明武帝升仙，类似的记载在后世道书中也屡有出现。

除了专门编撰汉武帝玄妙故事的《汉武帝内传》外，《汉书》也对武帝的奉神经历有所记载。汉武帝曾拜江湖术士李少翁为文成将军，赏赐甚多，并以客礼礼之。文成妄称如果汉武帝欲与神通，宫室被服非象神，则神物不至。汉武帝听信其言，即令人作画云气车，并各以胜日驾车辟恶鬼。汉武帝还专门建造甘泉宫，令画工于宫内图绘天地太一诸鬼神，并置祭具以致天神。汉武帝的所作所为实开宫廷奉祀神祇之先河。

1 东汉未有延康二年，此处当为原作者的误传。延康元年（220）10月庚午，魏文帝改元“黄初”，东汉灭亡。

至东汉末年佛教艺术传入后，传统中固有的民族艺术与外来艺术交相融合，共同开启了佛道艺术的新篇章。东汉名章之际，益州太守王阜撰写了《老子圣母碑》，桓帝亦祠祀老子，在苦县（今河南鹿邑县东）建老子庙，并于延熹八年（165）两次遣使至苦县祠祭老子。次年，又祠黄老于濯龙宫。桓帝对“黄老道”的信奉很可能受当时宦官的影响。宦官曹腾因策划迎立桓帝有功而备受桓帝信任。曾为桓帝撰写《老子铭》的边韶，系当时道术精通者，韶受命撰文即为曹腾所荐。曹操之父曹嵩作为曹腾的义子，很可能出于家学渊源也信奉黄老道。东汉末年四川天师道北迁，并未得到当时的掌权人曹操的遏止，很可能与曹氏家族的黄老信仰有关。

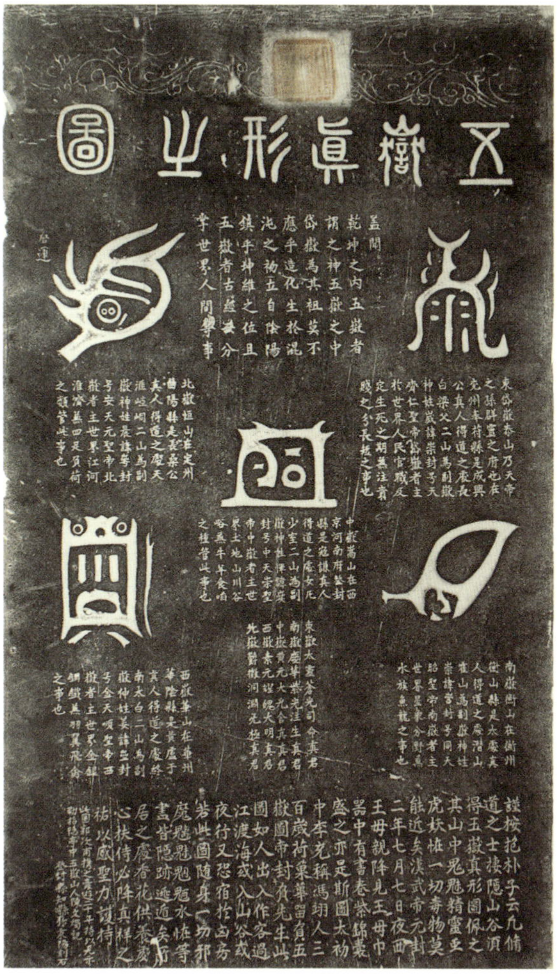

图 1-2-5　《五岳真形之图》，西汉

在设华盖祠祭老子的同时，东汉桓帝还祭祀佛陀[1]。但是，佛陀作为外来神，能与老子并祠，显然是被当作外来神仙附祭的。而祭祀用的濯龙宫，也一定与甘泉宫一样，采用中国传统的殿堂式样。所以，最初的具有中国特色的佛道寺观，其建筑基调应该是在皇室贵胄祭祀佛陀及黄老的过程中被逐渐确定下来的。

除黄老之外，东汉末年亦有其他先贤圣主进入祀典。如蔡邕曾专门撰写过《王子乔碑》。永康元年（167），济阴太守孟郁立有《修尧庙碑》。灵帝熹平四年（175），济阴太守刘合、张宠修尧庙，立《尧帝碑》。先贤圣主进入祀典，使中国道教神祇谱系日趋丰富。

第三节　魏晋南北朝寺观壁画

一、魏晋南北朝时期寺院的兴起

魏晋南北朝时期是一个社会大变动、民族大融合时期，也是信仰混杂成型时期。在东汉崇尚佛法、译经建寺的基础上，魏晋之际的佛教得到长足的发展。僧侣、信士广布

1《后汉书·孝桓帝纪》：“桓帝好音乐，善琴笙，饰芳林而考濯龙之宫，设华盖以祠浮图、老子。”

教义，各地佛寺屡有兴建。现今留存的大量魏晋文献载有当时佛道信仰的详细情况。

南北朝时期的佛教建筑，分寺院与石窟两类。南方佛寺大多是砖木结构的殿宇，建筑、壁画、塑像三位一体，殿堂内设造像，四壁遍布绘画。北方佛寺除营制殿宇外，还因地制宜，广凿石窟。窟内或雕造佛像，或绘制壁画，或绘塑兼备。在现存的敦煌莫高窟、天水麦积山石窟、新疆克孜尔千佛洞等处，都留有这一时期人们开窟弘法的遗迹。

随着寺院建筑在南北朝的大量兴建，寺院壁画也达到了一个新的高峰。各种佛造像及弟子、天王、金刚、菩萨、高僧、供养人造像应运而生，与之俱来的还有各种经变画，如本生经变、维摩经变、涅槃经变、西方净土变等，画面与构图，皆别有新意。按《释迦方志》、《辨正论》、《法苑珠林》的统计，到西晋时，汉地佛寺已达一百八十所，僧尼三千七百余人，所译佛教典籍已逾三四百部。在东晋时期，建寺则多达一千七百六十八所。这一现象到梁武帝时更是达到极致，不但佛寺多如雨后春笋，就是皇帝本人也要再三舍身遁入空门。按唐代裴孝源《贞观公私画史》中的记载，到大唐贞观十三年（639），各地仍有南北朝时期绘壁寺院二十九所。尽管裴孝源的记录并非是对魏晋留存寺庙的完备统计，但从中仍可看出唐初前朝寺院的留存情况。如果没有裴孝源等人的记载，后人恐怕永远无法想象魏晋佛寺初兴时的盛况。

二、魏晋南北朝时期画家

魏晋佛教寺院的大量兴建，为画家提供了施展才华的场所。当时许多画家既绘制卷轴画，又为寺庙绘壁。在诸多善绘者中，卫协极富盛名。

卫协，晋人，师于曹不兴，与张墨并称画圣。擅绘道释人物，白描细如蛛网，饶有笔力。顾恺之《论画》云："《七佛》与《列女》，皆协之迹，壮而有情势。《毛诗·北风图》亦协手，巧密于情思。"南朝谢赫评云："古画皆略，至协始精。六法之中，迨为兼善……陵跨群雄。旷代绝笔。"并将其列为第一品，位在曹不兴之下，张墨、荀勖之上。而曾经记述卫协画迹的顾恺之，在谢赫品评中被列为第三品。

顾恺之，东晋画家，首创"密体"人物画风，曾应募于瓦棺寺画维摩诘像。当时适值瓦棺寺初置，寺僧请当地士大夫布施。其中布施最多者不过十万，但顾恺之却要布施百万。寺僧事后要求兑现，顾恺之嘱其预备一壁，闭户月余，顾恺之于壁上画维摩诘一躯。工毕将欲点眸时，顾谓寺僧曰："第一日观者请施十万，第二日可五万，第三日可任例责施。"及开户，光照一寺，施者填盈，俄而得钱百万。

顾恺之所画的维摩居士，按唐代张彦远的描述，有"清羸示病之容，隐几忘言之状"。唐人黄元之曾亲睹瓦棺寺《维摩诘像》，按其记载，顾恺之笔下的维摩诘"目若将视，眉如忽颦，口无言而似言，鬓不动而似动"。维摩居士的这种神情状态与魏晋士人心目中性情恬淡、形消神远的名流风范十分贴近。此后民间多见顾恺之所绘瓦棺寺《维摩诘》图样流传。唐代大诗人杜甫客游江宁时，曾于民间许生处求得瓦棺寺《维摩诘》图样，并赋诗专记其事。[1]唐会昌五年（845）灭法时，镇守浙西的李德裕，亦十分重视顾恺之的维摩诘像，将其移至甘露寺内保存，至唐宣宗大中七年（853），更将其归藏于唐内府。由此可见，顾恺之的《维摩诘》图样在后世流布极广，至唐仍有广泛影响。龙门石窟宾阳中洞的浮雕《维摩诘像》及敦煌莫高窟唐代壁画中的《维摩诘像》皆可视作顾恺之作品的余绪。

与顾恺之同时的雕塑家戴逵（约326—396），虽以佛像雕刻名冠当时，但他一生中

1 文渊阁《四库全书》（电子版），集部，别集类，汉至五代，《九家集注杜诗》卷十九。

也大量参与绘事。地方志《剡录》卷三载称戴逵有清操，性高洁，不乐当世，以琴书自娱。善图画，巧丹青，为文绮藻，常以礼度自处，深以放达为非。年十余岁，即在瓦棺寺画壁。《历代名画记》称其“中年画行像甚精妙”。不过，当时亦有异见存在。庾道秀曾批评戴画：神犹太俗，盖卿世情未尽耳。对于道秀的质疑，戴逵不以为然，回应称：惟务光当免卿此语耳。务光，夏末人，据传曾拒绝商汤禅位而负石自沉于庐水，后被世人视为高洁之士。戴逵不避世事，善于参酌时人的审美好尚，然后融汇变通。他曾造无量寿木像，高丈六。虽然古制朴拙，但戴逵认为仍有欠缺，遂潜坐帷中密听众论，所听褒贬辄加详研，积思三年，刻像乃成。戴逵还改梵为夏，所画道释圣贤人物为“百工所范”。《贞观公私画史》著录戴逵的佛教绘画有《五天罗汉图》，为隋朝宫廷收藏。他所画的寺庙壁画《文殊像》，晚唐时仍保存于浙西甘露寺大殿西壁之上。

陆探微，南朝宋明帝时吴人，画风精利润媚，新奇妙绝，名高刘宋，时无等伦。师法顾恺之，画人物强调神清气远，清丽瘦劲的品格，笔力超群，唐朝李嗣真称其：参灵酌妙，动与神会，笔迹劲利如锥刀焉。曾吸收张芝、王子敬的草书笔法，创造出笔势连绵的“一笔画”。他笔下的人物，“秀骨清像，似觉生动，令人懔懔，若对神明”，有“陆得其骨”的美誉。陆探微的绘画才能深受南朝宋明帝的赏识，凡京邑寺庙皆请其前往，因此不少重要的寺庙内都留有他的画迹。宋代鉴赏家米芾曾记述陆探微画文殊菩萨睡狮子的绝技。润州甘露寺壁上神祇狮子，据说是他的手笔，被描述为“神面黄，口角露二向上齿，金甲，手持幡。下一白狮子，神彩惊人”。这一图像至唐尚且保存。陆探微笔下的张目狮子，亦美名远播，为天下所盛传，以至于民间凡见文殊狮子，便直呼作陆探微。民间的传说典故或许有夸张的成分，不过在江苏丹阳金家村墓、河南邓县学庄墓（图1-3-1）和湖北襄阳贾家冲墓出土的绘有天人或狮子的砖画，狮子昂首对卧，鬃毛纷披，神情喜悦。天人清秀，衣带风动飘举，笔力神采，颇有大家风范，说明当时确有以陆探微式之精湛笔法描绘菩萨狮子的图本画样在民间流传。

陆探微的绘画能结合晋、宋时期的审美好恶和神仙服食风尚，赋予佛教人物神清气远，清丽瘦劲的神仙品格，创造出独领画坛的道释画风格样式。他生前创作的一些佛画图样影响很大，今敦煌、龙门石窟中北魏中晚期和西魏的雕刻、壁画，均能反映陆探微式的绘画风格及时代要义。北宋宣和内府所藏的陆探微绘制的《无量寿佛像》、《佛因地图》、《降灵文殊像》、《净名居士像》、《托塔天王像》、《北门天王图》、《天王图》、《摩利支天菩萨像》等佛画作品，虽未能尽数流传，但作为一种“秀骨清像”绘画样式，陆之画风实质上已成为南北朝中后期绘画和雕塑的主流。

图 1-3-1　天人，南朝，出于河南邓县学庄墓

在陆探微活动的南朝宋、齐年间，画家百工中不断有佛画新样的传移摹写。例如，南齐画家姚昙度的儿子，出家为僧，法号惠觉，是画史上最早从事绘画的僧人之一。由他摹写的洛阳白马寺“千乘万骑”的宝台样，被画工视为范本，一直到唐代还见流传。画家宗炳的孙子宗测，画永业寺佛影台，时称妙绝。又如袁倩、毛惠秀、遽道愍、章继伯等人，皆善图寺壁，并有佛像图本传世的一时名手。

梁朝佛教画家张僧繇，主要活动在梁武帝（503—548）在位时期，梁天监年间（502—519）为武陵王国侍郎，直秘阁知画事。张僧繇新创“疏体”佛画图本，史有“张家样”之美誉。《历代名画记》称张僧繇的用笔，点曳斫拂，依照卫夫人的笔阵图，一点一画，别是一巧，钩戟利剑，森森然。梁武帝萧衍崇饰佛寺，多命僧繇绘饰。相传昆山慧聚寺殿柱为张僧繇所绘，当时梁武帝命建寺，敕张僧繇绘神于两壁，画龙于四柱。娄乡之民病痨疟者，至壁下，乃愈。每阴晦欲雨，画龙潗潗其润，鳞甲欲动，僧繇又画锲以制之。建康瓦棺寺扩建，寺壁之上的诸经变相，也主要出于张僧繇之手，冠绝京都。《吴郡志》卷四十三载张僧繇还曾画江陵天皇寺柏堂，作卢舍那像及仲尼十哲。当时明帝怪问：释寺如何画孔圣？僧繇答曰：后当赖此。及废浮图法，独此殿有宣尼像得不毁。僧繇柏堂所绘，或为最早的佛儒共融图像。《吴兴备志》卷二十五载张僧繇曾为吴兴太守，画白塔寺弥勒佛像，世称其妙。姚最评其“善图塔庙，超越群工；朝衣野服，古今不失；奇形异貌，殊方夷夏，皆参其妙”。这段话表明了张僧繇在图绘寺壁的过程中，善于吸收外来的绘画技法，大胆尝试，夷夏参用。《南史·南海诸国传》曾有张僧繇画阿育王寺塔的记载。梁武帝大同三年（537）修阿育王塔，向南海广求佛像塔样，派使者往扶南迎取佛发。阿育王塔寺扩建完成后装饰彩绘一新，其中的壁画“诸经变，并吴人张繇运手，繇丹青之一时冠绝”，这一记载透露出张僧繇按南海传入的图本绘饰寺塔壁画的信息。类似信息还可以从他画一乘寺壁画中得到印证。《建康实录》记载称梁武帝大同三年（537）：“（一乘寺）寺门遍画凹凸花，代称张僧繇手迹。其花乃天竺遗法，朱及青绿所成，远望眼晕如凹凸，就视即平，世咸异之，乃名凹凸寺。”一乘寺为邵陵王所建，张僧繇画凹凸花所用的所谓天竺遗法，其实是吸收了印度笈多风格的绘画技法，先以简洁的线条勾勒轮廓，再用颜色晕染出立体的效果。这种新的人物画面貌，后人称之为“张家样”。

张僧繇一生画壁甚多，仅据唐代张彦远的《历代名画记》“两京外州寺观画壁”部分载，当时保存其画迹的寺院在江宁有瓦棺、高座、开善等寺；江陵有惠聚、延祚、天皇等寺；长安有净域、定水、天宫等寺，浙西有甘露等寺。张僧繇的佛画图本，在隋唐宫廷和民间珍藏的有《行道天王像》、《维摩诘像》、《宝志像》、《醉僧图》、《定光佛像》、《二菩萨像》等多幅。会昌五年（845），唐武宗毁天下寺塔，江南寺庙毁拆无数，建康、江陵等地，张僧繇为之绘壁的寺庙也不例外，当时有好事者曾将壁画揭取收藏，这些幸存的佛画名作在流传摹写过程中，无疑扩大了张家样对后世的影响。

以上提及的诸位画塑高手均与一座寺院关系密切，即建康的瓦棺寺。瓦棺寺是东晋以来江南的名寺，亦为当时高僧萃集之所。《释文纪》卷三〇曾载：“宣帝问群臣释门名胜，暄奏，自天台征入都。瓦棺禅师德迈风霜，禅镜渊海。昔在京邑，群贤所宗；今高步天台，法云东蔼。愿陛下诏之还都，使道俗咸荷。”刘义庆《世说新语》卷上亦载：“有北来道人，好才理，与林公相遇，于瓦棺寺讲小品。于时竺法深、孙兴公悉共听。此道人语屡设疑难，林公辩答清析，辞气俱爽，此道人每辄摧屈。孙问深公：‘上人当是逆风家，向来何以都不言？’深公笑而不答。林公曰：‘白旃檀非不馥，焉能逆风？’深公得此义，夷然不屑。”高僧大德的论道使瓦棺寺名声远播，而名家绘手的绝艺亦为其增辉。以当时世态，瓦棺寺绝不是南朝唯一一所为画家所青睐的寺院，此种情形在其他寺院亦应有所体现。

除南朝画家对寺院艺术多有贡献外，北朝亦有同道中人。同样吸收印度笈多艺术并加以改造且享有“疏体”画风盛名的是北齐宫廷画家杨子华。《历代名画记》称其在北齐武成帝高湛时（561—565年在位）任直阁将军，员外散骑常侍，擅长人物、鞍马，生前备受武成帝器重，“使居禁中，天下号为画圣，非有诏不得与外人画”。他一生中多写贵戚人物及宫中生活，笔下的人物“简易标美，多不可减，少不可逾”。美国波士顿艺术博物馆收藏的《北齐校书图》摹本，部分地保存了“简易标美”的风格特点。北齐的杨子华与梁朝的张僧繇一北一南，声气相通，是一位引导北齐人物画风尚的画家。除贵戚人物，杨子华也绘制佛像，按裴孝源《贞观公私画史》的记载，他曾在邺中的北宣寺和长安的永福寺作画，惜作品不传。

对佛教而言，外域画家历来是提供佛像图本新样的重要来源，他们接踵东来，不断促进着中国与外域佛教艺术的相互交流。北齐画师曹仲达，来自中亚曹国，以擅画西域式佛像而知名于画坛，有“曹家样”的美誉，在唐宋时常与“张家样”、“吴家样”并称。《历代名画记》记曹仲达：“本曹国人也，北齐最称工，能画梵像，官至朝散大夫，国朝宣律师撰《三宝感通录》，具载仲达画佛之妙，颇有灵感。”曹国，在古代属于中亚粟特地区。有学者认为，曹仲达在北齐以画外国佛像知名并以能画至官，系出北齐琵琶名手曹妙达一家，其先辈属于入居中原的昭武九姓之一。他的绘画师承，按《历代名画记》卷八引彦悰《后画品》的说法，是得自梁朝的画家袁昂和周昙研。由此也可得见曹仲达是久已华化的粟特人后裔，他能画外国佛像，受到了当时南梁和北齐流行的印度笈多佛画风格的影响。曹仲达创造的梵像样式，郭若虚在其《图画见闻志》中说得最为简明：“曹之笔，其体稠叠，而衣服紧窄，故后辈称之曰：吴带当风，曹衣出水。”所谓“曹衣出水”，是指用紧匝的线条，按人体的起伏结构勾勒衣纹，能充分地显示人体的美感，就像衣服浸水后那样紧贴着身体。这种风格的佛像，源于印度笈多王朝，而后分别由丝绸之路和南海传入中国。裴孝源《贞观公私画史》、张彦远《历代名画记》记载有曹仲达在开业寺和兴善寺舍利塔的画迹。唐代的高僧道宣曾亲眼见过曹仲达在寺壁所绘的佛像真迹，虽作品均未能留存下来，但新疆石窟的壁画和青州出土的佛像，似可作为了解“曹家样”面貌的参考。

图像外来样式的持续传入与中国匠师的不断革新，使得中国佛教艺术面貌一再翻新，并影响到道教神祇壁画的绘制。具有普遍影响的“疏密二体”、“张家样”和“曹家样”，不仅作用于当时，而且启迪于后世。正是由于有了这一阶段的良好基础，唐宋道释人物画才得以迎来繁荣昌盛的局面。

三、魏晋南北朝时期道教艺术

与佛教艺术的兴盛不同，魏晋时期的道教宫观尚处于发展时期。作为道教发源地的四川地区，魏晋道教艺术甚为寂寥，现已难觅其踪。但在天师道北迁后的陕西地区，道教遗存颇为丰富。其中，最大的道教造像群来自西安以北的耀县及其相邻地区。现耀县博物馆所藏碑刻数目众多，大部分为北朝碑刻。北朝陕西造像碑的最大特点是道教碑和佛道混合造像碑云集。现存陕西地区的造像几乎都是楼观派的产物，具有楼观派本身教义中的佛道不分、混杂造像特征。后来，随着道教的发展，单独的道教造像开始出现，并在造像中出现题记，以标明造像身份。

陕西的道教造像借鉴了佛教造像中一佛二菩萨或一佛二菩萨、二弟子的构图模式，与之相伴的还往往有佛教造像基座上常见的蹲狮和博山炉等图像样式，以及宽袍大袖的道服、麈尾、玉圭和高高绾起的发髻等。简·詹姆士（Jean M. James）和利透（Stephen

Little）在其研究中已发现，5—6世纪的道教造像多具有戴高冠及着汉服的特征，面部造型也系留胡须的汉人模样，右手多持一物，类似扇子或拂尘，有的还在造像身前或身侧摆放一凭几。

魏晋时期的这种道教造像正好迎合了当时的清谈风尚，以顾恺之、陆探微为代表的“秀骨清像”是当时时代审美的风标。它们与以张僧繇为代表“像人之妙，张得其肉”的画风和北朝杨子华“简易标美”的风格相辅相成，南北互通，声气相合。宿白在谈及张僧繇画风时曾关注过南朝画风对北朝的影响，称：“魏末以来，这种趋势愈形强烈……这样的历史背景，可以估计东魏、北齐文物制度楷模南朝，实势所必然。”当然，北朝的宗教艺术不仅源于南朝，南海以及西域艺术风格的影响同样不容忽视，那些外来艺术家在宗教艺术传播中功不可没。如前面提到的以曹仲达为代表的“外国佛像”风格，是导致北朝佛教造像规制及风格形成的一个重要因素。在其影响下，道教造像也开始渐由早期的秀骨清像样转为饱满浑圆型。

就现存史料看，魏晋时期的名家绘手对道教的崇奉主要体现在玄学方面。魏玄学是魏晋时期以老庄思想为骨架，企图调和儒道，会通“自然”与“名教”的一种特定的哲学思潮，它所讨论的中心为“本末有无”问题，即用思辨的方式来讨论有关天地万物存在的根本问题，也即表现远离“世务”和“事务”的形而上学本体论的问题。建安时期（196—220），道家思想还不是影响文学创作的主导思想，但到了正始年间（240—249），道教思想的影响已经逐步深入，虽然这种深入尚具有地域性，如在江左地区，直至西晋永嘉（307—313）时，诗词中仍贵黄老之言。前面所提及的戴逵、顾恺之等人，在倾力于佛教艺术的同时，也将魏晋玄学的清幽之风在世间宣扬扩散。《晋书》载戴逵事迹，将其归为隐逸类，称其“礼度自处，深以放达为道”。面对孝武帝的多次征召，戴逵以种种理由推辞不就。虽善鼓乐，但当武陵王邀其赴会时却破琴以拒，称“戴安道不为王门伶人”。戴逵曾绘制《七贤图》，该图在当时影响深远。与之同好的还有顾恺之、史道硕、陆探微、毛惠远等，史载以上诸人均绘制过《七贤图》。

“七贤”即“竹林七贤”。《晋书》载嵇康事迹时称：“陈留阮籍、河内山涛，豫其流者，河内向秀、沛国刘伶、籍兄子咸、琅邪王戎，遂为竹林之游，世所谓‘竹林七贤’。”这批以嵇康为首的风流名士，游艺山林，谈玄问道，把酒为欢，曾成为世人争相效仿的对象。1960年4月，江苏省南京市西善桥南朝墓葬出土了一幅《竹林七贤及荣启期》砖印壁画（图1–3–2）。该壁画位于墓葬主室后部上方，左右两壁对称，均长约2.4米，高约0.8米。每壁各绘四个人物，右壁为嵇康、阮籍、山涛、王戎，左壁为向秀、刘伶、阮咸、荣启期，八人均置身于自然景物中，席地而坐。其中嵇康身边绘有一株银杏，阮籍身侧绘有槐树，山涛身边为垂柳，每人姿态各异，别有情趣。八人中，有的抚琴啸歌，有的颔首倾听，有的高谈玄理，有的醉态朦胧，人人舒适散逸，孤傲高雅，其崇尚自然之情、追求个性之心跃然画间。西善桥的《竹林七贤及荣启期》砖画线条流畅柔韧，人物比例适度，与流传至今的传为东晋顾恺之作品的《洛神赋图》和《女史箴图》有异曲同工之妙。为此，负责执笔撰写西善桥考古报告的罗宗真认为壁画粉本很可能来自当时著名画手顾恺之。而美术史家金维诺则主张此类《七贤图》粉本应源于戴逵，他依据史料中有关戴逵“擅画圣贤，百工所范”的记载，认为戴逵才是此类图像流向民间的幕后推手。林树中亦对七贤粉本问题提出自己的见解，认为壁画所体现出来的绘画风格与史料中关于陆探微“画人物极其精妙，至于山水草木粗成而已”的记载较为吻合，所以，他认为壁画粉本应出自陆探微。

无论七贤壁画粉本出自谁手，它所代表的都是魏晋时期艺术家的审美情趣，而且，这种审美情趣不仅作用于当时，亦影响至后世。由唐至元，仍不断有人对七贤题材推陈出新。唐代的阎立本、韦鉴，元代的钱舜举等人继魏晋先贤之后也均绘制过《七贤图》。

图 1-3-2　竹林七贤及荣启期砖印模画，长 244 厘米，宽 88 厘米，南朝，出于江苏省南京市西善桥南朝墓葬。现藏南京博物院

可以说，以七贤闲适放达的精神面貌为特征的魏晋风骨已成为后世寺观壁画人物造型的基准范式之一。敦煌莫高窟第103窟中的唐代维摩诘像，其“清羸示病之容”沿袭的便是魏晋模式，而维摩诘侧身斜坐，身体前倾，眉峰微挑的造型，亦与西善桥竹林七贤中某些人物的造型一脉相承。另一幅晚唐孙位的《高逸图》更是汲取了《七贤图》的精华，其横向构图的模式和自然景物与人物相间的画面布局几与《七贤图》毫无二致，由此足见魏晋画风影响之深。

魏晋时期，与竹林七贤题材同样受到人们青睐的还有列女仁智故事和孝子贤孙图像。北魏司马金龙墓出土的漆屏风上绘有列女仁智故事（图1-3-3），沿用的仍为汉明光殿，皆以胡粉涂壁画古贤烈士的先例。而魏晋时期的石棺上，也常有孝子图像留存，故事内容与汉画像石极为接近，只不过图像绘制者在突出故事主题的同时更加注重对周围环境的描写。

当然，除了以上题材外，民间原有信仰依然存在。《续博物志·吴郡志》卷四十七便记载了一则神女显灵故事，称永嘉中，吴郡赵文昭的宅邸位于清溪桥，与吏部尚书文叔卿的府宅相近。在一个秋夜里，文昭对月临溪，唱乌栖之词，音旨甚为凄美。正吟唱间，忽见一美丽端庄的女子与其女婢前来，自称是文尚书的家人。等离去时，女子解下身上的金缨留作纪念，文昭则以琉璃杯相赠。后文昭游清溪庙，忽见琉璃杯摆放在神女前，又看到壁画中的侍女，即为随同女子一道来访者，才幡然醒悟夜间来访的女客原为庙中神女。

有关神女的信仰还可参见传为顾恺之所绘的《洛神赋图》。尽管该图为后人摹本，但基本保持了魏晋时期的绘画风格，尤其是图中洛神的神情姿态，与顾恺之所倡导的“以形写神”的美学思想极为契合。洛神的出现，使魏晋时期女性神祇信仰范围进一步扩大，并为日后道教女神信仰又增添了浓重的一笔。

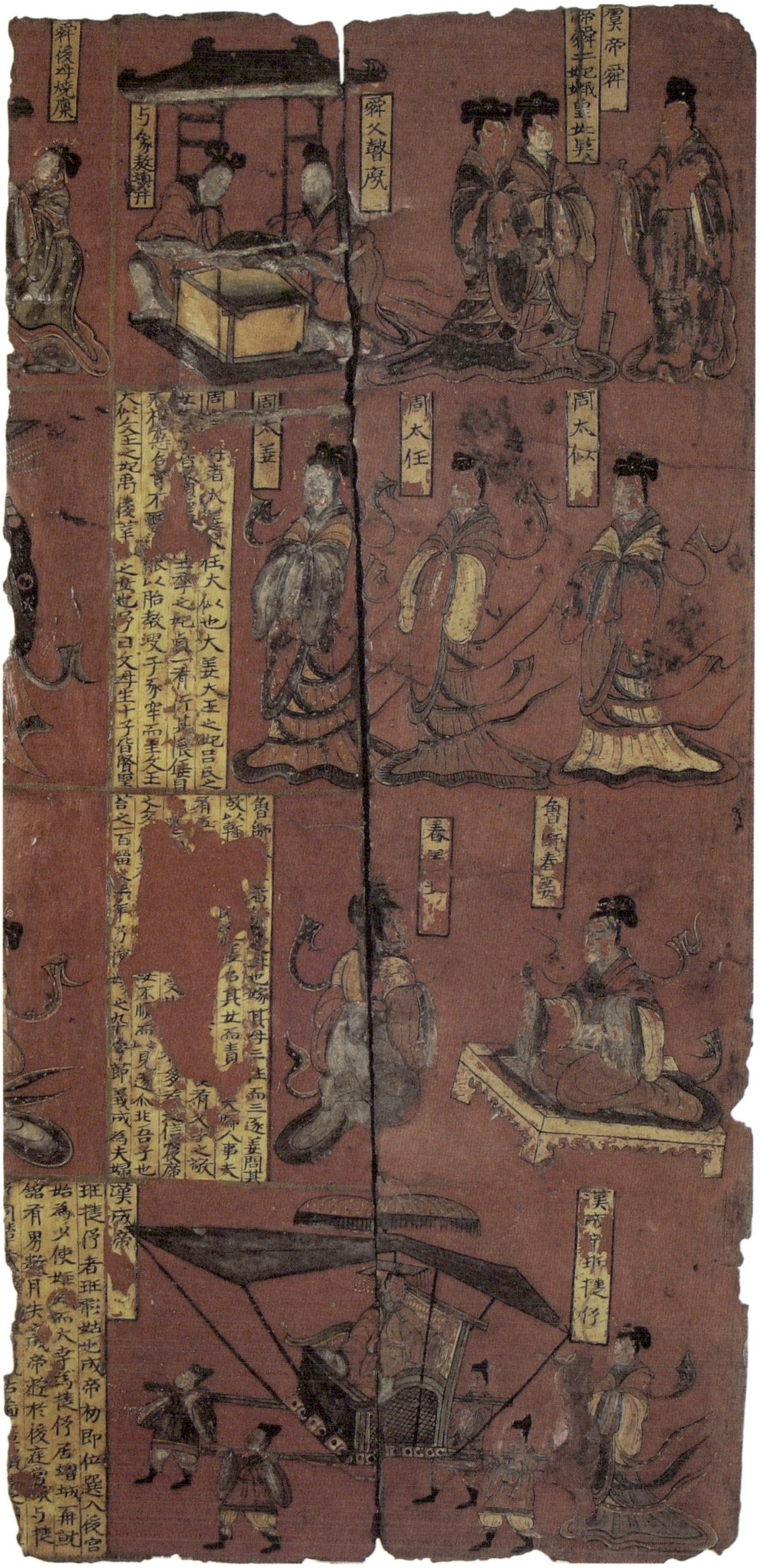

图 1-3-3　列女古贤图，纵约 80 厘米，横约 20 厘米，厚约 2.5 厘米，北魏，出于山西大同市司马金龙墓。现藏山西省大同市博物馆

第四节 《洛阳伽蓝记》等史料钩沉

一、《洛阳伽蓝记》概况

《洛阳伽蓝记》是北魏抚军府司马杨衒之于武定五年（547）行役洛阳时因感念佛寺废兴而撰写的一部有关洛阳佛寺的著作。北魏自太和十七年（493）作都洛阳，一时笃崇佛法，刹庙甲于天下。后遭永熙之乱，寺院大都毁于兵火。孝静帝天平元年（534）迁都邺城，诸寺僧尼，亦与时徙，洛阳从此日渐衰落。杨衒之行役于洛，得以重览旧都，见“城郭崩毁，宫室倾覆，寺观灰烬，庙塔丘墟。墙被蒿艾，巷罗荆棘。野兽穴于荒阶，山鸟巢于庭树。游儿牧竖，踯躅于九逵；农夫耕老，艺黍于双阙”，颇有《麦秀》之感，《黍离》之悲。于是捃拾旧闻，追叙故迹，以成是书。

《洛阳伽蓝记》作为一部涵盖北魏历史、地理、佛教、文学等诸多内容的书籍，自刊出之后便备受瞩目，其学术价值不可小觑。此书详细记录了北魏洛阳城的佛寺布局，并对“项日感梦”以来的中土佛教发展进行了简要追述，称自汉明帝以来，佛法盛行，以致“阳门饰豪眉之像，夜台图绀发之形。尔来奔竞，其风遂广”。晋永嘉时，已有寺四十二所。到皇魏受图，光宅嵩洛时，人们“笃信弥繁，法教逾盛。王侯贵臣，弃象马如脱屣，庶士豪家，舍资财若遗迹。于是昭提栉比，宝塔骈罗，争写天上之姿，竞摸山中之影。金刹与灵台比高，广殿共阿房等壮。京城表里，凡有一千余寺”。只可惜，昔日胜迹到武定年间（543—550）时业已寮廓，钟声罕闻。尽管在杨衒之的记载中未过多记述寺院壁画胜景，但通过他对寺院建制及相关信息的记载，后人仍能探悉到当时的社会文化脉象，从而对北魏崇佛情况及壁画艺术有一简略了解。

二、北魏皇室与佛道关系

北魏是中国历史上少有的几个狂热崇佛朝代之一，大多数帝王和庶民对佛教均持有浓厚兴趣。当时，在各阶层人士的鼎力支持下，大量佛经得以翻译，宏伟的寺院和佛像也竞相兴起。按唐道宣在其《释迦方志》中所言：“元魏君临一十七帝，一百七十年，国家大寺四十七所，北台恒安，镌石置龛，连三十里。王公等寺八百三十九所，百姓所造寺者三万余所。总度僧尼二百余万，译经四十九部。”[1]

魏晋南北朝时期，战乱频仍，佛教因其具有的强大救赎功能，遂成为当时社会生活中极为重要的组成部分，并逐渐进入到政权统治中。据《魏书·释老志》记载，公元386年，拓跋珪称王，将燕赵之地的大批佛教信徒纳入自己的治下。公元398年，拓跋珪建都平城时，下令在城内广兴佛寺，并任命高僧法果为道人统，统摄僧徒。法果，当为北魏时期由朝廷任命的第一位僧官。可能是为了回报道武帝的厚爱，法果曾盛赞道武帝为当世如来，并宣称沙门礼拜皇帝便如同礼佛，从而使北魏皇帝更为重视佛教。不过，在崇佛的同时，拓跋珪亦好黄老，并积极接受儒教，建立学校，安抚博士与儒生，重用一些汉人为官。

道武帝之后，继位的明元帝“亦好黄老，又崇佛法”，由其推行的佛教又甚于前朝。

1 ［唐］道宣：《释迦方志》，北京：中华书局，1983年，第121页。

他于“京邑四方，建立图像，仍令沙门敷导民俗”[1]，由此可见，官修佛寺此时已经由中央延至地方。后来，太武帝即位，重用道士寇谦之，政策天平开始由佛教向道教倾斜。太武帝时期的主要道教政策有：首先，在平城营建天师道场，供养道士一百二十名。其次，建造静轮宫。另外，公元404年，改年号为“太平真君”。于此，道教遂成为这一时期北魏的国教。

太武帝崇信道教，热衷于长生之法和图谶之术。原本昌盛的佛教在其眼中成为“夸诞大言，不本人情”之教，他甚至认为崇尚佛教的结果应该是“礼义大坏”[2]，以及“视王者之法蔑如也”、“使王法废而不行”[3]。在太武帝锐志改制声中，佛教地位受到空前挑战。公元438年，太武帝诏罢沙门年五十以下者。公元444年，又诏禁民间私养沙门、巫觋，并斥佛教为“西戎虚诞，妄生妖孽”。公元445年，胡人盖吴在陕西杏城叛变。太武帝亲征至长安，在一佛寺中发现大量兵器，疑与盖吴相通，遂接受崔浩建议，开始全面禁废佛教[4]。佛教寺院一时哀鸿遍地，颓败不堪。

太武帝之后，公元452年，文成帝即位，下令复兴佛教，并“诏有司，为石像，令如帝身”。当时石像完工后，“颜上、足下，各有黑石，冥同帝体上下黑子，论者以为纯诚所感”[5]。在文成帝的带动下，各地纷纷重塑佛像，佛寺壁画亦随之得以振兴。兴光元年（454）秋，文成帝在都城平城的五级大寺内，敕有司为太祖以下五帝铸释迦立像，各长一丈六尺，都用赤金二万五千斤[6]。后昙曜大师，又于云冈石窟第十六至第二十洞，奏请开凿大佛，高六七十尺不等[7]。据佐藤智水的研究，此五窟佛像沿用的仍旧是五级大寺的造像观念，依帝王相貌雕凿而成。现学术界多同意佐藤智水的这一说法。

公元465年文成帝殁，献文帝即位，他吸取先人的教训，不专信佛教，亦好老庄，在位六年而禅位于子宏，即孝文帝。北魏孝文帝将佛教信仰推向一个新的阶段，他不仅造寺立塔，广修功德，而且奖励译经求法，讨论佛义。公元494年迁都洛阳后，与云冈石窟比肩的另一佛教石窟——龙门石窟得以开凿。而《洛阳伽蓝记》所记述的诸多寺院，便是这一时期建造而成的。

三、洛阳城内佛教寺院

在《洛阳伽蓝记》所记的诸多洛阳城内寺庙中，永宁寺是当中最为著名者。该寺建于熙平元年（516），永熙三年（534）二月为火所焚。史载寺内曾有九层浮图，架木为之，高达九十丈，有刹复高十丈，合去地一千尺，距离京师百里即可遥见。虽然有学者怀疑该塔高度的真实性，但作为胡灵太后敕建的一所大寺，永宁寺的确拥有诸多不同寻常之处。当时有一位名为菩提达摩的西域沙门，系波斯人，在其游历中土时到过永宁寺，曾对“金盘炫日，光照云表；宝铎含风，响出天外”的永宁寺塔交口称赞，自称活了一百五十岁，历涉诸国，未曾见过如此精丽的阎浮场所，认为即便是极佛境界，亦未有此。崇拜之余，该僧在永宁寺口唱南无，合掌连日。永宁寺除了九层宝塔，大殿内还有高大巍峨的丈八金象一躯，中长金像十躯，绣珠像三躯，织成五躯，均做工奇巧，冠于当世。另外，寺

1 文渊阁《四库全书》，史部，正史类，《魏书》卷一百一十四。
2 文渊阁《四库全书》，史部，正史类，《魏书》卷一百一十四《释老志》，北京：商务印书馆，2005年，第10页。
3 文渊阁《四库全书》，史部，正史类，《魏书》卷一百一十四《释老志》，北京：商务印书馆，2005年，第11页。
4 文渊阁《四库全书》，史部，正史类，《魏书》卷一百一十四《释老志》，北京：商务印书馆，2005年，第10页。
5 文渊阁《四库全书》，史部，正史类，《魏书》卷一百一十四《释老志》，北京：商务印书馆，2005年，第13页。
6 文渊阁《四库全书》，史部，正史类，《魏书》卷一百一十四《释老志》，北京：商务印书馆，2005年，第13页。
7 文渊阁《四库全书》，史部，正史类，《魏书》卷一百一十四《释老志》，北京：商务印书馆，2005年，第13页。

内还拥有僧房楼观约一千余间，皆雕梁粉壁，装饰有加。其中，亦不乏绘塑精品，如史料中有对南门楼的记载，称："南门楼三重，通三道，去地二十丈，形制似今端门，图以云气，画彩仙灵，绮钱青锁，辉赫丽华。拱门处有四力士、四狮子，饰以金银，加之珠玉，装严焕炳，世所未闻。"此处的"图以云气，画彩仙灵"，应可视作描绘永宁寺壁画的内容。尽管《洛阳伽蓝记》对永宁寺壁画未作更为详尽的记载，但从当时永宁寺作为国内第一大寺的情况看，其殿内绘饰应与建筑、雕塑规格一致。

除永宁寺外，当时的洛阳城内还有如下寺院：

建中寺，普泰元年（531）尚书令乐平王尔朱世隆所立。该地本是阉官司空刘腾宅邸，建制极为奢华，梁栋逾制，一里之间，廊庑充溢。其殿堂巍峨堪比宣光殿，门第广阔足抵乾明门，屋宇之博敞宏丽，诸王莫及。刘腾死后，太后将此宅赐予高阳王雍，后尔朱世隆为尔朱荣追福时题以为寺。鉴于此处原为豪宅，所以，人们均将其视为神仙居所。改宅为寺后，原来的前厅变为佛殿，后堂变为讲室。但内部装饰依旧，金花宝盖遍布。

长秋寺，宦官刘腾所立。刘腾曾做过长秋令卿，故以此为名。长秋寺位于西阳门内，御道北一里，寺内建有三层浮图，光耀诸城，内作六牙白象负释迦在虚空中。释迦之母曾梦见六牙白象入怀，之后有孕诞下释迦。长秋寺的六牙白象负释迦这一题材当为魏晋时期寺观壁画中的常见题材，其普及程度可从现存各地石窟壁画中略见一斑。长秋寺的佛事活动极为庄严尊贵，悉用金玉。每年的4月4日，六牙白象负释迦像会被抬至庙外巡游，届时还会有辟邪狮子作其前导，以及吞刀吐火等表演，场面极为热闹。奇伎异服，冠于都市。像停之处，观者如堵，以致常有迭相践跃致死之事。

北魏时期的这种请神像游于市并配有吞刀吐火等表演的行为，到宋时仍有保留。宋代董逌在其所著的《广川画跋》中便记录了这样一则故事，称常彦辅存有《祆神像》，该像为常彦辅元佑八年（1093）在开宝寺请人绘制。当时彦辅遇寒热疾，病情危急，便于夜间祷于祆神祠，第二天良愈，于是祀神于庭，并绘制图像以归。常彦辅所奉的祆神，董逌认为是摩酰首罗。摩酰首罗，按佛经载，系邪见人心目中的创世神。在南朝梁扶南国三藏僧伽婆罗所译的《文殊师利问经》中有如下记载，称：

> 尔时文殊师利白佛言："世尊！邪见人说如是言：'摩酰首罗天造此世间。'如是邪说，当云何破？"
>
> 佛告文殊师利："此是虚妄，非真实语。又余外道言：'非首罗造。'若由首罗，不应自谤。何以故？自由故。若自由者，则一切世间，以首罗为师，更无余师。若一切世间各自有师，则诸世间非首罗造。若一切事由首罗者，若事首罗则应无疑。又《摩酰首罗经》不作是说，若有此说，众生不应生疑。是故，文殊师利！知此世间非首罗所造，当知不实，是虚妄言。"

虽然在佛祖与文殊师利的对话中，有关摩酰首罗的创世说被彻底否定，但其作为一个曾经拥有一定信众的创世神形象并未由此而泯灭。南北朝时期直至宋时流行的这种类似赛佛的佛像巡游仪式，完全可以看作是当时旅居中土的西域胡人对其原有宗教信仰的一种诉求。在董逌的记载中，他言称当时的祆神常有番人奉事，仪式较为古怪，聚火祝诅，奇幻变怪。至有出腹决肠，吞火蹈刃。唐时祆祠令由萨宝府官主司，又有梵祝以赞于礼事，礼制甚重，在当时为显祠。从董逌的介绍看，这种聚火祝诅的行为当属拜火教，也即祆教或琐罗亚斯德教，本为萨珊国的国教，后由善于经商的粟特人传入汉地，北朝至隋唐时已极为兴盛。从上个世纪初到近年，我国的河南、山西、山东、陕西等地发掘了诸多与拜火教密切相关的粟特人墓葬，如1926年洛阳东陡沟村出土的北齐《辅国将军长乐冯邕妻元氏墓志》、1928年洛阳东陡沟村出土的北魏苟景墓、1983年宁夏固原出土的北周李贤夫妇合葬墓、1999年太原王郭村出土的隋代虞弘墓、2000年陕西西安大明宫遗址北侧出土的北周安伽墓、2003年陕西西安出土的北周史君墓，其丧葬形式以及墓中出土的器物和绘画作品，均具有明显的拜火教特征。

洛阳城内的另一座寺院瑶光寺，是世宗宣武皇帝所立。寺内有宣慈观，去地十丈，观东有灵芝钓台，完全由木材累积而成，出于海中，离地约二十丈。因钓台高耸，以致风生户牖，云起梁栋。钓台构制精美，丹楹刻桷，图写列仙，令人颇有仙境之感。此处还刻有石质鲸鱼，背负钓台，就如同从地上跃出一般，又似从空中飞下。钓台南面建有宣光殿，北有嘉福殿，西有九龙殿，殿前九龙吐水汇成一海。虽此处未表明九龙与佛教有关，但佛经中确有释迦降生后有九龙为其灌顶的说法，现存敦煌壁画以及山西岩山寺壁画中均可找到与之一致的图像。

景乐寺，乃太傅清河文献王怿所立。有佛殿一所，像辇俱全，雕刻巧妙，冠绝一时。

昭仪尼寺，阉官所立，寺有一佛二菩萨，塑工精绝，京师所无。每年的4月7日，昭仪尼寺的三像也会出游，其伎乐之盛，堪与刘腾所建寺院相比。

愿会寺，位于晋侍中石崇家池西南，为中书舍人王翊舍宅所立。其佛堂前有一株桑树，直上五尺，枝条横绕，柯叶傍布，形如羽盖，如是者五重，每重叶椹各异，京师道俗谓之神桑，观者成市，施者甚众。

光明寺，愿会寺寺南有苞信县令段晖宅，地下常闻钟声，有时还可见到五色光明，照于堂宇。段晖对此甚是奇怪，遂掘光照初得金像一躯，可高三尺，有二菩萨，趺上铭曰：晋大始二年（314）五月十五日侍中中书监荀勗造。段晖遂舍宅为光明寺。据传其后有盗贼欲窃此像，像与菩萨合声喝贼，盗者惊怖，登时殒倒，众僧闻声遂得捉贼。

胡统寺，为太后从姑所立。从姑自入道为尼，便居此寺。寺位于永宁寺南一里左右，亦建有宝塔，共五重。该寺朱柱素壁，没有壁画，但整个庙宇甚为佳丽，寺内诸尼，常入宫与太后说法，地位显赫。

修梵寺在青阳门内，西侧有寺一所曰嵩明。修梵寺塑有金刚。雕墙峻宇，比屋连甍，为当时名寺。

景林寺在开阳门内，御道之东，有可能绘有壁画，但《洛阳伽蓝记》亦未载明，只称："讲殿迭起，房庑连属，丹槛炫日，绣桷迎风，实为胜地。"

司农寺在建春门内，御道之南。寺附近有翟泉，泉西有华林园，高祖以泉在园东，因名为苍龙海。华林园中有大海，即汉天渊池。池中犹有文帝九华台，高祖于台上造清凉殿，世宗在海内作蓬莱山，山上有仙人馆，上有钓台殿，并作虹蜺阁。司农寺的蓬莱山及仙人馆，当为北魏王室崇奉神仙信仰的证据。由此可见，在当时的上层社会，以神仙信仰为代表的道教崇拜并未全盘退出，而是以自己的方式作用于当时的社会。

以上是洛阳城内寺院分布情况，除此之外，在洛阳城的周边，亦有诸多寺庙存在。

四、洛阳城东佛教寺院

明悬尼寺，彭城武宣王勰所立，在建春门外，石楼南。

龙华寺，宿卫羽林虎贲等所立，在建春门外，阳渠南。

璎珞寺，在建春门外，御道北。

宗圣寺，有像一躯，高三丈八尺，端严殊特，相好毕备。士庶瞻仰，目不暂瞬。此像一出，市井皆空，炎光腾辉，赫赫独绝，其繁华景象，曾吸引了诸多城东士女前来观看。

崇真寺，《洛阳伽蓝记》未载其建制，但记录了一个神奇的还魂故事。该寺比丘惠凝死后七日还魂，将自己的经历告知众人，使该故事广为流传。具体情况为：惠凝死后，曾与其他五位比丘共同经受阎罗王的检阅，其中一位比丘是宝明寺的智圣，他坐禅苦行，得以升入天堂；另一位比丘为般若寺僧人道品，因诵四十卷涅盘经，亦得以升入天堂；

第三位比丘为融觉寺的昙谟最，善讲涅盘、华严，听者甚众。阎罗王与之有一段对话，称：讲经者心怀彼我，以骄凌物，比丘中第一粗行，今唯试坐禅诵经，不问讲经。但昙谟最号称自立身以来，唯好讲经，实不暗诵。故此阎罗王敕付手下青衣十人送昙谟最去往西北门，那里的屋舍均为黑色，看上去不像好的去处；另有一比丘为禅林寺僧人道弘，自云曾造一切经人中像十躯。阎罗王认为，作为一个僧人，最应该做的是摄心守道，志在禅诵，不干世事，不作有为。道弘虽造作经像，其目的是为了取得他人财物，既得他物，贪心即起，既怀贪心，便是三毒不除，具足烦恼。因此，亦将其付诸有司，与昙谟最同入黑门；另有一比丘是灵觉寺的宝明，自云出家之前尝作陇西太守，建造过灵觉寺，寺成后即弃官入道，虽不禅诵，但礼拜弗缺。阎罗王认为他作太守之时，曲理枉法，劫夺民财，虽造作灵觉寺，但不可视作他的功劳。因此，也将其付之青衣送入黑门。惠凝的故事被太后听到后曾专门派人加以核实，当时的黄门侍郎徐纥依惠凝所言分别造访宝明寺、般若寺以及融觉、禅林、灵觉等三寺，得知智圣、道品、昙谟最、道弘、宝明等确有其人。惠凝故事中的阎罗王在后世寺观壁画中多有体现，为地府十王的组成部分。现藏日本的宋代画师陆信忠绘制的《地府十王图》，将地府审判故事加以细化，使中国人的身后信仰更加完备起来。而有关僧人禅诵与讲经的关系，自惠凝故事后，京邑一带的比丘悉皆倾向于禅诵，不再以讲经为意。

魏昌尼寺，阉官瀛州刺史李次寿所立，在里东南角，即中朝牛马市处，嵇康赴死之所。

景兴尼寺，位于石桥南道，亦阉官等所共立，有金像辇，高出地面三尺，施宝盖，四面垂金铃七宝珠，飞天伎乐，望之云表，做工极为精美。像出之日，常诏羽林一百人举此像，丝竹杂伎，皆由旨给。

太康寺，龙骧将军王浚平吴之后，始立此寺。本有三层浮图，后为子休宅。当子休得知此宅的来历后遂舍宅为灵应寺，并掘得以前旧砖还为三层浮图。

庄严寺，在东阳门外一里，御道北。

秦太上君寺，胡太后所立，在东阳门二里处，御道北，建制与永宁寺类似。

正始寺，百官等所立。正始（240—249）中立，因以为名，位在东阳门外。

平等寺，广平武穆王怀舍宅所立，在青阳门外二里。寺门外有金像一躯，高二丈八尺，相好端严，常有神验。孝昌三年（527）十二月中，此像面有悲容，两目垂泪，遍体皆湿。时人号曰：“佛汗”。京师人众，空市往观。有比丘以净绵拭其泪，须臾之间，绵尽湿，更换再三，三日乃止。明年四月，尔朱荣入洛阳，诛戮百官，死亡涂地。永安二年（529）三月，此像复汗，士庶复往观之。五月，北海王入洛，庄帝北巡。七月，北海王大败，所将江淮子弟五千，尽被俘虏，无一得还。永安三年中（530—532）七月，此像悲泣如初。每经神验，朝夕惶惧，禁人不听，观之。至十二月，尔朱兆入洛阳，擒庄帝。后庄帝崩于晋阳。

景宁寺，太保司徒公杨椿所立，在青阳门外三里，原为杨椿府宅。高祖迁都洛邑，杨椿创居此里，遂分宅为寺，制饰甚美，绮柱珠帘。普泰中（531—532），杨椿为尔朱世隆所诛，其宅后被舍为建中寺。建中寺附近的孝义里西北角有苏秦冢，冢傍有宝明寺，另附近还有洛阳小寺。

归觉寺，亦为民众所舍宅邸。常民刘胡兄弟四人，以屠为业。永安年间（528—530），有一胡人杀猪，猪忽唱乞命，声及四邻。邻人以为是胡人兄弟互相殴斗，便前来观看，才发现乞求饶命者乃猪。为此，刘胡兄弟舍宅为归觉寺，全家入道。普泰元年（531），此寺金像生毛，眉发悉皆具足。尚书左丞魏季景认为此乃亡国之征。至明年，广陵果被废死。

五、洛阳城南佛教寺院

景明寺，系宣武皇帝在景明年间所建的一所寺院，位于宣阳门外一里，御道之东。正光年间（520—525），太后曾造七层浮图，去地百仞。永熙年间（532—534），国子祭酒邢子才撰有碑文，其中“俯闻激电，旁属奔星”，描绘的便是此处景致。景明寺妆饰华丽，可与永宁寺比肩。金盘宝铎，焕烂霞表。寺内蓄有三池，滋生有蒲苇、菱角、莲藕等水中生物，并时有黄甲紫鳞出没于繁藻之中，或有青凫白雁浮沈于绿水之上。世宗好崇福，每年的4月7日，京师诸像皆汇聚此寺，约一千余躯，至8日，以次入宣阳门，在阊阖宫前接受皇帝散花。每当彼时，金花映日，宝盖浮云。旛幢若林，香烟似雾。梵乐法音，聒动天地。百戏腾骧，所在骈比。名僧德众，负锡为群。信徒法侣，持花成薮。车骑填咽，繁衍相倾。其佛事之繁盛，以致西域胡僧将该地视为佛国。

大统寺，位于景明寺之西，即所谓利民里寺。据说以前有人曾在此掘金，金上有铭云：苏秦家金，得者为吾造功德显略。于是得金者遂造招福寺。

景明寺南一里外有二寺，西寺为太后所立，东寺为皇姨所立，皆为其父追福所造，人称之为双女寺。每寺各有五层浮图一所，高五十丈，素彩布工，与景明寺类似。正光年间，汝南王还制造砖浮图于附近的灵台之上。

报德寺，高祖孝文皇帝为冯太后追福所立，在开阳门外三里。附近还有承光寺、正觉寺等，均各有特色。

龙华寺，广陵王所立。追圣寺，北海王所立，皆位于报德寺之东。二寺园林茂盛，莫之与争。

归正寺，为萧衍子萧正德所舍宅邸。

菩提寺，西域胡人所立，在慕义里。

高阳王寺，高阳王雍之宅，在津阳门外三里，御道西。雍为尔朱荣所害，舍宅以为寺。正光中，雍为丞相时，其府邸营造得极为奢华，居止第宅，几欲帝宫媲美。白殿丹槛，窈窕连亘，飞檐仄宇，轇轕周通。出则鸣驺御道，文物成行，铙吹响发，笳声哀转。入则歌姬舞女，击筑吹笙，丝管迭奏，连宵尽日。府内竹林鱼池，侔于禁苑，芳草如积，珍木连阴。故此，当此宅舍为寺院后，被认为是当时川涧伊洛间最为富贵的寺院之一。

崇虚寺，位于洛阳城西，即汉之跃龙园（亦即濯龙宫）。史载，延熹九年（166），汉桓帝祠老子于跃龙园，并设华盖之座，用郊天之乐，即为此地。高祖迁京之始，曾将此地赏赐给平民，但居于此地者多见妖怪，后皆离去，此地便被设为寺院。

六、洛阳城西佛教寺院

冲觉寺，为太傅清河王元怿舍宅所立，在西明门外一里，御道北。该地建有高楼，上与云齐。民国时期著名学者陆侃如曾以古诗“西北有高楼”机智应对评委的“孔雀东南飞”提问，其诗中所言高楼便指此处。当时楼下还有儒林馆、退宾堂等，形制并如清暑殿。而且，该处的土山钓台冠于当世。整个建筑与自然景观和谐一致，推开窗子便可以见斜峰入牖，曲沼环堂。树丛间昆虫低鸣，石阶旁杂花缤纷。因清河王素善宾客，崇尚文藻，故此，海内才子，莫不辐辏，府僚臣佐，并选隽俊。每当天气晴好之时，其府邸便常常会传出管弦之乐，珍馐芳醴，尽享于南台。元怿死后，太后追赠其众多官职以及九旒鸾辂等仪卫，并令画工图写元怿之像于建始殿，还为其建造五层浮图追福。

宣忠寺，侍中司州牧城阳王元徽所立，在西阳门外一里，御道南。元徽，曾助北魏孝庄皇帝诛杀尔朱荣，后尔朱家族报复，元徽不顾庄帝频呼，独自乘马奔逃。后庄帝被尔朱兆绞杀于太原三级寺。临终前，孝庄帝向佛祖礼拜，发愿生生世世不再做皇帝，并赋诗明志："权去生道促，忧来死路长。怀恨出国门，含悲入鬼乡。隧门一时闭，幽庭岂复光。思鸟吟青松，哀风吹白杨。昔来闻死苦，何言身自当。"

王典御寺，阉官王桃汤所立，位于宣忠寺东。当时凡阉官所立伽蓝，皆为尼寺，唯桃汤所建为僧寺，故世人称之为"英雄门"。寺内有三层浮图一所。

白马寺，即佛教初传时汉明帝所立寺，在西阳门外三里，御道南。明帝死后，开始在其陵墓上建立祇洹精舍，自此以后，百姓冢上有的也开始建立浮图。

宝光寺，在西阳门外，御道北，有三层浮图。据当时的隐士赵逸言，此处原为晋朝石塔寺。寺院以石为基，形制甚古，内有画工雕刻。《洛阳伽蓝记》虽未言及宝光寺的画刻内容，但就其寺院性质而言，当与佛教崇奉相关。寺内园池平衍，果菜葱青。园中有一池，号咸池，葭菼被岸，菱荷覆水。池边植青松翠竹，分外幽静。京邑士子，每至良辰美日，休沐告归，便会呼朋引伴，游于此寺。届时云车接轸，羽盖成阴。人们或置酒林泉，或题诗花圃，折藕浮瓜，以为兴适。

法云寺，是西域乌场国胡沙门僧摩罗所立，位于宝光寺西，与宝光寺隔墙并门。摩罗，为人聪慧，学穷释氏。到中国后即知晓魏言隶书，凡所闻见，无不通解。故此，时人无论道俗贵贱，皆同归仰之。摩罗作祇洹寺一所，工制甚精。佛殿僧房，皆为胡饰，丹青炫彩，金玉垂辉，摹写真容，似丈六之见鹿苑；神光壮丽，若金刚之在双林。按此说法，当时的寺院之内，绘有西域风格的壁画，其敷彩有可能与现今仍保存于石窟中的同时代壁画类似，具体内容仍为佛教题材，似与佛陀鹿野苑说法相关。伽蓝之内，花果蔚茂，芳草蔓合，嘉树被庭。京师沙门好胡法者，皆就摩罗受持之戒。在摩罗所倡扬的佛法中，有诸多神秘色彩，如他能使枯树生枝叶，人变驴马，此类神通令人莫不忻怖。据称，当时从西域得来的舍利骨及佛牙经像，皆在此寺。摩罗所建的法云寺，当为魏时汉地佛寺模仿西域佛寺的典型案例。

出西阳门外四里，御道南，有洛阳大市，周迴八里。南有皇女台，汉大将军梁冀所造，北魏时犹高五丈有余。景明中，比丘道恒立灵仙寺于其上。

北魏时，帝族、王侯、外戚、公主，擅山海之富，居川林之饶，争相修建园宅，互相夸竞，崇门丰室，洞户连房，以致飞馆生风，重楼起雾，高台芳榭，家家而筑；花林曲池，园园而有。内植杂树，桃李夏绿，竹柏冬青。当时的河间王元琛最为豪首，常与人炫富，曾自诩"不恨我不见石崇，只恨石崇不见我"。元琛曾兴造迎风馆于后园，窗户之上列钱青琐，玉凤衔铃，金龙吐佩，素柰朱李，枝条入檐，伎女可于楼上坐而摘食。南朝刘宋皇族宗室、诗人刘铄在其《代孟冬寒气至》一诗中所吟唱的"凄凄含露台，肃肃迎风馆"即指此处。只可惜，随着河阴之役，北魏诸元，歼灭殆尽。王侯第宅，多题为寺。每逢四月初八佛诞日，这些昔日的王公府宅，便成为京师士女的游赏场所。其中，尤以河间王所舍寺观最为人瞩目，其廊庑绮丽，令人仿佛到了蓬莱仙室。

追光寺，侍中尚书令东平王元略之宅。元略博洽群书，好道不倦。后因祸逃避江左，得到萧衍敬重。据称，当时萧衍曾问元略："洛中如王者几人？"略对曰："臣在本朝之日，承乏摄官，至于宗庙之美，百官之富，鸳鸾接翼，杞梓成阴。如臣之比，赵咨所云：'车载斗量，不可数尽。'"衍大笑，乃封元略为中山王，食邑千户。后大将江革谏衍，称元略应该回国，萧衍称："朕宁失江革，不得无王。"经元略祈请，才赐钱五百万、金二百斤、银五百斤、锦绣宝玩之物不可称数，令其归。由萧衍与元略的交游可知，当时虽地分南北，但意气相通，以元略修为，其所奉宗教亦应为江左所重。

融觉寺，亦为清河文献王元怿所立，在阊阖门外，御道南，有五层浮图。比丘昙谟最，善于禅学，讲涅盘经，有僧徒千人。胡僧流支读昙谟最大乘义章，每弹指赞叹，唱言微妙，即为胡书写之，传于西域。西域沙门常东向遥礼之，号昙谟最为东方圣人。当时由东往西流传的经文可能有《十地楞伽》及其他诸经论。由此时的佛经西传似可想见汉地壁画艺术的流布。

大觉寺，广平王元怀舍宅为寺，位于融觉寺西一里许。该寺面水背山，左朝右市。寺内置七佛林池飞阁，足与景明寺媲美。永熙年中，平阳王即位，造砖浮图一所，穷精极丽，诏中书舍人温子升以为文。

永明寺，宣武皇帝所立，在大觉寺东。当时佛法经像盛于洛阳，异国沙门咸来辐辏，负锡持经，适兹乐土。世宗为使诸僧有栖身之所，故立此寺。永明寺房庑连亘，一千余间，庭列修竹，檐拂高松，奇花异草，骈阗阶砌。据说，当时有百国沙门三千余人居于此地，西域最远的僧人来自大秦，还有来自南部名为歌营国的僧人，因距离京师甚远，隔绝于世，虽两汉及魏，均未曾与中国交通，北魏时始有沙门菩提拔陁，历经险阻，至扬州随法融入京师。拔陁自云北行经历，历数所经各国风土人情，为中外交通研究提供了重要资料。

陈留王景皓，河内刺史陈留庄王祚之子，善玄言道家之业，遂舍半宅，安置佛徒演唱大乘数部，并进京师。

当时人们除了建造寺院之外，还专供佛像。如武城人孟仲晖，志性聪明，学兼释氏四谛之义，穷其旨归，便曾造人中夹贮像一躯，相好端严，希世所有。

七、洛阳城北佛教寺院

禅虚寺，在大夏门御道西，寺前有阅武场。岁终农隙，甲士常在此演习战事，千乘万骑，蔚为壮观。届时会有抵角戏、掷戟等游戏。

凝圆寺，阉官济州刺史贾璨所立，在广莫门外一里，御道东。

按《洛阳伽蓝记》记载，当时的京师洛阳东西二十里，南北十五里，住户十万九千余，庙社、宫室、府曹以外，方三百步为一里，整个京师共有二百二十里，寺一千三百六十七所。天平元年（534）迁都邺城后，洛阳尚余寺院四百二十一所。另有一些寺院位于郭外，亦有记述，如北邙山上有冯王寺、齐献武王寺，京东石关有元领军寺、刘长秋寺，嵩高中有闲居寺、栖禅寺、嵩阳寺、道场寺，上有中顶寺，东有升道寺，京南关口有石窟寺、灵岩寺，京西瀍涧有白马寺、照乐寺等。

八、西域佛教寺院及礼佛情况

在《洛阳伽蓝记》中，除记述洛阳寺院外，还记述了一些其他地方的风土人情。如在记述凝圆寺时，杨衒之便用大量篇幅介绍神龟元年（518）十一月的惠生西行求法，称当时太后遣崇立寺比丘惠生向西域取经，共取回经书一百七十部，皆大乘妙典。惠生沿途经历了众多的奇闻异事，其中涉及佛事的约略有：

左末城城中有佛与菩萨图像，均无胡貌。经访查老人得知，这些图像乃吕光伐胡时所作。

捍魔城南十五里有一大寺，三百余众僧，有金像一躯，举高丈六，仪容超绝，相好炳然，面恒东立，不肯西顾。当地父老传说此像本从南方腾空而来，于阗国王亲见礼拜，载像归。中途夜宿，佛像忽然不见，于阗王遣人寻之，发现该像又回到原来的地方。于是，于阗王便在佛像所在地造塔，并封四百户负责洒扫。据说若有人患疾，以金箔贴像，患者的伤处即会悄悄好转。后来有人又于佛像旁造丈六神像及诸宫塔，乃至数千，悬彩幡盖，亦有万计，其中一幡为姚秦时立。

于阗国，该书记称：于阗国王头着金冠，似鸡帻，头后垂二尺生绢，广五寸，以为饰。威仪有鼓、角、金钲、弓箭一具、戟二枝、槊五张，左右带刀，不过百人。国内妇人，亦袴衫束带，乘马驰走，与男子无异。人死后以火焚烧，收骨葬之，上起浮图。居丧者，剪发劈面，以为哀戚。唯王死不烧，置之棺中，远葬于野，立庙祭祀，以时思之。并且，惠生还记录了于阗王信佛缘起，称其最初不信佛法，后有人将一异国沙门缚于城南杏树下，向王伏罪。于阗王往看，沙门语王曰：如来遣我来令王造覆盆浮图一躯，使王祚永隆。于阗王说，如果能够让我见到佛便当从命。沙门听后，即刻鸣钟告佛，由罗睺罗变形为佛，当空现出真容。于阗王登时五体投地拜于杏树之下，由此皈依佛法，并置立寺舍，绘制罗睺罗像。据说此处精舍还藏有辟支佛的靴子，经久不烂，非皮非缯，无人能辨其质地。

在惠生西行途中，还有一个国家极为特殊，即㕭哒国。该国土田庶衍，山泽弥望，居无城郭，游军而治，以毡为屋，随逐水草，夏则随凉，冬则就温。乡土不识，文字礼教俱阙，阴阳运转莫知。其度年无盈闰，月无大小，十二月为一岁，周边四十余国皆来朝贺。㕭哒国王张大毡帐，方四十步，四周以氍毹为壁。王着锦衣，坐金床，以四金凤皇为床脚。㕭哒国王妃亦着锦衣，垂地三尺，头戴一角，长八尺，出则乘舆，入则以六牙白象、四狮子为床。㕭哒国不信佛法，多事外神，从其所属文化特征看，他们信奉的当是印度的婆罗门教。

乌场国，乃萨埵投身之地。乌场国土地肥美，人物丰饶，百谷尽登，五果繁熟。夜闻钟声，遍满世界。土饶异花，冬夏相接，道俗采之，上佛供养。国王闻听太后崇奉佛法，即面东合掌，遥心顶礼。国王精进菜食，长斋。晨夜礼佛，击鼓吹贝，琵琶、箜篌、笙、箫，种类繁多。西行求法的宋云与惠生到达该国后曾出城外寻找如来教迹，在水东探访到佛晒衣处，并有塔记。水西有龙王寺。王城八十里有如来履石之迹，起塔笼之。城北有陀罗寺，佛事最多，浮图高大，僧房逼侧，周匝金像六千躯，国王年常大会，皆在此寺，国内沙门，咸来云集。王城东南，山行八日，即到如来苦行投身喂虎之处。宋云与惠生割舍行资，于山顶造浮图一所，并刻石勒书，铭魏功德。山有收骨寺。王城南一百余里有如来往昔在摩休国剥皮为纸、拆骨为笔处，已被阿育王所起佛塔笼盖。王城西南五百里有善持山，山顶东南有太子石室，太子室前十步有大方石，据说太子过去常坐其上，阿育王起塔记之。去塔一里处，东北方位，有太子男女绕树不去，婆罗门以杖鞭之流血洒地处。西三里，为天帝释化为狮子，当路蹲坐处。石上毛尾爪印痕迹，至北魏时依旧炳然。太子所食泉水北有寺，寺内有渥婆仙代沙弥除灰处，国王与渥婆仙立庙，图其形象，以金傅之。隔山岭有婆奸寺，夜叉所造，僧徒八十人。传说罗汉、夜叉常来供养洒扫取薪，凡俗比丘不得在寺。

乾陀罗国，土地与乌场国相似。国中人民，悉是婆罗门种，崇奉佛教，好读经典。

佛沙伏城，川原沃壤，城郭端直。民户殷多，林泉茂盛。土饶珍宝，风俗淳善。城北一里有白象宫，寺内佛事皆是石像，装严极丽，头数甚多，通身金箔，使人目眩。寺内图绘太子夫妻以男女乞婆罗门像，胡人见之，莫不悲泣。

复西行一日，至如来挑眼施人处，亦有塔寺，寺石上还存有迦叶佛迹。另外，还有如来为尸毗王时贸肉救鸽之处，亦有塔。

那迦罗阿国，有佛顶骨。

那竭城中有佛牙、佛发，并作宝函盛之，朝夕供养。

瞿罗罗鹿见佛影，有窟，窟前有方石，石上有佛迹。窟西南百步有佛浣衣处，窟北一里有目连窟，窟北有山，山下有大佛手，作浮图高十丈。

惠生在乌场国两年，发现西胡风俗大同小异，虽不能具载，但从其记录中，后人仍可得观部分西域佛事。而且，就《洛阳伽蓝记》本身而言，作为北魏时期洛阳佛寺的记录者，它的每处记载，都能使后人更为真实地体味当时的社会百态，尤其是文中有关佛经及僧人东西南北间的互动交流，为原有的佛教东传之说提供了进一步探讨的余地。

九、魏晋南北朝时期的佛教信仰与相关争端

除《洛阳伽蓝记》外，《北史》、《南史》也对魏晋南北朝时期的佛道尊崇情况有所记载，如《北史》载：正光五年（524）秋，灵太后曾要求出家于嵩山闲居寺。

4世纪时，活动于今华北一带的五胡诸国也多信奉佛教，如后赵的石虎，虽生性残忍，杀罚无度，但崇信佛法。石虎曾诏令中书省详议佛事。当时的中书著作郎王度、中书王波一致认为："大王者，郊祀天地，祭奉百神，载在祀典，礼有常飨。佛出西域，外国之神，功不施民，非天子诸华所应祠奉。往者汉明感梦，初传其道，唯听西域人得立寺都邑，以奉其神，其汉人皆不得出家。魏承汉制，亦循前轨。"他们认为当时是赵承汉魏，亦应禁止赵人诣寺烧香礼拜。但石虎对此持反对意见，声称："朕生自边壤，忝当期运，君临诸夏。至于飨祀，应兼从本。佛是戎神，正所应奉。"这样一来，在石虎的倡导以及高僧佛图澄的影响下，后赵民众"多奉佛，营造寺庙，相竞出家，真伪混淆"。

对于寺院以及其他殿堂的室内营造，史料也多有记载。《邺中记》便载称：十六国时期，后赵皇帝石虎于魏武故台立太武殿，窗户宛转，画作云气，拟效仿秦之阿房，鲁之灵光。他还在金华殿后的皇后浴室处，彤采刻镂，雕文粲丽。石虎的坐具也极尽雕琢之美，其御座，几悉漆雕画，皆为五色花。石虎还作金银钮屈戌屏风，衣以白缣，屏风上绘义士仙人禽兽之像，赞者皆三十二言。石虎性好佞佛，曾制造檀车，广丈余，长二丈，安有四轮，作金佛像于车上，九龙吐水灌之。又作木道人，恒以手摩佛心腹之间。十余木道人，长二尺，皆披袈裟绕佛行，当佛前，辄揖礼佛，又以手撮香投炉中，与人无异。车行则木人行，龙吐水。车止则止。每待佛诞日，石虎也会祭出九龙衔水浴太子之像。

佛事的兴盛也伴随着一定的杀罚。佛教自传入之时，便命运多舛。中国历史上先后出现过四次灭佛运动，其中两次发生在魏晋南北朝时期。这两次灭佛事件的起因错综复杂，既关涉皇权与神权的较量，又涉及不同宗教与文化间的争斗。但沙门作乱，是导致二帝灭佛的一个不争事实。在短短的五十年时间里，沙门叛乱达十次之多：公元473年，沙门慧隐作乱；公元481年，沙门法秀作乱；公元490年，沙门司马惠御作乱；公元499年，明法皇帝王惠定作乱；公元509年，沙门刘瞢汪作乱；公元510年，沙门刘光秀作乱；公元514年，沙门刘僧绍作乱；公元515年，沙门法庆作乱；公元517年，大乘余党作乱；公元516—517年，王买、月光童子刘景晖作乱；公元524年，冯宜都、贺悦回成作乱。其中，尤以北魏末年冀州沙门法庆的作乱行为最为残酷。法庆既为妖幻，遂说勃海人李归伯。归伯合家从之，招率乡人，推法庆为主。法庆以归伯为十住菩萨、平魔军司、定汉王，自号大乘，声称杀一人者为一住菩萨，杀十人者为十住菩萨。又合狂药，令人服之，以致父子兄弟不相辨识，唯以杀害为事。官府曾派人征讨，但惨遭失败。法庆众人势力愈盛，所到之处屠灭寺舍，斩戮僧尼，焚烧经像，称："新佛出世，除去众魔。"虽最终法庆、归伯及法庆妻尼惠晖等众被擒，但这场运动所带来的危害使后来的北周皇室开始重新审视已有的佛道政策。周武帝于建德三年（574）5月15日"断佛、道二教，经像悉毁，罢沙门、道士，并令还民。并禁诸淫祀，礼典所不载者，尽除之"。一时间，北周境内寺院颓废，僧尼零落。按裴孝源《贞观公私画史》记载，到大唐贞观十三年（639）时，唐王朝境内所留存的南北朝时期绘壁寺院仅剩二十九所，它们是：

晋瓦官寺，位于江宁，寺内有顾恺之、张僧繇画壁。

宋法王寺，位于永嘉，内有顾骏之画。

晋龙宽寺，史道硕画，在江陵。

晋本纪寺，史道硕画，在郯中。

齐王观寺，沈标画，在会稽。

魏白雀寺，董伯仁画，在汝州。

魏北宣寺，杨子华画，在邺中。

梁定林寺，解倩画，在江宁。

梁惠聚寺，张僧繇画，在江陵。

梁延祚寺，张僧繇画，在江陵。

梁长庆寺，江僧宝画，在江陵。

梁何后寺，陆整画，在江宁。

梁光相寺，丁光画，在江陵。

梁陟屺寺，张善果画，在江陵。

梁高座寺，张僧繇画，在江宁。

梁景公寺，江僧宝画，在江宁。

梁开善寺，张僧繇画，在江宁。

梁草堂寺，焦宝颢画，在江宁。

梁报恩寺，张儒童画，在会稽。

梁资德寺，解倩画，在延陵。

梁天皇寺，张僧繇、解倩画，在江陵。

北齐大定寺，刘杀鬼画，在邺中。

周海觉寺，董伯仁、郑法士画，在固州。

陈栖霞寺，张善果画，在江宁。

陈兴圣寺，张儒童画，在江都。

陈逮善寺，陆整画，在江都。

陈静乐寺，张善果画，在江都。

陈东安寺，张儒童、展子虔画，在江都，改为常乐寺。

陈终圣寺，董伯仁画，在江陵。

在以上诸寺中，除汝州之魏白雀寺、邺中之魏北宣寺、北齐大定寺、固州之周海觉寺外，其他寺院大多集中于江南一带，曾经风光一时的北朝佛教步入低潮期。

第五节　西域佛教寺院壁画遗存

一、西域佛寺的发掘活动

地处古代丝绸之路上的新疆南部，即汉唐时所称的西域。按《前汉书·西域传》载，汉时西域原本为一拥有三十六国的区域，其后分为五十多国，皆在匈奴之西，乌孙之南，南北有大山，中央有河。东西达六千余里，南北为千余里。佛教从印度传入大月氏，然后又经西域传入中土。在此传播过程中，大月氏所建立的贵霜王国接受古希腊和罗马艺术的影响，形成了与笈多样式相得益彰的犍陀罗艺术。所以，在东西方文明兴盛之际，西域作为文化东传西渐的重要交通枢纽，其早期佛教寺院和造像样式都不同程度地受到了犍陀罗艺术的影响。当时，除发源于印度的佛教之外，兴起于波斯的琐罗亚斯德教（祆教）、摩尼教、景教，以及中国的道教都曾在这一地区驻足，并与当地的原生文化相融合，从而形成独具特色的绿洲城郭文化。西域的绿洲王国，对外来的各种宗教采取兼容并包的态度，因此多种宗教信仰得以在此共存。昔日曾给予绿洲居民和丝路商队以莫大精神慰藉的寺院，虽历经磨难仍有迹可寻，那些曾被黄沙掩埋的精美壁画在沉寂数个世纪后终于得以重见天日，向世人一展其灿烂容颜。

最早揭开西域佛教寺庙壁画面纱的是一些热衷于西域文物的外国官员、学者和探险家。19世纪80年代，俄国驻喀什噶尔的总领事彼得罗夫斯基（N.F.Petrovsky）开始收集来自和田各地的古代文物，其中便包括今丹丹乌里克（Dandan Oilik）出土的于阗语和汉语文书。与彼得罗夫斯基一样热衷于新疆文物的还有驻印度加尔各答的德裔英籍梵文专家霍恩雷（A.F.R.Hoernle），他倡导英属印度政府授权其在西域任职的外交官利用工作之便收集文物，从1893年起到1899年止，霍恩雷共获得31批来自西域的古代文献，这些文献后经沙畹（Ed.Chavannes）、王冀青、郭锋、贝利（Harold W.Bailey）、施杰我（P.O.Skjaervo）等人的整理已相继刊行发表。

在进入西域地区的探险家中，瑞典的斯文·赫定（Sven Hedin）是最早的一个。1895年，他冒着生命危险开始了穿越塔克拉玛干沙漠的艰苦之旅。1896年1月，他与随行的四人携带三峰骆驼、两头驴子进入大漠，在行进到第六天的时候，才发现了位于沙漠腹地的丹丹乌里克遗址。因条件险恶，斯文·赫定只匆匆发掘了这一遗址中的四座房屋，但通过他的描述和绘画，当地佛寺壁画的精美程度仍令人震撼。1900年，英国的斯坦因（A.Stein）循着斯文·赫定的足迹，也进入塔克拉玛干沙漠。斯坦因先后发掘了被黄沙覆盖的若羌米兰废寺与于阗丹丹乌里克遗址，获得了大量的古代文物和写本文献，其中也包括壁画、雕像、木板画等艺术品。所有这些文物，都成为后来研究西域地区佛教艺术的重要资料。除了以上两位，20世纪早期，还有其他一些国家的探险者亦相继来到此地，并或多或少地获取了一些文物。

二、米兰寺院遗址

斯坦因发现的米兰遗址，位于新疆若羌，汉代本名伊循。汉王朝曾应鄯善王之请，在此地设屯田都尉。该地属于西汉早期镇抚西域的军事要地。约在公元3—4世纪时，鄯善已成为一个佛教盛行的西域国度。东晋求法高僧法显在弘始二年（400）行经鄯善时，

图 1-5-1　有翼天人，公元 3—4 世纪，出于新疆若羌县米兰 3 号寺院遗址，现藏印度新德里国家博物馆

图 1-5-2　佛与六弟子，公元 3—4 世纪，出于新疆若羌县米兰 3 号寺院遗址，现藏印度新德里国家博物馆

这个只有八千余户的小国，崇信佛法的僧人就有四千之多。当地佛教信奉以小乘佛教为主。在斯坦因编为米兰2号的建筑遗址内曾发现了用梵文书写的贝叶文书，据推测，其成文年代应不晚于4世纪，这表明米兰寺院存在年代或早于4世纪。

米兰一地曾发现数处古寺遗址，其中，米兰3号遗址是一处外方内圆的高台基佛教寺院，台基阔约9平方米，中部建有刹心，刹心直径约274厘米。在入口的内壁，残存有七身有翼天人图像（图1-5-1）。东南壁保存下来的是释迦牟尼说法与闻法弟子的画面（图1-5-2）。其中，释迦牟尼头结高发髻，有项光，右手作施无畏印，左手残。释迦牟尼左侧为六弟子，第一位弟子手执拂尘，似为佛传故事之局部。另有一块壁画残片，画一红帽黑裤赤足之人双手合十正在聆听对面人物的教诲。对面人物身材高大，体格健硕，正双腿垂足而坐，其左手弯曲撑于大腿之上，右手置于左胸前，似在述说着什么。此幅图像中的人物具有较为明显的动态表情，有研究者认为该图像表现的是净饭王召相师占梦的场景（图1-5-3）。壁画保存得较多的是米兰5号遗址，也是中心起建刹心，刹心直径为335厘米，四周有环形廊道相通。

图 1-5-3　占梦，公元 3—4 世纪，出于新疆若羌县米兰 3 号寺院遗址，现藏印度新德里国家博物馆

图 1-5-4　花链饰带，公元 3—4 世纪，出于新疆若羌县米兰 5 号寺院遗址，现藏印度新德里国家博物馆

图 1-5-5　佛像，公元 3—4 世纪，出于新疆民丰县尼雅佛寺遗址，现藏新疆文物考古研究所

位于南边的通道内壁绘有有翼天人图像，入口处的壁面绘有两身人像，人像旁边书有佉卢文和梵文的榜题。与入口相对的环形壁面，以及北壁下部与东南壁的护壁上绘制的是犍陀罗式的人物花链饰带（图1-5-4），上下则有各种形态的青年男女，有的是黑发的青年，有的是携琴的少女，亦有持瓶妇人和健壮的武士。环形壁面的上层画的是须达拏太子本生故事，壁画采用横幅的构图，故事情节由右向左展开。因墙体部分坍塌，右边开始部分的画面已经损毁。中部为须达拏施白象与婆罗门。左边是须达拏因施舍无节，被父王逐离家门，骑马而去。前面的马车上为其妻子与两个孩子。北壁保存着须达拏夫妇隐居山林以及回宫团聚的画面。须达拏太子故事在佛教壁画中是较为常见的题材，米兰壁画中的须达拏太子人物形象塑造得较为饱满，人物、车骑、动物、植物相得益彰，反映了当时的画工高超的处理技巧。根据同时期出土的文物及壁画绘制风格推断，该寺壁画绘制年代为公元300年左右，当属现今发现较早的新疆佛寺壁画。

米兰佛寺壁画人物的造型和题材风格带有较浓厚的犍陀罗艺术的特点。米兰佛寺内部原有泥塑佛像，风格亦属犍陀罗艺术。在白象的膈窝还发现了壁画作者“Tita”的佉卢文题名，壁画作者的题名也似在说明参与米兰佛寺壁画创作的工匠或有可能来自犍陀罗。东晋法显曾记述鄯善“俗人及沙门尽行天竺法……出家人皆习天竺书、天竺语”，从法显的实录与米兰佛寺残存壁画相校验似可窥见新疆早期佛教艺术与犍陀罗的渊源。

新疆地区现存较早的寺院遗址还有民丰县的尼雅佛寺遗址，该遗址出土了一幅残损的佛像壁画，画面高50厘米，宽70厘米，画面主体为一身披黑色田格式袈裟，眉心绘有白毫的佛，佛之细眉弯弯，鼻梁挺阔，唇上留有八字胡，头部有内外两层圆光（图1-5-5）。

三、于阗佛寺遗址

从公元前2世纪起，今新疆和田一带便已成为西域独立的绿洲王国之一，即于阗。当时于阗的主体居民应是塞种的一支，操印欧语系伊朗语族的东伊朗语，现定名为于阗语，或称于阗塞语。于阗位于塔里木盆地南沿，居民以农耕为业，建有城郭。按《魏书》记载，于阗国"在且末西北，葱岭之北二百余里。东去鄯善千五百里，南去女国二千里，去朱俱波千里，北去龟兹千四百里，去代九千八百里……都城方八九里，部内有大城五，小城数十"。虽然于阗在西域诸王国之中势力较强，但在不同的历史时期，常常被周围更强大的政治势力所控制，从公元前1世纪以来，匈奴、汉朝、贵霜、曹魏、西晋、柔然、嚈哒、西突厥等不同文化体系的强大政治集团，都曾先后直接或间接统治过于阗。于阗在汉地历史文献记载中，留下的是佛国的形象。曾经广为流传的《老子西升化胡经》称老子"便即西度，经历流沙，即至于阗国毗摩城"。《魏书》中也称于阗："俗重佛法，寺塔僧尼甚众，王尤信尚，每设斋日，必亲自洒扫馈食焉。城南五十里有赞摩寺，即昔罗汉比丘卢旃为其王造覆盆浮图之所，石上有辟支佛趺处，双迹犹存。于阗西五里有比摩寺，云是老子化胡成佛之所。"[1]老子化胡成佛的说法，学术界一般不予采信，有关于阗的可信说法是由西行求法的僧人提供的。

三国曹魏时的朱士行是汉地西行取经的著名僧人，其目的地就在于阗。据说他在当地寺院写得梵书正本九十章，六十余万言，派遣弟子弗如檀（法饶）送梵本佛经到洛阳，之后有于阗沙门无叉罗到陈留仓垣水南寺，参加了该经的翻译。公元5世纪初，法显西行，记于阗的佛寺"有大伽蓝十四，小者无数，家家皆起小塔"，当时于阗已是钟磬之声早晚相闻的国度。贞观十八年（644），从印度取经回国的玄奘，途经于阗，受到热情的招待，并被护送至唐境。唐时的于阗，伽蓝数已多至百所。书写于9世纪左右的古藏文《于阗国授记》，说于阗有规模的寺院达四百余所，蓝若小塔数逾五千，"其国丰乐，人民殷盛，尽皆奉法，以法乐相娱，众僧乃数万人，多大乘学"。大约从2世纪佛教初传于阗到11世纪信奉伊斯兰教的喀喇汗王朝占领之前，于阗确是西域丝路上名副其实的大乘佛教中心。汉地寺院中梵呗唱响之声的主流是"于阗佛曲"，大乘佛典如《般若》、《法华》、《涅盘》、《方等》、《华严》诸经的原本，也主要来自于阗。

斯坦因当年调查的热瓦克佛寺遗址也位于于阗地区，塔院建筑规模清晰，塔基方形，四面台阶，方座之上为覆钵形的塔身，该形制为典型的印度犍陀罗窣堵波样式，塔院内靠墙塑有成组的泥质佛像、菩萨像和天人浮雕，计百余躯，高者达三米。塔院的入口处还立有护法神像。这样的佛寺格局，在巴基斯坦塔克西拉故城有较完整的保存，连壁间塑像的造型亦有几分相似。热瓦克佛寺的重要，在于提供了于阗佛寺与犍陀罗的渊源始末，也证实了于阗佛寺的久远。

另外，经中外学者的比对勘校，汉文、于阗文和古藏文所载的于阗主要佛寺也有了较为清晰的轮廓，可以说出寺名来历的有赞摩大寺、瞿摩帝寺（Guma-ttira）、牛头山寺（Hgehu-to-can）、王新寺（Sum-nya）、毗沙门天王神庙、麻射寺（Ma-za）、地迦婆缚那寺（Ditka-bani）、萨迦耶仙寺（Sakaya-gira）、净土寺（Hgu-zan）。汉僧主持的佛寺有护国寺、龙兴寺、金轮寺等。这些有名的寺院，差不多都有着不平凡的故事传说，寺

1 文渊阁《四库全书》（电子版），史部，正史类，《魏书》卷一百二。

院中的瑞像和壁画胜迹也因之而名扬外方，成为各地画师塑匠争相摹绘的对象。

赞摩寺是于阗最早的寺院，同时也是于阗佛国的第一大寺。按《魏书》及《宋云惠生行纪》载，赞摩寺建于于阗初闻佛法时，是由印度比丘毗卢旃点化于阗王而起塔兴建的。有关这座于阗标志性寺院的历史和传说，《宋云惠生行纪》、《法显传》、《大唐西域记》和《于阗国授记》、《于阗教法史》等汉藏文献，都以大量篇幅和首要位置给予记载，由是可知赞摩寺非同一般。该佛寺的历史几乎与于阗共存亡，它在于阗的主导地位从和田及敦煌出土的文书中也屡屡得到确认。赞摩寺的僧人虔心佛事，译经不辍，即便是在于阗与疏勒的穆斯林圣战期间，也仍有抄写的于阗文敦煌经卷流传。

现藏于新疆文物考古研究所的部分绘于公元4—5世纪的于阗壁画，出土于今于田县喀拉墩古城61号佛殿遗址。喀拉墩城址位于于田县达里雅博依乡政府北20公里的沙漠中，城堡位于遗址区中心，四周有多处建筑群，多为民居、寺庙[1]。佛寺遗址早年经斯坦因发掘，出土过立佛和坐佛壁画残片。1993年，新疆文物考古研究所与法国科研中心135所合作发现并发掘了喀拉墩附近的两座佛殿遗址，编号为N61、N62。两座佛寺平面均呈“回”字四方形，佛寺中心为正方形建筑，很可能是中心塔。中心塔之外是两道回廊，间隔1.5米。中心塔外壁及回廊墙壁内外侧绘有壁画，壁画使用的颜料主要有红、橘红和黑色三种。从残存的壁画分析，所绘图像很可能为佛陀造像，其中一幅为佛坐像（图1-5-6），画面为交脚坐于莲台之上的佛陀，人物面部表情恬淡平和。另外一幅是佛像头部

图1-5-6　坐佛像，残高64.5厘米，残宽46厘米，公元3—4世纪，出于新疆于田县喀拉墩古城61号佛殿遗址，现藏新疆文物考古研究所

图1-5-7　佛像残片，残高33厘米，残宽34.5厘米，公元3—4世纪，出于新疆于田县喀拉墩古城61号佛殿遗址，现藏新疆文物考古研究所

1 新疆维吾尔自治区文物局编著：《新疆古城遗址》（下册），北京：科学出版社，2011年，第306页。

残片（图1-5-7），可见佛陀额上白毫、顶上肉髻及头部的圆光，圆光为内外两层，内层轮廓线较细，外层轮廓线较宽。图中线条采用“曲铁盘丝”技法，并以朱红色晕染面颊、鼻翼及下颌等处，使人物面部极为丰润饱满。喀拉墩出土的上述图像未绘制胡须，面部表情沉静自然，颇具特色，应该是中亚、印度与中土佛教文化相互交融的体现。其绘制时间大约为公元3—4世纪，即汉晋时期[1]。

四、龟兹佛寺艺术

西域丝绸之路北道上的古代龟兹亦是当时的佛教大国。佛教传入龟兹的年代较早，在大约2世纪中叶，大月氏僧人支娄加谶在其所译的《阿育王息坏目因缘经》中就提到龟兹国名，如此事属实，则龟兹在印度阿育王时，便已与之开始了接触。学术界通常认为，龟兹知有佛教是在东汉顺帝阳嘉、永和年间（132—141），其时中原困于羌乱，无暇顾及西域，笃信佛教的月氏人进入沙车、疏勒、龟兹和于阗，佛教的传入，也当在此时。龟兹地区的佛教，在魏晋时期已相当发达，一些龟兹的僧人来往于龟兹与洛阳之间，参与汉地的译经活动[2]。龟兹王公贵族诵习大小乘佛经已较为普遍，僧俗广信佛法，国内寺院林立。《晋书·四夷传》称龟兹国：“俗有城廓，其城三重，中有佛塔庙千所。”《释文纪》卷七则称：“拘夷国，寺甚多，修饰至丽，王宫雕镂立佛形像，与寺无异。有寺名达慕蓝，百七十僧；北山寺，名致隶蓝，六十僧；剑慕王新蓝，五十僧；温宿王蓝，七十僧……王新僧伽蓝九十僧，有年少沙门，字鸠摩罗，乃才大高明大乘学，与舌弥是师徒，而舌弥，阿含学也；阿丽蓝百八十比丘尼；轮若干蓝五十比丘尼；阿丽跋蓝二十尼道。”文中提及的拘夷国，即龟兹。当时的龟兹，盛行小乘学，主要寺院，无论僧尼，均由小乘阿含学者佛图舌弥所统。大约在“声满葱左，誉宣河外”的鸠摩罗什由罽宾经疏勒归国后，佛教大乘学才开始在龟兹国得到传播，形成以小乘佛教为主兼行大乘佛教的局面[3]。

图 1-5-8　婆罗门，残高 17 厘米，残宽 24 厘米，出于新疆库车县夏哈吐尔寺院遗址，现藏法国巴黎吉美博物馆

龟兹历史上的重要佛寺遗址现仍有两处保存下来，一处在库车城西南约二十五公里的渭干河东西两岸，东寺为乌什吐尔，西寺为夏哈吐尔，遗址内留有佛殿和寺塔建筑，以及唐以前的器皿和佛像残片。其中一幅名为《婆罗门》（图1-5-8）的壁画，是1907年被法国人伯希和（Paul Pelliot）于西

1 新疆维吾尔自治区文物局编：《新疆维吾尔自治区第三次全国文物普查成果集成》（和田地区卷），北京：科学出版社，2011年，第103页。

2 据《历代三宝记》、《开元释教录》所载，曹魏甘露三年（258），沙门白延由龟兹来到洛阳白马寺，译出大乘方等部《无量清净平等觉经》、《首楞严经》及小乘《除灾患经》等数部；晋武帝太康五年（248），竺法护在敦煌从龟兹副使羌子候得胡本《阿维越致遮经》；随后又有帛远（号法祖）等译出阿含部《佛般泥洹经》。

3 晋孝武帝时所出的《比丘尼戒本所出本末记》称：拘夷国（即龟兹），寺甚多，修饰至丽。王宫雕镂之佛形象，与寺无异。有寺名达慕蓝，百七十僧；北山寺名致隶蓝，六十僧；剑慕王新蓝，五十僧；温宿王蓝，七十僧，右四寺佛图舌弥所统。

寺夏哈吐尔遗址发现的，现藏于法国吉美博物馆。图中婆罗门留有浓密白色胡须和头发，目光锐利，神情凝重。第二处为库车城北约二十公里的苏巴什遗址，位于北山南麓，有铜厂河流贯其间，遗址即分布在河两岸的山坡台地上，称东、西苏巴什。按遗址的方位推测，可能即是文献记载的北山寺致隶蓝（一称雀离大寺）。遗址中心有塔，周围环绕若干庙宇和洞窟，形成以塔庙为中心的综合建筑群。苏巴什遗址经试掘，发现了部分雕像残块和壁画残片，伯希和剥走的苏巴什遗址壁画中图像较完整的佛传故事壁画，其艺术风格与龟兹石窟相同。

第二章

隋唐寺观壁画

第一节　隋唐时期帝王佛道崇奉

一、隋代宗教政策

公元581年，隋文帝杨坚以隋代北周，开创了南北统一的基业。杨坚大统七年（541）六月出生于冯翊（今陕西省大荔县）般若寺，自幼便寄居于寺院中，由比丘尼智仙抚养长大，十三岁才得以返家[1]。智仙对其影响极大，按王劭的《舍利感应记》载，神尼智仙曾曰："佛法将灭，一切神明，今已西去，儿（杨坚）当为普天慈父，重兴佛法，一切神明还来。"[2]后来，佛法果遭周氏所灭，隋室受令，佛法才得以复兴。杨坚登基伊始，便普诏天下，"任听出家，仍令计口出钱，营造经像。而京师及并州、相州、洛州等诸大都邑之处，并官写一切经，置于寺内。而又别写藏于秘阁"。隋文帝的诏令一出，天下之人从风而靡，竞相景慕。当时汇集的民间佛经多于六经数十百倍，从而使北周灭佛以来的"公私寺塔扫地除尽，融刮圣容，焚烧经典，诸州佛寺出四十千，尽赐王公，三方释子减三百万，还归编户"[3]的情况得到彻底扭转。虽然历史上对隋文帝的复佛之举也有质疑之声，如宋人宋敏求在《长安志》卷七就曾指出："隋文承周武之后，大崇释氏，以收人望。"但隋文帝的这一举措，实是符合当时的人心所向，而并非完全出自他一己之愿。继开皇元年（581）诏令之后，他又于开皇三年（583）颁布《修复废寺诏》，称周朝所废之寺，咸可修复。开皇四年，下《恤毁像敕》，称："周武之时毁灭佛法，凡诸形像，悉遣除之。号令一行，多皆毁坏，其金铜等或时为官物，如有现存，并可随付近寺观安置，不得辄有损伤。"开皇五年，隋文帝又下《受戒放囚诏》，宣布自己于当月二十三日，请经法师于大兴善殿受菩萨戒。为此，一些有悔过行为的囚徒可以被放还。在隋文帝如此密集的崇佛诏令下，曾经一度低迷的佛教再次隆兴。

隋文帝对佛法的重视，到大业时仍得以延续。当时，沙门智果于东都内道场撰诸经目，分别条贯，以佛所说经为三部，一曰大乘，二曰小乘，三曰杂经。其余似后人假托为之者别为一部，谓之疑经。又有菩萨及诸深解奥义、赞明佛理者，名之为论。及戒律，并有大小及中三部之别。又所学者录其当时行事，名之为记。隋代这种刻意整理佛教经籍的举措对后世影响极大。以前，由汉至隋，佛经的

1 《大正藏》（电子版），中华电子佛典协会，第52册，《集古今佛道论衡》。

2 文渊阁《四库全书》（电子版），子部，释家类，《广弘明集》卷十七。

3 文渊阁《四库全书》（电子版），子部，释家类，《法苑珠林》卷九十六。

流传均依赖于写本，直到晚唐（9世纪时），才有刻本佛经出现。汉魏写本，经历代动乱，有的早已离散，隋代的整理，无疑为后世提供了更多得见古代佛典的可能。现存北京云居寺的《房山石经》，最初开凿时间也为隋代。当时的沙门静琬（即智苑）因担心佛经毁灭失传，决意继承其师南岳慧思的遗愿，将佛家经卷刻成石碑。在隋炀帝皇后及其弟萧瑀的协助下，静琬遂组织工匠于房山山麓开凿岩洞，并在石室四壁刻上经文。《房山石经》的刊刻工作历经隋、唐、辽、金、明五个朝代，前后达千余年始完成，属于静琬的刊刻时段为隋大业（605—617）到唐贞观十三年（639）之间，所刻石碑约150块。

隋代对佛教的重视还体现在对经文的诵读上。隋文帝时，曾专门颁行诵经敕令，称："佛以正法，付嘱国王。朕是人尊，受佛付嘱，自今已后，讫朕一世，每月常请二十僧，随番上下转经，经师四人，大德三人，于大兴善殿读一切经。"[1]他又令天下四十五州分设大兴国寺，由中央至地方，均以"大兴"命名，使佛教寺院拥有了明显的国家寺院色彩。并且，隋文帝还有意效仿阿育王的壮举，在全国遍立佛舍利塔。在隋文帝的指令下，共有二十八州起塔，五十三州感瑞。其中，同州、泾州、襄州的大兴国寺并在起塔之列[2]。在文帝的精心经营下，北朝以来的崇佛传统，在隋得以有序发展。文帝在位二十年间，在开皇三年时，北周废寺已全部复兴，名山之下，各为立寺。另有一百余州立舍利塔，度僧尼二十三万人，立寺三千七百九十二所，写经四十六藏，一十三万二千八十六卷，治故经三千八百五十三部，造像十万六千五百六十躯。自余别造，不可具已[3]。

隋文帝的崇佛活动，也得到来自佛教的积极回应。开皇三年（583），北天竺乌苌国的沙门那连提黎耶舍在翻译《德护长者经》时，便将文帝描绘成月光童子的模样，称："尔时世尊告离攀缘德菩萨言：'……善男子，汝今见此德护长者大儿月光童子不？……我涅盘后，于未来世护持我法，供养如来受持佛法，安置佛法赞叹佛法。于当来世佛法末时，于阎浮提大隋国内，作大国王，名曰大行，能令大隋国内一切众生，信于佛法，种诸善根。'"[4]

佛教的这一回馈并没有让隋文帝沉浸其中，成为一名溺佛的君主，而是令他在倡导佛法的同时，更加关注国家政治与宗教权力之间的关系。隋文帝的佛教政策，系奖励与控制并重，其关注下的佛教寺院，在聘用高僧宣扬教义、弘扬佛法的同时，亦会被国家监管，以使其活动被限定在一定范围之内。负责监管佛教僧侣的机构叫昭玄寺，按《隋书》载，昭玄寺负责掌管诸佛教置，设教职大统一人、统一人、都维那三人，亦置功曹、主簿等，用以管理诸州郡县沙门曹属[5]。

在昭玄寺等机构的监管下，隋代的佛教徒不再像北魏初年那般无拘无束。他们在享受皇恩的同时，也必须为国尽力。凡国家重大祭祀活动，佛教徒都需按要求参与。如隋文帝在全国敕建大兴国寺并建塔、分封舍利时，便敕令寺院僧人配合。而在独孤皇后去世后，他还曾专门敕令昙迁担任禅定寺寺主，称："稠师灭后，禅门不开。虽戒慧乃弘，而行仪攸阙。今所立寺，既名禅定，望嗣前尘，宜于海内召名德禅师百二十人，各二侍者，并委迁禅师搜扬。有司具礼，即以迁为寺主。"[6]总之，在隋文帝统治时期，信佛求道与统御天下二者所呈现出来的是和谐统一局面，此乃其以宗教"为国行道"、"正法治国"理念的必然结果。

---

1 文渊阁《四库全书》（电子版），集部，总集类，《释文纪》卷三十八。

2 文渊阁《四库全书》（电子版），子部，释家类，《法苑珠林》卷五十三。

3 ［唐］道宣：《释迦方志》，北京：中华书局，1983年，第122页。

4 李小荣：《〈弘明集〉〈广弘明集〉述论稿》，成都：巴蜀书社，2005年，第214页。

5 文渊阁《四库全书》（电子版），史部，正史类，《隋书》卷二十七。

6 文渊阁《四库全书》（电子版），集部，总集类，《释文纪》卷三十八。

从北朝到隋，历代帝王与宗教团体一直处于控制与反控制的角逐中，宗教授予帝王的至高无上的权力令各代帝王均无力拒绝，即便是负有灭佛恶名的北魏及北周皇帝，在其颁行的灭佛指令中也绝非要对僧侣赶尽杀绝，而是以逼迫其还俗，躬身农桑为主旨。在佛道共享的时代，如何平衡双方乃至多方利益，往往是各代帝王最难权衡之处。如曾经灭佛的太武帝，在宣布废除佛法的同时，也不得不接受另一宗教——道教的垂训，为自己赢取了一个“太平真君”的尊号。再如北周武帝，在指责佛教多虚诞之言，决定毁教废佛的同时，又诏立“通道观”作为国家道场，兼摄道、佛各教，俨然有统一宗教之势。所以说，无论是崇佛抑道，还是佛道共存，对历代君主来说，合理利用宗教并取得绝对权力才是其最终目的。

隋文帝执政期间，虽首倡佛法，但对于其他宗教亦十分关注。开国之初，他便以颇具道教含义的“开皇”作为自己的第一个年号。对此，《隋书》记载称：“每至天地初开，或在玉京之上，或在穷桑之野，授以秘道，谓之开劫度人。然其开劫，非一度矣，故有延康、赤明、龙汉、开皇，是其年号，其间相去，经四十一亿万载，所度皆诸天仙上品，有太上老君、太上丈人、天真皇人、五方天帝，及诸仙官。转共承受，世人莫之豫也。”[1]虽然也有人对开皇年号属于道教提出质疑，认为这一年号源自佛教，但除了“劫”数可与佛教经典比对之外，《隋书》后面所列的各位神衹名称确系源自道教。所以，尽管隋文帝崇奉佛教，但作为开国之君，他在各宗教政策的执行上并没有走向极端，而是小心翼翼地平衡佛道二者关系。有关此点，在其开皇元年（581）闰三月所下的《五岳各置僧寺》诏令中也可略见一斑，该诏令称：“法无内外，万善同归。教有浅深，殊途共致。朕膺伏道化，念存清静，慕释氏不二之门，贵老生得一之义，总齐区有，思至无为。”[2]在此，隋文帝在阐明自己对佛道二教的态度后，令各地在原属道教势力范围的五岳及诸州名山之下宜各置寺院一所，并赐予田庄供其使用。

此外，他在恢复周代佛教寺院的同时，也在长安设置道教宫观。开皇二年（582），他将长安故城的通道观迁至大兴善寺旁边，改名玄都观。当初宇文恺构建京都时，以朱雀大街南北尽郭有六条高坡，象乾卦，故于九二位置置宫殿，以当帝王之居。九三立百司，以应君子之数。九五尊位，不欲常人居之，故置此观及兴善寺以镇之。玄都观的主持称观主，如佛教寺院一样，国家亦通过设立道教官职掌控这一宗教团体，必要时安排道士负责一些礼祀活动。

开皇十五年（595），文帝自东巡狩，望祭五岳海渎，并诏名山大川未在祀典者，悉祠之。隋文帝还对侍臣说：“礼，主于敬，皆当尽心。黍稷非馨，贵在祇肃。庙庭设乐，本以迎神。斋祭之日，触目多感，当此之际，何可为心？在路奏乐，礼未为允。群公卿士，宜更详之。”隋文帝此条诏令，在尊重原有的岳镇海渎祭祀的同时，也强调了礼法制度，这实际上是容儒道为一体的表现。与隋文帝佛道并重举措相关的记载还可参见开皇二十年（600）颁布的《禁毁佛道像及岳渎神形诏》，该诏称：“佛法深妙，道教虚融，咸降大慈，济度群品，凡在含识，皆蒙覆护。所以雕铸灵相，图写真形，率土瞻仰，用申诚敬。其五岳四镇，节宣云雨。江河淮海，浸润区域，并生养万物，利益兆人。故建庙立祀，以时恭敬。敢有毁坏偷盗佛及天尊像岳镇海渎神形者，以不道论。沙门坏佛像，道士坏天尊者，以恶逆论。”[3]

隋文帝对佛道的态度，除了取决于隋的国家政策外，还可能源于其个人的生活习俗。按《隋书》卷二对高祖的评价，称其“雅好符瑞，暗于大道”，说明隋文帝颇信符

1 文渊阁《四库全书》（电子版），史部，正史类，《隋书》卷三十五。

2 文渊阁《四库全书》（电子版），集部，总集类，《释文纪》卷三十八。

3 文渊阁《四库全书》（电子版），史部，正史类，《隋书》卷二。

瑞、感应之说，这与其最初代周自立的经历有关。据《新法算书》载："高祖初行禅代之事，欲以符命曜于天下。道士张宾揣知上意，自云洞晓星历，盛言代谢之征。由是大被知遇，命造新历。宾乃依何承天法，微加增损，作开皇历。"[1]尽管开皇历曾被时人指责，称其疏漏多达六处，但不了解历法变革缘由的争辩于事无补。而《隋书》卷二十四又载："帝以岁暮晚日，登仁寿殿，周望原显，见宫外磷火弥漫，又闻哭声，令左右观之，报曰：'鬼火'。帝曰：'此等工役而死，既属年暮，魂魄思归耶。'乃令洒酒宣敕，以咒遣之。自是乃息。"由是足见其鬼神信仰之深。

在文帝宽容的宗教政策下，隋初的道教信仰虽未如佛教那般兴盛，但亦有声有色。各地道事活动丰富，筹建道观、开龛造像及树碑立传者时有发生。仅就现存部分文献来看，便有隋文帝开皇七年（587）为秦孝王俊所立的天长观；同年，为道士孙昂立清都观；隋开皇八年（588）为能役鬼神之道士焦子顺建五通观。有关文帝时期道教发展状况，还可从留存至今的隋开皇十一年（591）的《修老子庙碑》、开皇十二年（592）道民的《田胡仁造老君象记》、开皇十六年（596）的《梁智造无上天尊象记》等碑刻中略见一斑。不过，尽管隋朝的道教活动并未断绝，但总体来说，隋文帝对佛教重于道教，"雅信佛法，于道士蔑如也"应是其真实心态的体现。

对于儒教，隋文帝通过谨遵儒教仪式并践行其忠孝思想以赢得部分坚守传统礼制官员之心。隋文帝称帝后，为报答比丘尼智仙的抚育之恩，常以神尼之言为重，将"我兴由佛"作为自己支持佛教振兴的誓言。同时，又令天下舍利塔内各作神尼之像。对于自己的父母，他也未忘感恩，曾延诸大德沙门与论至道，将于海内诸州选高爽清静三十处，各起舍利塔，既为礼佛，又为追报父母之恩。仁寿元年（601）正月，为提倡忠孝节义，隋文帝下诏称："君子立身虽云百行，唯诚与孝最为其首。故投主殉节，自古称难；殒身王事，礼加二等。而代俗之徒，不达大义，至于致命戎旅，不入兆域，亏孝子之意，伤人臣之心。兴言念此，每深愍叹，且入庙祭祀，并不废阙，何止坟茔，独在其外？自今已后，战亡之徒，宜入墓域。"仁寿二年（602），诏曰："礼之为用时，义大矣。黄琮苍璧，降天地之神；粢盛牲食，展宗庙之敬。正父子君臣之序，明婚姻丧纪之节，故道德仁义，非礼不成；安上治人，莫善于礼……"隋文帝对儒教的重视，充分体现了他作为政治家的远见卓识。

除了体现他的孝道外，隋文帝还组织人重新清理了秘书省因受战乱影响而严重残毁的图籍。凡私人藏书家献书一卷供抄录者，则赐缣一匹，国家为此征课人头税。前文提到的"民间佛经多于六经数十百倍"即指此事。这种对经典的抢救为后世儒学及佛道二教在中华文脉中的延续起到极好的推动作用。

隋文帝之后，隋炀帝杨广仍然延用其父佛道共融的主张，营建寺观，造经铸像，礼佛度僧，规模有过其父。早在杨广身为晋王时，他便深虑灵像尊经多同灰烬，故此，曾命各军随方收聚典册，并令学士高僧整理。据说，当时在晋王邸中，有经卷近十万轴。隋炀帝登基后，令沙门慧觉守宝台经藏，又于其中图高僧形象，并改称佛寺曰道场，道观曰玄坛。隋炀帝时并立四道场，由高僧大德驻场负责撰写诸经目录，当时共整理经书一千九百五十部，计六千一百九十八卷。除了整理经书外，隋代二帝还极为重视两京的营建，在长安、洛阳之内，寺宇宫阙壮崇豪奢，著名寺院除大兴善寺外，还有日严寺、胜光寺、延兴寺、禅定寺、真寂寺、净影寺等，均有名僧住持。隋炀帝自己曾受菩萨戒，以表其崇奉佛法的决心。

炀帝极为重视佛法的修炼。据《资治通鉴》卷一八二载："帝好读书著述，自为扬州

---

1 文渊阁《四库全书》（电子版），子部，天文算法类，推步之属，《新法算书》卷九十九。

总管，置王府学士至百人，常令修撰，以至为帝，前后近二十载，修撰未尝暂停。自经术、文章、兵、农、地理、卜、释、道，乃至蒱博、鹰狗，皆为新书，无不精洽，共成三十一部，万七千余卷。初，西京嘉则殿有书三十七万卷，帝命秘书监柳顾言等诠次，除其复重猥杂，得正御本三万七千余卷，纳于东都修文殿。又写五十副本，简为三品，分置西京、东都宫、省、官府，其正御书，皆装剪华净，宝轴锦褾。于观文殿前为书室十四间，窗户床褥厨幔，咸极珍丽，每三间开方户，垂锦幔，上有二飞仙，户外地中施机发。帝幸书室，有宫人执香炉，前行践机，则飞仙下，收幔而上，户扉及厨扉皆自启，帝出，则垂闭复故。”[1]隋炀帝所造五十副本，按《隋书·经籍志》载，共分为三品：上品红琉璃轴，中品绀琉璃轴，下品漆轴。皆藏于东都观文殿东西厢，东屋藏甲乙，西屋藏丙丁。炀帝又聚魏以来古迹名画，于殿后起二台，东曰：妙楷台，藏古迹，西曰：宝迹台，藏古画。又于内道场集道、佛经，别撰目录。炀帝本人也热心艺文，并存雅体。文、炀二帝修为的不同，应和了当时的南北好尚，正如汤用彤所指出的，北方佛教重行为、修行、坐禅、造像，所以北方佛教的中心势力在平民；南方佛教看重的是它的玄理，主要表现在清谈上，所以中心势力在士大夫。文帝一生多在北方，故此，北方佛教对其影响深重。炀帝多处江南，所以，他受南方佛教的影响很大。炀帝喜与义学高僧交往，在其即位之前，便曾在江都建慧日道场，很多高僧大德均入居此寺，慧日道场一度成为南方的佛教中心。在与高僧大德的交往中，炀帝不断与他们讨论佛理，因此，南方佛学及玄谈理念在炀帝身上表现得也就愈发明显。

隋炀帝在恭敬佛法的同时，对道士也礼遇有加。茅山宗道士王远知多次受到炀帝诏见，炀帝幸涿郡时，曾遣员外郎崔凤举就邀之，远知见于临朔宫，炀帝亲执弟子之礼，敕都城起玉清玄坛以处之。炀帝时民间的崇道行为也有部分留存，仅在绵州西山观便有大业六年（610）三洞道士黄法暾奉为存亡二世敬造天尊像一龛，以及大业十年（614）女弟子为儿托生造天尊像一龛等。

文、炀二帝对佛道的重视未能为其扭转覆灭的命运，在群雄奋起的争斗中，曾经接受过菩萨戒的隋炀帝也无法逃脱厄运的降临，身死人手，为隋代短短几十年的国运书写了惨烈的一笔。

二、唐代佛道政策

隋朝灭亡以后，继之而起的李唐王朝开启了宗教信仰的新篇章。李唐代隋而领有天下，宗教信仰取佛道并重政策。唐高祖作为开国之君，其生存年代跨越大隋，兼之本人与杨坚之间的亲戚关系，所以，在其成长过程中很自然会受到杨隋奉佛风气的影响。隋大业初年时，幼年的李世民患疾，身为慈父的李渊便在荥阳大海寺造佛像为其祈福。李唐建国之初，即武德元年（618），李渊又诏为祖元皇帝和元贞皇太后建京师慈悲寺。之后，凡隋末农民起义中遭到破坏的寺庙，在唐代李渊父子的倡导下，很快便得以恢复，并在原来的基础上加以扩建，变得更加敞阔。在李氏王朝的统治之下，大唐佛道二教均得到长足发展，正所谓“……时君敬信，朝野归心，像教兴行，于今不绝者，实荷人王之力也”[2]。

在追荐亡灵方面，佛教也同样受到重视。在唐初所兴寺院中，有一部分是专门为战事中不幸阵亡的将士们建立的。李氏家族通过多年的争杀夺得霸业，整个过程充满

1 文渊阁《四库全书》（电子版），史部，编年类，《资治通鉴》卷一百八十二。
2 文渊阁《四库全书》（电子版），子部，释家类，《广弘明集》卷十一。

血腥。为此，他们举行了多种法事活动，设斋行道，并于战场故地设置伽蓝。贞观三年（629）闰十二月，唐太宗降《为殒身戎阵者立寺刹诏》，称故去的将士"咸有可嘉"，即便日往月来，甚或封树纪于丘坟，或丹书着于图像，仍旧担心他们在九泉之下受难。故此决定在过去交兵之处，为义士凶徒殒身戎阵者建立寺刹，以谋福田。除此之外，唐太宗还多次召见高僧大德，并效仿唐高祖为祖元皇帝和元贞皇太后建京师慈悲寺之举，为报答"母恩"于贞观三年（629）亦舍宫为寺，并数次下诏令各州郡普度僧尼。高宗以下帝王皆依祖制，为母修寺荐福。李治为其母文德皇后建大慈恩寺；中宗令诸州立龙兴寺，并在洛阳为高宗武后建大敬爱寺。武则天好佛道，重瑞应，修寺造像工过前代，曾意欲于白马阪造大像，敛天下僧钱，被当时的宰相狄仁杰上《谏造大像疏》谏阻，称："今之伽蓝，制过宫阙，穷奢极侈，画缋尽工，宝珠殚于缀饰，瓌材竭于轮奂。"[1]唐玄宗李隆基崇儒尊道，但也有限制地利用佛教。开元二十六年（738），他敕令天下诸郡立龙兴、开元二寺。"安史之乱"玄宗避地成都，应沙门英幹之请诏建成都大慈寺，赐田千亩，寺成凡九十六院，八千五百区。所以，在唐代，佛教得到理性发展，形成了八大主要宗派，它们共同努力，推动唐代佛教步入繁盛时期。

李唐王朝是伴随道教图谶学说而兴起的。早在大业九年（613），隋炀帝就曾意欲让李渊前去觐见，当时恰逢李渊病疾，未能成行。因平时炀帝就"以渊相表奇异，又名应图谶"而忌之，此次得知李渊不至的原因后，便直言"可得死否？"李渊闻讯后，极为恐惧，不得不"纵酒纳赂"以自晦。当时与渊一起受到炀帝猜忌的还有李崇的儿子将作监李敏，"帝疑其名应讖，常面告之，冀其引决"。后李浑、李敏及宗族三十二人皆被杀，三从以上皆徙边徼，李敏妻虽贵为炀帝之姊女，亦被鸩杀。大业十二年（616），又有一名李姓子民因避难而不得不逃亡至瓦岗，此人便是李密，后被推举为起义军首领。而远在西北武威的李轨，也因图谶之说被推举为叛军首领。那么，这个与李氏家族息息相关的图谶究竟由何而来？按《资治通鉴》卷一百八十二载，炀帝时有方士安伽陁言李氏当为天子，劝帝尽诛海内凡李姓者。其实安伽陁所言，并非隋时所兴，早在北魏寇谦之作《老君音诵诫经》之前，世间便有类似的传言，《老君音诵诫经》曾指责当时世人一味作恶，"惑乱愚民，但言老君当治，李弘应出，天下纵横，反逆者众，称名李弘，岁岁有之"。并直称这些犯上作乱者是"父不慈、子不孝、臣不忠"的"恶人"，要坚决取缔，并劝诫世人要"努力修善。修善功成，可得遇真，延年益算"。

如果说李唐代隋一统天下正好应和了当时的图谶之说的话，那么，有关王世充的图谶传言却未见实效。当时也有道士认为王世充会代隋为帝，称其"明当德被人间，而应符命为天子也"。但最终，在隋末农民战争中，王世充以落败而告终。

"老君子孙治世"这一谶语的不断复现，除了与老子逐渐被神话休戚相关外，还与当时李氏家族在北朝和隋的兴盛状况密不可分。而且，隋代道士可能很看重隋文帝因佛而兴并光大佛法的案例，意欲如法炮制，也培养出一位崇道的帝王。于是，在各地道士的竞相努力下，尚处于大隋统治之下的李渊父子已经占足了代隋自立的先机。因此，当李渊起兵晋阳后，楼观道士歧晖鼎力支持，不但以观中资粮供给李氏父子的军队，更发道士八十余人前往接应。道士们的种种努力，在李渊登基后，终于得到回馈。李氏王朝对道士青睐有加，一如隋初文帝之崇佛。

唐高祖对道教的尊崇由来已久，初兴义军时，他的奉道思想便已显露端倪。在与隋将宋老生的战事中，恰逢霖雨，积旬不开，馈运不给，高祖无奈之际意欲班师，在太宗力荐下乃止。正在彼时，有一白衣老父诣军门，自称霍山神使谒唐皇帝，告高祖曰："八月雨

1 汤用彤：《隋唐佛教史稿》，北京：中华书局，1982年，第26页。

止，路出霍邑东南，吾当济师。”高祖对此笃信无疑，后果真应验，高祖得以引师趋霍邑斩宋老生。

在唐高祖众多崇道举措中，武德二年（619）对楼观的修缮行为可视为李渊为楼观道士送上的第一份礼物。在这次修缮中，老君殿、天尊堂、尹真人庙等悉数得以营建，观内屋宇更加宽博，观内田产也得以扩增。富有远见的道士歧晖接受委派，被任命为观主。第二年，在这所被修缮一新的楼观内，岐晖等人受到唐高祖的接见。同为武德年间，楼观改名为宗圣观，并得到米、帛等物的赏赐。武德七年（624），李渊再次临幸该观，并谒老子祠。武德八年（625），《宗圣观记》刊于石。

唐高祖尊崇道教的突出表现是对李氏圣祖老子的认证，如果说“老君子孙治世”在唐高祖兴兵之始，仅是其假借成命，以造声势的借口，那么，在高祖君临天下后，他对老子的崇奉已演变为重要的宗教策略。唐王朝对老子的崇奉始于武德三年（620），当年五月，晋州人吉善行于羊角山，见一老叟乘白马朱鬣，仪容甚伟，曰：“为吾语唐天子，吾汝祖也。今年平贼后，子孙享国千岁。”高祖异之，乃立庙于其地。由是，唐王朝开启了尊崇老子的一系列活动。

对老子的尊崇是伴随一系列的抑佛行为而发生的，首当其冲的是对佛教寺院的削减，按《旧唐书》卷一载，武德九年（626）五月辛巳，唐高祖以京师寺观不甚清净为名下诏，宣称要正本澄源，宜从沙汰。挑选诸僧、尼、道士、女冠中精勤练行守戒律者，令其在大寺观居住，供给衣食，勿令乏短。对于那些不能精进，戒行者有阙，不堪供养的僧、尼、道士、女冠，并令罢遣，各还桑梓。在此安排下，京城保留寺院三所、道观二所，其余天下诸州，各留一所，余悉罢之。唐高祖的沙汰机制表面上看是针对所有宗教团体而执行的，但实际上，在当时佛教寺院远远多于道教宫观的条件下，他的这项指令无疑会使佛教势力大大减弱。

高祖之后，唐代又有多位帝王就佛道关系表明态度，首倡抑佛重道的是唐太宗李世民。在其尚未继承王位之时，李世民便与道士交往过密。武德中，李世民曾与房玄龄微服以谒当时的著名道士王远知。远知并未见过李世民，但初一会面便立即道出“此中有圣人，得非秦王乎”之语。当太宗以实相告后，远知称其“方作太平天子，愿自惜也！”太宗称帝后，将欲加重其位，但远知固请归山。调露二年（680），唐高宗追赠远知太中大夫，谥曰“升真先生”。

另一位与王远知一样有先见之明的人士叫薛颐，他亦于武德中对当时尚为秦王的李世民密语：“德星守秦分，王当有天下，愿王自爱。”与王远知不同的是，薛颐当时尚不是道士，他是在贞观中上表请为道士的，当时太宗为其在九嵕山置紫府观，并拜颐为中大夫，行紫府观主事。除了信任道士外，太宗对一些道事活动也多有参与。贞观五年（631），太子承乾有疾，太宗敕道士秦英祈祷得愈，遂立西华观。贞观九年（635），敕润州于茅山为王远知置太受观，远知在该观度道士二十七人。十一年（637），太宗又在亳州修老君庙，给二十户享祀。唐太宗最为明显的崇道行为发生在贞观十一年二月，他下《道士女冠在僧尼之上诏》，认为：“佛法之兴，基于西域，爰自东汉，方被中华……始波涌于闾里，终风靡于朝廷。遂使殊方之典欝，为众妙之先，诸华之教，翻居一乘之后，流遁忘反，于兹累代。”在对这种佛法盛行的现状表示极度担忧之后，他认为自己应该“思革前弊，纳诸轨物”，之所以这样做的原因在于：“况朕之本系，起自柱下，鼎祚克昌，既凭上德之庆；天下大定，亦赖无为之功。宜有改张，阐兹玄化。自今已后，斋供行玄法。至于称谓，道士、女冠可在僧、尼之前。”[1]

1 文渊阁《四库全书》（电子版），史部，诏令奏议类，诏令之属，《唐大诏令集》卷一百十三。

太宗之后，高宗继续保持崇道政策。麟德二年（665），他主持了泰山封禅大典，乾封元年（666），又追尊老君为“太上玄元皇帝”。高宗的崇道主张到武后永昌元年（689）被更改，曾经与高宗一同参与封禅大典的武后因倾心于弥勒信仰而走上崇佛道路，她不但将高宗所封的“太上玄元皇帝”名号重新更改为老君，还于天授二年（691）三月颁布了《释教在道法之上制》，称“自今已后，释教宜在道法之上，缁服处黄冠之前”。总之，武后时期，是唐代佛教最为鼎盛时期，当时各级官府修建了大量寺庙，并广造佛像，度化僧尼。对此，《新唐书》卷一二五有关苏环的记载比较明确：“武后铸浮屠，立塔庙，役无虚岁。（苏）环以为縻损浩广，虽不出国用，要自民产日殚。百姓不足，君孰与足？天下僧尼，滥伪相伴，请并寺，着僧常员，数缺则补。”

武后对佛道二教的改弦更张到中宗时又得以纠正。按《唐会要》卷五十载，神龙元年（705），中宗复位，他于二月四日依旧将老子尊为“太上玄元皇帝”，并于第二年二月制天下诸州各置观一所，咸以大唐中兴为名。

中宗之后，睿宗景云元年（710）十月，制以洛州襄王府宅为太安国观，后为入道的两个女儿分建金仙、玉真二宫。睿宗还重用道士叶法善，认为他有冥助之功。叶法善是当时最为著名的道士，历经五朝，三世为道士，皆有摄养占卜之术，高宗时被征入京师，自高宗、武后至中宗，近五十年来往返于名山与禁中，尽礼问道。虽然因法善排挤佛法，多为人讥，但因其道术高深，终莫能敌。

先天二年（713），玄宗即位伊始，便拜叶法善为鸿胪卿，封越国公，并追赠其父为歙州刺史，当时尊宠莫与为比。唐玄宗对叶法善的礼遇，表明其意欲摒弃则天朝重佛思路，重回李氏家族崇道征途的决心。叶法善于开元八年（720）六月卒后，开元九年（721），玄宗迎司马承祯入京，亲受法箓，成为取得道士资格的皇帝；开元十四年（726）制称“玄元皇帝，先圣宗师，国家本系”。令玄元皇帝显圣地的官员择精诚道士七人，于羊角庙中洁斋焚香以崇奉敬；开元十八年（730），命集贤院学士陈希烈等于三殿讲《道德经》；开元十九年（731），令五岳各置老君庙；开元二十年（732）正月，下制称老子《道德经》，宜令士庶家藏一本；开元二十年（732）四月，敕令祭岳使选精诚道士，以时设醮于五岳真君祠庙及庐山使者、青城丈人庙等；开元二十三年（735）三月，亲注老子并修疏义八卷；开元二十五年（737），令道士、女冠隶属宗正寺；开元二十八年（740）五月，玄宗舍积善里旧宅置玄元皇帝庙和崇玄学；开元二十九年（741）正月，又诏令两京及诸州各置玄元皇帝庙一所，每年依道法斋醮，兼置崇玄学，并在当州县学士数内均融量置令习《道德经》及《庄子》、《文子》、《列子》等；天宝元年（742），玄宗赠封庄子为南华真人，文子为通玄真人，列子为冲虚真人，更桑子为洞虚真人，四子所著之书改名为真经；天宝二年（743）正月十五日，玄宗加号“太上玄元皇帝”为“大圣祖玄元皇帝”；天宝八载（749）六月十五日，又加号为“大圣祖大道玄元皇帝”；十三载（754）二月七日，再次加号为“大圣高上大道金阙玄元皇帝”。

伴随着玄宗的不断恩宠，老子及道教神祇画像也得到空前普及。开元二十九年（741），唐玄宗梦到玄元大圣尊容，故此降《梦真容敕》。唐玄宗的敕令依其梦中所见的玄元样子写貌后分送天下。随后，玄宗又借天宝元年（742）正月七日陈王府参军田同秀所奏，认为玄元皇帝降于丹凤门之通衢，告赐灵符在尹喜之故宅，于是置玄元皇帝庙。又命工人于大白山砥石，为玄元皇帝圣容，又采白石，为玄宗圣容，侍立于玄元皇帝之右，衣以王者衮冕之服。对此，《陕西通志》卷二十八载云：“老君殿，旧云老君见于朝元阁南。玄宗于其处立降圣观，琢白玉石为像，今尚存。殿壁绘唐从臣之像，殆当时人手笔。”

后来，玄宗再次敕令，称玄元皇帝已升入上圣，自今以后，每有荐新，要先献玄元庙。并且规定凡告享及所奏之乐，需令所司详定奏闻。同时，还安排宗正寺官员及差户洒扫。两京的崇玄学也各有安排，需与国子学一样配备博士助教及学生，并在指定的具体时间里由崇玄学生合习道经。玄宗还敕令西京玄元庙改为太上玄元皇帝宫，并令天下凡玄元庙均需按照此例加以更改。在京的玄元宫则改为太清宫，东都改为太微宫，天下诸郡相似宫观皆改称紫极宫。

玄宗以后，肃宗、代宗、宪宗、穆宗、武宗、宣宗等皇帝亦继续崇奉和扶植道教，其中较为典型的是唐武宗。唐武宗李炎崇道抑佛，任用道士赵归真，成为笃信道法的一代皇帝。开成五年（840）唐武宗亲临九天坛接受法箓；会昌元年（841）诏授衡山道士刘玄靖为银青光禄大夫，任崇玄馆学士，封号广成先生；会昌二年（842），武宗便开始勒令一些有劣迹的僧尼还俗；会昌四年（844），授道士赵归真为左右街门教授先生，又敕令不准供奉佛牙，凡寺中有佛牙或佛遗骨者，如代州五台山及泗州普光王寺、终南山五台、凤翔法门寺等，均不许置供及巡礼；会昌五年（845），武宗的抑佛活动达到高潮，秋七月，他敕令合并天下佛寺，称"上州合留寺，工作精妙者留之。如破落，亦宜废毁。其合行香日，官吏宜于道观"。他还规定上都、下都每街仅留寺两所，僧人三十人；八月，武宗降诏，以"今天下僧尼，不可胜数，皆待农而食，待蚕而衣。寺宇招提，皆云构藻饰，僭拟宫居"为名，下令拆毁佛寺。当时大小寺院共有四万余所被夷为平地，还俗僧尼二十六万五百人，收缴膏腴上田数千万顷。废毁后的寺院，财货田产俱已没官，铜像、钟磬等物，被用以铸钱。武宗的行为，虽为国库增加了资产，但也造成了佛教史和中国古代艺术史上的一次大劫难，史称"会昌灭佛"。当时塑像、壁画损毁无计，僧尼还俗，画师被遣散各地。武宗逝后，虽有唐宣宗李忱重兴佛法，但因临近唐末，藩镇割据，征战四起，社会处于动荡之中，昔日佛教寺院的辉煌已一去不复返了。

从唐代道教的鼎盛情况看，当时的道教宫观中应该绘有壁画。上文提到的老君殿壁上所绘为唐代大臣像，除此之外，道教神仙也一定在绘制范围之内。史载唐宪宗元和九年（814）二月时，曾出道教神仙图像、经法九舆，以赐兴唐观。这种来自宫廷的馈赠势必会使受赠道观成为宫廷版道教神祇图像的传播者。

与宫廷的大力推行相应，来自官员家庭的崇道举措也是唐代道教崇奉的一个重要模式。唐张九龄《画天尊像铭并序》称此天尊画像，系吏部侍郎武功苏公夫人崔氏所作。崔氏感怀亡人，将祈太清，命工设色，饰金阙，图玉皇，以求仙道贵度，介福上清。这种具有追荐性质的崇道行为其实与北朝的一些家族式道教造像碑的雕凿一脉相承。

纵观整个唐代的宗教政策，开明、积极是其主旨。在佛教方面，唐皇室曾七次供应佛骨舍利，并把法门寺定为皇家寺院和内道场。会昌灭佛之后，唐代佛教的最大盛事即为懿宗礼迎凤翔法门寺佛骨舍利之事。咸通十四年（873）春，懿宗诏大德僧数十辈于凤翔法门寺迎佛骨。虽百官疏谏，难违圣意。据《旧唐书》卷十九上载："四月八日佛骨至京，自开远门达安福门，彩棚夹道，念佛之音震地。"[1]"士女瞻礼，僧徒道从……长安豪家，竞饰车服，驾肩弥路。四方挈老扶幼来观者，莫不蔬素以待恩福。时有军卒断左臂于佛前，以手执之，一步一礼，血流洒地。至于肘行膝步，啮指截发，不可算数。又有僧以艾覆顶上，谓之炼顶。火发痛作，即掉其首，呼叫坊市少年擒之，不令动摇，而痛不可忍，乃号哭卧于道上，头顶焦烂，举止苍迫，凡见者无不大哂焉。"[2]热闹的礼迎佛骨舍利仪式在懿宗与百姓的共同参与下终于曲终人散，至此，唐代的崇佛活动也遂成绝响。

相比于佛寺的兴衰起伏，道教宫观在唐代得以平稳发展。据杜光庭中和四年（884

1 文渊阁《四库全书》（电子版），史部，正史类，《旧唐书》卷十九上。

2 文渊阁《四库全书》（电子版），子部，小说家类，异闻之属，《杜阳杂编》卷下。

年）十二月十五日的记载，唐代自开国以来，所造宫观约1900余座，所度道士计15000余人，其亲王贵主及公卿士庶或舍宅舍庄为观并不在其数。据《唐会要》卷五十载，当时仅京师道教宫观就有：龙兴观、昊天观、东明观、弘道观、崇福观、太平观、光天观、景云观、景龙观、福唐观、金仙观、玉真观、咸宜观、太真观、都玄观、安国观、玄都观、清虚观、天长观、五通观、崇真观、兴唐观、昭成观、九华观、玉芝观、新昌观、华封观、玄真观、福祥观、宗道观等不下三十所。佛道寺观的大量兴建，标志着道释画的黄金时期已经到来。

第二节 隋唐画工群体与寺观壁画传承

一、隋代画工群体

大隋时期，在文帝和炀帝的关照下，佛教进入繁荣阶段。活跃于南北各地的丹青妙手、艺术精英，齐集长安和洛阳，塑绘彩画，各逞其能，两京之中，一时出现了名家竞技、群师流芳的兴旺气象。隋时，活跃于长安和洛阳的画家名手，既有由南朝入隋的董伯仁、郑法士、孙尚子等，又有经历过北齐、北周，最后在隋朝任职的杨子华、田僧亮、展子虔、杨契丹等，他们在风格技法上各有师承，堪称典范。入隋以后，佛道寺观的大规模兴建为南北画师提供了同室竞技的机会，使各自的艺术手法愈发大放异彩。如展子虔祖述顾恺之、陆探微而用笔调润；郑法士以追随张僧繇而成名；来自西域的尉迟跋质那善画外国人物及佛像；天竺僧昙摩拙义亦善画，隋文帝时曾遍礼中夏阿育王塔，在成都洛县大石寺时，见空中有十二神形，便一一貌之，并刻木为十二神形于寺塔下；孙尚子则善为战笔之体。这些画家在南北朝崇佛信道的风气之下，均投身于寺观壁画，入隋后，在道释人物画上成就更著。据《历代名画记》卷八记载：杨契丹、郑法士、田僧亮三人同在光明寺小塔作壁画，郑画东壁、北壁，田画西壁、南壁，杨画外边四面，时称三绝。画史还载杨契丹在宝刹寺所画的《佛涅盘变》和《维摩变》与田僧亮同品，时称妙作。除以上诸人外，据裴孝源《贞观公私画史》载，当时留有壁画的寺观还有：展子虔画在江都常乐寺、洛阳天女寺、云花寺；孙尚子画在长安西禅寺、洛阳敬爱寺；郑德文画在长安东禅寺；张善果画在江都惠日寺；杨子华画在长安永福寺；展子虔、郑法士画在长安灵宝寺；陈善见、郑法士画在长安清禅寺；董伯仁画在洛阳光严寺；刘乌画在长安兴善寺，田僧亮画在长安皈依寺；袁子昂画在洛阳恩觉寺、长安空观寺；郑法士、杨契丹画在长安宝刹寺；曹仲达、李雅、杨契丹、郑法士画在开业寺；郑法士、李雅画在延兴寺。隋净域寺内之画为张僧繇笔，是自江外移来。洛阳龙兴寺的西禅院殿东头，有展子虔所绘《八国王分舍利》。

隋朝的统一不但为南北经济、交通往来提供了便利，也为佛教艺术的南北互动奠定了基础。董伯仁和展子虔同入隋室，“一自河北，一自江南，初则见轻，后乃颇采其意”。董伯仁，汝南人，多才多艺，乡里号为智海，官至光禄大夫、殿中将军。僧悰曾评述其“综步多端，尤精位置屏障一种，亡愧前贤，在陈善见下”。窦蒙不同意僧悰的看法，称董的“楼台人物，旷绝今古，杂画巧赡，高视孙、田，乃变化万殊，何止屏风一种？”董地处平原，迹参戎马，欣戚笑言，皆穷生动之意，驰驱弋猎，各有奔飞之状，其画足与来自北方的展子虔抗衡。二人在绘画上各有所长，不因循前人，表现人物时均能生动地捕捉各种情态，时人以董展并称。董伯仁和展子虔在佛教寺院中画壁颇多，据画史记载，董伯仁画过《弥勒变》，展子虔画有《法华变》，他们的这类作品在前人基础上更有创新。上都的定水寺、海觉寺、光明寺、崇圣寺，东都的龙兴寺、天女寺都曾有他们的壁画。《南宋馆阁续录》还记有展子虔的《伫立观音》、《太子游四门》等图画。敦煌莫高窟419窟的《弥勒上生经变》，420窟顶四披的《法华经变》，都是隋代出现的大型经变画，通过以上遗存可以管窥当时佛寺壁画的整体水平。

二、唐代寺观画工群体

隋代国祚较短，佛道艺术上的更大成就凸显于大唐。唐代是我国历史上少有的国力强盛、社会安定、经济发达、文化艺术繁荣时期，政治上的安定和经济文化的繁荣为宗教艺术的腾飞插上了翅膀，唐代寺观壁画在数量和质量上都达到了一个新的高峰。唐代寺院壁画规模之大，艺术之精，名家之多，超越前代。当时布施者以绘画为功德，绘制者以绘画为业绩，朝野竞相入寺绘画，致使绘制寺院壁画成风。在画题和内容方面，唐代除承袭前代之作外，更在佛教人物、经典仪轨、经变故事、佛坛法会等方面有较大发展。在画法上，唐代已将外来艺术的影响全部融合于传统壁画的绘制之中，人物造型，无论是面部表情还是发髻、服饰、体态，均表现出唐代特有的太平盛世下的雍容和富丽。现存唐代佛像端庄慈善，菩萨丰满俊逸，金刚、天王威武有力。画面的构图、勾线、着色、晕染等绘画技法，均达到了空前的水平。

尽管武宗灭佛使唐代佛教艺术遭受了沉重打击，但大唐三百年基业，仍不失为名家辈出，优秀作品层出不穷的辉煌时期。唐代的佛道绘画比以往任何时代都更为宏阔，如果说以梁张僧繇为典范的“张家样”与以北齐曹仲达为典范的“曹家样”，代表了前代同时流行的中原与外来的两种艺术风格的话，那么隋唐之际，经过杨子华、董伯仁、阎立本、尉迟乙僧等艺术家融合创造，到盛中唐时逐渐形成的“吴家样”和“周家样”，则代表了同属于中原地区具有时代特色的两种绘画风格。这些具有代表性的风格样式，对五代、两宋的道释人物画影响至深。

唐代道释画要求生动地表现现实的事件与人物，进一步促进了道释人物画写实技巧的发展，大大地丰富了我国的艺术传统。唐代寺观壁画在继承传统和不断吸收外来经验的基础上，在盛唐时期发展得更加成熟。不少著名的人物画家参与道释画的创作，图绘的经纸帧蟠，图像新样流布于朝野。敦煌藏经洞出土的多种佛教绢纸画、浙江龙泉金沙塔中发现的绘图本《阿弥陀经》、西安唐墓出土“焦铁头供养”的《大随求曼荼罗》，便是此类遗物，显示了唐代佛画图像在民间流传的广泛程度，表明当时的宗教画家在创作才能和表现技法上已达到得心应手的程度。

文化的繁盛催生出大批的寺观壁画匠师，并形成多家流派，其中对唐代及后世道释画产生深远影响的画家有尉迟乙僧、吴道子和周昉等人。

1. 尉迟乙僧

按《唐朝名画录》载，尉迟乙僧为吐火罗国人，《历代名画记》则称其为于阗人。而成书更早的《后画录》也将乙僧籍贯指向吐火罗，因《后画录》成书年代与乙僧生存时代相仿，所以，单从时间上看，《后画录》的记载似更为可信。可能因此之故，后世如宋代具有官方背景的《宣和画谱》以及明清其他著述，多承袭此说。至20世纪后，陈师曾和潘天寿二位先生在借鉴了日本学者中村不折的研究后均抛弃吐火罗说而采信于阗说，但未对采信缘由予以阐释，反倒是王国维先生在1921年的《西胡考》中对尉迟乙僧的属国问题提供了宝贵意见，称：“于阗国姓，实为尉迟，而画家之尉迟乙僧，张彦远《历代名画记》云‘于阗人’，朱景元《唐朝名画录》云‘吐火罗人’，二者皆唐人所记，是于阗与吐火罗同族，亦吐火罗人曾居于于阗之证。”[1]

贞观初，乙僧在吐火罗国王的推荐下凭借丹青之妙来到长安。乙僧父名为尉迟跋质那，亦善画，隋时已至中土，乙僧画技便系师自其父，时人称跋质那为大尉迟，乙僧为小尉迟。乙僧之画甚为奇妙，被唐朝授以宿卫官，袭封郡公。乙僧善画外国人物及菩萨，《历代名画记》说他在奉恩寺中三门外西院北，画本国王及诸亲族和塔下小画，并称唐代画可齐中古者，唯尉迟乙僧、吴道玄和阎立本。《唐朝名画录》称其“慈恩寺塔前功德，又凹凸花面中间千手眼大悲，精妙之状，不可名焉。又光泽寺七宝台后面画降魔像，千怪万状，实奇踪也。凡画功德、人物、花鸟，皆是外国之物像，非中华之威仪”[2]。段成式在《寺塔记》中除记述了尉迟乙僧在大慈恩寺塔的《千钵文殊》外，还记有光宅寺曼殊堂、普贤堂的佛像、梵僧、诸蕃等，并对他的《降魔变》壁画大加称道，赞其“四壁画像及脱皮白骨，匠意极险。画变形三魔女，身若出壁”。另，乙僧还在长安兴唐寺、罔极寺及安国寺塔内绘过壁画，在洛阳大云寺也画有鬼神两壁、菩萨六躯、净土经变、婆叟仙、黄犬及鹰等，这些壁画一直为唐人所重视，在张彦远生活的晚唐，社会上还有乙僧的作品流传，据说一扇屏风“值金一万”。

乙僧的画到宋时仍有流传，据《宣和画谱》记载，宋时御府所藏乙僧的画计有：弥勒佛像一、佛铺像一、佛从图一、外国佛从图一，大悲像一、明王像二，外国人物图一等八件。这仅是唐代流传下来的部分作品，实际上在乙僧活动的贞观至景云大约六七十年间，他的主要精力都投入在佛寺壁画上，流传后代的不过是只麟片爪。

乙僧画风独特，张彦远称其“画外国及菩萨，小则用笔紧劲，如屈铁盘丝，大则洒落有气概”。僧悰认为乙僧绘制的外国鬼神，“奇形异貌，中华罕见”。窦蒙云：“澄思用笔，虽与中华道殊，然气正迹高，可与顾、陆为友。”汤垕称其“用色沉着，堆起绢素而不隐指”。按以上诸人描述，乙僧的画法当属铁线描，重设色并强调绘画对象的立体感，其人物特点系“身若出壁”，“逼之标标然”。该画法不同于中原画风，应该源于西域，尤其是与于阗一带有密切关系，其所绘人物面貌可从于阗丹丹乌里克等寺院遗址的壁画上看到。

2. 吴道子

吴道子，乃东京阳翟人（今河南禹州），少孤贫，主要生活于开元、天宝年间，是唐代最负盛名的艺术家之一。唐代朱景玄认为吴道子画人物、佛像、神鬼、禽兽、山水、台殿、草木，皆冠绝于世，国朝第一。并盛赞道子“年未弱冠，穷丹青之妙”。张彦远亦称其“天付劲毫，幼抱神奥”，特在强调吴道子作为艺术家天赋异禀、脱凡超俗的一面。而北宋文学家苏轼也毫不吝啬地给予了吴道子最高评价，在《书吴道子画后》中，他称：“知者创物，能者述焉，非一人而成也。君子之于学，百工之于技，自三代历汉至唐而备矣。故诗至于杜子美，文至于韩退之，书至于颜鲁公，画至于吴道子，而古今之变，天下之能事毕矣。道子画人物，如以灯取影，逆来顺往，旁见侧出，横斜平直，各相乘除，得自然之数，不差毫末，出新意于法度之中，寄妙理于豪放之外，所谓游刃余地，运斤成风，盖古今一人而已。”[3]

吴道子的一生以创作道释画为主，其所创宗教人物样式被称为“吴家样”，是继张僧繇的“张家样”和曹仲达的“曹家样”之后备受世人推崇的宗教图像样式，对后世影

1 王国维：《观堂集林》，石家庄：河北教育出版社，2001年，第383页。

2 文渊阁《四库全书》（电子版），子部，艺术类，书画之属，《唐朝名画录》。

3 文渊阁《四库全书》（电子版），集部，别集类，北宋建隆至靖康，《东坡全集》卷九十三。

响极大。吴道子本人也因此成为油漆彩绘与塑作专业的祖师，被人誉为“画圣”。

关于吴道子的师承，张彦远在《历代名画记》中称吴道子早年曾向当时著名的书法家张旭、贺知章学习书法，学书不成，因工画。但就现存的史料看，吴道子直接受教于二人的可能性不大，而很可能是一种学画的同时对书法艺术的借鉴。不过，如果说张、贺二人的书风对其有一定的影响却并非虚言，仅就吴道子的绘画速度而言，他运笔如风，特别讲究一气呵成，这与张旭书写狂草时的状态类似。《寺塔记》记载吴道子曾于平康坊菩萨寺食堂前东壁上画《智度论色偈变》，并亲自题字，笔迹遒劲，如磔鬼神，画礼骨仙人，天衣飞扬，满壁风动。张彦远的《历代名画记》在谈论吴道子用笔时曾特别强调二者的关系，称：“吴道玄古今独步，前不见顾、陆，后无来者。授笔法于张旭，此又知书画用笔同矣。张既号书颠，吴宜为画圣，神假天造，英灵不穷。众皆密于盼际，我则离披其点画；众皆谨于象似，我则脱落其凡俗。弯弧挺刃，植柱构梁，不假界笔直尺。虬须云鬓，数尺飞动。毛根出肉，力健有余。”从吴道子力透纸背的行笔方式看，他的绘画确与书法同类。

吴道子的画技源自何人，史料并无细致记载。《御定佩文斋书画谱》称：“吴道玄师于张僧繇，又师于张孝师。”[1]唐代张怀瓘称：“吴生之画，下笔有神，是张僧繇后身也。”[2]僧繇和孝师都是吴道子的前辈，成为吴的效仿对象实有可能，但未必具有真正的师徒关系。以张僧繇为例，他的生存年代比吴道子早了两百多年，绝无亲自教授吴道子绘画的可能。后人之所以认定他们之间有师承关系，应该是源于二者同为疏体的画风。张孝师被称为吴道子的师傅，应该源于道子借鉴过他绘制的地狱变相。张孝师，唐代画家，曾为骠骑尉，善画地狱变相。据《宣和画谱》载，孝师曾死而复生，故画地狱相尤工，是皆冥游所见，非靠想象得之。吴道玄见其画，因效为地狱变相画。吴道子的地狱变相，博采众家之长，别具一格，特别突出了地狱惊悚骇人的部分。据段成式云，吴道玄曾于常乐坊赵景公寺南中三门里东壁上白画地狱变，笔力劲怒，变状阴怪，睹之不觉毛战。景云寺老僧传云，吴生画此寺地狱变相时，京都屠沽渔罟之辈见之而惧罪改业者，往往有之，率皆修善，所画并为后代之人规式也。

道子虽为画师，但并非只专于绘技，他早年即步入仕途，当过兖州瑕丘尉，即负责掌管典狱的小官，又曾在逍遥公韦嗣立的手下任过小吏，并跟随韦远赴蜀川。后来道子浪迹东洛时被明皇所知，召入内庭供奉，授内教博士，官至宁王友。在此期间，他更名为道玄。曾经混迹世俗的吴道子，比魏晋时期以玄谈为妙的隐逸人士更多了几分烟火气，使之在大唐高手如林的时代能够以艺学游于天下。

吴道子创作精力旺盛，一生中绘制了大量的宗教绘画，仅两京一带，就有其绘制的寺观壁画三百余堵，其他地方亦不在少数，如《姑苏志》卷二十九载长洲县玄妙观旧有吴道子所绘《老君像》，唐玄宗御赞，颜鲁公书；《长安志》卷十七载高陵县北十三里的正道观有吴道子迹；《关中胜迹图志》载盩厔县南三十里的仙游寺寺门西濒水二石塔上刻吴道子画诸佛像，有东坡题名；凤翔县城内开元寺大殿九间后壁，吴道子画自佛始生、修行、说法至灭度，山林、宫室、人物、禽兽数千万种，极古今天下之妙，其时为开元三十年；苏轼《凤翔八观》也记载称“何处访吴画，普门与开元”；宋苏辙在《栾城集》中有《子由新修汝州龙兴寺吴画壁》，称汝州龙兴寺有吴画；《汴京遗迹志》卷十载吴道子在汴京大相国寺御殿内画文殊、维摩相等。

吴道子对后世的影响，并不在于其绘制壁画的数目和题材的广泛，而在于其艺术的眼光和高超的技艺。按《唐朝名画录》载，在吴道子所绘的两京三百余间壁画中，变相

1 文渊阁《四库全书》（电子版），子部，艺术类，书画之属，《御定佩文斋书画谱》卷四十六。
2 文渊阁《四库全书》（电子版），子部，艺术类，书画之属，《历代名画记》卷九。

人物奇踪异状，无有同者。这与很多艺术家程序化的绘制方法形成鲜明的对比。吴道子在上都唐兴寺御注金刚经院留有多处妙迹，不但有画作，还留有题经，后世所推崇的书画同源，在其身上有极好表现。吴道子的作品不可胜记，皆妙绝一时。朱景玄每观吴画，都会为他“不以装背为妙，但施笔绝踪，皆磊落逸势，又数处图壁，只以墨踪为之，近代莫能加其彩绘”的精彩技艺所感动。在吴道子诸多神奇技艺中，神祇背后圆光的绘制便是一例。据《唐朝名画录》载，元和初，朱景玄听龙兴寺年逾八十的尹姓老者讲述当初吴道子在兴善寺中门绘制神祇圆光之事，称当时长安市肆，老幼士庶竞至，观者如堵。道子绘制圆光，不假尺矩，立笔挥扫，势若风旋，人皆谓之神助。

技艺高超，作画速度快是吴道子作为艺术家的两个显著特点。对此，大同殿的竞技可说明一切。唐明皇天宝中，忽思蜀道嘉陵江水，遂假吴生驿驷，令往写貌。及回日，帝问其状，奏曰：“臣无粉本，并记在心。”后明皇令吴道子在大同殿上图之，嘉陵江三百余里山水，吴一日而毕。唐时有李思训将军以山水擅名，帝亦曾宣于大同殿图壁，累月方毕。明皇云：“李思训数月之功，吴道子一日之迹，皆极其妙也。”李思训和吴道子同绘嘉陵江山水，尽管他们并不是同时竞技，但这种一日与数月的差别，可充分显示出吴的创作特点，道子也因此得以始创山水之体，自为一家。

另外一个可以体现吴绘画速度快的例子来源于道子为裴旻将军绘壁之事。开元中，玄宗幸洛，道子与裴旻将军及张旭长史相遇，各陈其能。因三人各怀绝技，所以当裴旻厚以金帛召致道子于东都天宫寺为其亲画神鬼数壁，以资冥助时，道子封还金帛，一无所受，只对裴旻说：“素闻将军大名，但吾画笔久废，若将军有意为吾缠结舞剑一曲，庶因猛励，以通幽冥。”于是裴旻脱去缞服，换上常时装束，走马如飞，左旋右转，挥剑入云，高数十丈，若电光下射，裴旻引手执鞘承之，剑透室而入。观者数千人无不惊栗。裴旻舞罢，道子援毫图壁，飒然风起，俄顷而成，有若神助，一时为天下之壮观。有人认为道子平生绘事，得意无出于此。当时张旭长史亦书一壁，都邑士庶皆云：“一日之中，获睹三绝。”

从以上记载看，吴道子作画不事遮掩，观者可以直面他的创作过程，这与传统壁画绘制过程中多采用遮蔽的方式，画毕才可得见真相的做法背道而驰。吴道子之所以有如此高的声誉，除了其本身过硬的本领之外，可能也与这种超人的气度相关。

据《唐朝名画录》记载，吴道子好酒使气，每欲挥毫必须酣饮。这种侠义的行为使得吴道子画如其人，难以模仿。据说当时有位僧人想请道子绘壁，专门酿酒百石，列瓶、瓮于两廊下，然后引道子观看，宣称：“如果您能为我作画，这些酒就是您的。”道子对此举极为赏识，欣然而许。崇仁坊资圣寺净土院门外的画作，相传是吴生一夕秉烛就中戟手，醉画而成，令人视之恶骇。

吴道子的豪放气质除了个人天性使然外，也与开元时期的社会环境有关。张旭、李白、杜甫等一代名家均出自同一时代，且都拥有好酒豪迈之气，不能不令人对玄宗朝的政治文化举措心怀敬意。即便像杜甫那样老无所依者，在开元盛世时，亦豪气冲天，颇有“会当凌绝顶，一览众山小”的气概。画家重交游，从吴道子的交游情况看，他与张旭、裴旻等应属意气相投者，即便是身为宫廷画师，无诏不得绘画后，吴敢于承担、豪爽侠义的性格也并未改变。开元中，他与韦无忝、陈闳三人同绘《东封图》，吴道子绘画风格依旧。

《东封图》亦称《金桥图》，是一幅表现唐玄宗李隆基东封泰山归来，车驾行经上党金桥时“勒兵三十万，旌旗径千里”这一场面的画作，该作品位于东都洛阳弘道观内，当时皇帝御容及所乘照夜白马，由陈闳主之；狗、马、驴、骡、牛、羊、猴、兔、猪之类由韦无忝主之；桥梁、山水、车舆、人物、草木、鸷鸟、器杖、帷幕等由吴道子主之。图成，时谓三绝。从三人分工情况看，吴道子应该是承担了画面的绝大部分内容，而且，他所负责的部分最为庞杂，既有山水、又有人物，并兼涉花鸟及宫室，充分展示了道子作为多面手的特长。近年山西高平发现了一铺壁画，内容亦为帝王出行，样式与《金桥图》相似，有专家认为该图便系当初吴道子等人所绘《金桥图》的流传图样。

吴道子绘功扎实，善于掌控人物众多的大场面，他曾于洛阳北邙山老君庙绘制道教巨制《五圣千官图》，或称《五圣朝元图》，被诗人杜甫赋诗赞称："……画手看前辈，吴生远擅场。森罗移地轴，妙绝动宫墙。五圣联龙衮，千官列雁行。冕旒俱秀发，旌饰尽飞扬。"从杜甫诗文内容看，《五圣千官图》与后来的朝元图应属同类。留存至今的《朝元仙仗图》和《八十七神仙卷》，以及山西永乐宫三清殿壁画、陕西耀县南庵道教壁画和流传海外的平阳府道教壁画，均系道教朝元题材。只不过，吴道子画作中的五圣，是唐代五位帝王，而不是后来道教朝元壁画中的"东华天帝君"、"南极天帝君"等众，有关此点，可以从《河朔访古记》的记述中得证，该文称："上清宫，在洛阳县西北，北邙山之西，唐老子庙，乾封赐额曰：'元元皇帝庙'，开元末，西北别建'元元观'，复改曰：'上清宫'。宫壁有吴道子画神尧、太宗、中宗、睿宗、元元五帝御容……杜少陵有《冬日洛城谒元元皇帝庙》诗，即其宫也。"[1]

有关吴道子的绘画技法，文献评述较多，大致有前期和后期之分，据说他"早年行笔差细，中年行笔磊落，挥霍如莼菜条，人物有八面生意活动。其傅彩，于焦墨痕中略施微染，自然超出缣素，世谓之吴装"。吴道子技法超绝，所画天女"窃眸欲语"，菩萨"转目视人"，而力士"虬须云鬓，数尺飞动，毛根出肉，力健有余"，所有形象都有动人心魄的艺术感染力。他画的《地狱变》，图中"了无刀林沸镬，牛头阿旁之像，而变状阴惨，使观者腋汗毛耸，不寒而栗"，是"惨淡十堵内，吴生纵狂迹。风云将逼人，鬼神如脱壁"的神来之笔。吴道子十分注意新题材的创作，他画的《金刚变》、《弥勒下生变》、《除灾患变》、《智度论色偈变》、《业报差别变》、《日藏月藏变》、《明真经变》以及帝释、梵王、天王等都别具新意，因此，人们把他创造的道释画图样称之为"吴家样"，在当时和后代的匠师中不断地传摹，现传世的《道子墨宝》即是后代托名吴道子的白画稿本。

吴道子的作品虽无遗存，但从流传至今的唐代壁画、石刻画及寺塔出土的唐宋佛画图卷中，仍可窥见"吴家样"的风貌。敦煌莫高窟唐代洞窟中有大量的壁画遗存可作比较，在现存的寺院中，陕西省临潼县庆山寺舍利塔唐代的地宫壁画和山西五台山佛光寺大雄宝殿的唐代壁画，也是了解吴道子等画家艺术成就与风格的重要遗存。

除此之外，还有一些传为吴道子的纸本和寺观壁画也颇具吴画神韵，足以乱真，如《送子天王图》、《曲阳鬼》等。

《送子天王图》（图2-2-1），纸本，墨笔，现藏日本大阪博物馆，传为吴道子所作。该图可分为三部分：第一部分画一位帝王模样的神祇端坐，旁边为文武大臣、捧砚天女及仗剑围蛇的武将，正面为两位骑龙而来的神祇；第二部分为一位三头四臂的披发神祇踞坐于石头上，背后为熊熊烈焰，烈焰中现各种相，有佛、龙、象等；第三部分即释迦之父净饭王抱着出生不久的释迦与摩耶夫人一起意欲礼拜天神的场景，他们前面的神祇，体魄雄健，鬓发飞扬，正慌忙朝着他们跪拜。《送子天王图》卷末有宋代李公麟的题跋，指明画面来自《瑞应经》，称："净饭王严驾抱太子谒大自在天神庙，时诸神像悉起拜太子足。父王惊叹曰：'我子于天神中更尊胜，宜字天中天。'"鉴于李公麟对吴道子画风的深入研究，后世多将其题跋视为该画为吴道子真迹的证据，如明代张丑在《清河书画舫》中认为它是吴道子的一幅纸本水墨真迹，又名《释迦降生像》，描绘的是释迦降生

1 文渊阁《四库全书》（电子版），史部，地理类，游记之属，《河朔访古记》卷下。

图 2-2-1 送子天王图局部，宋代摹本，纸本，墨笔，长 338.1 厘米，宽 35.5 厘米，传为吴道子绘，现藏日本大阪博物馆

后，其父净饭王抱太子谒大自在天神庙时的场景。《式古堂书画汇考》卷三十八亦载：泰昌元年（1620）八月之望，获观韩氏《送子天王图》，为唐吴生笔，是天下第一名画。该画卷尾《瑞应经》语为李伯时小楷，伯时画师道子，宜其珍重。除此之外，《式古堂书画汇考》还记录了《送子天王图》的用印及传承情况，并对时人的评价进行记述，如有人称颂此图落笔奇伟，形神飞动，是吴生擅长之作。并赞称："道元画本才高气扬，传播万古，于唐有光，焕美顾、陆，齐名卫、张，展观《送子》，日覲天章。"

相对于前人肯定的评述，当今学术界对《送子天王图》出于吴道子之手一直持怀疑态度，一般认为该画为后人［宋］的摹本。与《送子天王图》有相似经历的还有寺观壁画《曲阳鬼》。《曲阳鬼》，位于河北曲阳北岳庙德宁殿西壁之上，历来被视作吴道子的真迹，实际上亦是后人作品。画面中的曲阳鬼处于西壁最高处，体态健硕，孔武有力，势若脱壁，虽在整个德宁殿壁画中属于"小人物"，却因其独特的造型而超越壁画中的所有天神地祇，被人们视作最具吴道子特色的壁画形象之一，与董逌在《广川画跋》卷六《跋李祥收吴生人物》一节中所盛赞的"吴生画像如塑"的感觉也最为相似，颇具"吴生画人物为塑，旁见周视，盖四面可意会。细如铜丝萦盘，朱粉厚薄，皆见骨高下而肉起陷处……"的神韵，堪为古代寺观壁画艺术的典范。

吴道子的画风影响深远，在唐代便有卢棱伽、杨庭光、李生、张藏、翟琰、王耐儿、张爱儿、释思道等弟子，这些弟子与吴道子一起，共同创造了唐代"吴家样"的辉煌。之后，虽历经唐末、五代战乱，吴道子的部分真迹仍暂得保存。据《历代名画记》卷三载，会昌灭佛时两京各留寺院三两所，当时便有人揭取被毁寺院的壁画保存。如润州甘露寺，因系宰相李德裕镇守浙西时所创，故不在废毁之内，管内诸寺画壁多置于甘露之内，其中就包括吴道子的高僧二躯以及鬼神等属。这些幸存下来的画迹成为五代及两宋名家画手的临摹范本，五代朱繇、王仁寿、卫贤、韩求、李祝，宋代王瓘、王霭、孙梦卿、王兼济、高文进、李元济、武宗元、李公麟等均有赖于临习吴画而名垂千秋。故此，宋代郭若虚在《图画见闻志》中赞称吴道子："吴生之作，为万世法，号曰'画圣'，不亦宜哉。"[1]元代汤垕《画鉴》亦称："吴道子笔法超妙，为百代画圣。"[2]

3. 周昉

唐代除了吴道子及"吴家样"对后世产生了重大影响外，周昉及其倡导的"周家样"

1 ［宋］郭若虚撰，邓白注：《图画见闻志》，成都：四川美术出版社，1986年，第78页。

2 于安澜编：《画品丛书》，上海：上海人民美术出版社，1982年，第407页。

亦名声显著。

周昉，字景玄（《唐朝名画评》称其字仲朗），活动于中晚唐时期的长安，出身于官僚家庭，他本人也进入仕途，官至宣州长史。周昉作画“初效张萱画，后则小异，颇极风姿”。生平好属文，穷丹青之妙，多游于卿相间，是当时典型的贵公子。周昉善画，凭借描绘贵游人物、绮罗仕女而擅名画坛。因而他的画“全法衣冠，不近闾里”。作仕女为浓丽丰肥之态，“衣裳劲简，彩色柔丽”，作品中透出一股富贵气质。内蒙古赤峰市发现的宝山辽墓壁画《织锦回文图》和《颂经图》，即是按照唐画的图本摹绘的，图本的最初创画者是张萱和周昉，由此可见“周家样”在民间画工中的影响力。

“周家样”对佛教艺术的贡献，以表现人物内在情思和曲折地反映其生活情趣为主旨。朱景玄在《唐朝名画录》中记载过一则周昉画长安章敬寺的故事。称唐德宗修章敬寺，召周昉画章敬寺神，“昉乃下手，落笔之际，都人竞观，贤愚毕至。或有言其妙者，或有指其瑕者，随意改定，经月有余，是非语绝，无不叹其精妙，为当时第一”[1]。这则故事与东晋戴逵雕刻无量寿佛的故事十分相似，说明画家在创制一种新样式的过程中，都特别注意吸取观者的意见，加以改定，正因为如此，他们笔下的佛或菩萨像，才能体现出鲜明的时代审美风尚，并终成“百工所范”。

周家样在民间画工中影响最大的是《水月观音》，张彦远称其“菩萨端严，妙创水月之体”。周昉画的水月观音具有唐代宫廷女性的端严高贵之美，唐代菩萨高贵优雅的女性特征便是以周家样为代表的。周昉的水月观音，晚唐时还见存于长安胜光寺中。《历代名画记》卷三云：“（长安）胜光寺……塔东南，周昉画水月观自在菩萨掩障，菩萨圆光及竹，并是刘整成色。”这一记述告诉我们，由周昉创造的水月观音背景处画有竹林，类似于莫高窟、榆林窟的壁画以及敦煌白画中侧身坐于岩畔的观音菩萨，下临清流映月，背衬茂林修竹的图样。在唐末五代及宋之后的佛寺石窟中，还出现了依周昉“水月观音”而作的雕像，民间或称“紫竹观音”。周昉的作品，唐代张彦远的《历代名画记》中载有《蜂蝶图》、《按筝图》、《杨真人、陆真人图》、《五星图》等数件；朱景玄的《唐朝名画录》除着重指明水月观自在菩萨外，还载有大云佛寺殿前行道僧，广福寺佛殿前两神，禅定寺北方天王、士女，《浑侍中宴会图》、《刘宣按武图》、《独孤妃按曲图》等粉本均为周昉绘制。另外，还有《仲尼问礼图》、《降真图》、《五星图》、《扑蝶图》，以及诸真及《文宣王十弟子》卷轴等。贞元末，新罗国曾有人于江淮一带以善价收市数十卷持往彼国。曾经展于美国赛克勒博物馆的一幅属地标注为韩国的一佛八菩萨画轴，其画风颇类周昉，似与贞元末的购买有关。周昉的画到北宋时期仍有流传，如北宋宣和御府收藏的就达七十二件之多，其中道释画有：《天地水三官像》、《五星真形图》、《四方天王像》、《托塔天王图》、《星宫像》、《六丁六甲神像》、《九子母图》、《北极大帝圣像》、《行化老君像》等三十五幅。其中一些可能是壁画的图本，亦不排除有他人作品掺入的可能。

周昉图本的流行除了其别具特色的造型及敷色外，注重传神亦是其制胜的法宝。据《唐朝名画录》载，周昉、韩干均曾为郭子仪的女婿赵纵侍郎写真，郭尝列二真置于座侧，未能定其优劣。适值赵夫人归省，郭子仪便问女儿画中何人，女儿回答称：赵郎。又问：何者最似？对曰：两画皆似，后画尤佳。又问：何以言之？答曰：前画者空得赵郎状貌，后画者兼移其神气，得赵郎情性笑言之姿。后画者，即长史周昉所作。

其实，被周昉击败的韩干，并非不重视人的神气，而是在神气和形态二者间，他更注重于对物体形态的刻画。如韩干在画长安宝应寺释梵天女时，他特别择选了齐公妓小

1 文渊阁《四库全书》（电子版），子部，艺术类，书画之属，《唐朝名画录》。

小为原型，便是注重写实的一种体现。把现实人物画进佛教壁画，是唐代道释画较为普遍的做法，这在某种程度上促进了宗教画与现实生活的联系，为佛教迅速流向民间，走向世俗化起到了推波助澜的作用。

4. 成都大圣慈寺唐代绘手

唐代寺观艺术在成都大圣慈寺也得到了完美体现，许多能工巧匠流寓至此，从而将长安样式带至蜀地，使大圣慈寺成为佛道寺观壁画艺术的集大成者。当时，享誉蜀地的画家有：

卢楞伽，京兆（今西安）人，大圣慈寺最早绘壁者之一。按《益州名画录》载，卢楞伽在唐明皇驻跸蜀地时，由汴入蜀。乾元初于大圣慈寺殿东西廊下画行道高僧数堵，颜真卿题，时称二绝。因卢楞伽盛名远播，蜀川名流，咸伏其妙。以致乾宁元年（894），王蜀先主于寺东廊起三学院时，不敢损卢之作，移一堵于院门南，移一堵于门北，一堵于观音堂后。此行道僧三堵六身画，历经二百五十余年风雨，宋初宛在。其他佛像，或遭粉饰，或被重妆，多失前迹。

左全，蜀人。宝历中（825—827），声驰阙下。于大圣慈寺中殿画《维摩变相》、《师子国王》、《菩萨变相》。三学院门上《三乘渐次修行变相》、《降魔变相》。文殊阁东畔《水月观音》、《千手眼大悲变相》。极乐院门两金刚，西廊下《金刚经验》及《金光明经变相》。前寺南廊下《行道二十八祖》，北廊下行道罗汉六十余躯。多宝塔下仿长安景公寺吴道玄《地狱变相》，当时吴生画此地狱相，都人咸观，惧罪修善，两市屠沽，经月不售。王蜀时，令杂手重妆，已损，唯存大体也。大中（847—860）初，又于圣寿寺大殿画《维摩诘变相》一堵，楼阁、树石、花雀、人物、冠冕、蕃汉异服，皆得其妙。

辛澄，籍贯不详。建中元年（780），大圣慈寺南畔创立僧伽和尚堂，请澄画像。才欲援笔，有一胡人云："仆有泗州真本。"一见甚奇，遂依样描写，及诸变相未毕，蜀城士女瞻仰仪容者侧足，将香灯供养者如驱。另，普贤阁下五如来同坐一莲花，及邻壁小佛九身，阁里内如意轮菩萨，并澄之笔。

李洪度，蜀人。元和中（806—820），府主相国武公元衡请其于大圣慈寺东廊下维摩诘堂内画《帝释》、《梵王》两堵，笙竽鼓吹，天人姿态，笔踪妍丽，时之妙手莫能偕焉。后诸寺图画多被除毁，仅余大圣慈寺一处。

赵公佑、赵温奇父子，长安（今西安）人，公佑宝历中（825—827）寓居蜀城。攻画人物，尤善佛像、天王、神鬼。赞皇公李德裕镇蜀之日，宾礼待之。自宝历、太和（827—835）至开成年（836—840），公佑于诸寺画佛像甚多。会昌年（841—847），一例除毁，唯存大圣慈寺文殊阁下《天王》三堵、阁里内《东方天王》一堵，药师院师堂内《四天王》并《十二神》，前寺石经院《天王部属》。黄休复在《益州名画录》中对赵公佑大加赞扬，称其天资神用，笔夺化权，应变无涯，罔象莫测，名高当代，时无等伦。认为赵之用笔最尚风神、骨气，可谓六法全矣。《益州名画录》将赵列于神格。公佑殁之后，温奇于大圣慈寺文殊阁内继父之踪，画《北方天王》及《梵王》、《帝释》、《大轮部属》，于大将堂绘《大将部属》，并《梵王》、《帝释》，于普贤阁下绘《南方天王》，于华严阁上绘东西二方《天王》、《梵王》、《帝释》，于中兴寺大殿绘《文殊》、《普贤》及《天王部众》。

张腾，籍贯不详。太和（827—835）末年，偶止蜀川，于诸寺壁图画亦多。会昌年，除毁皆尽。大中（847—860）初，佛寺再兴。于圣寿寺大殿画《文殊》一堵、《普贤》一堵、《弥勒下生》一堵，浴室院北对范琼画《持弓北方天王》一堵。大圣慈寺文殊阁下画《报身如来》一堵。

范琼，籍贯不详。开成年（836—840）与陈皓、彭坚同时寓居蜀城。三人善画人物、佛像、天王、罗汉、鬼神，同手于诸寺图画佛像甚多。会昌年除毁后，仅大圣慈一寺佛像得存。洎宣宗皇帝再兴佛寺，从大中至乾符（874—879），三人于圣寿寺、圣兴寺、净众寺、中兴寺等，笔无暂释，图画墙壁二百余间。三人所绘天王佛像、高僧经验及诸变相，名目虽同，形状各异。后淳化五年（994）、咸平三年（1000），两遇兵火，得存三寺笔踪。其中大圣慈寺画迹有南廊下的《药叉大将》和《修吉龙王》、《鬼子母》、《天女》五堵，谓之十七护神；北廊下石经院门两《金刚》、东西二方《天王》；中寺大悲院门上《阿弥陀佛及四菩萨》；院门两畔《观音像》、《药师像》；石经板上《七佛》、《四仙人》、《大悲变相》；大将堂两畔南北二方《天王》；文殊阁下《北方天王》及《天王变相》。圣寿寺大殿《释伽像》、《行道北方天王像》、《西方变相》，殿上小壁《水月观音》，浴室院旁《西方天王》，大悲院《八明王》、《西方变相》，并大中年（847—860）画。圣兴寺大殿东北二方《天王》、《药师》、《十二神》、《释迦十弟子》、《弥勒像》、《大悲变相》。其中西方一堵，甚著奇工，精妙之极。《焉刍瑟磨像》两堵，设色未半，笔踪俨然，后之妙手，终莫能继。圣寿、圣兴两寺佛僧，范琼亲描，宋初犹存，与赵公佑同列神格。

常粲，雍京人。咸通年（860—874），侍中路岩牧蜀之日，自京入蜀，路公宾礼待之。常粲善传神杂画，有《七贤像》、《六逸像》、《女娲、伏羲、神农像》，谓之《三皇图》。《立释迦像》、《五天胡僧像》、《孔子西周问礼像》、《名医下蛊像》、《樗蒲图》、《龙树验丹图》。其所绘卷轴，被好事者收得，为后学师范。大圣慈寺《悟达国师知玄真》，亦出自常粲手笔。

吕嶤，京兆（今西安）人。唐翰林待诏。随僖宗皇帝车驾至蜀，授将佐郎，守汉州雒县主簿，赐绯鱼袋。大圣慈寺华严阁《天王部属诸神》及《王波利真》，并嶤之笔。在黄休复所定能格上品十五人中，嶤列位第一。

竹虔，雍京（今西安）人，攻画人物佛像。闻成都创起大圣慈寺，欲将吴道玄《地狱变相》绘于寺壁。广明年（880—881）随驾到蜀，当时左全已在多宝塔下画竟，竹虔遂于华严阁下后壁西畔画丈六《天花瑞像》一堵。

孙位，东越人。东越即宋时的永嘉郡永宁县，今黄岩一带。僖宗皇帝车驾在蜀，孙位自京入蜀，号“会稽山人”。孙位性情疏野，襟抱超然，虽好饮酒，未尝沉酩。禅僧道士，常与往还，豪贵相请，礼有少慢，纵赠千金，难留一笔，唯好事者时得其画。光启年（885—888），应天寺无智禅师请其画山石两堵、龙水两堵，并于寺门东畔画东方天王及部从两堵。昭觉寺休梦长老请画浮沤先生松石墨竹一堵，仿润州高座寺张僧繇战胜一堵。两寺天王、部众，人鬼相杂，矛戟鼓吹，纵横驰突，交加戛击，欲有声响。鹰犬之类，皆三五笔而成。弓弦斧柄之属，并掇笔而描，如从绳而正矣。其有龙拿水汹，千状万态，势欲飞动。松石墨竹，笔精墨妙，雄壮气象，莫可记述。非天纵其能，情高格逸，无人能达此境界。后有蜀人景朴，于后蜀广政年间（938—965），于应天寺门西畔画西方天王及部从两堵，以对孙位笔。识者比之蹄涔巨浸，未及孙位万分之一。除了在成都画壁外，孙位还受悟达国师之邀于眉州福海院画有行道天王、松石龙水两堵。

滕昌祐，字胜华，先本吴人，随僖宗入蜀，以文学从事。滕昌祐不婚不仕，情性高洁，不肯趋时，唯书画是好。常于所居树竹石杞菊，种名花异草木，以资其画。殁时年齿八十有五。初攻画无师，唯写生物，以似为功而已。有虫鱼图、蝉蝶图、生菜图、折枝花图、折枝果子图、杂竹样。造夹纻果子，随类傅色，并拟诸生。攻书，时呼“滕书”。成都大圣慈寺文殊阁、普贤阁、萧相院、方丈院、多利心院、药师院天花瑞像数额，并昌祐笔。其画蝉蝶草虫，谓之“点画”，盖唐时陆果、刘褒之类。其画折枝花，下笔轻利，用色鲜妍，盖唐时边鸾之类。

张南本，籍贯不详。中和年（881—885）寓止蜀城，攻画佛像、人物、龙王、神鬼。有

《金谷园图》、《勘书图》、《诗会图》、《白居易叩齿图》、《高丽王行香图》。其中圣寿寺中门《宾头卢变相》、东廊下《灵山佛会》、大圣慈寺华严阁下东畔《大悲变相》、竹溪院《六祖》、兴善院《大悲菩萨》、《八明王》、《孔雀王变相》，并南本笔。相传南本于金华寺大殿画《明王》八躯，才毕，有一老僧入寺，蹶仆于门下，初不知是画，但见大殿遭火所焚。其时孙位画水，南本画火，代无及者。世之水火，皆无定质，唯此二公之画，冠绝一时。僖宗驾回之后，府主陈太师于宝历寺置水陆院，请南本画天神地祇、三官五帝、雷公电母、岳渎神仙、自古帝王，蜀中诸庙一百二十余帧，千怪万异，神鬼龙兽，魍魉魑魅，错杂其间，时称大手笔。至孟蜀时，被人模拓，窃换真本，卖于荆湖人。

在以上诸多唐代画家所创造的佛道图像中，尤以经变画场面最为宏大，情节也最为丰富。张彦远的《历代名画记》和段成式的《寺塔记》对长安和洛阳佛寺道观中的经变画作过部分记载，一些经变画在前代的基础之上发展得更加完备，如《西方变》、《维摩变》、《法华变》、《地狱变》、《弥勒经变》、《涅盘变》等。但更多的经变画则是由唐代画家推陈出新的，如《药师变》、《华严经变》、《报恩经变》、《金刚经变》、《观音经变》、《劳度叉斗圣变》、《十轮经变》等。道教壁画中《龙虎君明真经变》、《五圣图》、《千官图》等亦属创新题材。敦煌莫高窟新出现的经变画有二十多种，约二百余铺。当时的画家名手多参与到佛寺道观经变壁画的绘制中，不仅数量惊人，绘饰华丽，而且人物生动，充满了现实生活的意趣，呈现出鲜明的时代特色。

第三节　《历代名画记》、《寺塔记》等相关史料钩沉

唐代寺观壁画极为繁盛，按后人研究，唐代寺院分布较为密集的中心便有长安、洛阳、成都、润州、代州、越州、太原府、苏州、扬州、衡州等十处，其中绘有壁画的寺院更是不计其数。据唐裴孝源的《贞观公私画史》载，大唐建立之初，在荆州江陵地区便有8处佛寺绘有壁画，到段成式的《寺塔记》和张彦远的《历代名画记》成书时，单两京地区存有壁画的著名寺观已近70所，而且，这还仅是唐武宗灭佛之后的幸存。由此可见，唐代寺观壁画的兴盛超过往代。在参与绘制寺观壁画的人群中，除了人们所熟知的尉迟乙僧、吴道子和周昉等人外，还有一些或有名或无名的画匠技师也将他们各自的才能倾注于寺观壁画艺术中。唐时的西京长安和东都洛阳作为当时全国的政治中心，也是国际性的经济文化中心，其寺观之多，为全国之冠，而寺观中之壁画，亦可作为研究唐代寺观壁画艺术的主体。

一、西京长安寺观概况

《历代名画记》和《寺塔记》是两部唐代文献，其寺观壁画部分多集中于两京地区。对这两部作品以及其他相关文献的解读，将有助于后人认识和了解唐代的宗教和社会文化情况。《历代名画记》之“记两京外州寺观画壁”部分载有上都长安寺观四十所，其中太清宫名列首位。

太清宫，本为玄元皇帝庙，建于唐玄宗开元二十九年（741）。天宝二年（743）时，加号玄元皇帝曰“大圣祖”，诏改西京玄元宫曰太清宫，东宫曰太微宫。八载（749）闰六月，玄宗亲谒太清宫，册圣祖玄元皇帝号为“圣祖大道玄元皇帝”，同时为高祖、太宗、高宗、中宗、睿宗五帝皆加“大圣皇帝”之号。天宝十三载（754），上亲朝献太清宫，上玄元皇帝尊号曰“大圣祖高上大道金阙玄元天皇大帝”，他自己也被群臣上尊号曰“开

元天地大宝圣文神武证道孝德皇帝”。肃宗至德三载（758），上号称“太上至道圣皇天帝”。玄宗作为一位崇道君王，曾倡导在全国建玄元皇帝庙，并将自己及一些重臣的像刊刻于太清宫，朝夕陪伴圣祖。按《旧唐书》卷九载：天宝五载（746），于太清宫刻石为李林甫、陈希烈像，侍于圣容之侧。而且，按唐代惯例，凡有事于上帝，必预遣使祭告百神。唯太清宫、太庙，需要皇帝亲行。唐世帝王对太清宫圣祖的祭告，要设青词及素馔。按《旧唐书》“玄宗本纪”部分载，天宝九载（750）十一月和天宝十载（751）正月，玄宗都曾到太清宫祭告，之后代宗广德二年（764）二月、德宗贞元九年（793）十一月、宪宗元和二年（807）正月、穆宗长庆元年（821）正月、昭宗龙纪元年（889）十一月亦相继朝献于太清宫，太清宫已成为与太庙同等重要的皇帝告祭之所，其所用典章制度除沿袭太庙之制外，亦有新创。据《乐书》卷一百六十四之《唐乐章》载：“荐献大圣祖于太清宫，作煌煌之乐一章。”[1]此内容与《旧唐书》卷三十一所载相吻合，表明当时已有专门为圣祖所作的《玄元皇帝乐章》。太清宫应该是玄宗朝以降，唐代道观中最具地位者，只可惜，时人未对观内壁画情况加以记载，只称太清宫殿内绢上有吴道子所绘的“玄元真”。

与太清宫一样拥有皇家背景的道观还有玄真观、开元观、万安观、龙兴观等。

玄真观，在崇仁坊，东部为左仆射高士廉宅，西北隅左金吾卫。神龙中，为长平公主宅，当时，公主为扩大该宅，吞并他人数百屋，然后盛加雕饰，朱楼绮阁，惊绝一时。韦氏败后，公主随夫外住，遂奏为景龙观。起初本欲出卖，官方估算宅内树木约二十万，山池尚不为数。天宝十三载（754），改为玄真观。观内大殿中玄元皇帝及侍真座上有陈静心绘制的乐天神，神殿内外俱为程雅、陈静心画。

开元观，按《长安志》卷九载：“本隋秦王浩宅，武后朝置永昌县，神龙元年县废，遂为长宁公主宅，景云元年（710）置道士观，开元五年（717）金仙公主居之，改为女冠观，十年（722）改为开元观。”开元观和开元寺是敕建寺观，唐代朝廷曾为每州的开元观和开元寺各赐天尊像和佛像一尊。《历代名画记》载开元观内西廊院天尊殿前龙虎君明真经变及西壁，并杨廷光画；门西窗上下，杨仙乔画。当时的开元观还是文人往来之所，诗人杨凭有《长安春夜宿开元观》诗，称：“霓裳下晚烟，留客杏花前。偏问人寰事，新从洞府天。长松皆扫月，老鹤不知年。为说蓬瀛路，云涛几处连。”将道观的清幽和人们求仙问道的思绪描述得比较明确。

万安观，位于平康坊，天宝七载（748），丞穆公主出家，舍宅置。内有公主影堂，影堂东北小院南行，屋门外北壁，有李昭道所画山水。

玄都观，位于崇业坊，按《长安志》载，是隋开皇二年（582）从长安故城迁通道观于此，改名玄都，东与大兴善寺比邻。通道观，本为长安废教后封敕所立。隋初，营建新都，“上以恺有巧思”，诏宇文恺领营新都副监。当时高颎虽总大纲，但凡所规画，皆出于恺。宇文恺因朱雀街南北尽郭有六条高坡，象乾卦，故于九二置宫殿以当帝王之居，九三立百司以应君子之数，九五尊位，不欲常人居之，故置此观及兴善寺，以镇之。玄都观有桃林，每到花季，游人云集。唐诗人刘禹锡于元和十年（814）自朗州承召至京，有《戏赠看花诸君子》诗：“紫陌红尘拂面来，无人不道看花回。玄都观里桃千树，尽是刘郎别后栽。”又《再游玄都观》绝句曰：“余贞元二十一年（805）为屯田员外郎时，此观未有花。是岁，出牧连州，贬朗州司马，居十年召至京师，人人皆言有道士手植仙桃满观，如红霞，遂有前篇，以志一时之事。旋又出牧，今十有四年，复为主客郎中，重游玄都，荡然无复一树，惟兔葵燕麦动摇于春风耳。因再题二十八字，以俟后游，时大和二年（828）三月。诗曰：‘百亩庭中半是苔，桃花净尽菜花开。种桃道士归何处，前度刘郎今

1 文渊阁《四库全书》（电子版），经部，乐类，《乐书》卷一百六十四。

独来。’”殿内有范长寿画。范长寿国初为武骑尉，善画风俗、田家、景候、人物之状，人间多有。当时的屏风多用其制。凡画山水树石牛马畜产，范皆能屈曲远近，放牧闲野，皆得其妙，各尽其微。长安净法寺大殿东壁，亦为范长寿所绘。净法寺的西壁亦妙，但失却绘者名字。当时人给予范长寿极高评价，称之为“张僧繇之次”。僧彦悰《续画品》曾云：“范长寿博赡繁多，未见其亲迹，可居妙品。时又有何长寿亦与齐名，近代少见其画也。”

龙兴观，本名西华观，贞观五年（631），太子承乾有疾，敕道士秦英祈祷获愈，遂立此观。垂拱三年（687），以犯武太后祖讳，改为金台观。神龙元年（705），又改为中兴观。神龙三年（707），改为龙兴观。该观人门内有吴道子画神，已摧剥。殿内东壁吴道子画《明真经变》；北面从西第二门为董谔白画。

与以上道教宫观一样具有皇室背景的还有佛教寺院。如荐福寺，在开化坊半以东，永宁门外西南三里许，本为隋炀帝在藩旧宅，武德中赐萧瑀为园，后瑀子铣尚襄城公主，不欲与姑异居，遂于园后地造宅。公主卒后，官市为英王宅。高宗崩后百日武后始立为大献福寺，度僧二百余。天授初改为荐福寺。中宗即位，大加营饰，有浮图十五级，高三百余尺。自神龙后，翻译佛经并于此寺。安仁坊西北隅为寺之浮图院，院门北开，正与寺门隔街相对。景龙中，宫人率钱所立。县志称寺有塔十四级，俗呼为“小雁塔”。《历代名画记》载该寺有天后飞白书额，净土院门外两边有吴道子所绘神鬼，南边神头上龙为妙；西廊菩提院有吴画《维摩诘本行变》；律院北廊有张璪、毕宏画作，西南院佛殿内东壁及廊下行僧并吴道子画，未了。

大兴善寺，位于靖善坊，亦与隋时皇室有关。按段成式的《寺塔记》载，当时有梅檀像开目，其工颇拙。寺内有不空三藏塔，塔前多老松。又有行香院，院堂后壁上有元和中人梁洽所画双松，稍脱俗格。曼殊堂内有塑像，工极精妙，外壁有泥金帧不空，系自西域赍来。寺内还有于阗玉像，高一尺七寸，阔寸余，一佛四菩萨。还有一天王阁，长庆中造，本在春明门内，与南内连墙，其形大，为天下之最，太和二年敕移就此寺，拆时腹中得布五百端，漆数十桶，段成式调查该寺时壁画中的鬼形像已堕坏，唯天王不损。张彦远认为“殿内壁画至妙”，只可惜失去人名。他查阅到裴孝源曾说过：此寺有刘焉画，于是推测殿内壁画或出自刘手。张彦远还记载该寺西南舍利塔内有曹画，西面有尹琳画；东廊从南第三院小殿柱间有吴道子画神，但被工人装损；三藏院阁内亦有画，至妙，可惜亦失人名。大兴善寺作为当时一所著名寺院，环境优美，松桐成荫。炎炎夏季时，常有文人墨客避暑其间，诗词问答，故此，大兴善寺也便有了诸多传说，如传说东廊南侧的素和尚院，庭内有青桐四株，为素手植。元和中，卿相多游此院。桐至夏有汗，污人衣，很难洗净。后有人对素和尚说想替他伐掉青桐，以松树代之。傍晚时，素和尚就此事对树而语，称：“我种汝二十余年，汝以汗为人所恶，来岁若复有汗，我必薪之。自是无汗。”据说素公不出院，转《法华经》三万七千部。夜间尝有貉子听经，斋时，鸟鹊就掌取食。

慈恩寺，位于唐都长安城外东南隅之晋昌坊，宋敏求《长安志》卷八“晋昌坊”条载：“半以东大慈恩寺……”该寺本为隋之无漏寺，唐贞观年间，时为太子的李治意欲为文德太后追福，令所司“于京城内旧废寺妙选一所，奉为文德圣皇后即营僧寺。寺成之后，当别度僧。……遂于宫城南晋昌里，面曲池、依净觉伽蓝而营建焉”[1]。新寺建成后，凡十余院，总一千八百九十七间，共敕度三百僧人。后又增建翻经院，“虹梁藻井，丹青云气，琼础铜沓，金环华铺，并加殊丽”。贞观十九年（645）自西域归至京师的玄奘法师，本在弘福寺翻译梵本六百五十七部，当时有硕学沙门五十余人协助，此刻也应邀由弘福

1 《大慈恩寺三藏法师传》卷七，北京：中华书局，1983年，第149页。

寺移就大慈恩寺翻经院，继续从事佛经翻译工作。入住新寺仪式极为隆重，内出大幡，敕九部乐，及京城诸寺幡盖、众伎，送玄奘及所翻经像入寺，彩车凡千余辆，上御安福门观之。曾与玄奘一起译经的诸位高僧大德亦一同入住慈恩寺。

据张舜民的《画墁录》载，慈恩寺与含元殿相对，每当阴天，高宗便感觉两手心痛，他认为这是文德皇后与他的心理感应，遂造寺建塔，以解心忧。永徽三年（652），用七宫亡者衣物财帛建雁塔于慈恩寺，塔基四面各一百四十尺，仿西域制度，有五级，高一百八十尺，层层中心皆葬舍利，不啻万颗。上层以石为室，立碑载二圣所制《三藏圣教序记》，为褚遂良所书。景龙三年（709），中宗幸慈恩寺，登浮图，时在重阳。群臣上菊花酒，上赋诗，学士及词臣并和，当时宋之问凭借一首五言绝句“凤刹侵云半，虹旌倚日边。散花多宝塔，张乐布金田。时菊芳仙酝，秋兰动睿篇。香街稍欲晚，清跸扈归天”而得到上官婕妤的赞誉。

慈恩寺内浮图即今大雁塔。按李肇《国史补》载，唐进士自神龙以来，杏园宴后，皆于慈恩寺塔题名，后便以“雁塔题名”指进士及第。但唐韦绚所撰之《刘宾客嘉话录》云：“慈恩题名，起自张莒，本于寺中闲游而题同年，人因为故事。”由此可见，最初在雁塔题名者并非进士，进士题名，当在神龙之后。唐代大文豪柳宗元与刘禹锡同年及第，便均题名于慈恩塔上。

慈恩寺作为唐代著名寺院，寺内集中了一批名手所绘壁画。据《历代名画记》载，慈恩寺两廊壁间有右相阎立本的壁画，中间及西廊有李果奴画行僧。寺内塔之东南中门外偏，为张孝师所画《地狱变》。相同题材，张孝师还绘于净法寺。院内东廊从北第一房间南壁韦銮画松树；大佛殿内东壁有画，甚妙，但失人名；中三门里两面有尹琳画神。塔内东西间有尹琳画作，西面为文殊菩萨骑狮子，《酉阳杂俎》卷六所称的“塔西面画湿耳师子”应即指此。与西侧相对，塔的东面为普贤菩萨骑象。塔下南门和西壁皆为尉迟乙僧所画，西壁绘千钵文殊。南北两间及两门为吴道子画并自题；塔北殿前窗间为吴道子画；菩萨殿内为杨庭光画经变；大殿东轩廊北壁有吴画，未了。旧传是吴，细看不是。大殿东廊从北第一院为郑虔、毕宏、王维等白画；入院北壁二神甚妙，失人名。

慈恩寺茂林修竹，环境优雅，常有文人于此雅集。据统计，唐代约有四十四人的诗歌中涉及慈恩寺，而西明寺为四人，章敬寺仅为一人[1]。如白居易便有《三月三十日题慈恩寺》诗，称：“慈恩春色今朝尽，尽日裴回倚寺门。惆怅春归留不得，紫藤花下渐黄昏。”[2]

安国寺，位于长乐坊，在府东迎宣门内，唐睿宗旧宅，景云元年（710）建。张彦远《历代名画记》载“东车门直北东壁北院门外画神，两壁及梁武帝、郗后等，并吴画，并题；经院小堂内外，并吴画；西廊南头院西画堂内南北壁，并中三门外东西壁梵王、帝释，并杨廷光画；三门东西两壁释天等，吴画，工人成色，损；东廊大法师院塔内，尉迟画及吴画；大佛殿东西二神，吴画，工人成色，损；殿内《维摩变》，吴画；东北《涅盘变》，杨廷光画；西壁《西方变》，吴画，工人成色，损；殿内正南佛，吴画，轻成色。东禅院，亦曰木塔院，院门北西廊五壁，吴道玄弟子释思道画《释梵八部》，不施彩色，尚有典刑”。

光宅寺，位于长安光宅坊内，按《陕西通志》载，仪凤二年（677），望气者称光宅坊有兴气，敕令掘得石函，函内有佛舍利骨万余粒，遂立光宅寺。武太后始置七宝台，丞相韦处厚自居内庭至相位，每归辄至寺焚香。段成式称该寺本有禅师影堂，师号“惠中”，肃宗上元二年（761）征至京师，初居此寺。建中中（780—784），有僧竭造曼殊堂，将版基于水际，怕伤及生命，乃建三月道场，祝一足至多足、无足，令它们去别的地方。及开

1 李芳民：《唐五代佛寺辑考》，北京：商务印书馆，2006年，第387页。

2 文渊阁《四库全书》（电子版），集部，别集类，汉至五代，《白氏长庆集》卷十三。

工时，掘地至泉，不遇虫蚁。唐时的曼殊院，尝转经，每赐香宝台，甚显。上层窗下有尉迟乙僧之画，下层窗下有吴道玄之画，皆非其得意之作。普贤堂，本天后梳洗堂，堂中亦有尉迟乙僧画，颇有奇处，“四壁画像及脱皮白骨，匠意极险。又绘有变形三魔女，身若出壁。……又左右梵僧及诸蕃往奇，然不及西壁。西壁逼之摽摽然”[1]。光宅寺东菩提院内北壁东西偏位，尉迟乙僧画《降魔变》等。殿内有吴道子和杨廷光画，以及尹琳所画《西方变》。

除光宅寺外，得到则天皇后关照的寺院还有崇福寺。按《陕西通志》卷二十八载，崇福寺位在城东北五十里宣义里，唐则天后建，时译经多于该寺。《长安志》卷十称该寺“本侍中观国公杨恭仁宅，咸亨元年（670）以武皇后外氏故宅立为太原寺，垂拱三年（687）改为魏园寺，载初元年（689）又改为崇福寺，寺额武太后飞白书。寺中西库，牛昭、王陁子画山水；东山亭，刘整画山水；西库门外西壁神，吴画，自题”。

资圣寺，位于崇仁坊（一说崇圣坊）。按《陕西通志》载：“在城东十五里，本越国公长孙无忌宅，龙朔年为文德皇后立尼寺，咸亨四年（673）改为僧寺，后被火焚，灰烬中得经数部，不损一字，众以为异，数日之间施舍巨万，遂营造如故。”[2]该寺净土院门外，相传吴道子一夕秉烛醉画，就中戟手，视之恶骇。院门里，为卢楞伽画。卢为吴弟子，常学吴势，吴亦授以手诀，但未告知心诀。卢楞伽绘制三门寺壁画时，方半，吴大赏之，谓人曰：楞伽不得心诀，用思太苦，其能久乎？画毕而卒。南北面有吴画高僧，韦述赞，李严书。大三门东南壁，姚景仙画经变。中三门外，两面上层不知何人画，人物颇类阎立本画风。寺西门直西院外神，及院内经变为杨廷光画。北圆塔下李真、尹琳在绢上绘有菩萨。四面花鸟，边鸾画。当药上菩萨，顶茂葵尤佳。寺西廊北隅，杨坦画。近塔，天女明睇将瞬。团塔院北堂有铁观音，高三丈余。观音院两廊四十二贤圣，韩干画，元中书载赞。东廊北头散马，不意见者，如将嘶蹀。圣僧中龙树、商那、和修绝妙。塔中还藏有千部《法华经》。

有关资圣寺壁画，段成式及其友人还赋有诗作联句，对壁画及绘制者均有很好的概括，称“吴生画勇矛戟攒（柯古）”，“出奇变势千万端（善继）”，“苍苍鬼怪层壁宽（梦复）”，“睹之忽忽毛发寒（柯古）”，“棱伽之力所瘠瘢（一作所痹，柯古）”，“李真、周昉优劣难（梦复）”，“活禽生卉推边鸾（柯古）”，“花房嫩彩犹未干（善继）”。

唐时留存的隋代寺观仍保有当时的画迹，如宝刹寺，隋时营建，殿内原有郑法士、杨契丹画迹。张彦远时，郑画已不见，佛殿南杨契丹所画《涅盘》等图尚在。西廊为陈静眼所画《地狱变》，又有杨廷光仿吴道子兴唐寺三门楼下所画神。东般若院有杨廷光画山水等。西院韩干画《一行大师写真》，徐浩书讃。又有吴生、周昉绢画。中三门内东西偏两壁为尉迟乙僧画；殿轩廊东面南壁吴道子画；净土院董谔、尹琳、杨坦、杨乔画；院内次北廊向东塔院内西壁吴道子画《金刚变》，工人成色，损；次南廊为吴道子所画《金刚经变》及《郗后》等，并自题；小殿内吴道子画神、菩萨、帝释；西壁《西方变》亦吴画；东南角吴弟子李生画《金光明经变》；讲堂内杨廷光画。

净域寺，是隋文帝开皇间所立，本隋吏部尚书裴宏济府宅。寺内有石塔，本后秦君主姚苌之浴室。隋末，恭帝禅位于李渊后，殁于此，终年十五岁。按裴孝源的《画品录》载，此寺有孙尚子画，但张彦远时已不见。寺内三阶院东壁有张孝师画《地狱变》，杜怀亮书榜。院门内外神鬼，王韶应画，王什书榜。王什、杜怀亮的书法，人所罕知，但书迹甚高，似钟繇书。

景公寺，又名赵景公寺，位于常乐坊，隋开皇三年（583）时独孤皇后为父赵景武公

1 文渊阁《四库全书》（电子版），子部，小说家类，琐记之属，《酉阳杂俎续集》卷六。

2 文渊阁《四库全书》（电子版），史部，地理类，都会郡县之属，《陕西通志》卷二十八。

独孤信所立，本名弘善寺，开皇十八年（598）改为景公寺。该寺以吴道子所绘地狱变相而闻名，该画位于南中三门里东壁上，吴道玄白画《地狱变》，并题，笔力劲怒，变状阴怪，睹之不觉毛戴，为吴画中得意处。西门内西壁吴画《帝释》，并题；次南廊吴画。三门内东西画至妙，失人名；东廊南间东门南壁画行僧，转目视人。三阶院西廊下，范长寿画西方变及十六对事，宝池尤妙绝，谛视之，觉水入浮壁。院门上白画树石，颇似阎立德。段成式曾带着阎立德的行天祠粉本验之，无异。西中三门里门南，吴生画龙及刷天王须，笔迹如铁。有执炉天女，窃眸欲语。华严院中，鍮鉐卢舍立像，高六尺，古样精巧。塔下有舍利三斗四升，移塔之时，僧守行建道场，出舍利，俾士庶观之。呗讃未毕，满地现舍利，士女不敢践之，悉出寺外。守公乃造小泥塔及木塔，近十万枚葬之，段成式考察时尚有数力保存完好。寺有小银像六百余躯，金佛一躯，长数尺，大银像，高六尺余，古样精巧。还有篏七宝字《多心经》小屏风，盛以宝函，上有杂色珠及白珠，骈甃乱目。禄山乱，宫人藏于此寺，屏风十五牒，三十行经后云："发心主司马恒存，愿成主上柱国索伏宝息、上柱国真德为法界众生造。"黄金牒、经，善继疑为外国物。

面对景公寺内的精美画作，段成式及其同好均留有赞词，称："惨淡十堵内，吴生纵狂迹。风云将逼人，鬼神如脱壁"（柯古）；"其中龙最怪，张甲方汗栗。黑夜窸窣时，安知不霹雳"（善继）；"此际忽仙子，猎猎衣舄奕。妙瞬乍疑生，参差夺人魄"（梦复）；"往往乘猛虎，冲梁耸奇石（一作特）。苍峭束高泉，角睐警欹侧"（柯古）；"冥狱不可视，毛戴腋流液。苟能水成刹，那更沈火宅"（善继）。

在长安诸寺观中，永寿寺三门里的吴道子画作与景公寺的同样令人赞叹。永寿寺，位于永乐坊内，景龙三年（709），中宗为永寿公主立。段成式称三门东吴道子所画佛殿名为"会仙"，本是内中梳洗殿。如其所记无误，该殿很有可能与道教有关。

与永寿寺一样，千福寺自建立之初便与皇室关系密切。千福寺，在安定坊，本武则天次子章怀太子宅，咸亨四年（673）舍宅为寺，大中六年（852）改为兴元寺。因具有皇室背景，故一些重要的斋醮活动，多与此相关。如国忌设斋时，便是如此。玄宗四月五日忌，千福寺和开元观要各设三百人斋，其规模之大，仪式之隆，成为美谈。《太平广记》卷四百五十二也载，寒食时寺内会有祭奠活动，届时，还会有乐人参与活动。

千福寺因地位特殊，故寺内多名家显贵遗迹。首先，寺额便为上官昭容手书。上官昭容，即上官婉儿，为人聪颖，是唐代著名女诗人，曾备受武则天重用，在政坛和文坛上都拥有重要地位。其次，中三门外东行南，有太宗皇帝所撰《圣教序》，弘福寺沙门怀仁集王右军书；西行，楚金和尚《法华感应碑》，颜鲁公书，徐浩题额，碑阴沙门飞锡撰，吴通微书；东塔院额，高力士书。院有掩障一，合画青枫树一图，复画《辋川图》，山谷郁郁盘盘，云水飞动，意出尘外，怪生笔端；涅槃鬼神，杨惠之书；门屋下内外面，杨廷光白画鬼神并门屋下两面四五间；西塔院，玄宗皇帝题额；北廊堂内，南岳智顗思大禅师、法华七祖及弟子影，弟子寿王主簿韩干敬貌遗法，弟子沙门飞锡撰颂并书；绕塔板上《传法二十四弟子》，卢楞伽、韩干画；里面吴生画，时菩萨现吴生貌；塔北普贤菩萨鬼神，似是尹琳画。相传杨廷光画，画时笔端舍利从空而落。塔院门两面内外及东西向里各四间，吴画鬼神，帝释极妙；塔院西廊，沙门怀素草书；《天师真》，韩干画；此东塔，玄宗感梦置之。《楚金真》，吴画；《弥勒下生变》，韩干正画，细小稠闹；院门北边碑，为《多宝塔感应碑》，颜鲁公书，岑勋撰，浩题额。天宝十一载（752）四月立于京兆。真卿颜公之书多矣，唯此碑盛传人间，究其原因，有人称："其字比诸碑稍小，便于展玩耳。而结法，视《东方讃》、《家庙碑》，似觉少逊。王元美曰：'贵在藏锋，小远大雅，不无佐史之恨。'"南边碑，张芬书；向里面壁上碑，吴通微书，僧道秀撰；造塔人为木匠李伏横、石作张爱儿；石井栏篆书，李阳冰。石作，张爱儿；东阁肃宗置面东碑，韩择木八分书，王裾撰；《天台智者大师碑》，张芬书；佛殿东院西行南院殿内有李纶画《普贤菩萨》，田琳画《文殊师利菩萨》。另，唐代著名边塞诗人岑参写有《登千福寺》诗。

宣阳坊静域寺，本太穆皇后宅。寺僧云，二阶院门外是神尧皇帝射孔雀处。禅院门内外游目记称王昭隐画门西里面和《修吉龙王》，有灵。门内之西《火目药叉》及《北方天王》甚奇猛。门东里面是贤门，绘有《野叉部落》，鬼首上蟠虵汗烟，可惧。东廊树石险怪，高僧亦怪。西廊有《万寿菩萨》；院门里南壁，皇甫轸画鬼神及雕，形势若脱轸。万菩萨堂内有宝塔，以小金铜塔数百饰之。大历中，将作刘监有子合手出胎，七岁念《法华经》，及卒，焚之得舍利数十粒，分藏于金铜塔中。佛殿东廊有古佛堂，其地本雍村堂中像设，悉是石作，相传隋恭帝死于此堂。三门外画，亦皇甫轸迹，金刚，旧有灵。大宝初，驸马独孤明宅与寺相近，独孤有位婢女名为怀香，稚齿俊俏，与西邻一士人相悦，二人曾于晚上于寺门前约会，有巨虵束之，俱卒。佛殿内西座蕃神甚古质，贞元以前，西蕃的两次盟约皆载此神立于坛而誓，相传当时颇有灵。

崇义坊招福寺，本曰“正觉”，唐初损毁，以其地立第，赐诸王。睿宗在藩居之，乾封二年（667）移长宁公主锦堂于此，重建此寺。长安二年（702），宫内出等身金铜像一铺并九部乐、南北两门额，圣上与岐、薛二王亲送至寺，彩乘象舆，羽卫四合，街中余香，数日不歇。景龙二年（708），又赐真容坐像，诏寺中别建圣容院，是玄宗当太子时的真容。先天二年（713），敕出内库钱二千万、巧匠一千人，重修之。睿宗圣容院门外鬼神数壁，自内移来，画迹甚异。鬼所执野鸡，似觉毛起。库院《鬼子母》，贞元中李真画。寺西南隅僧伽像，被时人认为有灵异，为此，百姓上幡伞不断。

楚国寺，寺内有楚哀王等身金铜像，哀王绣袄半袖犹在，长庆中赐，织成双凤夹黄袄子。寺中门内有放生池。《长安志》载，楚国寺是唐高祖为第五子智云所立，当时高祖起兵太原，智云在京，为隋留守阴世师等所害，后追封为楚哀王[1]。从段成式等人的记载中可对寺中绘塑情况有一大概了解。约上人记载该寺有“地狱等活”，义上人称有“八抹洛伽”，升上人曰“波咤”，其他人载“坏从狱不生”、“鈆河”、“剑林”、“烊铜”等，皆与地狱内容有关。

永泰寺，位于长寿坊，本梁太尉吴王萧岑宅，隋开皇四年（584）文帝为沙门昙延立为延兴寺。隋亡后，又并寺东院莒公萧琮之堂入寺。神龙中，中宗为永泰公主追福，改为永泰寺。永泰公主，唐中宗之女，名仙蕙，下嫁武延基。大足元年（701），因和兄长李重润，即懿德太子窃议张易之兄弟，为武后所杀。中宗即位后追赠，以礼改葬，号墓为陵。大中六年（852）改万寿寺。殿及西廊有李雅所画《圣僧》；东廊悬门，有杨契丹画；东精舍，为郑法士画《灭度变相》。

总持寺，位于和平坊南北街之西，与庄严寺隔街而立。隋大业三年（607）炀帝为文帝所立，初名大禅定寺，寺内制度与庄严寺同。武德元年（618）改为总持寺。“庄严总持”，本隋文献后宫中号。景龙文馆记曰：“隋主自立法号称总持，呼萧后为庄严，因以名寺。”唐时卢楞伽学习吴道子绘画，曾被吴生盛赞。其所习地，即为此处。门外东西，为吴画，成色损。佛殿内西画，孙尚子画；三藏院小佛殿四壁，尹琳、李昌画；堂内，李重昌画《恩大师影》。总持寺除名家壁画外，还藏有佛牙，当时京城五寺有佛牙，总持寺为右街唯一一所，其他分别为左街安国寺、崇圣寺、荐福寺、瑞圣寺。总持寺有浮屠塔，人们往往至寺登高，唐孟浩然有《登总持寺浮屠》诗，称：“半空跻宝塔，晴望尽京华。竹绕渭川遍，山连上苑斜。四门开帝宅，阡陌俯人家。累劫从初地，为童忆聚沙。一窥功德见，弥益道心加。坐觉诸天近，空香送落花。”

庄严寺，隋初置，在城西南十二里，宇文政别馆于此坊。仁寿三年（603），隋文帝

1 文渊阁《四库全书》（电子版），史部，地理类，古迹之属，《长安志》卷八。

为献后立为禅定寺。宇文恺以京城之西有昆明池，地势微下，乃奏于此寺建木浮图，高三百三十尺，周回一百二十步，大业七年（611）成。大历十年（775）二月，庄严寺佛浮图遭遇火灾，初有疾风震雷搏击，俄而火从浮图中。当时有寺僧数百人参与救火，因救助及时，所幸栋宇无损。武德元年（618）改为庄严寺，天下伽蓝之盛，莫盛于此。寺内有佛牙，长三寸，宋时沙门法献从乌踵国取以归，豫章王暕自扬州持入京，隋文帝时改置此寺。大中六年（852）改圣寿寺。卢楞伽尝画庄严寺三门，窃自比道元总持寺壁。当时和平坊半以东为大庄严寺，寺与总持寺齐名，并殷令名题额。南门外壁白蕃神，尹琳画；中门外东西，卢楞伽画，两壁甚大；秘书省，薛稷画鹤；贺知章题诗在东秘书厅；郎余令画凤在书阁柱上，都不成画，不堪观。御史台殿中厅，吴画山水。据其画迹，不是吴。又萧桂州佑画山水；将作监刘整画山水；太常寺太卿后厅，梁洽画山水。裴孝源《画品录》载寺内有陈善见绘壁。陈善见，本隋时画家，师于杨、郑，曾被裴孝源视为远逊杨、郑："陈善见、王知慎之流，万得其一，固未及于风神，尚汲汲于形似。"僧悰也认为其"准的于郑，遒媚温润则不及之"。

大云寺，按《旧唐书》卷六载，载初元年（689），有沙门十人伪撰《大云经》，言神皇受命之事。天授元年（690）十月二十九日，诏令两京及天下诸州各置大云寺一所，总度僧千人。至开元二十六年（738）六月一日，并改为开元寺。上都大云寺系在隋寺基础之上改建而成。按《御定全唐诗》卷二百十六载，武后幸光明寺，沙门宣政进《大云经》，中有女主之符，因改为大云经寺。东浮图北有塔，俗呼为七宝塔，隋文帝造。冯提伽画瘦马并帐幕、人物，已剥落；又东壁北壁，郑法轮画；西壁，田僧亮画；外边四面，杨契丹画《本行经》。据裴孝源所录，此寺亦有展、田、杨、郑等画作。塔东义手下画辟邪，双目随人转盼。三阶院窗下旷野杂兽，似是张孝师；西南净土院绕殿僧至妙，失人名。

纪国寺，位于延福坊西南隅，是隋开皇六年（586）献皇后独孤氏为母纪国夫人崔氏所立。西禅院小堂内，有郑法轮画，甚碎，至唐仍保存。

崇圣寺，在崇德坊，寺有二门，西门本济度尼寺，隋秦孝王俊舍宅所立；东门本道德尼寺，隋时立。至贞观二十三年（649），济度寺搬迁至安业坊之修善寺，原处所变为灵宝寺，尽度太宗嫔御为尼，以处之。并将道德寺额迁于皆祥坊之太原寺，以其所为崇圣宫，以为太宗别庙。仪凤二年（677），并为崇圣僧寺辇下。《岁时》记进士樱桃宴，在崇圣寺并牙阁上。唐代新科进士设樱桃宴，是当时的风俗。《唐摭言》卷三载："新进士尤重樱桃宴。乾符四年（877）永宁刘公第二子覃及第时，公以故相镇淮南，敕邸吏日以银一铤资覃醵罚。而覃所费，往往数倍……厚以金帛预购数十石矣。于是，独置是宴，大会公卿。时京国樱桃初出，虽贵达未适口，而覃山积铺席，复和以糖酪者，人享蛮榼一小盎，亦不啻数升，以至参御辈，靡不沾足。"所以，樱桃宴，遂成为科举及第和文人雅集的代称。寺内西殿有董伯仁画；东殿展子虔画；西北郑德文画。

龙兴寺，位于颂政坊内。贞观五年（631），太子承乾立，为并光寺。神龙元年（705），两京及天下诸州并置中兴寺，遂改名，后又改为龙兴寺。西北隅本隋之惠云寺，有旧佛殿，殿内有郑法轮画。

青龙寺，位于新昌坊，本隋灵感寺，开皇二年（582）立。文帝移都，掘城中陵墓葬之郊外，因置此寺，故以"灵感"为名，至武德四年（621）废。龙朔二年（662），城阳公主复奏立为观音寺。初公主疾甚，有苏州僧法朗诵《观音经》乞愿，得愈，因名焉。景云二年（711）改为青龙寺。因该寺北枕高原，南望爽垲，为登高眺美之所。诗人李商隐曾有脍炙人口的《乐游原》诗句流芳千古，其中的"古原"便指青龙寺北枕的高原。唐代诗人朱庆余和韦庄等都曾游历此寺，并分别留有诗作。诗人贾岛因连败文场，囊箧羞涩，也曾在京师青龙寺逗留。当时僧人午后禁止外出，他曾赋诗《题青龙寺》自伤，云："碣石山人一轴诗，终南山北数人知。拟看青龙寺里月，待无一点夜云时。"贾岛的寂寞生活在唐人的另一首《题青龙寺》诗中也有体现："二十年沉沧海间，一游京国也应然。人人尽到求名处，独向青龙寺看山。"不过，作为一所地处高原的寺院，青龙寺自有其独特之处。除了风高物美，史载寺中还植有牡丹。唐裴潾有题《青龙寺白牡丹》绝句，称："长安豪贵惜春残，争赏新开紫牡丹。别有玉盘承露冷，无人起就月中看。"

据《历代名画记》载，青龙寺内中三门外东西有王韶应画。而《陕西通志》卷一百中的神异故事中也涉及青龙寺的壁画，该文称：江南人陈季卿举进士至长安，十年未曾回家。有一天，他去青龙寺拜访那儿的僧人，正好碰到一位来自终南山的老人也在坐等僧人。等待中，陈季卿发现壁间有《寰瀛图》，便在图间寻江南路，并叹息称曰"得此归，不悔无成"。结果终南山翁折阶前竹叶置图上渭水中，称如果陈注目于此，便能如愿。陈季卿认真看时，发现渭水波涛汹涌，上有一舟甚大，恍然登舟，行次禅窟寺和潼关时还各题一诗。逾旬，至家，兄弟妻子迎见，甚喜。后又乘舟回到渭水，直接赶到青龙寺，发现终南山翁尚拥褐而坐，僧犹未归。季卿以为是梦，老翁告诉他说日后自知。经月，家人来访，具述所以，以前的题诗也皆在故地。

宣阳坊奉慈寺，开元中为虢国夫人宅，安史之乱后，为郭暧驸马宅。唐末，太皇太后为升平公主追福，奏置奉慈寺，赐钱二十万，绣帧三车，抽左街十寺，僧四十人居之。当时有僧惟则以七宝木摹阿育王舍利塔，自明州负至此寺。寺成后二年，司农少卿杨敬之小女，年十三，以六韵诗题此寺，自称为关西孔子二十七代孙，字德邻，警句云："日月金轮动，栴檀碧树秋。塔分鸿雁翅，钟挂凤皇楼。"

除具有皇室背景的一些寺院外，长安还有一些王公大臣所建寺院。如菩提寺，位于平康坊，亦为隋时寺院，按《长安志》卷八载，隋开皇二年（582）陇西公李敬道及僧惠英所奏立寺，只是寺内没有隋时画作。《酉阳杂俎》称"寺之制度，钟楼在东，惟此寺缘李右座宅在东，故建钟楼于西"。寺内有郭令玳瑁鞭及郭令王夫人七宝帐。大中六年（852）改为保唐寺。佛殿内东西壁有吴道子所画神鬼，西壁工人布色，损；佛殿壁带间亦有杨廷光白画；殿内东西北壁并吴道子画，其东壁有菩萨转目视人；东壁董谔画《本行经变》；佛殿上构栏耿昌言画水族；佛殿内东壁杨廷光画。段成式称佛殿东西障日及诸柱上图画，是东廊迹，旧郑法士画，开元中因屋坏，移入大佛殿内槽北壁；食堂前东壁上吴道玄画《智度论色偈变》，偈是吴自题，笔迹遒劲，如磔鬼神毛发；次堵画《礼骨仙人》，天衣飞扬，满壁风动；佛殿内槽后壁面，吴道玄画《消灾经》事，树石古险。元和中，上欲令移之，虑其摧坏，乃下诏择画手写进。佛殿内槽东壁，《维摩变》，舍利弗角而转睐。元和末，俗讲僧文淑装之，笔迹尽矣。故兴元郑公尚书题北壁僧院诗曰："但虑彩色污，无虞臂胛肥。"置寺碑阴，雕饰奇巧，相传是郑法士所起样式。初，会觉上人以施利起宅十余亩，工毕酿酒百石，列瓶瓮于两庑下，引吴道玄观之，因谓曰："檀越为我画，以是赏之。"吴生嗜酒，且利其多，欣然而许。段成式认为该寺之画似不及景公寺。中三门内东门塑神，善继云是吴生弟子王耐儿之工。其侧一鬼有灵，往往百姓戏犯之者，得病，口目如之。据传，此寺先有僧，不言姓名，常负束藁，坐卧于寺两廊下，不肯住院，经数年。寺纲维或劝其住房，曰："尔厌我耶？"其夕，遂以束藁焚身。至明，唯灰烬耳，无血膋之臭。众方知异人，遂塑灰为像，供于佛殿上，世号"束草师"。

化度寺，本真寂寺，隋尚书左仆射齐国公高颎宅。开皇三年（583），颎舍宅奏立为寺。武德二年（619），改名为化度寺，寺额为殷仲容题。殷当时题额甚多，净景寺、济度寺等额，皆为其题写。化度寺内有欧阳询所书寺碑，历来为后世所传颂。化度寺还有无尽藏院，敬宗赐化度寺经院金字额，并数次前往该寺。大中六年（852）改为崇福寺。寺内有杨廷光、杨仙乔画《本行经变》；卢楞伽画《地狱变》。景龙四年（710）春正月，中宗还在化度寺门前设无遮大斋，追荐亡人。

温国寺，在城南四十里滈水岸，本隋太保薛国公长孙览妻郑氏舍宅置，名实际寺。

唐开元十五年（727），大德进法师立为道场，建塔，后改名温国寺。大中六年（852），改为崇圣寺。寺内净土院有尹琳画；三门内吴画鬼神；南北窗门画神，失人名。

奉恩寺，位于居德坊南门西侧，本将军尉迟乐宅，神龙二年（706）立为寺，大中六年（852）改为兴福寺。《宋高僧传》卷三《唐京师奉恩寺智严传》是对尉迟乐的记载，称："释智严，姓尉迟氏，本于阗国质子也，名乐，受性聪利，隶鸿胪寺，授左领军卫大将军上柱国，封金满郡公，而深患尘劳，唯思脱屣。神龙二年（706）五月，奏乞以所居宅为寺，敕允，题榜曰奉恩是也。相次乞舍官入道，十一月二十四日，墨制听许。景龙元年（707）十一月五日，孝和帝诞节剃染。寻，奉敕于此寺翻经，多证梵文，诸经成部，严有力焉。严重译《出生无边法门陀罗尼经》，后于石鳖谷行头陀法，又充终南山至相寺上座，体道用和，率从清谨，不知其终。"张彦远的《历代名画记》将奉恩寺说成尉迟乙僧的旧宅，应该是将尉迟乐与乙僧父尉迟跋质那相互混淆的结果。不过，尉迟乙僧确在此寺画过壁画，张彦远称奉恩寺中三门外西院北，尉迟画本国王及诸亲族；次塔下小画，亦尉迟画。

懿德寺，位于延寿坊，本为慈门寺，隋开皇六年（586），刑部尚书万安公、李圆通所立。神龙元年（705），中宗为懿德太子追福，改名加饰。懿德寺三门楼下两壁神、中三门东西《华严变》，并妙；三门西廊东，静眼画山水；大殿内画，极妙，失人名。

胜光寺，位于光德坊，本隋幽州总管燕营宅。大业元年（605），自丰乐坊徙胜光寺于此。西北院小殿南面东西偏门上，王定画行僧及门间菩萨圆光；三门外神及《帝释》，杨仙乔画；三门北南廊，尹琳画；塔东南院，周昉画水月观自在菩萨掩障，菩萨圆光及竹，并是刘整成色。

西明寺，位于延康坊，本隋尚书令越国公杨素宅。大业中，素子玄感谋反，诛后没官。武德中，为万春公主宅。贞观中，以赐濮王泰。泰薨后，官市之立寺。王羲之后人唐智永和尚曾居于长安西明寺，写真草《千字文》八百本。寺内西门南壁，杨廷光画神两铺，成色损；东廊东面第一间传法者图讃，褚遂良书；第三间利防等四间，昙柯迦罗并欧阳通书；寺东崇福寺壁，陈积善画山水；三阶院，蔡金刚、范长寿画。

空观寺，位于兴化坊西南隅，隋驸马都尉元孝恭舍宅所立。寺东廊南院佛殿南面东西门上，有袁子昂画。又有佛殿门扇上孔雀及二龙，号为三绝。

海觉寺，位于崇贤坊，隋开皇四年（584），淮南公元伟舍宅为沙门法聪所立。寺额为欧阳询所题。三门内，有王韶应画；小殿前面，董伯仁画像；双林塔西面，展子虔画；后面壁画有人说是郑法士画，尤妙；西南院门北壁画神，失名，甚妙，或云郑法士画。

在长安嘉会坊的西南隅，还有一褒义寺，本隋太保英武公尉迟刚宅。初刚兄迥置妙象寺，于故都城中移都。后刚舍宅立寺，名"褒义"，材木皆源于旧寺，殿后东西画作，似出自王定。佛殿西壁《涅盘变》，卢楞伽画，自题。西禅院殿内，有杜景祥、王元之画。

翊善坊保寿寺，本高力士宅，天宝九载（750）舍宅为寺。初铸钟成，力士设斋庆之，举朝毕至。河阳从事李涿，性好奇古，与僧智增善尝俱至此寺，观库中旧物，忽于破瓮中得物如被，幅裂污坌，触而尘起。李涿仔细一看，才知是画。因以州县图三及缣三十获之，令家人装治，大十余幅，访于常侍柳公权，方知是张萱所画《石桥图》，玄宗曾赐高力士，因留寺中。后为鬻画人宗牧告知左军，不久，有一小使领军卒数十人至宅，宣敕取之，即日进入。圣人好古，见之大悦，命张之于云韶院。该寺还藏有《先天菩萨》帧本，来自成都妙积寺。开元初，有女尼魏八师常念《大悲咒》，双流县百姓刘乙，名意儿，年十一，自欲事魏尼，尼遣之不去，常于奥室立禅。尝白魏云："先天菩萨见身此地。"遂筛灰于庭，一夕，有巨迹数尺，轮理成就，因谒画工随意设色，悉不如意。有僧杨法成自言能画，意儿常合掌仰祝，然后指授之，以近十稔，工方毕。后塑《先天菩萨》，凡二百四十二首，首如塔势，分臂如意蔓。

安邑坊玄（一作立）法寺，本是宁州参军张频之宅。张频尝供养一僧，该僧以念《法华经》为业，在此有十年之久。后张频门人诬告该僧与府宅内的侍婢私通，因以他事杀之。僧死后，张家阖宅常闻经声不绝，张认为这是僧人冤死之故，惭悔不及，于是便舍宅为寺，并铸金铜像十万躯。玄法寺东廊南观音院卢舍那堂内槽北面壁画为《维摩变》，屏风上相传有虞世南书。段成式好友善继曾令人彻障，登榻读屏风上的墨书，得知确为世南、献之等所为。角院内有怀素书，颜鲁公序，张渭侍郎、钱起郎中讚。曼殊院东廊，有大历中画人陈子昂画廷下象马人物，一时之妙。西廊壁上还有刘整所画双松，亦不循常辙。

在虔诚的礼佛活动中，也有一些变相的索贿行为。如宝应寺，本代宗时丞相王缙舍道政坊宅为嬖妾李氏奏造。王溺于释教，他利用职务之便，“每节度观察使朝覲，皆延至佛寺，讽令出财，助己修缮。四方赂遗毕集。缙又纵弟妹女尼等，广纳财赂，贪猥之迹如市贾焉”。所以，在唐代的宗教活动中，像王缙这般打着崇佛的幌子暗中敛财的应该也不在少数。只是不知宝应寺中的名家画作是否也沾染了他贪腐的气息。当时的宝应寺多名家绘作，其中韩干白画尤多，亦有轻成色者。佛殿东西二菩萨，为韩干画，工人成色，损；西南院小堂北壁，张璪画；山水院南门外，韩干画侧坐毗沙门天王；北下方西塔院下，边鸾画牡丹。

除皇室和王公大臣所建寺院之外，还有一些寺院的营建者未被载入史册，只留下寺中的画作情况，如寿果寺，殿内画甚妙，失人名。

武后曾经巡幸的光明寺，亦未有营建者姓名。据段成式的《寺塔记》载，寺中有：“鬼子母及文惠太子塑像，举止态度如生。”制作者为李岫。

另，长安隆法寺，亦不知何人所建，《贞观公私画史》载寺内有范长寿、张孝思画。

唐安寺，建制者亦不明，塔下有尹琳、李真画；北堂内西壁，朱审画山水。朱审，吴郡人，得山水之妙，自江湖至京师，壁障卷轴，家藏户珍。据朱景玄的《唐朝名画录》载，唐安寺讲堂西壁山水，是朱审最为得意之作，颇具峻极之状，重深之妙。该画潭色若澄，石文似裂。岳耸笔下，云起峰端。咫尺之地，溪谷幽邃。松篁交加，云雨暗淡。朱景玄赞其“虽出前贤之胸臆，实为后代之楷模”。朱审也因此得居妙上品，但他所绘人物、竹木只可居能品。

云花寺，按张彦远《历代名画记》载，“小佛殿有赵武端画《净土变》；西廊北院门上北面，王知慎画”。《酉阳杂俎》称：长安云花寺有观音堂，在寺西北隅。大中末，百姓屈岩患疮且死，梦一菩萨摩其疮，曰：“我在云花寺。”岩惊觉汗流，数日而愈，因诣寺寻检，至圣画堂，见菩萨一如其睹，倾城百姓瞻礼。岩遂立社建堂，移之。《陕西通志》卷一百亦对云花寺内的圣画殿有专门记述，云：“圣画殿，长安中谓之七圣画。初，殿宇既制，寺僧将施彩饰，有七少年诣寺来谒，曰：‘某善画，愿输工，可乎？’寺僧难之，少年曰：‘某不纳直，苟不可师意，即圬其壁，未晚也。’许之。七人果挈彩绘，将入，且曰：‘从此去七日，泥锢吾门，无使有纤隙，不然，则不能施其妙矣。’僧从其语，凡六日，閴无有闻。僧曰：‘此必怪也。’遂发其封户，户既户，有七鸽翩翩望空飞去，其殿中彩绘俨若，四隅唯西北墉未尽其饰。后画工来，见之大惊，曰：‘真神妙之笔也。’于是，无敢继其色者。”除长安云花寺外，按《贞观公私画史》载，还有隋代建立的洛阳云花寺，寺内有展子虔画。

道政坊宝应寺，有韩干所绘释梵天女，悉齐公妓小小等写真。另有韩干画《下生》帧，弥勒衣紫袈裟，右边仰面菩萨及二狮子犹入神。有王家旧铁石及齐公所丧一岁子，漆之如罗睺罗，每盆供日，出之寺中。韩干，蓝田人，少时常为贳酒家送酒给王右丞兄弟，未遇，每贳酒漫游。韩干尝征债于王家，戏画地为人马，右丞精思丹青，奇其意趣，乃岁与钱二万，令学画十余年，故此才有宝应寺的妙技。寺内弥勒殿原是齐公寝堂，东廊北面有杨岫之画鬼神，齐公嫌其笔迹不工，故只画一堵。

在唐代诸多寺观中，有一类寺观尤值得关注。这些寺院因一些知性女子的介入，使唐代寺观的文化气息增色不少，如西京咸宜观，为女道士鱼玄机修道之所。鱼玄机生于长安，色美倾国，喜读书属文，尤致意吟咏。有诗句“易求无价宝，难得有心郎”在坊间传颂。鱼玄机尝登崇真观南楼，观新进士题名榜，赋诗云：“云峰满目放春晴，历历银钩指下生。自恨罗衣掩诗句，举头空羡榜中名。”其意颇为自己不能如男子一般施展才华而自怜。咸通初，从冠帔于咸宜观，当时常有人载酒去拜访她，每每鸣琴赋诗，间以谑浪。后因打死女僮绿翘，被京兆府缉拿，虽有朝士为之美言，终被屠戮。咸宜观内布置优雅，三门两壁及东西廊有吴道子画；殿上窗间真人亦为吴画；殿前东西二神，解倩画；殿外东头东西二神、西头东西壁，吴生和杨廷光画；窗间写真及《明皇帝》、《上佛公主》等图，陈闳画。陈闳善写真，玄宗开元中召入供奉，每令写御容，妙绝当时。玄宗及肃宗真容多出自其手笔，被称为“国朝阎令公之后一人”。《会稽志》卷十九亦载称陈闳曾于咸宜观天尊殿内画一上仙图及当时供奉道士真。

唐时寺观壁画的隆兴，除有赖于画工不断的推陈出新之外，对已有画样的借用和保护也不容小觑。当时，寺观之间已存在移用之举，即某个寺观的壁画因故转移至其他寺观。最早出现这一现象的时间不明确，但有可能与武宗灭佛有关。张彦远在《历代名画记》中记载了润州甘露寺因不在废寺之内，故得以汇集保存其他寺院壁画的事例。其他寺院也多有其事，如长安的定水寺，其寺额为王羲之题，是从荆州移至此寺。殿内东壁北二神、西壁三帝释，并张僧繇画，系从上元县移来。这些移来的作品与殿内其他作品一起，供时人崇奉观摩。当时寺内还有解倩所画的七神及一些小神画像。殿内东壁，孙尚子画维摩诘，其后屏风，临古迹帖，亦妙；中间，亦孙尚子画；东间不是孙画，亦妙，失人名；内东西壁及前面门上，并似展子虔画，甚妙；前面有三圆光，皆突生壁窗间，菩萨亦妙。

大同坊灵华寺，佛殿西廊有十六高僧像，亦是天宝初自南方移至该寺，段成式认为画风比较拙劣粗俗。圣画堂中有邵武宗画，但圣画堂名称由来不确。据段成式考证，《西域记》中的一段故事与画像有关，称菩提树东有精舍，曾有婆罗门兄弟欲图如来初成佛像，很长时间无人应召。一日，忽有一人自言善画如来妙相，但要香泥及一灯照室，并要闭户六月。在尚有四日未满六月时，有人打开门户，发现里面空无一人，唯右膊上工未毕。该堂尚有唐时于阗鍮鉐立像，甚古。

二、东都洛阳寺观概况

张彦远时，东都洛阳画壁寺观共有11处。其中，尤以敬爱寺最为著名。

洛阳敬爱寺，据裴孝源《画品录》云：“有孙尚子画。”张彦远认为，由于敬爱寺是唐朝中宗皇帝为高宗、武后置，所以敬爱寺中出现隋朝画手孙尚子的作品是不可能的，应该是裴记述错误。但按《新唐书》卷五十九载，“孝源《画品录》一卷，中书舍人记贞观、显庆年事”，说明唐代的敬爱寺，可能并不是新建寺院，而是在旧寺基础上加以改造的。所以，唐初，在敬爱寺旧址中存有孙尚子的画并非没有可能。张彦远时的敬爱寺，绘塑兴盛。佛殿内菩萨、树下弥勒菩萨塑像，麟德二年（665）出自宫廷，本为王玄策取自西域的菩萨像样，当时由张寿、宋朝等人塑成，王玄策又指挥李安为之贴金。东间弥勒像，张智藏塑。西间弥勒像，窦弘果塑。以上三处塑像，光及化生等部分，皆为刘爽刻。殿中门西神，窦弘果塑。殿中门东神，赵云质塑，唐时称之为“圣神”。此殿塑像，最为精美，张彦远认为是“妙选巧工，各骋奇思，庄严华丽，天下共推”。西禅院殿内佛事与山，并窦弘果塑。大殿内东西面壁画，刘行臣描。维摩诘、卢舍那，并刘行臣描，赵龛成。其他绘塑，圣历以后，由刘茂德、皇甫节共同完成。《法华太子变》中，刘茂德画的是《即行臣了》。西壁《西方佛会》，赵武端描；《十六观》及《阎罗王变》，刘阿祖描。西禅院北壁《华严变》，张法受描；北壁门西一间佛会及山水，何长寿描；人物等，张法受描，赵龛成。东西两壁的《西方弥勒变》和禅院门外道西侧的《行道僧》，均为神龙以后王韶应所描，董忠成。禅院内西廊壁画，开元十年（722）吴道子描。《日藏月藏经变》及《业报差别变》，吴道子描，翟琰成。《罪福报应》是杂手成，色损。东禅院殿内《十轮变》武静藏描；东壁《西方变》苏思忠描，陈庆子成；殿间菩萨及内廊下壁，武静藏描，陈庆子成；讲堂内大宝帐，开元三年（715）史小净起样，随隐起等是张阿乾，生铜作并蜡样是李正、王兼亮、郭兼子；天后大香炉，高五尺五寸，阔四尺，重二千斤，又大金铜香炉，毛婆罗样，后更加木座及须弥山浮趺等，高一丈二尺，张阿乾蜡样；金铜幡十三口，长一丈二尺，张李八写并成；画绢幡十三口，金铜脚长一丈二尺，张李八写并成；又四口，亦长一丈二尺，杂手成；大院纱廊壁行僧中门内以西，并赵武端描，唯唐三藏是刘行臣描；中门内以东《五僧》，师奴描；第六僧以东至东行南头第二门以南，并刘行臣描；以北并赵武端描，也有人称这一部分为刘行臣描；中门西边纱廊外面并圣历以后刘茂德描，陈庶子成；中门内立神、大门内坐神并刘行臣描；中门东立神及神之东西两鬼，圣历后由神英法师令何长寿描。殿内真山亭院的《十轮经变》、《华严经》，并武静藏画，龙王面上蜥蜴及怀中所抱鸡，尤妙。真山亭院北及门楼内两厢震亶、支提二神，皆刘行臣画；第二门东神，亦行臣画。

除敬爱寺之外，福先寺三阶院有吴道子所绘《地狱变》，病龙号称最妙；寺三门两头亦似吴画。天宫寺和长寿寺亦有吴画；另外，天宫寺还有板上二菩萨，系张僧繇画，从江南移至该寺。长寿寺门里东西两壁鬼神和佛殿两轩行僧，亦为吴道子所画。菜园精舍内，王韶应画。弘圣寺，陈静眼、张志画。昭成寺西廊障日《西域记图》，杨廷光画；三门下护法二神，张遵礼画；香炉两头《净土变》、《药师变》由程逊画。圣慈寺西北禅院，程逊画《本行经变》，《维摩诘》并诸功德，杨廷光画。大云寺门的东两两壁鬼神以及佛殿上的六位菩萨、《净土经变》，阁上《婆叟仙》，并尉迟画，黄犬及鹰最妙。

张彦远记载的东都两处道观均与吴道子有关，一处为弘道观，由吴与陈闳等人共同绘制完成。另一处便是城北老君庙。另有一些隋代画手的作品，在唐时仍旧存在，如龙兴寺、光严寺、天女寺等。

第四节　唐代寺观壁画遗存

一、山西佛光寺壁画

唐代佛道兴盛，壁作丰富。尤其是武则天时期，大肆兴佛，以致各地伽蓝，多以奢华为美。武则天的崇佛举动一直影响到唐文宗开成五年（840），即会昌灭佛的前夕。据日本僧人圆仁的《入唐求法巡礼行记》记载，在其当时所拜访的山西五台山一带寺院，均绘饰兴隆，称得上“壁檐椽柱，无处不画”。在该书的卷三部分，圆仁特别提到了南台法花寺西北十九里有一所寺院名为佛光寺[1]，这与五代时期绘制于敦煌第61窟的《五台山图》壁画所载的“大佛光之寺”之名一致。

佛光寺位于今山西省五台山台怀镇南台外围的佛光山麓，是唐代五台山一带的著

1 ［日］圆仁撰，顾承甫、何泉达点校：《入唐求法巡礼行记》，上海：上海古籍出版社，1986年，第132页。

名寺院。据《清凉山志》载："佛光寺，台西南四十里，元帝孝文建。帝见佛光之瑞，因为名。"[1]五台山时有佛光，其传多矣。《唐穆宗实录》记载："元和十五年（820）四月四日，河东节度使裴度奏五台山佛光寺侧庆云现，若金仙乘狻猊，领其徒千万。自巳至申，乃灭。"[2]佛光屡现的佛光寺在北周武帝建德六年（577）的灭佛运动中惨遭破坏，当时北齐境内的佛寺约有四万所被赐予王公为宅邸，沙门三百万还俗。佛光寺也未能幸免。如此一直到隋，佛教才慢慢得到复兴。唐时，经著名高僧解脱禅师、无名、乘方、法兴等人的努力，佛光寺终获全盛。尤其是高僧法兴的入驻，对唐代佛光寺建制起到决定作用。据《宋高僧传》卷二十七载："（法兴）隶名佛光寺，节操孤颖……即修功德，建三层七间弥勒大阁，高九十五尺，尊像七十二位圣贤、八大龙王，罄从严饰，台山海众，异舌同辞，请充山门都焉，盖从其统摄，规范准绳，和畅无争故也。太和二年（828）春正月，闻空有声，云入灭时至，兜率天众今来迎导。于是，洗浴焚香，端坐入灭。建塔于寺西北一里所。"[3]正是由于法兴等高僧大德的护持，唐时的佛光寺得以声名远播，屡现于佛教僧人的传记、绘图之中。但到唐武宗会昌年间，名噪一时的佛光寺再次遭到毁坏。整座寺院除北魏建造的一座六角形祖师塔得以保全外，其余部分皆惨遭毁灭，直到唐大中十一年（857），在高僧愿诚和尚的倡导及长安女弟子宁公遇的布施下，佛光寺才得以重建。虽然重建后的佛光寺规模已远不如从前，但仅就现今留存的部分看，其宏阔气度仍足以令人叹服。

现存的佛光寺地处五台山的南台外围，周围三面环山，唯西向开阔，寺址因地势而建，坐东朝西，寺内植有苍松翠柏，殿宇巍峨，造型古朴，环境优雅。佛光寺的总体布局依地势走向呈东西轴线排列，沿中轴线自西向东筑有三层平台，渐次升高。在第一层平台的中轴线上建有山门，又称韦驮殿。韦驮殿后面是第一重院落，北侧为金代建造的文殊殿，南侧为护法伽蓝殿，唐代乾符四年（877）建造的陀罗尼经幢也位于此院。第二层平台两侧为清代营造的厢房和跨院，北跨院是清代增建的方丈院，内有香风花雨楼和唐代遗存的覆莲柱础。佛光寺的最核心建筑东大殿位于第三层平台之上，殿前平台高出院落平面20米左右，居高临下，气势颇为壮观。殿东南建有祖师塔，为北朝遗存，两侧则有清代建筑关公殿和配殿，顺山崖而上，会看到无垢净光塔、志远和尚塔和大德方便和尚塔。

佛光寺东大殿乃寺内主殿，坐东朝西，长34米，宽17.66米。殿前设有低矮的台基，后檐部分的台基直接奠基于岩石之上，虽历经千年而岿然不动。大殿面宽七间，平面呈长方形，进深四间八椽，单檐四阿顶，前檐五间设板门，两尽间装有直棱窗，殿身四周设有檐柱和内柱各一周，应用的是唐时宫殿建筑格局。殿内外柱高一致，利用斗拱梁架结构将全殿分为大小不同的内外两个空间，并组成一个坚固稳定的构造整体，是唐代殿阁型木构建筑的典型实例。檐头斗拱雄伟，殿内梁架规整，四椽栿下侧留有唐人的墨书题记，列举了修建大殿时的官吏和众多施主的姓名。殿内分为内槽和外槽两个空间，内槽设有佛坛供有佛像，佛坛宽为五间，每间均有主像一尊，依次为释迦牟尼佛、阿弥陀佛、弥勒佛和文殊、普贤二菩萨，并各配有二胁侍和二供养菩萨，释迦两侧另有迦叶、阿难二弟子。东大殿的文殊菩萨手执如意，乘于狮背之上，头上宝冠中有化佛。按佛经载，狮子为文殊菩萨的特定身份标识，如意和经卷，本为普贤的标识，化佛则为观音的特征，在此，皆变为文殊菩萨所有。从以上混乱的器物搭配以及人物、动物造型及配色特征看，这组造像不应为明以前的产物。文殊所乘狮子左侧为狮奴，胡人模样，作牵狮

1 《清凉山志》（民国二十二年排印本）卷二，第89页。

2 文渊阁《四库全书》（电子版），子部，小说家类，杂事之属，《闻见后录》卷二十八。

3 文渊阁《四库全书》（电子版），子部，释家类，《宋高僧传》卷二十七。

状，右侧立一童子，正合掌礼拜。普贤像位于大殿南梢间，手执经卷，半跏趺坐于六牙白象背上的莲台之上，象侧亦有象奴举手牵象，另有童子在前作指路状。大殿外槽则为信徒朝拜的地方。

佛光寺作为五台山一带的名刹，四壁原本绘有壁画。明宣德四年（1429），寺内僧众重葺东大殿檐墙，并依壁塑造了五百罗汉，致使殿内大部分壁画被毁，现仅在前后槽、内槽栱眼壁和明间佛座背后留有少许壁画，属于唐代绘制的有前槽北次间和两梢间栱眼壁外侧三幅，南北内槽前间和后间栱眼壁外侧四幅，后槽明间、两次间和两梢间栱眼壁外侧五幅，外檐两山前后各四间栱眼壁内侧八幅，后檐南尽间栱眼壁内侧一幅，殿内明间佛座后侧束腰处一幅，共计二十二幅，面积约为61.68平方米。

图 2-4-1 力士，唐，山西五台县佛光寺东大殿明间佛座后侧东腰处

图 2-4-2 镇妖，高 33 厘米，宽 29 厘米，唐，山西五台县佛光寺东大殿明间佛座后侧东腰处壁画

殿内明间佛座后侧束腰处原被土坯墙封护，1964年将土坯墙拆除后发现唐代壁画一处，画面高35厘米，宽100厘米，设色简淡，所绘人物生动灵活，与传世的《送子天王图》有异曲同工之妙。在这幅壁画中，绘有天王、天女、力士、鬼怪、妖猴、青龙等形象。其中，位于画面最左端的是一条巨大的三爪青龙，正弓着身子张口怒视着地上的一个瘦骨嶙峋的恶鬼，该恶鬼正惊恐地跌倒在地，半仰躺在地上，右手上举似欲阻止青龙对它的逼近。恶鬼的身后为一高大的力士（图2-4-1），上身裸露，下身着豹皮短裤，手中执一木棒，正大步前往天王方向。力士前面为一押解妖猴的神王，其上身着豹皮，正一手执猴耳，一手执猴尾，惩治在地上爬行的妖猴（图2-4-2）。他们的前面便是毗沙门天王（图2-4-3），头戴金盔，身披甲胄，手执宝剑，双眼圆睁，其神态与《送子天王图》的护法神极为相似，正侧身踞坐于两个鬼卒的身上。毗沙门天的左手按于身下一蓝色皮肤的鬼卒头上，右手执剑朝天。其身下另一鬼卒一手被天王的巾帛所束，正一手按地，伸头用力，欲挣脱天王的束缚。天王的右侧侍立一头梳双髻的天女，身着束腰及胸的长袍，手中托物，正扭头目视天王方向。整幅壁画前后呼应，似在描绘一个事件。画中的人物形象生动，天王、力士筋骨健硕，墨线劲利，润染得当。天女姿态优美，设色浓

图 2-4-3 毗沙门天王与天女，高 33 厘米，宽 46 厘米，唐，山西五台县佛光寺东大殿明间佛座后侧东腰处北部

淡相宜，颇与史籍所载的吴道子画风类似。

绘于大殿内槽拱眼壁间的壁画为《佛会图》，共由三组画面组成。中间一组主尊为阿弥陀佛，两侧分别为观世音和大势至菩萨。每组主神身边都立有胁侍菩萨，观世音、大势至两组靠近阿弥陀佛的地方还分别绘有两名执花供养人像，大势至一侧队伍的末尾绘有合掌天王，观世音一组因画面模糊而无法判断其具体的人员组成。整幅壁画虽面积不大，但画面布局完整，构图简洁，人物众多，姿态各异，与敦煌石窟同时期的壁画颇具相似性。尽管画面因年代久远，已失却原有的艳丽色调，但据明间佛座后侧束腰处的壁画推测，《佛会图》的原貌应与之一致。

佛光寺东大殿栱眼壁画高度仅69厘米，长400—500厘米不等。前槽两梢间栱眼壁外侧绘青绿色卷草纹，其势流转，若风浪流云；前槽北次间栱眼壁外侧绘《弥陀说法图》，画面当心一组以阿弥陀佛像为中心（图2-4-4），阿弥陀佛身披袈裟，坦胸结跏趺坐于仰莲佛坛之上。主尊两侧置胁侍菩萨像五尊，这些菩萨头戴花冠，项佩璎珞，身姿微曲，飘带自两肩垂下，或捧物，或合十，或作吉祥印。佛台前绘博山炉一尊，两侧为手捧莲花，呈半蹲式的供养菩萨像各一，像下基座甚殊，莲瓣一仰一覆，用以象征佛门的

图 2-4-4 弥陀说法，高 69 厘米，宽 210 厘米，唐，位于山西五台县佛光寺东大殿前槽北次间栱眼壁外侧中部

图 2-4-5　观世音菩萨，高 69 厘米，宽 170 厘米，唐，位于山西五台县佛光寺东大殿前槽北次间栱眼壁外侧北部

图 2-4-6　大势至菩萨，高 69 厘米，宽 170 厘米，唐，位于山西五台县佛光寺东大殿前槽北次间栱眼壁外侧南部

图 2-4-7　诸菩萨众，高 69 厘米，宽 406 厘米，唐，位于山西五台县佛光寺东大殿北内槽前间栱眼壁外侧

清净和净土宗的教义。画面左右两组以观世音、大势至菩萨像为中心作赴会状。观世音菩萨（图2-4-5）两侧置胁侍菩萨四尊，前两位为持花天女，后有天王护持。大势至菩萨（图2-4-6）两侧置胁侍菩萨八尊，供养和听经菩萨像三尊。菩萨的前面还有两位高持龙幡的天人，后面为官吏拜别场景。观世音、大势至二菩萨上部还有翱翔空中的两尊飞天像，另有流云中聆听法会的菩萨、弟子端坐其间。画面以青、绿色为主，赭石、铅粉次之，间以使用少量的原砂和土黄。由于殿宇朝西，下午的阳光直射殿内，故使前槽栱眼壁唐代壁画的铅粉早已变成铁青色，青绿也失去了艳丽的色泽，这三幅壁画与敦煌壁画相较，几无二致，苍古风韵尤甚。

南北内槽前后四间栱眼壁外侧绘诸菩萨众，北内槽前间栱眼壁外侧绘三排五十八尊菩萨像（图2-4-7），后间栱眼壁外侧绘三排五十五尊菩萨像，南内槽前间栱眼壁外侧绘四排七十八尊菩萨像（图2-4-8），后间栱眼壁外侧绘四排七十四尊菩萨像。

后槽两梢间栱眼壁外侧绘诸菩萨众，后槽北梢间栱眼壁外侧绘四排一百零二尊菩萨像（图2-4-9）。南梢间栱眼壁外侧绘三排六十五尊菩萨像，上述菩萨像高33—35厘米，大都头戴花冠，身着袍服，肩披巾帛，巾帛的颜色、式样各不相同。菩萨像身后置有背光，脚踩云气，由于其色彩泛铅，此部分菩萨的面部和肌肉已变成褐色和青色。但从整体而言，此处壁画色彩缤纷，红、青、绿、白、赭、黄兼备，较前槽栱眼壁画更为鲜艳。究其原因，当是因为南、北内槽和后槽白天光线较暗，紫外线照射较弱的缘故。

图2-4-8　诸菩萨众，高69厘米，宽62厘米，唐，位于山西五台县佛光寺东大殿南内槽前间栱眼壁外侧东部

后槽明间、两次间栱眼壁外侧画佛像，每间栱眼壁分为上下两列，置三十五尊佛像，诸佛均结跏趺坐于仰莲法座上，头饰螺髻，面相慈祥，身披袈裟，凝神而坐，颇具禅定风韵。画面所施色彩为莲座青绿，袈裟朱红，背光有黄、白、红、绿多种。其白色部分微微泛铅。据此可见，壁画的泛铅和色变除去壁质内掺入石灰这一原因，其他则因阳光长期照射所致。

外檐两山和后檐南尽间栱眼壁内侧亦绘有唐代壁画。外檐两山前间和后檐南尽间栱眼壁内侧各绘佛像三十五尊，均为坐式，面相丰满，神情端庄，肌肉圆润，头上有螺发肉髻，所披袈裟分为红、黄、白、赭数种。外檐两山后三间栱眼壁内侧各画菩萨三列，每间分别为五十五身或五十八身不等。上述菩萨神态各异，头戴花冠，身穿长裙，佩饰瓔珞，飘带多于腹前打结，其色彩有红、绿、青、黄、白、赭等交错调配，线条流畅，肌肉圆润，衣饰柔软贴体，颇具富丽典雅之韵，毫无一般列队人物所易呈现的那种单调乏味之感。

图2-4-9　诸菩萨众，高54厘米，宽44厘米，唐，位于山西五台县佛光寺东大殿后槽北梢间栱眼壁外侧中部

佛光寺东大殿壁画虽然面积不大，却是我国中原地区幸存的唯一一处唐代寺院壁画，其绘制题材和绘制技能均可作为研究唐代佛教寺院壁画的重要资料，故而弥足珍贵。

二、新疆地区唐代寺观壁画

除山西佛光寺壁画之外，在近年的考古发现中，在新疆一带亦发现了唐代寺观壁画遗存。新发现的唐代佛寺遗址多位于拥有佛教传统的于阗、高昌地区。

留于今新疆和田的古代佛寺遗址，向东有玛扎塔格古堡、阿萨古堡、阿西古堡；往西有热瓦克古城、库马尔山。这些城址古堡中无一例外地均出土过佛教文物。在玛扎塔格古堡附近的佛寺遗址，早年斯坦因曾清理出覆钵式窣堵波塔院，采集到印制佛像的木模和塑像残片。而阿萨古堡，是传说中11世纪初于阗佛教徒抵抗喀拉汗伊斯兰王朝入侵时退走藏地的最后据点。近年，人们在阿萨古堡附近的达玛沟，沿河道发现了多处佛寺伽蓝遗址。喀达里克遗址出土的壁画题材多是毗卢佛等佛教尊像，J.Williams在其著述中对此有过专门探讨[1]。巴拉瓦斯特佛寺遗址出土壁画残片集中收藏在德国的博物馆内，壁画题材有佛、菩萨、天王、多臂神等尊像以及金光明经曼陀罗[2]。

图 2-4-10　坐佛像，残高 1.45 米，公元 6—8 世纪，出于新疆托普鲁克墩 1 号佛寺遗址

图 2-4-11　坐于狮床之上的菩萨像，公元 6—8 世纪，出于新疆托普鲁克墩 1 号佛寺遗址

2000年3月，当地牧羊人在达玛沟名为托普鲁克墩的荒漠地带意外地发现了佛寺遗址，这一消息得到了考古部门的重视，于是开始对其进行发掘。有关达玛沟的考古发掘主要围绕托普鲁克墩1号佛寺遗址、2号佛寺遗址[3]以及喀拉墩1号佛教遗址展开，历时数年，遗址中出土了许多精美的艺术品。

托普鲁克墩1号佛寺遗址位于达玛沟乡镇府东南约7公里的沙丘中，遗址为一间单独建筑，坐北朝南，建筑平面呈长方形，南北长2.25米、东西宽2米，残高1.45米。门位于南面墙壁中央。佛寺四壁为木骨泥墙，

1 See J.Williams, The Iconography of Khotanese Painting, East and West, New Series, vol.23.1-2, Rome.

2 See G. Gropp, Archaologisches Funde aus Khotan, Chinesisch-Ostturkestan. Die Trinkler-Sammlung im Ubersee-Museum, Bremen, 1974.

3 中国社会科学院考古研究所新疆队：《新疆和田地区策勒县达玛沟佛寺遗址发掘报告》，《考古学报》2007年第4期。

高1.38米。主尊佛像紧贴北墙壁，坐于莲瓣宽厚的覆莲台上，莲台上面为束腰须弥座。佛像肩以上部分已残损，残像高1.45米（图2-4-10）。遗址四面残壁保留有大量色彩鲜艳的佛教壁画，就现残存的壁画看，佛寺中有六位体态庞大的立佛，加上主尊坐佛共计七尊佛像。其中，位于佛寺北壁有三尊，东壁两尊，为二立佛，西壁亦为二立佛。佛寺北壁三尊，为一佛二菩萨。由出土壁画残块判断，寺顶部饰有千佛壁画。托普鲁克墩1号佛寺出土了一幅菩萨坐像壁画残片，图中菩萨坐于狮床之上（图2-4-11），其座下的狮子床有可能受到了波斯或粟特艺术影响。

2002年10月，在达玛沟托普鲁克墩1号佛寺遗址发掘结束之后，工作人员于距1号佛寺遗址不远处的沙丘地表采集到少量陶片、壁画残块及木板画残片，遂初步确定该地亦为一处佛寺遗址，定名为托普鲁克墩2号遗址。2006年5月，中国社会科学院考古研究所新疆队开始发掘托普鲁克墩2号遗址。该佛寺坐西朝东，东、北各有一门，以东门为主。佛寺基址为一个方形台基，边长约12.8米。台基内部为土坯垒砌，外部为泥土，四壁表面以较细的草拌泥涂抹，所用泥土为特殊黏土，均经过选择加工。托普鲁克墩2号佛寺遗址就形制布局而言，属于回廊式佛殿，此乃延续了丝路南缘地区“回”字形佛寺的传统，佛寺的核心即位于台基西部的“回”字形佛堂，该位置设有方形像座。这种佛殿在于阗、焉耆以及疏勒地区流行，时代为公元6—9世纪。“回”字形佛堂东部和北部各加一个长方形的侧堂，东部佛堂长8.9米、宽2.24米；北部佛堂长7.4米、宽2.58米。佛寺东门台阶和东墙交接处，原来可能有门楼柱子，在北侧柱窝内发现有中原铜钱34枚，可以辨识的有五铢和开元通宝，由此可初步推断该佛寺的始建年代有可能为开元年间（713—741）。

2006年10月10日，达玛沟喀拉墩1号佛教遗址得到发掘，出土了一幅多臂菩萨残片，有研究者将其视为千手观音（图2-4-12），认为当年尉迟乙僧在长安大慈恩寺所画千手观音，便是这一类型，并且认为从五代留存的同类图像看，汉地的千手观音样式与新疆地区的样式有同源之妙，而尉迟乙僧出于西域，所以汉地千手观音的样式很有可能源自西域的于阗画派。除多臂观音之外，喀拉墩1号佛寺遗址还出土了佛头壁画残块、举团扇背光部分壁画残块、菩萨头像壁画残块、小坐佛壁画残块、卷草纹壁画残块等[1]。壁画中还绘有一壶，可能是菩萨所提之物，该壶以联珠纹分栏，下面为细长的单瓣仰莲纹，从壶形和纹饰看，与约特干出土的贴塑陶罐具有异曲同工之处。达玛沟喀拉墩1号佛寺中的佛及菩萨面相饱满，其形态与巴米扬大佛窟壁画中的佛及菩萨面部特征极为类似，所饰佩物亦与敦煌隋唐时期的菩萨配饰相同，可初步确定壁画创作年代大致为公元7世纪。

图2-4-12 多臂观音壁画残片，出于达玛沟喀拉墩1号佛寺遗址

在达玛沟的历次考古发掘中，斯坦因当年在达玛沟流域发掘的

1 李吟屏：《佛国于阗》，乌鲁木齐：新疆人民出版社，1991年。

丹丹乌里克遗址最负盛名。丹丹乌里克，唐朝时称为杰谢（译自于阗文的Gayseta），唐王朝曾在此设镇，作为安西四镇中于阗军镇的一支。1896年，瑞典探险家斯文·赫定在穿越塔克拉玛干沙漠的途中，偶然发现了丹丹乌里克（Dandan Oilik，维吾尔语意为“象牙房”）遗址。1900年，英国的斯坦因根据斯文·赫定的记录找到丹丹乌里克遗址并进行了发掘，获得了大量的古代文物和写本文献，其中尤以一些寺院的木板画和壁画最为引人注目。斯坦因在丹丹乌里克共清理出多处居室和寺院，壁画见于2号寺院遗址和10号寺院遗址。在2号寺院遗址内清理出大小两间佛堂，大佛堂四周为回廊，中央建坛，堂内残存毗沙门天王塑像的下半身。天王背后的墙壁上绘有梵僧像、三排骑马人物和吉祥天女的故事画。10号寺院遗址中发现了画有千佛的壁画。

图2-4-13　吉祥天女，公元6—8世纪，出于新疆策勒县丹丹乌里克2号遗址，已不存

引起学术界极大关注的吉祥天女壁画（图2-4-13）出土于丹丹乌里克2号遗址，画面紧邻毗沙门天王塑像，主要情节是一位近乎裸体的女子立于莲池，颈部、两臂、手腕处和腰部饰有装饰物，右手抚向双乳，左臂弯曲护在腹部，膝下画一裸体小儿正翘起一腿意欲攀抱女子的右腿，女子无限怜爱地侧头注视着幼儿。关于此幅图像，学界有不同说法。斯坦因依据《大唐西域记》中有关于阗国流传的国王祈雨、龙女索夫的传说，认为壁画的内容为“龙女索夫”。另一种意见是将壁画上的莲池裸女及小儿和雕塑天王像联系在一起，同时从《大唐西域记》和藏文史籍《于阗国授记》记述的于阗立国传说，认为小儿即是建国的于阗王，他从毗沙门天王额中剖出，落地后由地乳哺养，故取国号“瞿萨旦那”（地乳），据此，他们认为壁画内容与于阗立国的这一传说有关。还有一种看法则认为此图描绘的是鬼子母失子因缘故事。图中女子为鬼子母，其膝下小儿为嫔伽罗，旁边并坐者为世尊和迦叶[1]。以上这些阐释无论孰是孰非，都共同说明了一个问题，即西域的宗教壁画与内地佛寺石窟经变画内容呈现出相同的趋势。

丹丹乌里克的出土品中还有描绘于阗历史传说的木板画。10号寺址出土的木板画，描绘的是蚕种传入于阗的传说（D.X.4）（图2-4-14）。4号寺址出土的木板上画着鼠王助于阗抗击匈奴的传说（D.VI.5）。这些与于阗历史相关的故事代代相传，在唐玄奘西行于阗时，仍在民间僧俗中传扬。

当年斯坦因所发现的丹丹乌里克壁画并非遗址的全部遗存，画上的神祇也不止佛像一种。在于阗的收集品中还有一类让斯氏本人也颇感困惑的神像，如7号寺址出土的两块木板上，分别画着有头光的骑马和骑驼的人物（D.VII.5），三头四臂骑牛的神像和

1 林梅村：《丝绸之路考古十五讲》，北京：北京大学出版社，2006年，第207页。

图 2-4-14　蚕种西渐传说图，木板壁画，板高 12 厘米，宽 46 厘米，公元 6—8 世纪，出于新疆策勒县丹丹乌里克 10 号遗址，现藏英国伦敦大英博物馆

图 2-4-15　三神并坐，木板壁画，板高 10.6 厘米，长 25.8 厘米，公元 6—8 世纪，出于新疆策勒县丹丹乌里克 10 号遗址，现藏英国伦敦大英博物馆

四臂神像（D.VII.6），5号寺址出土的有头光骑马捧钵的木板画（D.V.5），8号寺址出土的女神抱婴儿的画像，10号寺址出土的三神并坐木板画（图2-4-15）（D.X.3）等。在这些木板画中，大自在天形象较为特殊，尚可辨识。大自在天（图2-4-16）三面六臂，手中分执日、月及其他法器，双足交错坐于二牛身上，其肩上的巾帛经肘窝弯曲垂至腿侧。斯坦因发掘的一些木板画波斯风格特点十分明显，如一幅名为《绢神》（图2-4-17）的图像，绘于《大自在天》木板画的背面，人物造型完全为波斯人特征。

继斯坦因之后，1905年美国地理学者亨廷顿（E.Huntington）亦短促拜访该地，但在文物发掘方面几无收获。1928年，德国的艾米尔·特林克勒（Emil Trinkler）探险队亦挺入该地，寻找到部分文物。丹丹乌里克遗址的最新收获是在1998年10月获得的[1]，瑞士记者鲍默（Christoph Baumer）率领8名队员组成“中瑞探险队”深入到塔克拉玛干腹地，对丹丹乌里克遗址进行再一次的发掘。当年斯坦因发现的龙女传说的壁画已经模糊不清，毗沙门天王像也已基本毁坏，但鲍默的考察队有了新的发现，他们在斯坦因编为10号的遗址大殿内墙上清理出了新的壁画（鲍默编为D.13）。当鲍默的考察队打开这间大殿时，斯坦因当年发现的千佛壁画依然保留在原来的位置，继续清理后，鲍默看到了残留在大佛壁画脚旁的男女供养人群像和骑红色骆驼的人物，最受学术界关注的是

1 关于这次最新发掘的情况介绍详见Christoph Baumer, Dandan Oilik Revisited: New Findings a Century Later, Oriental Art, xlv.2, 1999, pp.2-14.

图 2-4-16 大自在天，木板壁画，板高 33 厘米，宽 20.2 厘米，公元 6—8 世纪，出于新疆策勒县丹丹乌里克遗址，现藏英国伦敦大英博物馆

图 2-4-17 绢神，木板壁画，板高 33 厘米，宽 20.2 厘米，公元 6—8 世纪，出于新疆策勒县丹丹乌里克遗址，现藏英国伦敦大英博物馆

两组三神并坐图像。这两组神祇图像位于墙壁下方，墨线勾勒，用色浅淡，与斯坦因在同一遗址发现的三神并坐木板画基本相同。对于这两组神祇壁画，鲍默本人的解释是按照由印度教神祇到佛教金刚乘的线索进行的，北墙的一组是摩醯首罗天、大梵天、诃利谛天；西壁的一组是大梵天、格拉哈（Graha）和诃利谛天。而另有研究者依照目前学术界确定的印度神祇与祆教神灵的对应关系，对其作出祆神谱系的解释。尽管问题还有待进一步研究，但从丹丹乌里克壁画似佛似祆的神祇图像上可以看到，在于阗这条丝路上，不同民族信仰的宗教神祇有可能发生过相互之间的渗透或者混同的形态。

鲍默之后，2002年10月，由中日考察队员联合组建的考察队再次在沙漠深处的丹丹乌里克有所斩获，他们在一座佛寺内偶然发现了因风蚀而暴露出的精美壁画的一角，之后经新疆文物考古工作者考古清理后将壁画揭取运回乌鲁木齐，后在中日两国专家的共同合作下对该批壁画进行了保护性的修复与研究。在壁画修复与研究的同时，中日合作机构又分别于2005年和2006年的秋季深入沙漠腹地，用全站仪对丹丹乌里克遗址进行考古测量，完成了该遗址区的分布与现状实测图。2006年，新疆文物考古研究所还对遗址区的部分房址进行了考古清理，以上总总，都成为后来丹丹乌里克遗址保护与研究的重要资料。

除了丹丹乌里克遗址，在库马尔山一带亦有佛寺遗存。库马尔山现在是穆斯林朝拜的圣山，[1]更早的文化层则是于阗著名的佛教胜迹牛角山（一称牛头山），即今新疆和田

1 库马尔山，维吾尔语意为“蛇山”，山顶上现有一座清真寺和一大二小三座坟墓，大墓为胡加木黑甫陵，两座小墓是被神化的蛇墓。关于胡加木黑甫及蛇山的传说，见伊斯兰教神话故事《歪思传》。

西南噶喇喀什河畔乌加特之地。《一切经音义》卷十一“于阗”条下注曰：其国界有牛头山，天神时来栖宅此山。玄奘过境时亦曾记下有关牛角山的奇观：牛角山岩有大石室，是阿罗汉入灭心定之所，山头两峰之间建有伽蓝。当年盛时的牛头山形象曾作为“于阗瑞像”传到敦煌，是画工反复摹绘的题材。如敦煌莫高窟第345窟甬道顶，绘有一铺于阗史迹画。画面中上部绘一主坐尊佛，结跏趺坐于莲花座上。座置于山顶平台上，山从画面中下部的海内升起，束腰，山下部即为牛头形。如今到和田访古，还能看到山崖中部的十多个洞窟残迹，山头有寺院遗址可以踏勘。离牛头山不远有一座佛寺遗址，据推测有可能是敦煌文书提到的西玉河萨伽耶仙寺。

新疆多民族的文化环境不仅形成了这一地区宗教信仰的相互渗透与和平共处局面，而且在以佛教为主流的状况下也融入了不同民族自身特有的审美风尚。古代高昌（今吐鲁番地区）即留下了佛教、道教、摩尼教等多民族宗教的壁画遗迹。按《魏书》卷一百一载：“（高昌国人）俗事天神，兼信佛法。”这种自然神崇拜和佛教杂处的局面在5世纪时开始有所改观。法显于东晋弘始二年（400）西行求法，高昌的佛寺名籍就已有仙窟寺、都郎中寺、尼寺等。按唐《西州志》等文书提供的线索，在曲氏高昌王朝和唐西州时，高昌的佛寺已多达一百五十余所。敦煌文书《西州图经》亦记载，繁盛时的高昌城，宫城在北，内城在南，外城为寺院和坊市，与唐朝长安城的格局大略相似。今天在高昌故城的东南和西南隅，寺院和塔基遗址仍很清晰。西南的大寺，殿堂、塔基、寺门尚存，塔基四周的多层佛龛、造像、壁画仍有残迹保留。东南的寺院，年代较早，现仅存塔基和支提式残窟。20世纪初，德国考古队勒柯克（Le Cog）等人曾在寺址掘得北凉承平三年（445）沮渠安周的造寺功德碑一通，同时还取走了两件北凉造像石塔和一批摩尼教的经典文书，寺院遗址中所发现的回鹘贵族的供养人像和摩尼教徒的壁画，是回鹘民族移徙高昌后留下的艺术遗存。其中，在高昌故城，出土了一些摩尼教及佛教人物图像，如《摩尼教徒》（图2-4-18）、《摩尼女教徒》、菩萨（图2-4-19）及太子逾城出家图像（图2-4-20）等。

图2-4-18　摩尼教徒，残高27厘米，残宽35厘米，公元8—9世纪，出于新疆吐鲁番市高昌寺院遗址，现藏德国柏林印度艺术博物馆

图 2-4-19　菩萨，残高 25 厘米，残宽 22 厘米，公元 8—9 世纪，出于新疆吐鲁番市高昌寺院遗址，现藏德国柏林印度艺术博物馆

图 2-4-20　逾城出家，残高 47 厘米，残宽 26.5 厘米，公元 8—9 世纪，出于新疆吐鲁番市高昌寺院遗址，现藏德国柏林印度艺术博物馆

图 2-4-21　供养菩萨，残高 19 厘米，残宽 15 厘米，公元 9 世纪，出于新疆吐鲁番市胜金口寺院遗址，现藏德国柏林印度艺术博物馆

图 2-4-22　说法图，高 40.5 厘米，宽 33.5 厘米，公元 7—8 世纪，出于新疆吐鲁番市胜金口寺院遗址，现藏德国柏林印度艺术博物馆

而在吐鲁番东38公里处的胜金口佛寺群中，亦出土了一些精美的壁画残片，如佛教伎乐和供养菩萨壁画残片（图2-4-21），以及《说法图》（图2-4-22）等。

三、陕西庆山寺舍利塔地宫壁画

隋唐时期的佛寺除在主要殿堂绘有壁画外，还有可能在一些以佛塔为主要建制的舍利塔地宫内绘有壁画。如陕西耀县界内发现的宜州宜君县神德寺舍利塔基，为隋仁寿四年（604）遗物，其所藏石函盝顶的斜面上即刻有飞天花叶，函身四周刻有舍利佛、大迦叶、阿难、大目犍连，以及四大天王等形象。甘肃泾川发掘的唐大云寺塔基地宫，其甬道两壁绘有壁画，宫门两侧刻有大王、力士像。陕西扶风法门寺地宫出土的文物中，亦有佛教图像存在。在以上诸多遗存中，尤以陕西庆山寺舍利塔地宫的唐代壁画最为著名。

庆山寺舍利塔地宫发现于1985年，该地宫位于临潼东北部的凤凰原上，距临潼县城约十里。据寺内舍利塔基下发现的寺碑记载，该寺建于开元二十九年（741），此距庆山之名的出现仅一百余年。《新唐书》卷三十五对庆山的由来记述颇详，称垂拱二年（686）九月，雍州新丰县露台乡大风雨、震电，有山涌出，高二十丈，有池周三百亩，池中有龙凤之形，米麦之异。武后以为休应，名曰庆山。庆山寺便是建于此处的一座佛教寺院，经考古工作者的清理，由斜坡道、甬道和主室三部分构成的庆山寺地宫得以面世。该地宫坐北朝南，背靠渭水，面朝骊山，平面呈甲字形。整个地宫出土文物127件。庆山寺地宫的甬道、主室北壁及东西两壁均绘有壁画。

地宫的斜坡道全长4.67米，有宽、高不等的土质台阶八级，两壁各施1厘米厚的草泥。甬道首接土质台阶坡道，尾与主室相连。分前后两段，前段宽而短，南北长0.75米，东西宽1.15米。两壁用单砖横平砌，砖与砖之间填以浆泥。壁面内施以草泥，厚约1厘米，外施1厘米厚的白灰面。后段南北长1.34米，东西宽0.95米。以条砖南北横平砌，砖间仍涂以浆泥作为黏料。外壁用碎砖块和浆泥加固，内壁磨光，但未抹面，直接在上面绘制壁画。甬道两侧的壁画主要为金刚力士。上半部已全部被拆毁，仅余下半部分。

甬道与主室之间有一石门，石门为石灰石材质，通高125厘米，宽102厘米。门楣呈半圆形，高45厘米，长115厘米，厚11厘米。门楣上线雕图案极为丰富，画面细腻繁复，线条流畅，技艺娴熟，足以与大雁塔门楣雕刻相媲美。平面上画面分为上下两段，上段画面宽阔，刻有两身迦陵频伽，皆人首凤身，面部肌肉饱满而俊秀，且头戴花冠，身着巾帛，项、腕之处佩有钏、链等装饰。二鸟相对而立，双翅舒展，长尾拖后。左侧者赤臂吹奏排箫，右侧者则赤膊弹奏琵琶。两迦陵频伽中上部分有一裸体仙童，正舒臂伸掌向上，奔走于海石榴花间。下段画面修长，牡丹盛开。中间雕双凤及海石榴。左边凤鸟曲颈回首，尖嘴微张，安然立于花间，似在啄背之痒。右侧凤鸟弯颈伸首，迈腿径走于花间。二凤一静一动，遥相呼应，饶有趣味。两端又各雕一鸟，对凤而立，左侧者短尾短颈，右侧者长尾弯颈，均凝目注视着双凤与牡丹图像。

门框长66厘米，宽17厘米，厚10厘米，内侧雕有牡丹团花图案，正面为交枝牡丹，左右边框的上、中、下分别饰有凤、龙和雄狮图案，凤姿优美，龙势雄浑，狮态健硕，它们与周围怒放的牡丹一起，构成一个祥和的自然王国。

门扉高80厘米，宽34厘米，厚4.5厘米。正面雕二力士，肌肉饱满，身材魁梧，顶盔贯甲，足蹬长靴，叉腿而立。左扉力士头有圆光，右臂曲肘，手握长剑，剑锋朝下斜刺。右侧站一头戴花冠，身着长裙，项上配饰，手捧仙桃盘的侍者。左侧为一张口狮子。力士头光的右上方有一飞天，项、腕配饰，正赤膊捧盘散花。右扉力士头顶为一宝盖，极为奢华。脑后有圆光，右手按腹，左手持长矛。左右各雕一狮子。最下面的门槛和门墩也雕有牡丹花卉及狮子等。

庆山寺地宫主室内放置一"工"字形须弥座宝帐棺床，须弥座前紧靠东西两壁又各置一须弥座，南北长0.90米，宽0.25米，高0.23米。须弥座上刻有花卉、卷草及舞伎图像。须弥座上的宝帐中空，帐体四周分别雕有《释迦说法图》、《涅槃图》、《荼毗图》、《供奉图》[1]。正面为《释迦说法图》，释迦佛头顶圆髻，身着法衣，袒露右肩，结跏趺坐于菩提树下的莲花宝座之上。释迦的头光与背光皆为火焰式，头顶上悬有饰有瓔珞的宝盖一幢。释迦左右为迦叶、阿难及菩萨天王众，释迦前方跪一僧。宝帐一侧为《涅槃图》，释迦佛仰躺于铺着席子的长榻之上，身着法衣，博带交叉。榻前有二狮奔来，榻前两侧各跪一哭泣僧人。榻中间为三位头戴花冠，身着褒衣博带者，中间一人合十，两侧二人侍立。榻右侧四人，前排为药师佛，头戴高冠，身着褒衣，左手置于广袖之内。其内侧为一僧人，左手握拳捶胸，右手握拳向下，身躯前倾欲跪。阿难左侧一人双手按头，作悲痛状。药师佛身体右侧为一头挽双髻的侍者。榻左侧站四人，前者为弥陀佛，亦着褒衣博带，左掌朝下，右手执一双桃形扇。弥陀左右分立二侍者。宝帐背面为《荼毗图》，《荼毗图》额枋上为两飞天，对面凌空，一人双手捧果盘，一人伸臂舒掌，作翻飞状。额下为一两山夹一团熊熊大火的画面，火焰赤烈，直冲云天。中间两位腰系大带的裸体人正手持火把，奔走点火。两人脚下堆放着凌乱的柴薪。《荼毗图》为双层浮雕，上层的须弥山前一侧分三排，站立六人，各具姿态。前排中间一人为弥陀佛，两侧为二胁侍。须弥山前另一侧亦分为三排，共站立七人，前排为药师佛与二胁侍，后两排为僧人及头戴花冠身着褒衣者。下层为身着褒衣双手合十的八个比丘，正仰望大火。宝帐侧面的《供奉图》描述的是迦叶、阿难等人供奉佛祖舍利的场景。须弥山间刻一四柱圆顶方亭，亭中间安置一方形舍利馆椁，亭两侧植有两株菩提树。亭两侧分立迦叶、阿难。亭前为一大道，道两侧或跪或站有各方人士，似在等待舍利的分割。整个宝帐雕饰繁复，极具意味，是整座地宫的核心所在。有关释迦涅槃后，天界为之举哀的场景，在《大般涅槃经后分》中多有描述，该经称："十方世界，一切诸天，遍满虚空，哀号悲叹，震动三千大千世界，雨无数百千种种上妙天香天花，遍满三千大千世界，积高须弥供养如来。于上空中复雨无数天幢、天幡、天瓔珞、天轩盖、天宝珠，遍满虚空，变成宝台，四面珠瓔、七宝绞络，光明华彩，供养如来。于上空中复奏无数微妙天乐，鼓吹弦歌，出种种音，唱言：'苦哉！苦哉！佛已涅槃，世界空虚，群生眼灭，烦恼罗刹大欲流行，行苦相续痛轮不息。'"[2]庆山寺的地宫宝帐及东西两壁绘有各种天花和宝器，虽未绘制散花的天人，但遍布各处的花朵，足以表现天人的供养情况。

庆山寺主室内的壁画围绕宝帐而成，共有三幅。北壁的画面中央是群峰高耸的须弥山，天空中缀满花朵。须弥山是天界的象征，常绘于佛道壁画之中。按《玉芝堂谈荟》卷二十三载，须弥山即秦时所言称的妙高山，道经称其为人鸟山，又名玄圃山，或曰大地金根山等，《法苑珠林》称须弥山为帝释所居。所以，佛教常以须弥山为佛界的象征，称山之四畔有四大部洲，总名娑婆世界，日月星辰皆绕山腰而行，南昼则北夜，东以为夕，西以为旦。后来人们为供养舍利往往造诸塔像，庄严国土如须弥山，村邑聚落，次第罗匝，城郭馆宇，如忉利天宫。唐代壁画中已有关于须弥山的描述，据《历代名画记》卷二载，王陁子曾在僧伽和尚外壁绘制须弥山海水。庆山寺地宫的须弥山山体挺拔高耸，连绵起伏。为突出沟壑的层次，壁画绘制者将纵向山体轮廓以较粗墨线加以勾勒，并以

1 有关庆山寺地宫佛帐图像研究可参看临潼县博物馆的《临潼唐庆山寺舍利塔基精室清理记》（《文博》1985年第5期）和杨效俊的《临潼庆山寺舍利地宫壁画试析》（《文博》2011年第3期）。

2 《大正新修大藏经》（电子版）第12册，No.0377，《大般涅槃经后分》。

图 2-4-23 胡僧，宽 33 厘米，唐，位于陕西西安市临潼区庆山寺上方舍利塔地宫东壁

深浅不同的墨色沿轮廓线进行晕染，使其巍峨的形象更为突出。北壁须弥山的两侧，分别绘有神祇图像，学界对二位主神的身份说法不一：一说左右侧分别为弥陀佛和药师佛，一说为梵王与帝释[1]。此两位主神均呈正面像，其中须弥山左侧主神高发髻，饰组缨，褒衣博带，侧身站立，右手执一物，类麈尾。须弥山右侧主神亦为高发髻，饰有组缨，褒衣博带，侧身直立。主神左右两侧分立二胁侍。东西两壁的上部绘有从天而降的花朵，下部为天宫伎乐。

主室东壁的伎乐图被一根红柱将画面分为演奏和观赏两个部分。坐部乐舞部分共计十人，分别持有羯鼓、箫、团扇、笛、管等物，乐队前有一翩翩起舞的舞伎，背景为天空飘落的天花。大柱右侧为四柱支撑的廊子，廊外绘有山石树木。廊下为结跏趺坐的五位观赏乐舞的僧人，或为胡僧貌（图2-4-23），或为汉僧形，有的合掌，有的手握法器，僧人身边立有绘有山水的屏风。

西壁的坐部乐亦由一名舞者与九位演奏者构成（图2-4-24）。舞者在前，身后的九位演奏者分别持有笛、琵琶、笙、拍板、排管、箫等器乐，皆束发挽髻，项戴链，腕戴钏。

图 2-4-24 伎乐，高 46 厘米，宽 80 厘米，唐，位于陕西西安市临潼区庆山寺上方舍利塔地宫西壁

1 该分歧参见临潼县博物馆的《临潼唐庆山寺舍利塔基精室清理记》与杨效俊的《临潼庆山寺舍利地宫壁画试析》。此分歧亦存在于佛帐图像的解读部分。

伎乐旁边的红色大柱侧面亦为柱廊，廊下为五位欣赏乐舞的僧人，均结跏趺坐，形象有胡有汉，杂然而坐，僧人身侧亦立有六扇屏风，屏风上绘有花鸟图像。

庆山寺地宫的伎乐部分在其他地方的壁画中也多有体现，如敦煌第148窟东壁北侧即绘有一支结构完整的乐队，被认为是唐代大型宫廷乐队的真实写照。庆山寺的乐队虽不如敦煌第148窟的乐队队伍那样庞大，但其构成应该是长安一带佛教寺院最为常见的形式之一，颇具研究价值。尤其是两壁舞者与奏乐者均面向南方的构图方式，对后人解读地宫中的伎乐队伍布局具有一定的指导意义。

对于庆山寺地宫东西壁的十位欣赏乐舞的僧人，有人认为是正在举哀的释迦十弟子。虽该部分举哀场景异于其他涅槃图像，但十人面向北部，跪坐于床榻之上的构图，似在表明其与主室之内释迦宝帐间的关系。

庆山寺地宫壁画是唐代佛寺地宫壁画的代表，其地宫床榻前部绘制的台座以及壁上的六条屏，均为盛唐时期流行的装饰纹样。而随着音乐节奏婆娑起舞的天女，亦被视为唐代胡旋舞的代表，其造型颇具吴画“天衣飞扬，满壁风动”的神韵。整个壁画构图完整，笔力雄健，线条劲利，敷色简淡，是研究唐代佛教壁画不可多得的宝贵资料。

第三章
五代两宋寺观壁画

第一节 五代十国时期寺观壁画

一、五代寺院壁画概况及画工群体

五代十国时期，战事纷起，虽佛寺道观的壁画绘饰活动略受影响，但并未断绝，亦不失传承。当时中原一带梁、唐、晋、汉、周相继更替，长江流域则有西蜀、南唐、吴、越等国竞相兴起，地方政权的纷争与割据，致使社会局面极为动荡不安。人们为避祸患，往往将希望诉诸各色神祇，以致除了原有的佛教崇奉之外，道教宫观也风生水起。当时这段历史上北有周世宗兴道抑佛，南有闽王昶礼敬道士陈守元，前蜀王建师事道士杜光庭，吴越王钱缪任用闾丘方远，吴王杨行密信赖聂师道。佛寺道观亦杂相交错，如梁之双林院、金真观、广爱寺、长寿寺、福先寺、龙兴寺，晋之相国寺，吴之天宫寺、广爱寺、福先寺、相国寺，南唐之清凉寺、建业寺，蜀之大慈寺、龙兴寺、宝历寺、中兴寺、圣寿寺、大圣寺、四天王寺、净家寺等，竞相辉映。

五代时期，活跃在寺院宫观中的画师塑匠，大都与中原唐代的绘画传统有着较为直接的传承关系。由唐入五代的画家，见诸史传的有支仲元、王道求、李群、燕筠、杜霄、朱简章、王伟、韩求、李祝、张图、跋异、张赞、胡翼、王殷、左礼、张南、朱丝、王仁寿、王乔士、末卓、富玫等。因此渊源，五代佛寺壁画多取法唐代题材与图本，画法以宗承周、吴样式为主，在此基础上又各有创新。

在以上诸人中，韩求、李祝、张图三人在刘道醇的《五代名画补遗》中被列为神品。

韩求、李祝，乃五代后唐时人，二人同学吴道子，声誉并驰，人以韩李称。当时河东节度使李克用命二人前往陕郊画龙兴寺回廊列壁二百余堵，韩求与李祝乃对手画传经僧摄摩腾、竺法兰，大各八尺；三门神像数十身，皆高二丈；又画九子母及罗叉变相，宛有步武之态。当时天下画流云集，莫不鼠伏。后来李克用溺杀二人，当有人问其原因时，李辩称担心二人绝艺为他人所用。虽然李克用的杀人理由未免牵强，却也点出了当时画坛竞艺的激烈程度。

当时画家争相竞艺，并因此而多有争端。如河南洛阳人张图，本为朱梁太祖时负责掌管军资粮簿之人，时人称之为张将军。张图爱好丹青，善泼墨山水，皆不由师授，自致神妙。亦不法今古，自成一体，尤长大像。梁龙德中（921—923），曾与号为绝笔的跋异在洛阳广爱寺竞相绘壁。跋异，乃汧阳（今陕西千阳县）人，善画佛道鬼神，亦是绘制大像的能手。当时，广爱寺沙门义暄置金币邀四方奇笔画三门两壁。跋异方草定画样，张图便现身寺内，声称：“愿绘右壁，或不克意，则请朽墁之。”跋异受此挑战极为生气，盛怒之下授张图朽木大笔。张图捧之，遂投朽木于地，就西壁，不暇朽约，搦笔挥写，倏忽成折腰报事师者，从以三鬼。张图的高超技艺使跋异瞪目踧踖，自动引退，西壁遂由张图专绘。后张图又于东壁画水神一座，直视西壁报事师，意思高远，视之如生。当地时有民谣称：“赫赫洛下，唯说异画；张氏出头，跋异无价。”[1]

除佛教壁画之外，张图还绘有道教壁画。《德隅斋画品》载张图曾绘《紫微朝会图》，图中紫微大帝被衮执圭，五星、七曜、七元、四圣左右执侍，十二宫神、二十八舍星各居其次，乘云来下。其容色皆端敬，其服章皆严谨。张图的《紫微朝会图》是继吴道子的《五圣朝元图》之后，又一次以朝会形式表现众多人物形象的杰出作品。这种以紫微大帝为主神的道教星官体系，是在唐代道教朝元传统基础之上演化的一铺绘有众多神祇人物形象的大型作品，该图本在充分体现道家所谓的玉皇大帝为众仙天子，紫微大帝为众星天子之神祇职能的同时，亦将道教神仙所遵循的礼仪等级制度表现殆尽，为后世绘制以紫微大帝为主体的道教神祇图像提供了很好的借鉴。

张图作画多有新意，衣纹不师吴衣当风、曹衣出水之例，而用浓墨粗笔，如作草书，颤掣飞动，势极豪放。至于颜面与手及服饰仪物，则用细笔轻色，详缓端慎，无一欹仄。这种笔法上的多样性，丰富了道释人物画的表现手法，使五代画风较唐代更加多样。

而与张图相较落败后的跋异，并未就此搁笔，继续在各地寺院施展其技艺。在绘制福先寺大殿护法善神时，跋异再次遭遇挑战，一位名为李罗汉的画师前来竞壁。对于此次竞壁，跋异极为谨慎，他竭精贮思，意与笔会，屹成一神，侍从严毅，又设色鲜丽，被认为是其平生之所未能者。时京洛士人争相品藻，最后跋异胜出。为此，时人再次编制歌谣称：“李生来，跋君怕。不意今日却增价，不画罗汉画驰马。”败北的李罗汉，羞愤之余自缢于步檐之下。

当时，与张图同列神品的还有妙手朱繇。朱繇，长安人，工画道释，妙得吴道子笔法，而时出新意，千变万态，动人心目。他曾在洛中广爱寺绘文殊菩萨像，长寿寺及河中府金真观等也留有其墨迹。朱繇在金真观所作经变画及周庑中门列壁，世称神笔。宋初时，三清殿东壁及长寿院内还保存有朱繇所绘的一些大像，高约六七尺，气势极为宏伟。

继张图、朱繇之后，还有四位绘手被刘道醇列为妙品。其中两位主要活动于北方地区：一位是曾与张图竞壁落败的跋异，另一位是王仁寿。

王仁寿，汝南宛人，业儒，性通敏，颇涉文史，亦潜心绘画。始师王殷，后学精吴，长于佛像、鬼神，兼长鞍马等。尝于大相国寺净土院大殿前画八菩萨，其笔法之精，以至于被人误传为吴道子笔，后晋出帝开运二年（945）春正月，为契丹所掠。太祖受禅，首遣驿使索仁寿等，会仁寿考终，故只有王霭得以归还。相国寺文殊院的净土、弥勒下生二壁，净土院的八菩萨像，以及传世图本《征辽》、《猎渭》等皆仁寿作品。

五代时期的王道求和王伟，同王仁寿一样亦曾于汴梁相国寺大殿画壁。道求工画佛道、鬼神、人物、畜兽，始依周昉遗范，后类卢楞伽之迹，多画鬼神及外国人物、龙蛇畏兽，当时名手叹服。他在大相国寺所画壁画，至宋时多已不存，但有《十六罗汉》、《挟鬼钟馗》、《苇林弟子》等图传于世。五代后梁时期的著名山水画家荆浩，也曾参与宗教绘壁活动。据《五代名画补遗》记载，荆浩曾于京师双林院画《普陀珞珈山观自在菩萨》一壁。

尽管五代时期中原地区的寺观绘事活动不断，但终因变乱频仍，经济凋敝，而失去了昔日的繁盛，尤其是周世宗即位后的毁佛举动，共废除天下佛寺三千三百三十六所，销寺内铜像铸钱，以盈国库，导致中原佛事一度消沉。佛教僧徒，百工绘手，纷纷流向政

1 ［宋］刘道醇：《五代名画补遗》，收入于安澜编《画品丛书》，上海：上海人民美术出版社，1982年。

权相对稳定、经济比较富庶的南唐、西蜀等地，宗教艺术亦随之在以上诸地勃兴。

二、南唐寺观壁画及画师概况

南唐地处江南，偏安一隅，统治者提倡佛道，绘事并兴。南唐佛教崇奉始于烈祖李昪（888—943）。李昪信佛很可能与其父李荣有关，据《扬州图经》载，李荣“性谨厚，喜从浮屠游，多晦迹精舍，时号‘李道者’”。李昪建国后广兴佛寺，在金陵建净妙寺，并改瓦棺寺为升元寺，能仁寺为兴慈寺，后又变兴教寺为清凉寺。从烈祖、中主到后主，南唐时至少兴建或改建寺庙十几所，净妙寺、奉先寺、证圣寺、清凉寺、升元寺、开先寺、圆通寺、归宗寺以及延福院等，皆载于史料。其中，清凉寺是当时皇家最为重要的宗教活动场所之一，位于金陵城外，曾为李氏避暑之地。该寺所存董羽画龙、后主八分书、李霄远草书，号称三绝。

南唐山水佳丽，风尚标美，典午流风，时未泯灭。其君主多好绘事，恩宠画士，故名家辈出，佳作纷呈。他方习此者，亦多相继来归。顾闳中、竹梦松、高太冲、朱澄、周文矩、曹仲玄、卫贤、王齐翰、唐希雅等，皆当时翘楚。而王齐翰、顾德谦、曹仲玄、陶守立等人，皆以佛道为功，如非释梵庄严，真仙显化，难见其雄才之浩博，学志之精深。

王齐翰，曾事江南李煜，为翰林待诏。其人物画被刘道醇列为妙品。画道释人物多思致，好作山林丘壑、隐岩幽谷，无一点朝市风埃气。齐翰曾画罗汉十六轴，为商贾刘元嗣得之，载入京师，质于僧寺。后元嗣偿其所贷，愿赎以归，而僧以过期拒之。元嗣讼于官府，当时太宗任开封府尹，督索其画，一见大加赏叹，遂留画，厚赐而释之。阅十六日，太宗即位，后名“应运罗汉”。《宣和画谱》著录宋御府藏有王齐翰作品《传法太上图》、《三教重屏图》等共计119件，现有《勘书图》卷（一名《挑耳图》）存世。

顾德谦，南唐江宁（今江苏南京）人，善写道像，又兼善动植物。李后主尝言：“古有恺之，今有德谦，二顾相继为‘画绝’矣。”顾德谦所绘人物，神韵清劲，笔力雄健。其事迹见载《图画见闻志》、《宣和画谱》等。

曹仲玄，建康丰城县（今江西丰城）人，曾被刘道醇视为妙品四家之一，亦为南唐画家。后主李煜时为待诏，工画道释鬼神。少学吴装，不得意，遂改迹细密，自立一格，尤以傅彩超群。尝受命于建业佛寺画上下座壁，八年不就。后主责其缓，命周文矩较之。文矩称：仲玄绘上天本样，非凡工所及，故迟迟如此。越明年，乃成。于是江左言道释画者，辄推仲玄为第一。当地梵宇灵祠，多有其画迹。

陶守立，亦被刘道醇列为人物妙品画家，池阳（今陕西泾阳）人，长于佛像鬼神，庭院殿阁，子女奴隶，车马山水，靡不精妙。曾在九华草堂墙壁上画《山路早行图》，在建康清凉寺浴堂门侧画水。李后主后苑的山水阁，有陶画《十六罗汉图》，每当李煜生辰，则张挂供养。

三、西蜀寺观壁画概况

除南唐外，西蜀佛教艺术亦极为兴隆。四川成都，古称蜀地。秦时置蜀郡，汉武帝时置十三州，此为益州。魏分置梁、益二州，晋因之。唐为益州，置剑南节度。其地，北倚剑阁，险绝天下。东连獽獠，蟠聚深固。西南皆蛮诏，自古犷强。四周高山环绕，实乃天下雄藩。兼之沃野千里，物产丰饶，水旱从人，不知饥馑，故素有天府之国的美称。唐人陈子昂曾称：“付以国家富有巴蜀，是天府之藏。自陇右及河西诸州，军国所资，邮驿所给，商旅莫不皆取于蜀。又京都府库，岁月珍贡，尚在其外。”[1]卢求的《成都记序》亦称：“大凡今之推名镇为天下第一者，曰扬、益。以扬为首，盖声势也。人物繁盛，悉皆土著。江山之秀，罗锦之丽，管弦歌舞之多，伎巧百工之富，其人勇且让，其地腴以善，熟较其要妙，扬不足以侔其半。”[2]

蜀地的富庶成为人们竞相奔往的圣地，尽管交通不便，有李太白所谓“蜀道之难，难于上青天”的慨叹，但经济发达、政治安定的大好环境，终使此地数度成为沟通中西及躲避灾难的最佳场所。先是两晋南北朝时期，北方战乱频仍，群豪纷起，中原与西域交通阻塞，四川遂成为沟通中西之主要通道。东晋沙门道安、法和率徒入蜀，巴汉之士慕德成群，掀起佛教信奉浪潮。之后，昙翼、惠持、昙密多、释智猛等又相继加盟，致蜀地佛事日盛。蜀地部分民众的佛教信仰极为重视身体力行，按《成都记》记载，唐李德裕治蜀时发现蜀先主祠旁有猱村，其民皆剔发事浮屠。由此可见当时的民风归向。虽现在未存有当时的佛寺壁画实物，但从以上记载似可想见当时蜀地寺院金碧满堂的盛况。

时光荏苒，至唐“安史之乱”和“黄巢之乱”时，玄宗、熹宗先后出逃蜀地。经唐代二帝驻跸后的蜀地，寺观雄起，名手云集，富甲他郡。跟随二帝避难的画师名手，开始直接参与蜀地绘事，促进了当地佛事的进一步隆兴。自此，京师长安的佛教样式开始于蜀地流布。对于此一时期的佛寺壁画状况，宋人黄休复在其《益州名画录》中有详尽记述：“蜀因二帝驻跸，昭宗迁幸，自京入蜀者，将到图书名画，散落人间，故亦多矣。杜天师在蜀集道经三千卷，儒书八千卷。德玄将到梁、隋及唐百本画，或自模拓，或是粉本，或是墨迹，无非秘府散逸者。本相传在蜀，信后学之幸也。”[3]这些流传在蜀的墨迹、粉本，与直接参与蜀地寺观壁画创作的各路名家一起，为后来西蜀画院的兴盛，奠定了坚实的基础。

宋初黄休复的《益州名画录》，对蜀地自唐乾元初至宋乾德年间所存五十八人画作作过评介，品以四格，离为四卷，为后世了解蜀地壁画盛况提供了可靠资料。按黄休复《益州名画录》所载，当时蜀地有大圣慈寺、应天寺、宝历寺、净众寺、圣寿寺、圣兴寺、资福寺、福感寺、中兴寺、龙兴寺、金华寺、正觉寺、草堂寺、昭觉寺、翠微寺、宁蜀寺、玉泉寺，以及天长观、龙兴观、石牛庙、江渎庙、诸葛庙、龙女庙、洞明观、紫极宫、福庆禅院、干明禅院、崇教禅院、龙华泉东禅院、青城山丈人观、青城山真华宫、绵竹县山观寺、邛州天师观、眉州福海院等大小30多所绘有壁画的寺观。

1. 成都大圣慈寺

西蜀时期最为著名的寺院当属大圣慈寺，亦名大慈寺，位于今成都市东风路一段，占地面积11530平方米，建筑面积4686平方米。现存建筑有天王殿、弥勒殿、观音殿、大雄宝殿、说法堂及藏经楼等，均为清及后世修建。

按北宋黄休复《茅亭客话》载，益州大圣慈寺兴创于开元中（714—741）。但同为黄休复的《益州名画录》“卢楞伽”条，又称大圣慈寺起于唐肃宗至德二载（757）。对于以上两种不同的说法，《蜀中广记》和宋志磐《佛祖统记》中的记载均倾向于后者，只不过《蜀中广记》称题写大圣慈寺匾额的皇帝为唐肃宗：“大慈寺唐至德年建，旧有肃宗书

1《全唐文》，卷二一一，北京：中华书局，1983年，第2133页。

2《全唐文》，卷七四四，北京：中华书局，1983年。

3 文渊阁《四库全书》（电子版），子部，艺术类，书画之属，《益州名画录》卷上。

'大圣慈寺'四字，盖敕赐也。故会昌不在除毁之例。"[1]而《佛祖统记》则称御书匾额的为唐玄宗，称："上皇（玄宗）驻跸成都，内侍高力士奏，城南市有僧英干，于广衢施粥以救贫馁，愿国运再清，克复疆土。欲于府东立寺为国崇福。上皇悦，御书'大圣慈寺'额，赐田一千亩，敕新罗全禅师为立规制，凡九十六院，八千五百躯。"[2]

在以上诸条有关大圣慈寺建造年代的相关资料中，尤以志磐的《佛祖统记》记述得最为详尽。倘若志磐所记可信，则大圣慈寺的筹建年代应为玄宗避难四川之时。对于玄宗避走蜀地的时间，唐代其他史料亦可与之相互印证。

《新唐书》本纪第五部分记载：玄宗于天宝十五载（756）七月庚辰，次蜀郡以避安史之乱。至德二载（757）十二月，自蜀郡回京。由此可知，玄宗于天宝十五载（756）到达成都时，大圣慈寺尚未筹建，在得到内侍高力士的奏请后，玄宗才敕新罗全禅师参与筹划工作。范成大的《成都古寺名笔记》亦称："自中三门，北至水陆院，东至如意轮正觉院，系高力士同僧英干建。"蜀中大圣慈寺规模庞大，由多种力量集体参与营建，实属可能。而高力士和僧英干，则很可能是大圣慈寺营建工作的倡导者和重要参与者。所以，成都大圣慈寺的真正兴建年代应以《益州名画录》所载的至德年间较为可靠。

会昌灭佛时，大圣慈寺因系玄宗避难蜀地时的敕造寺院，兼有旧时御书"大圣慈寺"四字匾额得以保留。对于成都的废教活动，《宋高僧传》载云："先是，武宗废教，成都止留大慈一寺。"其他寺院为避免寺内宝物被毁，纷纷将各自所藏宝物送入大圣慈寺内。尽管后来有些宝物物归原主，但大圣慈寺的规模及其拥有的典籍、文物数量仍远远超出其他寺院，堪称蜀地翘楚。寺内诸多名家画作亦得以完整保留，无寺可以望其项背。《成都文类》卷四十五载有北宋李之纯对大圣慈寺的描绘，称："举天下之言唐画者，莫如成都之多，就成都较之，莫如大圣慈寺之盛……总九十六院，按阁、殿、塔、厅、堂、房、廊，无虑八千五百二十四间，画诸佛如来一千二百一十五，菩萨一万四百八十八，帝释、梵王六十八，罗汉、祖僧一千七百八十五，天王、明王、大神将二百六十二，佛会、经验、变相一百五十八，诸夹纻雕塑不与焉。像位繁密，全彩华缛，何庄严显饰之如是。昔之画手，或待诏行在，或禄仕两蜀，皆一时绝艺，格入神妙。至于本朝，类多名笔。度所酬赠，必异他工，资费因不可胜计矣。"[3]

与此相映照，南宋范成大在其《成都古寺名笔记》中也记载了大圣慈寺的壁画遗存。结合两人所见，大圣慈寺壁画计有三十余院，唐、五代至宋著名画手卢楞伽、左全、辛澄、赵公佑、张腾、赵温奇、范琼、陈皓、彭坚、吕峩、竹虔、孙位、滕昌祐、张南本、高道兴、李文才、杜齯龟、杜敬安、张元、赵忠义、赵德玄、杨元真、黄筌、孙知微、黄居寀、赵德齐、常粲、李昇、丘文播、李怀让、蒲永升、文与可、刁光胤、张玟、阮知诲、李洪度、蒲师训、赵才、宋艺、杜措、僧楚安、僧惠坚、郭道卿、郭游卿等均参与其中，壁画题材涉及维摩变相、水月观音、千手千眼大悲变相、六祖、大悲菩萨、八明王、孔雀明王变相、天花瑞像、天王变相、地藏菩萨以及罗汉像等多项内容。

2. 西蜀的道教壁画

除佛事活动外，西蜀绘手亦多参与道事。尽管当时世事纷乱，兵患不断。道教宫观也时见毁拆，道士星散，道教略显式微。但在王朝新贵之中，依然崇奉道教，营建宫观的活动亦为当时国之盛事，特别是在偏安一隅和局势相对稳定的地区，道教宫观的营造

1 文渊阁《四库全书》（电子版），史部，地理类，杂记之属，《蜀中广记》卷二。

2 《大正藏》（电子版）第四十九卷，［宋］志磐《佛祖统纪》卷四十。

3 文渊阁《四库全书》（电子版）集部，总集类，《成都文类》卷四十五。

极盛一时，规模亦超越前代，唐代初具规模的道教神祇图本因之得以流传和增绘。

四川素有崇道传统，兼之唐末以来集中了大批避难的中原道释画家，中原道教宫观中常见的神祇图本也随之传入蜀地，《紫微朝会图》出现于蜀中即是一例。王建据蜀，沿袭李唐崇尚道教的风习，赐号青城山道士杜光庭为广成先生，并大肆修建道观。杜光庭习经史，工词章。以道为本，纳儒入道，将道教主要教派的斋醮仪式统一起来，使之制度化。又将表奏、颂赞之类加以文饰，并对各种仪轨敷以艺术的形式。他在《金箓大斋宿启仪》中列举了众多神祇法位名目，形成了一套完整的体系，这对后世道观壁画的制作，起到了一定的规范作用。

青城山是西蜀道教中心，王建修青城山丈人观时，曾聘请张素卿画真君殿的《五岳朝真图》。由当时所载史料可知，蜀地的《朝真图》与中原粉本有一定关系。张素卿的《五岳朝真图》一方面吸收了吴道子《五圣朝元图》中“千官列雁行”的浩荡场面，同时又在其中突出表现了五岳、四渎、十二溪女、山林溪沼、树木诸神和岳渎曹吏等众多地祇形象，使原来以天神、帝王为主的朝元内容愈加丰富。张素卿是由长安入蜀的道门画师，居青城山常道观苦修，既有道家思想修为，又有画艺的熏习。据称张素卿作画构思敏速，下笔如神，诡怪之质，生于笔端。他画有《老子过流沙图》、《九皇图》、《二十四化真人像》、《五星图》、《老人星图》、《太无先生像》等，曾先后在简州开元观画《十二仙君像》、益州龙兴观画诸神与《龙虎君》等壁画。所画容成子、董仲舒、严君平、李阿、马自然、葛玄、长寿仙、黄初平、葛永璝、窦子明、左慈、苏耽十二仙真粉本及诸仙卖卜、卖药、书符、导引等形象渊远流传。张画笔踪洒落，敷彩妍丽，既因循传统，又别具特色。广政中，道士李寿仪临素卿笔法，由开元观摹十二仙君像，携至邛州天师观绘于西院壁上，由此可见张素卿的道教图像在西南地区流传的情况。

在蜀地，同一时期的道观中还可能有《玉皇朝会图》流传，该图系与《朝元图》相类似的大型道教壁画。宋李廌在《德隅斋画品》中记载这类《朝会图》粉本时称：“《玉皇朝会图》，蜀石恪所作，天仙、灵官、金童、玉女、三官、太乙、七元、四圣、经纬、星宿、风雨、雷电诸神，岳渎君长、地上、地下主者，皆集于帝所。玉皇大天帝南面端扆而坐，众真仰首，承望清光。见之者神爽，超然如在乎通明殿中也。”《玉皇朝会图》是囊括了天神地祇、林泉岳渎在内的主要道教神灵朝会图像，与唐代吴道子的《五圣朝元图》相比，神灵名目又有增加。画家石恪还在龙兴观仙游阁下画《龙虎君》，并流传有《司马承祯仙宗十友图》、《严君平拔宅升仙图》、《五星图》、《南北斗图》、《寿星图》、《儒佛道三教图》、《道门三官五帝图》等。这些图像显然都受到杜光庭所列神祇名目的影响。

另一名震西蜀的艺术家是赵德齐，他一家三代均为道释画家，家学深厚。德齐曾与画家高道兴同在蜀主生祠画《西平王仪仗图》，在朝真殿以及陵庙画壁二百余堵。旗纛旌麾、车驾法物、皇姑帝戚、后妃嫔御、道像鬼神，气势煊赫，人物如生。这时道教神祇的绘塑不仅阵容庞大，而且还将帝王宫妃的形象置入其中作为配飨。王蜀永平年间（911—915）以兴圣观为军营，移五尊金铸天尊样式的明皇像至大圣慈寺玄宗御容院，并由画院翰林待诏摹写大唐帝容及当时供奉道士叶法善、禅僧一行、沙门海会、内侍高力士于院壁。龙兴观北帝殿上的《青龙君》、《白虎君》、《朱雀君》、《玄武君》四像是张素卿弟子陈若愚所画。而画家丘文播还在紫极宫内画有《二十四化神》，所依图本很可能是传自张素卿的《二十四化真人像》。

王蜀少主以高祖受唐深恩，将兴元节度使唐道袭私第为上清宫，塑王子晋为远祖于上清祖殿，命杜齯龟写大唐二十一帝御容于殿堂之四壁。每三会五猎，差太尉公卿荐献宫内。殿堂行事，斋宫职掌，并依太清宫故事。又命齯龟写先主太妃、太后真于青城山金华宫，并于严君平观绘制杜天师光庭真。齯龟亦因此而授翰林待诏，赐紫金鱼袋。

以画水闻名于世的眉州彭山籍画家孙知微，是蜀中影响较大的一位道教画家，曾随僧令宗学画，生平中主要从事道观壁画的创作。米芾在《画史》中评论说："孙知微作星辰多奇异，不类人间所传，信异人也。然是逸格，造次而成，平淡而生动。虽清拔，笔皆不圆，学者莫及。"据说孙知微常客寓寺观，悉心道像，求教于高贤。隐士赵云子善画道像，于青城山丈人观画诸仙奇绝。孙知微尝求教于他。范成大曾于成都伏虎观看过其绘制的《李冰父子像》，以及他在青城山丈人观真君殿四壁所绘《黄帝三十二仙真像》，认为"笔法超妙，气格清逸，此壁冠于西州"。另，青城山长生观"有孙太古画龙虎二君在殿外二壁上，笔势挥扫，云烟飞动，盖孙笔之尤奇者"。

另外几位于道教壁画方面有所贡献的是广政年间的程承辩与赵才、蒲师训父子等人。他们皆较艺于寺观，并推妙手。程承辩，乃眉州彭山人，工画人物鬼神，兼善雕刻。其所绘人物、鬼神、怪异、禽兽之类，奇绝当时。彭山县洞明观有程氏所绘天蓬、黑杀、玄武、火铃一堂，为目前最早的天蓬、黑杀、玄武同绘一处的记载，当为后世北极四圣之蓝本。另外，程承辩在象耳山堂所绘的游变神鬼壁画，亦可能与流传至今的《搜山图》一类图像有关。赵才，亦为蜀人，工画人物、鬼神、甲马。其笔于浣花甘亭侯庙颇多，诸葛庙第三门内亦有鬼神两堵，宋初时犹存。蒲师训则工画人物车马。后唐长兴年间（930—933），帮蜀王绘制江渎、诸葛、龙女诸庙。明德元年（934），又帮孟昶绘制先主陵庙，所作鬼神、兵仗、冠冕、幢葆等，竭尽其美。授翰林待诏，并曾修复张素卿和房从真所绘之壁。师训养子延昌，亦工佛道鬼神，尤精狮子，行笔劲力，设色不繁。以上这些画史记载的道教绘画作品，大致勾画出五代之际道教神灵图像的规模和种类。

除道释人物画外，西蜀还出现了一些非宗教题材的壁画。如刁光胤，本雍京（今陕西西安）人，天福年间（936—944）入蜀，工画湖石花竹、猫兔鸟雀。性情高洁，交游不杂。入蜀之后，前辈有工花雀者，顿时减价。刁公居蜀三十余年，笔无暂暇，非病不休，非老不息。豪贵之家及好事者，收得其画，将为家宝，传视子孙。大圣慈寺炽盛光院明僧录房窗傍小壁四堵，有刁所画四时雀竹。广政中（938—965），曾经黄居寀重妆。三学院大厅小壁花雀两堵，亦为光胤笔，绘时年已耄矣。

此外，还有以现实人物活动为中心的大型界画，如赵元德之子翰林待诏赵忠义所绘的"自运材断基，以至丹楹刻桷，皆役鬼神"的《关将军起玉泉寺图》，垂昂迭栱，向背无失。蜀主命匠氏较之，无一差者，极为精妙。忠义尝与高道兴、黄筌等同画成都寺壁甚多。当时蜀地另外两位擅长绘制界画的是二僧人，一位是僧楚安，曾在大圣慈寺三学院大厅后壁画《明皇帝幸华清宫避暑图》，另一位是僧惠坚，曾绘制《姑苏台》，与楚安所绘《明皇帝幸华清宫避暑图》相对。

蜀地画作中山水、花鸟题材的增多，说明这个时期的寺观壁画加入了更多贴近现实生活的内容。尤其是道教绘画的大量出现，成为西蜀壁画的亮点，开启了宋世以道教神仙谱系为主的宗教壁画新风。

第二节　山西平顺大云院五代壁画

一、平顺大云院概况

五代时期中原一带留存至今的寺观壁画仅余山西平顺大云院一处。大云院，又称大云寺，位于山西平顺县城西北26公里处的宝会村北双峰山腰，原名仙岩院，始建于后晋天福五年（940），北宋初年改为大云禅院，之后元、明、清屡有修葺。大云院三面环山，坐北朝南，整座寺院呈长方形，分为前后两院，绘有五代壁画的弥陀殿位于前院北侧台基之上，造型庄重古朴。弥陀殿是五代建筑原构，殿宽、深各三间，屋顶为单檐歇山式，台基高约1米，殿前无月台，但有石质通道。殿身前后辟门，前檐两次间安有直棂窗，余皆为墙壁。按其形制推测，殿内原有塑像，今已毁，仅余部分壁画。该壁画分布于东壁、北壁和扇面墙上，原被人用泥皮掩盖，1962年修缮此殿时，始得以重见天日，但由于当时的剥离技术欠佳，致使画面受损严重。大云院弥陀殿壁画虽已残损，但人物形象尚清晰可辨，更有部分榜题可为参照，是迄今为止研究我国五代时期寺观壁画的最为重要的图像资料。

二、大云院弥陀殿东壁《维摩变》

大云院弥陀殿壁画面积约为46平方米，所绘内容主要为《维摩变》和《西方净土变》。其中，殿内东壁绘制的是《维摩诘经变》。《维摩变》系根据《维摩经》绘制而成，此经有多种译本，尤以姚秦时僧人鸠摩罗什所译的《维摩诘所说经》流传最广。维摩诘，亦作维摩，意译“无垢称”、“净名”、“灭垢鸣”等，本佛陀在世时印度毗舍离城之大乘居士，居于闹市之中，资产无量，结交权臣后妃，入诸淫舍、酒肆。但精通佛理，辩才无碍，神通广大，从心所欲，因大慈大悲且善权方便而深入人心，善于世俗中普度众生。一次，在佛陀的说法活动中，维摩诘故意称病不往，云其病因是“以众生病，是故我病”。佛陀派文殊菩萨前往探病，维摩诘即与文殊往复作答，从而为众人揭示出空、无相等大乘深义，标示“不二法门”。他认为若想达到解脱的境界不一定非要出家修行，只要通达佛道，远离五欲淤泥，照样可以修得真正的菩萨行。维摩诘的论道代表了中国士大夫的普遍心理，故而自魏晋以来便影响深远。东晋时的著名画手顾恺之便曾于建康瓦棺寺内绘制维摩诘像，南朝刘宋袁倩亦有《维摩诘变》一卷流传，之后吴道子、孙尚子、程逊、左全、李公麟等人亦相继绘制此题材。历代有识之士对维摩诘修行理念的追捧，致使维摩诘图像历经千年而不绝。

图3-2-1 菩萨，高108厘米，宽73厘米，五代十国，位于山西平顺县大云院弥陀殿东壁

山西大云院壁画中的维摩诘位居北侧，穿着魏晋士人服装，手执麈尾，侧身凭几倚坐于设有帷幔的坐榻之上。维摩诘的上身前倾，下肢半曲半伸，面向前方，神情悠然，似在开怀畅谈。维摩诘的这一形象与敦煌唐代石窟中的维摩诘造型及唐时来华的日本僧人圆仁

在五台山一带所见的维摩诘图像极为一致。维摩诘的对面即画面南侧为前来问疾的文殊师利。文殊师利面相端庄，举止文雅，结跏趺坐，戴花冠，佩瓔珞，身上的巾帛由两肩垂至座侧。维摩诘和文殊菩萨的身后为诸菩萨（图3-2-1）、罗汉、天王、力士、侍从等。画面中心部位绘有香案净炉，案侧为香积菩萨（图3-2-2）、舍利弗和擎花天女。香积菩萨正手捧香钵悉心斋供。身穿黄色僧袍，足蹬黄色僧履的舍利弗则合掌而立，旁边为身姿秀丽、手托花盘侍立的擎花天女（图3-2-3）。《维摩诘经·观众生品》称："维摩诘室有一天女，见诸天人，闻所说法，便现其身，即以天花散诸菩萨。"画面上隅峰峦环绕，林木丛生，碧波荡漾，祥云萦绕，日月相映，两位飞天（图3-2-4）正乘云翱翔。双方辩论时所涉及的画面，如须弥胜景、天宫楼阁、山石树木等，尽现于画中。以上情节安排沿用唐代流行的图样，各情节间有榜题可作参照。此处画面上共有榜题八则，皆在中部，其上隅两则为"须弥山化菩萨众"、"东方取狮子座处"；中部四则为"天女擎花"、"香积菩萨"、"香积菩萨显□"、"舍利弗"；下隅两则为"文殊菩萨"、"香积菩萨"。

图 3-2-2　香积菩萨及侍者，高 94 厘米，宽 55 厘米，五代十国，位于山西平顺县大云院弥陀殿东壁北部

图 3-2-3　擎花天女，高 120 厘米，宽 80 厘米，五代十国，位于山西平顺县大云院弥陀殿东壁中部下隅

三、大云院弥陀殿扇面墙及北壁东隅壁画

大云院弥陀殿扇面墙正面当心壁画残损严重，从其边沿残留的背光图案判断，原来殿内应供有阿弥陀佛塑像。现塑

图 3-2-4 飞天，高 98 厘米，宽 143 厘米，五代十国，位于山西平顺县大云院弥陀殿东壁中部上隅

像已不存，佛坛亦毁。佛坛背光图案的两侧绘有阿弥陀佛的胁侍观世音菩萨（图3-2-5）和大势至菩萨。这两尊菩萨高约1.9米，均为立式，头戴花冠，项佩璎珞，巾帛缠绕，肌肉丰润饱满，神态端庄安详。其中居于东侧的观世音菩萨手执插有杨枝的净瓶；西侧的大势至菩萨则执有莲花和经版。画面东西两隅各有榜题一行，东隅为“观世音菩萨壹尊合家供养”，西隅为“大势至菩萨壹尊合家供养”。由此可知，此幅壁画当由捐资人合家供养修造而成。

《西方净土变》绘于扇面墙背面，画面残损尤甚。西方净土，乃一切众生祈求往生的西方极乐世界，为众生涅槃之归处。画面上部、中部绘有塑像背光，均已残缺，仅留背光数道向外射出。画面两侧上隅画楼台殿阁和伎乐天。楼台上布满佛、胁侍菩萨及供养人等众。楼台侧面绘六尊宽袖长裙、翩翩起舞的伎乐天，或吹笛，或唱歌，或跳跃，均高髻束胸，长袖善

图 3-2-5 观世音菩萨，高 177 厘米，宽 125 厘米，五代十国，位于山西平顺县大云院弥陀殿扇面墙正面

舞，世俗化倾向较为明显。

弥陀殿北壁东隅尚有残存壁画，具体内容不详。画面上仅可见束有高髻、裹有长裙的菩萨立像三尊。其中西侧菩萨肌肉丰满，正俯首沉思；中间菩萨转身回首，捧花盘而立；东侧菩萨则双手合十，侧身仰望。

大云院弥陀殿壁画作为内地硕果仅存的五代寺观壁画，对于后人了解五代绘画的演变具有极为重要的价值。从大云院壁画佛与菩萨的造型可以看出，唐代周家样之丰腴柔丽、吴家样之健劲飘举，此时已相互渗透、相互影响，形成了新的风尚。

第三节　两宋时期寺观壁画

一、宋初佛道政策

北宋立国后在宗教上的作为，首先是修缮被战火毁坏的寺观。宋太祖赵匡胤黄袍加身后，立即解除了后周的毁法禁令，佛寺钟磬之声再起。开宝六年（973）宋帝下令修建大相国寺普满塔，诏刻《开宝藏》六千六百多卷。敕造正定龙兴寺大悲观世音菩萨铜像等。对于宋太祖的崇佛，学界一般认为是其政治策略使然，但也有部分学者认为可能与当时流行的一些谶言有关[1]。如宋杨亿在《杨文公谈苑》中便言："周世祖悉毁铜佛像铸钱，谓宰相曰：'佛教以为头目髓脑有利于众生，尚无所惜，宁复以铜像为爱乎？'镇州铜大悲像甚有重应，击毁之际，以斧镬自胸鑱破之。太祖闻其事。后世宗北征，病疽发胸间，咸谓其报应。太祖因重释教。"除此之外，坊间还有高祖受禅源于其在相国寺偶遇神僧甚或其母曾得寺院僧人庇护之说。无论以上说法是否符合实际，都无损宋太祖执政初期所颁行的佛教政策较为符合民意这一事实。

道教方面，太祖、太宗利用宗教稳定政局，祠祀老子，建观设醮。太宗赵光义修建上清太平宫，按照道士张守义提出的建坛仪范，塑祀诸神。建隆元年（960）于终南山筑宫，三年始成。中部列玉皇通明殿、紫微殿、七元殿、真君所御四大殿；东庑之外有天蓬、九曜、东斗、天地水三官四殿；西庑之外有真武、十二元神、西斗、天曹四殿；又有灵官堂、南斗阁并列星宿诸神之像。竖钟、经二楼、斋道堂室，靡不完备。雍熙年间（984—987）又修建太乙宫，于十殿、四廊绘五百二十四神，道教神像至此已趋完备。

宋代其余诸帝遵从祖制，弘扬佛道，立寺设观，其时境内佛寺已多达四万余所。京师的大相国寺为全国禅林之冠，有八禅、二律、六十四院。类似规模的大型寺院，延及各地，如龙兴寺有建筑五百六十二区，资圣院有七百二十区，普安禅院有六百三十八区。佛寺禅林的大规模兴建，引发了壁画艺术的新一轮复兴。

二、真宗、徽宗的道教举措

真宗和徽宗是宋代推行道教最为得力的两位皇帝。真宗赵恒为了掩饰对外屈辱求和的窘境，伪造天书，显示祥瑞，欲藉助神力安定人心，虚构保生天尊大帝赵玄朗为赵氏皇帝的族祖，又修建玉清昭应宫，以玉刻天书安于宝符阁，塑真宗御容侍立玉皇天帝之侧。在真宗的敕令下，各路遍置道观。景德末，规模宏伟的玉清昭应宫建成，为增饰博彩，朝廷召募全国各地画手齐集玉清昭应宫，分为左右两部，左部之长为画家武宗元，

---

1 刘长东：《宋代佛教政策论稿》，成都：巴蜀书社，2005年，第2页。

右部之长为王拙，整体运营则由翰林图画院待诏高文进和王道真计度规划。在昭应宫三清殿，王拙等对画五百灵官、众天女朝元等壁。张昉画奏乐园，不假朽画，奋笔立就，皆丈余高。殿中的玉皇像由画家龙章按照唐杨惠之塑太华观玉皇像装成，被九色螭罗帔。龙章还参加了壁画的彩绘。画师庞崇穆亦被召入朝中，负责画山水列壁，林峦草竹，溪谷嶝道，莫不精备。画院祇候吕拙进郁罗箫台样，又经刘文通加飞阁于上，由匠氏营台于宫中，从而成就了著名的七贤阁，天下目为壮观。另有图画院艺学赵元长画东太乙宫贵神之像，亦妙于形似。这些以国家力量设计建造，由宫廷画家集体绘作的宫观壁画，艺术水平和壁画规模均空前绝后。主殿道教大神及偏殿灵官地祇位业分明，等级排列森严，与人间君臣官僚制度相仿。

北宋皇室集国家之力组织众多道释画家参与绘塑，一方面使道教神像仪范进一步标准化。另一方面也藉此训练了一大批绘画高手，使之将标准化的神祇图像带入日后的绘事活动之中，道教神系的传播范围因之而得以迅速扩大。以画师武宗元为例，他一生主要从事道释画的创作，不仅应诏绘壁于玉清昭应宫，还与其他画家合作画过中岳天封观、洛中南宫的三圣宫、洛阳上清宫、许昌龙兴寺等著名寺观。可以说，宋代道教神像的系统化过程和影响流传，多得益于画家之力。大中祥符初（1008），宫中营建会灵观，五年（1012）又修景灵宫，塑绘之事均由这些画家名手及宫中专职画家充当，其图像依据与玉清昭应宫类似。

徽宗赵佶是道教的狂热爱好者，曾诏天下访求道教仙经，令洞天福地普建宫观，塑造圣像。据邓椿《画继》记载，徽宗赵佶“始建五岳观，大集天下名手，应诏者数百人。咸使图之，多不称旨。自此以后，益兴画学，教育众工。如进士科，下题取士。复立博士，考其艺能”，“其后宝箓宫成，绘事皆出画院”。除此之外，徽宗施行了一系列的崇道政策。如政和七年（1117）二月，改天下天宁万寿观为神霄玉清万寿宫。四月，又自称“教主道君皇帝”，令天下皆建神霄万寿宫。重和元年（1118），集古今道教事为纪志，名为《道史》。宣和元年（1119）还制定了《九星二十八宿朝元官服图》。

在徽宗的倡导下，宋代道教步入全新阶段。这一时期，道士林灵素重新制定了斋醮制度和神祇名位，为南宋道经《上清灵宝大法》最终确定宣和神祇系统下的三百六十分位名目铺平了道路。《上清灵宝大法》体系中的道教神祇有：三清、六天帝君及二帝后、三十二天帝、十太乙、日、月、星宿、三官、四圣、历代传经法师、三元、五岳及诸山神、扶桑大帝及水府诸神、酆都大帝及所属、天枢院、驱邪院、雷府等部主宰及所属、各种功曹、使者、金童、玉女、香官、吏役等，以及城隍土地等各种神祇所属兵马。这一系统成为后来匠人择定道教壁画及水陆壁画中相关神祇的主要依据。

三、汴京大相国寺等佛教寺院

相国寺，位于今河南开封市。开封，原为北宋都城，据《河南通志》卷五十载，当时的大相国寺位于府治东部，北齐天保六年（555）始建，名曰建国，唐睿宗改为相国寺。一些地方志亦载，相国寺本北齐时所建，唐景云初（710），游方僧慧云发现此地后园池中有梵宫影，遂募缘易宅，铸弥勒佛像高一丈八尺，获睿宗赐额，名曰相国寺。唐代所建的相国寺规模已不可考，但宋代在此立国后，对相国寺甚为重视。宋太宗至道二年（996），命重建三门，为楼其上，甚雄，并亲书金字匾额：大相国寺。及宋真宗咸平四年（1001），相国寺又有增建，先后完成了正殿、长廊、钟楼、经藏、后阁、便门、庑外僧房等诸处的维修与扩建。仁宗时，相国寺复增宝奎、仁济二殿。神宗元丰中（1078—1085），更增建东西两厢，又立八院：东曰宝严、宝梵、宝觉、慧林；西曰定慈、广慈、普慈、智海。北宋时的相国寺规模恢宏，按周密《癸辛杂识》载，汴京当时有五处九开间殿宇，其中四处极为奢华，尽饰雕镂，它们分别为相国、太乙、景德、五岳等。

宋时的相国寺大小院落60多座，殿堂馆舍四五百间，一时成为东京最为繁华的场所。据宋孟元老的《东京梦华录》记载，相国寺每月五次闻放万姓交易。宋晋阳王栐记称：东京相国寺，乃瓦寺也。僧房散处，而中庭两庑，可容万人。凡商旅交易，皆萃其中，四方趋京师，以货物求售、转售他物者，必由于此。宋代经济的繁荣，可从宋张择端绘制的《清明上河图》中略见一斑。画中最富活力的汴河一段，便是当年相国寺门前的景观之一。按李焘《续资治通鉴长编》卷七八记载，大中祥符五年（1012）时，新作保康门于朱雀门之东，徙汴河广济桥于大相国寺前，榜曰“延安”，也即俗称中的大相国寺桥。

汴京的相国寺不同于其他佛教寺院，它的功能并不局限于宗教之内，而是联系着民众生活。在宋人的记录中，相国寺作为“瓦市”的功能远远大于其作为佛教寺院的功能，北宋世人的宗教观从其对相国寺的描述中可充分体现出来。北宋之后，相国寺在金章宗、元世祖时代亦相继得到修葺。明洪武初，再次得到敕修，置僧纲司于其内。成化二十年（1484），更赐名“崇法”。嘉靖三十三年（1554）和万历三十五年（1607）又重修。崇祯十五年（1642），河水淤没。清顺治十六年（1659），巡抚贾汉复捐俸倡建，渐复其旧，并创建放生堂、古圣贤祠，仍名为大相国寺。

对相国寺的研究，以索佩尔（Alexander C. Soper）、熊伯履、徐苹芳、温玉成等人最为著名。涉及寺内壁画的研究，则以索佩尔、熊伯履和温玉成为主。

美国汉学家、美术史教授索佩尔是最早研究相国寺壁画的海外学者，他根据壁画作者的活动年代，将北宋大相国寺壁画分为四个时期：后晋至太祖时期（936—976），被作为第一阶段，此阶段的主要画家以王仁寿为主；第二阶段为太宗时期（976—997），画家有高益、元霭、继肇、高文进、高怀节、王道真、李用及、李象坤等；第三阶段为真宗、仁宗时期（997—1064），画家主要有王端；第四阶段为神宗时期（1067—1085），画家有李元济、崔白、陈坦等。

按索佩尔的划分，王仁寿是第一位被录入相国寺壁画绘制者行列的画家。汴京大相国寺文殊院的净土、弥勒下生二壁，皆王仁寿作品。仁寿作为承唐启宋的壁画画家，其重要性自不待言。从其所绘净土院八大菩萨和文殊院净土、弥勒下生二壁看，唐末五代的净土思想极为盛行，相国寺弥勒下生题材的绘制很可能与当时人们急于脱离战乱祈望得到救赎的心态有关。

与王仁寿同处第一时段的画手还有王伟、王道求和德符等人。道求所画鬼神及外国人物、龙蛇畏兽等，为当时名手所推崇。王伟画迹虽已泯灭，但从其画作所处大殿这一位置看，其重要性亦不可小觑。而僧人德符的《松柏图》，气韵潇洒，招致观者如市，贤士大夫留题凡百余篇，其引领众生的功效不亚于宗教人物画。德符的《松柏图》受宠，其实也从一个侧面反映了五代及宋初以山水松石等自然景观为主题的画作的兴盛。

处于索佩尔所列的第二个时期的画家首推高益。高益，本契丹涿郡人，太祖时逃至中原，初卖药于都市，有前往赎药者，他往往画鬼神犬马等藉药与之，名声渐起。后因《搜山图》授翰林待诏，被旨画大相国寺行廊阿育王等变相，暨《炽盛光九曜》等。高益绘制的《搜山图》“千形万态，卒不相类”，受到宋帝的赞赏。画中搜山者与被搜者之间的戏剧性场面和形象的刻画，今天仍可以通过藏于多地的《搜山图》知其仿佛。

高益画技高超，慧心独具，在其画《阿育王战像》时，恰逢太宗御临相国寺，太宗问他是否知晓兵法，高益对曰：“臣非知兵者，命意至此耳。”太宗以为善。除画宗教人物外，高益还善于画马，尤其是北地的番马，他能够“尽得身段肥瘠，蹄腕疏数，皆取形似，尤富气焰”。高益画艺，名声鹊起，但也并非全系褒词。对高益在相国寺所画的众工奏乐一堵，便有许多异议，有人称其中拥琵琶者误拨下弦，谓“众管皆发四字，琵琶四字在正弦，此拨乃掩下弦，误也”。对于这一非议，江少虞在宋朝《事实类苑》中给予回应，称这一布置并非高益误画，而是因为管以发指为声，琵琶以拨过为声，此拨掩下弦，则声在上弦，故而认为相国寺壁画之伎乐布局并非高益误画，而是其匠心独运的结果。史料中关于高益所绘伎乐部的争议，表明魏晋以来公众品评机制在宋初仍然奏效，但当文人画兴起后，这一品评机制受到极大挑战，原由平民参与的艺术品鉴活动渐渐转向富有学识的知识阶层，宗教艺术尤其是以神鬼人物为首要绘事的壁画艺术一枝独秀的局面逐渐被打破。

与高益同时期的相国寺画手还有元霭和继肇两位僧人。元霭，本蜀中人，幼时至京师相国寺落发，授大具足戒。霭通古人相法，能写真。太宗闻之，诏元霭传写，时上幸后园苑赏春方还，乌巾插花，天姿和畅。霭一挥而成，略无凝滞，上优赐之。元霭亦尝画相国寺西经藏院后大悲菩萨。僧继肇也曾于相国寺留有墨迹，但不是留于壁间，而是留于屏风之上。据《图画见闻志》卷四载：“吴僧继肇工画山水，与巨然同时，体虽相类，而峰峦稍薄怯也。相国寺资圣阁院有所画屏风。”

此一时期另一位参与过相国寺绘事的还有来自蜀地的著名画手石恪。按《图画见闻志》卷三载，石恪曾被旨画相国寺壁，并被授予画院职位，但其坚辞不就，请求还蜀，在得到皇帝的允许后，石恪返蜀，后死于回乡途中。虽然石恪在大相国寺所绘内容无从查证，但应与其平素所擅鬼神题材相关。

另外两位与相国寺有关的著名绘手是燕文贵和孙梦卿。燕文贵早年深得高益赏识。《宋朝名画评》卷一载燕文贵：“太宗朝驾舟来京师，多画山水人物，货于天门之道。待诏高益见而惊之，遂售数番，辄闻于上，且曰：‘臣奉诏写相国寺壁，其图非文贵不能成也。’上亦赏其精笔，遂召入图画院。”此记载虽未明确指明燕文贵参与相国寺的绘事，但其图本被用于相国寺壁画中应无误。东平人孙梦卿，亦工画佛道人物，曾专吴学，尤长寺壁，谓之孙脱壁，尝与王霭对画开宝寺文殊阁下西北方毗楼博义天王像，大相国寺甚有其迹，只可惜早已不存。

高益等人在相国寺绘制的壁画，因年久剥蚀，后由高文进、王道真、李用及、李象坤等画家模拓重绘。高文进，乃高从遇之子，子承父业，亦于佛道壁画方面成绩突出。太宗尚未君临天下之前，文进便已得到重视，后进入图画院为祗候。大相国寺重修时，上诏文进问：丹青谁如益者？文进对称：臣虽不及，请以蜡纸摸其笔法后移于壁上，毫发无差。于是便与李用及、李象坤翻传旧本，尽得益之骨气。文进自画后门里东西二壁，五台峨嵋文殊、普贤变相，及后门西壁神，大殿后北方天王等，以其能迁待诏。高文进所绘制的相国寺大殿后身如出壁的擎塔天王像以及西门之北的大降魔变相，曾一度成为宋代画院学生的范本。高文进长子怀节，太宗朝为翰林待诏，颇有父风，尝与其父同画相国寺壁，兼长屋木，为人称爱。新繁人王道真，字干叔，幼颖悟，有节操，善丹青。一日，太宗问待诏高文进：民间谁如卿者？文进对曰：新繁人王道真出臣上。于是，遂召入图画院为祗候，与文进等传移相国寺高益画壁。王道真曾与高文进对画相国寺庭北门东面的大神。道真亦于大殿西偏门南面东壁画《宝志化十二面观音相》，并于东西走马廊南端绘《给孤独长者买祇陁太子园因缘》，还于西门之南画《志公变十二面观音像》，并皆称善，迁待诏。李用及与李象坤亦于东门之北合画过《劳度叉斗圣变》等图像。

相国寺壁画处于第三时段的著名画手为王端。《宋朝名画评》卷一载：“王端，字子正，瓘之子也。性谨厚，幼知书，尤好读十七史、文选，通易象黄老之学，皆涉猎焉。善丹青，长于传写及山水花卉等。真宗晏驾时，召端与画臣写其遗像，端举笔立就，无有及者。燕恭肃王见其肖似，更益号恸，敕令端入画院，让而不受，止乞国子监书数部。上嘉之，特授本职转右班殿直召，写真庙及章献明肃皇后圣容于石壁，未绝笔而端卒。”王端尤善画山石林木，亦师关仝之笔，好为皞石溅水、古树老根，有出人意思。相国寺净土院北支条院东壁有端之画，其烟峦云峰之势皆得其趣，后被污损。王端山水风景进入大相国寺，既是对前期僧继肇等人画风的承继，也是对后期山水独立于佛道人物绘画的开启。

北宋大相国寺壁画绘制的第四个时期以李元济为代表。宋英宗治平二年（1065），大相国寺遭大雨毁坏，在熙宁年中（1068—1077）进行过一次大规模的修缮，壁画由李元济、崔白等画家依内府所藏副本小样重新上壁绘制，其间作用，各有新意。李元济，太原人，工画佛道人物，精于吴笔。熙宁中召画相国寺壁，命官较定众手时，元济艺与崔白为勍敌，议者以元济学遵师法，不妄落笔，遂推之为第一。其间佛铺，多是元济之迹。《林泉高致集》亦称相国寺留有李元济所绘西壁神。崔白，按《图画见闻志》卷四载："字子西，濠梁人，工画花竹翎毛，体制清赡，作用疏通，虽以败荷凫雁得名，然于佛道鬼神、山林人兽无不精绝。凡临素多不用朽，复能不假直尺界笔为长弦挺刃。熙宁初，命白与艾宣、丁贶、葛守昌画垂拱殿御扆鹤竹各一扇，而白为首出，后恩补图画院艺学。白自以性疏阔，度不能执事，固辞之。于时，上命特免雷同差遣，非御前有旨毋召，出于异恩也。然白之才格，有迈前修，但过恃主知，不能无颣。相国寺廊之东壁有《炽盛光十一曜坐神》等，廊之西壁有佛一铺，圆光透彻，笔势欲动。"陈坦，晋阳人，工画佛道人物，都下奉先、普安二佛刹，尤多功德墙壁。相国寺北廊高僧，乃坦所画。其于田家，固为独步。宋时尚有《村医》、《村学》、《田家娶妇》、《村落祀神》、《移居丰社》等图传于世。另一绘过相国寺壁的是王易，鄜州人，亦工画佛道人物，学邻元济，时同画相国寺壁，画毕各归乡里，都人称伏之。神宗时参与大相国绘事的还有富弼，据《林泉高致集》记载，他曾于相国寺李元济西壁神后作溪谷。

大概终北宋之末，相国寺在不断修缮扩建的过程中，名家绘壁未断。兼之当时朝廷祷雨、赐宰执百官以及建散圣节道场等重要场合咸选定此地，致使大相国寺声威日盛。据《汴京遗迹志》卷十载，《大相国寺碑》称寺有十绝：其一为大殿内弥勒圣容；其二为睿宗御书牌额；其三为匠人王温重装圣容，金粉肉色，并三门下善神一对；其四为御殿内吴道子画文殊、维摩相；其五为供奉李秀刻佛殿障日九间；其六为明皇天宝四载乙酉岁，令匠人边思顺修建排云合；其七为合内西头陈留郡长史乙速令狐公为功德主时，令石抱玉所绘《护国除灾变幻相》；其八为西库明皇先敕车道政往于阗国传北方毗沙门天王样来，至开元十三年（725）封东岳时令道政于此依样画《天王像》；其九为门下有环师画《梵王》、《帝释》及东廊障日内画《法华经二十八品功德变相》；其十为西库北壁有僧智严画《三乘因果入道位次图》。虽后来相国寺圣迹寂寥，但从以上记载仍可想见当年雕饰之繁盛。

北宋汴京大相国寺佛寺壁画精美绝伦，宋代孟元老的《东京梦华录》也有所记载："相国寺……大殿两廊，皆国朝名公笔迹。左壁《炽盛光佛降九曜百鬼戏》，右壁《佛降鬼子母揭盂》。殿庭供献乐部马队之类。大殿朵廊，皆壁绘楼殿人物，莫非精妙。"炽盛光佛即炽盛光如来。据不空和尚所译的《佛说炽盛光大威德消灾吉祥陀罗尼经》称：于清净处立其道场，念其经文，则一切灾难，悉皆消火。相较于佛教其他诸神，炽盛光佛传入中土的时间较晚，大致在唐以后。而九曜诸神传入时间则为唐代，二者的传播均与唐代密宗信仰的盛行有关。《东京梦华录》所记的炽盛光佛及九曜题材，最早由高益所绘，后又经高文进等按其旧本加以摹绘，到神宗时，崔白很可能奉旨再次绘制，在这次绘制过程中，崔白推陈出新，将原来的九曜变为十一曜。如今，在明清寺观壁画中，多有九曜和十一曜的图像流传，但均为立像，与史载的崔白"坐神"并不一致。

北宋佛寺的兴盛不唯表现在寺内装饰上，亦显现于节日盛会中。每年的正月十六，京城的皇亲国戚、百姓庶族皆以游览大相国寺为美。按《东京梦华录》载，每当此时，寺内大殿前，便设置乐棚，诸军作乐。两廊有诗牌灯云“天碧银河欲下来，月华如水照楼台”；亦有“火树银花合，星桥铁锁开”。其灯以木牌为之，雕镂成字，以纱绢幂之于内，密燃其灯，相次排定，亦可爱赏。当时，可供观灯的北宋东京大相国寺，分成许多院舍，如资圣阁、智海院、惠林院、宝梵院、河沙院等。其中资圣阁前安顿佛牙，设以水灯，在此供养的皆系宰执戚里贵近。九子母殿及东西塔院，则由寺内惠林、智海、宝梵三院竞陈灯烛，光彩争华，直至达旦。其余宫观寺院，皆放万姓烧香，如开宝、景德、大佛寺等处，皆有乐棚，作乐燃灯。唯禁宫观寺院，不设灯烛。次则葆真宫，有玉柱、玉帘窗隔灯，诸坊巷、马行，诸香药铺席、茶坊、酒肆，灯烛各出新奇，其中尤以王家香铺的灯火最为出群。灯火之中，又有僧人于道场中打花钹，弄椎鼓，游人无不驻足。诸门中皆有官中乐棚，万街千巷，尽皆繁盛浩闹。繁华的上元灯市，引得万人空巷，在烦乱嘈杂中，难免会有大人与孩童走失，为避免人们的无序寻找，灯市管理者特于每一坊巷口无乐棚的地方，设置小影戏棚子，凡本坊游人小儿相失，则以此引聚之。宫内一些人员不能外出参与游玩，便在禁中设立游玩之所，如殿前班，位于禁中右掖门里，便于右掖门相对处设一乐棚，放本班家口，登皇城观看。另，官中有宣赐茶酒妆粉钱之类，诸营班院于法不得夜游，便各以竹竿出灯球于半空，远近高低，如若飞星。每年的上元节期间，北宋京城，阡陌纵横，城闉不禁。除了佛家寺院外，别有深坊小巷，绣额珠帘，巧制新妆，竞夸华丽。春情荡扬，酒兴融怡，雅会幽欢，寸阴可惜。景色浩闹，不觉更阑。宝骑骎骎，香轮辘辘，五陵年少，满路行歌，万户千门，笙簧未彻。届时，还有市人卖玉梅、夜蛾、蜂儿、雪柳、菩提叶等女子头上装饰之物。以上种种，皆上元节物，《武林旧事》卷二称：“（元夕节时），妇人皆带珠翠、闹蛾、玉梅、雪柳、菩提叶、灯球、销金合、蝉貂袖、项帕，而衣多尚白，盖月下所宜也。游手浮浪辈，则以白纸为大蝉，谓之夜蛾。又以枣肉炭屑为丸，系以铁丝，烧灼之后名为火杨梅。”对于宋人所戴玉梅，李邴在《上元》词中有载，称：“帝城三五灯光，花市盈路。天街游处，此时方信，凤阙都民，奢华豪富。纱笼才过处，喝道转身，一壁小来且住。见许多才子艳质，携手并肩低语。东来西往谁家女，买玉梅争戴，缓步香风度。北观南顾，见画烛影里，神仙无数。引人魂似醉，不如趁早，步月归去。这一双情眼，怎生禁得，许多胡觑。”[1]

除大相国寺之外，京师尚有众多寺院绘塑出众。如上方寺，在城之东北隅，安远门里，夷山之上，即开宝寺之东院，一名上方院。宋仁宗庆历中，开宝寺灵感塔毁，乃于上方院建铁色琉璃砖塔，八角十三层，高三百六十尺，俗称铁塔寺，旧有漆胎菩萨五百尊，并转轮藏黑风洞，洞前有白玉石佛。后殿内有铜铸文殊、普贤二菩萨骑狮、象。莲座前有海眼井，世谓七绝，元末毁于兵，海眼井亦久失其处。周密《癸辛杂识》称其为光教寺，在汴城东北角，俗呼为上方寺，有琉璃塔十三层及普贤狮子像，甚高大。座下有井，以铜波斯盖之，泉味甘，谓通海潮。旁有五百罗汉殿，又云五百菩萨像，皆是漆胎，妆以金碧，穷极精妙。

上面提及的开宝寺，亦为当时著名寺院，旧名独居寺。北齐天保十年（559）创建，唐开元十七年（729），玄宗东封还至寺，改曰封禅寺。宋太祖开宝三年（970），又改曰开宝寺，重起缭廊、朵殿，凡二百八十区。太宗端拱中（988—989）建塔，极其伟丽。初释迦佛舍利塔在杭州，佛书所谓阿育王七宝塔也，及吴越王钱俶归，宋太宗遣供奉官赵镕取置寺内度龙地瘗之时，木工喻浩有巧思，超绝流辈，遂令造塔八角十三层，高三百六十尺，其土木之宏壮，金碧之炳耀，自佛法入中国未之有也。真宗大中祥符六年（1013），有金光出相轮，车驾临幸，舍利乃见，因赐名灵感塔。仁宗庆历四年（1044），

1 文渊阁《四库全书》（电子版） 集部 词曲类，词选之属，《草堂诗余》卷四。

塔毁于火，其殿宇廊庑僧舍，俱毁于金兵矣。欧阳修《归田录》和杨文公《谈苑》中，均载有开宝寺塔故事，特别是对浙东匠人喻浩的造塔技能，记述完备。称其先作塔式以献，每建一级，外设帷帟，但闻椎凿之声，凡一月而一级。塔建成后，凡有梁柱龃龉未安者，喻浩周旋视之，持巨槌撞击数十即皆牢整，自云此可七百年无倾动。有人问为何塔的北面稍高，浩曰京城多北风，而此数十步乃大河，润气津浃，经一百年则北隅微垫，而塔正矣。

位于城西北隅旧金水门内的孝严寺，是宋太尉杨业之家庙。杨业，乃北宋抗辽名将，曾多次打败辽军，后被奸人所陷，身陷敌军，重伤被擒，不食三日而死。以杨业为原型的杨家将故事源远流长。杨业战死后，其子请改家庙为寺，以荐其父。太宗嘉其孝，乃允其请，赐额曰：孝严。宋鼎南迁时毁于兵火。

宝相寺，在大梁门外，世传古锺和尚证果之处。五代后唐明宗长兴元年（930）创建，后晋高祖天福三年（938）赐额，俗名大佛寺。寺之内又有罗汉洞及罗汉塑像五百尊，元末俱为兵毁。周密《癸辛杂识》称宝相寺五百罗汉塑像甚奇古，又嘿水石龙镌刻甚精，皆故宫物也。

除此之外，汴京一带还有兴国寺、明福寺、慈孝寺、报慈寺、乾明寺、显圣寺、惠明寺、乾宁寺、两浙寺、奉圣寺、显静寺等不下十数处寺院，多毁于金季战火。

京师的繁华吸引了各方人士争相观赏，待日后归去，京师的种种奇观异象便也传至四方。京师大相国寺的壁画，因规模宏伟，技艺高超，其图本样式被视为楷模，并因此带动了地方佛寺壁画的艺术水平。近年在河北定州净众院和定州静志寺塔基下分别发现了绘于地宫内的宋代壁画，按壁间的墨书题记，静志寺塔地宫内的壁画是北宋太平兴国二年（977）绘制完成的。地宫的东、西壁分别画梵天和帝释礼佛图，门内画护法天王坐像。人物造型丰满，用笔流畅婉转而富于变化，仍有唐代道释人物画的余韵。

四、汴京道教宫观

北宋道教在太宗朝得到关注，随着宋室帝王的不断更替，道教宫观亦开始大行其道，其中较早受到宋朝王室关注的当属太一宫。

宋时的太一宫在都城共有三处，一处位于城东南之苏村，为东太一宫；一处位于城西南之八角镇，为西太一宫；一处即五岳观之旧址，为中太一宫。按宋敏求之《春明退朝录》记载，东太一宫为太宗时建，列有十殿，五福、君綦二太一处前殿，皆冠通天冠，服绛纱袍，余皆道服霓衣。西太一宫为天圣中（1023—1032）建，其前殿处五福、君綦、大游三太一，亦用通天绛纱之制，其余诸神为道冠霓衣。中太一宫熙宁五年（1072）建，内侍主塑像。当时曾请下礼院商议十太一冠服，礼院给出两套方案：其一，如东西二宫之制；其二，请尽服通天绛纱。恰好有人称亳州太清宫有唐时所塑太一塑像，上遣中使视之，乃尽服王者衣冠，于是遂诏如亳州之制。

对于最早建立的东太一宫，叶少蕴在其《石林燕语》中有所记载，称太平兴国时有司天官建言："太一式有五福、大游、小游、四神、天一、地一、直符、君綦、臣綦、民綦凡十神，皆天之贵神，而五福所临无兵疫。凡行九宫，四十五年一易，今自甲申岁入黄室巽宫，当吴分，请即苏州建宫祀之。已而，复有言今京城东南有苏村，可应姑苏之名，乃改筑于苏村。"此乃京师建太一宫之肇始，所建宫室即为东太一宫。至于西太一宫，按《宋朝会要》记载，乃建于天圣六年（1028）。时年三月司历言："五福太一自雍熙元年（984）甲申及今四十五年，太一行綦当入蜀郡之坤宫，曰黄庭，可于都城西南建祈宫。于是诏择八角镇地建西太一宫。"在京城所建三处太一宫中，中太一宫建制最晚，系神宗熙宁初（1068—1077）于五岳观旧址之上营造而成，兴建原因乃因自仁宗天圣六年（1028）至神宗熙宁五年（1072）壬子恰应太一四十五年一轮回之说，认为五福太一行綦自黄庭宫移入真室之中，其位正下临京都，故而兴建中太一宫。

以上三处太一宫均有当时绘手参与绘壁。据《图画见闻志》卷三载，蜀地的赵长元工画佛道人物兼翎毛之属，曾于东太一宫绘制贵神像以及华严院十六罗汉像。蔡州的费宗道也曾至京师太一宫参与绘事，他所绘制的主火神，被记载为“顷刻而成”。宗道的作画技能引起众工的嫉妒，被告之监牧中使，称其所画速度太快，未加斟酌。于是，中使遂令墁毁。宗道愤怒而卒。宋代著名绘手高文进在蜀平后也曾至阙下，时太宗在潜邸，多访求名艺，高文进往依焉，后以攀附授翰林待诏。未几，重修大相国寺，命文进仿高益旧本画行廊变相，及太一宫寿宁观启圣院暨开宝塔下诸功德墙壁，率皆称旨[1]。《宋朝名画评》卷一也记载称宋太宗曾敕令文进画东太乙宫贵神列位。

太一宫的兴建关乎宋室的兴衰，故而赢得了皇室的加倍关注。同样得到皇室关注的建筑还有景灵宫。宋代京城中建有两处景灵宫，分列城内端礼街之东西，宋大中祥符五年（1012）十一月，建奉艺祖以下御容在内。郭若虚《图画见闻志》称：“治平甲辰岁（1064），于景灵宫建孝严殿，奉安仁宗神御，乃鸠集画手，画诸屏扆墙壁，先是三圣神御殿两廊，图画创业戡定之功及朝廷所行大礼；次画讲肄文武之事、游豫燕享之仪。至是，又兼画一应仁宗朝辅臣吕文靖已下至节钺凡七十二人。时张龙图焘主其事，乃奏请于逐人家取影貌写之。鸳行序列，历历可识其面，于是观者莫不叹其盛美。”陕郡的冯清就曾于景灵宫北廊墙壁上绘制经变相[2]。

对于宋之景灵宫，李心传的《朝野杂记》也有所记载：景灵有东西宫，盖祖宗以来帝后神御，皆寓道释之馆。神宗元丰中（1078—1085），始仿汉原庙之制，即景灵宫之东西为六殿，每殿皆有馆御，前殿奉宣祖以下御容，而后殿以奉母后，各揭以美名。徽宗崇宁（1103—1106）初，以景灵无隙地，乃于驰道之西立西宫，以神宗为馆御首，哲宗次之，号旧宫为景灵东宫。靖康之变后，景灵宫也迁至江南。绍兴十三年（1143）二月奉安于临安，但规模已无法与汴京时相比，只能用三殿以奉圣容了。

如果说景灵宫是宋代皇室祭祀祖宗的家庙，那么，上清储祥宫则是皇室为国家子孙祈福的庙堂。太宗至道元年（995）时，上清宫成。庆历三年（1043）火，其后复修。以宫之所在为国家子孙也，因赐名：上清储祥宫，并命苏轼撰碑文以纪其事。《续资治通鉴长编》卷四百六十载苏轼碑文颁示：修宫费用皆出自禁中，此事近臣虽或知之，而外庭鲜有知者，因此令中外具知甚便。太皇太后宣谕曰：“上清储祥宫本先帝所建，意为皇嗣，今来正欲成其愿。”宋敏求《东京记》对上清储祥宫的建制记载较为详备，称：端拱元年（988）二月，太宗诏取晋邸时，太祖所赐金帛，建上清储祥宫；至道元年（995）八月，宫成，帝御书额金填其字赐之；仁宗庆历三年（1043）十一月火；熙宁、元丰间，灵惠法师王太初再营之；元祐初年（1086），宣仁太皇太后为出妆粉钱重建。

汴京城内备受北宋皇室关照的还有玉清昭应宫，该宫也是宋代史料中对宫观壁画记载最多的地方。《汴京遗迹志》卷八载，宋真宗大中祥符元年（1008），为安置天书，初议营建玉清昭应宫。本来预计工程完工需要十五年，但在丁谓的督导下，工匠们以夜继昼，每绘一壁，奖以二烛，至大中祥符七年（1014）十一月时，玉清昭应宫便已建成。建成后的玉清昭应宫共计二千六百二十楹，制度闳丽，无与伦比。为建该宫，据称，天台、雁荡数百年之大木悉数斩尽。屋宇建造的工序极严，稍不中程序，即便金碧已具，也必毁而更造，有司莫敢较其费用。宫初成之时，恰王魏公为首相，始命充使，由此可见其规

1 文渊阁《四库全书》（电子版），子部，艺术类，《图画见闻志》卷三。

2 文渊阁《四库全书》（电子版），子部，艺术类，《图画见闻志》卷四。

制之高。宫观置使也自此始。天圣七年（1029）夏六月丁未夜，大雷雨，宫内火起，至晓，宫室几尽，仅存长生、崇寿二小殿。大臣范雍、王曙等认为玉清昭应宫大火是灾变的先兆，建议舍弃此地，罢诸祷祀，以答天怒。于是，仁宗下诏不复缮修灾后的玉清昭应宫，并将长生、崇寿二小殿改为万寿观。当时恰吕申公为相，见朝廷崇奉之意稍缓，便上表请罢使名，自是宰相不复兼宫使。从大臣请罢玉清昭应宫之祀到宰相辞却宫使之职的态度，均可见玉清昭应宫的建制并未顺应众意，表明宋皇室供奉天书的举措在当时便受到了一些大臣的潜在抵制。

玉清昭应宫建构恢弘，绘事精妙。按孙升《谈圃》载，营建玉清昭应宫的余材后被用于修建五岳观，世人遂称五岳观为木天，由此亦可想见玉清昭应宫之宏壮。玉清昭应宫内所绘壁画，多用黄金。顾炎武称宋真宗作玉清昭应宫，甍栱栾楹，全以金饰，所费巨亿万，虽用金之数，亦不能全计[1]。玉清昭应宫还集有四方名画古迹，凡搜罗所得，皆置于壁龛庑下。当时的著名绘手高文进、王道真、武宗元等人，皆参与玉清昭应宫绘事。如《蜀中广记》便载称大中祥符初，文进与王道真同计度玉清昭应宫壁，当时称之。《宋朝名画评》卷一也称大中祥符初，文进参与督群工计度玉清昭应宫壁。在以上参与玉清昭应宫绘事的三人中，以武宗元名声最著。

武宗元，字总之，河南白波人。17岁时，便受丞相文惠公所请画北邙老子庙壁，颇为精神。景德末（1007），章圣皇帝营玉清昭应宫，招募天下画流，图殿庑壁，逾三千数中，其选者才百人，分为二部，武宗元为左部之长，称冠一时，故名誉益重，辈流莫不敛衽。宗元性爱丹青，早年在洛阳时，曾见长安人朱繇所画文殊队中旧有善财童子，酷爱其笔法，玩之月余，不忍去。中岳天封观置百金以求名手，宗元乘兴挥写，无毫发遗憾。他还曾于洛中南宫三圣宫东壁画十太乙，皆丈余，又于河阳广福院写迴廊庙壁。武宗元虽名声显赫，但并不经常奋笔，虽贵人名臣，日走于门，求之甚勤，未尝肯诺。京师曾有一富商高生有画癖，尝修刺拜于庭下，迨十余年，欲得水月观音一轴。宗元许之，又三年，方成，携诣高生，但高生已亡故，宗元乃焚画垂涕而去。丞相张士逊生辰时，武宗元曾送其一幅《消灾菩萨》图轴，张公张于千岁堂，秘重焉。武宗元官至虞部员外郎，留传至今的《朝元仙仗图》，据称是其手迹。除武宗元之外，张昉、王拙、庞从穆、龙章、燕贵、刘文通等人亦曾参与玉清昭应宫绘事。

张昉，字升卿，汝南人，性刚洁，不喜欢攀附他人，画学吴道子。大中祥符中（1008—1016），玉清昭应宫成，张昉在三清殿画天女奏乐像，不假朽画，奋笔立成，皆高丈余，流辈惊顾。张昉的行为最终招致他人嫉恨，谮于主考，称昉不能慎重用意，其所作所为是为了炫术，恐有效尤者。张昉因此而遭到诘问，最后不加彩绘而去，论者惜之。虽然在玉清昭应宫的壁画绘制中，张昉未得以施展其全部才能，但他于家乡开元寺所画的护法善神，得到了人们的赞誉，被称为“最为精致”。

王拙，字守拙，河东人。大中祥符初，营玉清昭应宫，募天下画流，王拙为右部第一人，与宗元为对，时人多许之。王拙绘制过五百灵官众天女朝元等壁，后均毁于火灾。王拙之子王居正，俗以其小字多呼为憨哥，学丹青有父风，擅画士女，尝于苑圃寺观众游之处，必据高隙以观士女格态。凡欲命笔，则澄思虑，故于形似为得。

庞从穆，字季和，右北平人。大中祥符初营玉清昭应宫时，被召入画山水列壁，所绘林峦草竹，溪谷磴道，莫不精备。又于空穴间作游云直上之状，为风所驾，卷舒聚散，其势不拘。后诏入图画院，从穆不就而去。

龙章，字公绚，京兆人。性敦静，好古，居尝冠带。善画虎兔，亦工佛道及冕服等，尤

1 文渊阁《四库全书》（电子版），子部，杂家类，杂考之属，《日知录》卷十一。

长于装染。玉清昭应宫成时，召其彩画列壁。当时外有玉皇尊像犹未装饰，画院僚属，争先创意，但当时负责此事的刘永珪不认为他们的创意有益，称“天帝法服，岂如是耶？”命检尽《道藏》及《真境录》，无有晓其像者。后来宫使丁朱崖置赏募工，龙章应之曰：“今京兆长洛乡北洛村古太华观有玉皇像，乃唐人杨惠塑，被九色螭罗帔，此可为法。”丁朱崖闻于上，遣使验之，果如章言，由是得装其像。工毕，龙章乞还田里，想恢复其本户租赋，但久之不报，诏入画图院，非其好也。常求食于京师，乐游坊市药人杨氏锁活虎于肆，章熟视之，命笔，一挥而成，识者惊赏之。平生所画，止有六虎而已。宋时少有及者。

燕贵，本隶册籍，工画山水，不专师法，自立一家规范，壁饰玉清昭应宫时，贵预役焉。偶暇日画山水一幅，人有告董役刘都知者，因奏补图画院祗候，实精品也。吕文靖宅厅后屏风，乃贵所画。亦有图轴传于世。

刘文通，京师人。善画屋木，真宗朝为图画院艺学，尝被旨写玉清昭应宫七贤阁，兼预画壁，为优等。

另一所汴京城内的著名宫室为朝元万寿宫，该宫位在城内汴河之侧，后被金兵所毁。周密《癸辛杂识》载朝元宫殿前有两个大石香鼎，制作高雅。并称熙春阁前原有十余座香鼎，徽宗每于熙春阁设宴，则用此烧香于阁下，香烟蟠结凡数里，有临春结绮之意。朝元宫的虚皇台下有两个青石础，刻有龙凤团花，极为工巧。台上有拜石，方广二丈许，光莹如碧玉，四畔刻龙凤，云霞环绕，内留品字，三方素地，云是宣政内醮时，徽庙立于中，林灵素、王文则居两旁。虽然《癸辛杂识》对朝元万寿宫内部是否绘有壁画并无记载，但从其对宫内遗存所记，可以看出该宫在徽宗朝所受重视的程度。以徽宗爱好衡量，朝元万寿宫内应该有所绘饰。

汴京城内比玉清昭应宫建制更早的宫观为建隆观。该观初名太清观，在大梁门外西北，周世宗所建。宋太祖以建隆改元，遂更名为建隆观，重修殿宇廊庑总一百四十有九区，后取杭州昊天上帝铜像奉安于中。真宗大中祥符元年(1008)，以唐秘书监贺知章七代孙道士某住持是观，加葺昊天上帝殿，其后皆毁于金兵。

会灵观，位于南薰门外东北，普济水门西北，创建于大中祥符五年(1012)，内设延真献殿、祝禧斋殿，西则崇元殿，以奉灵宝天尊，二夹殿则奉中茅、小茅真君，东西列五岳圣帝。五殿左右二夹殿，则奉五岳之储副佐命之山：罗浮、括苍、霍山、抱犊、少室、武当等十山真君，初名五岳观，观成后赐名为会灵。观南有奉灵园，观东有凝祥池，中有崇禧殿，观西壖有小池，中亦建崇禧殿，奉扶桑大帝、旸谷神王、洞渊龙王等神。续又增置明丽及临水二殿，后皆毁于金兵。

饱受金元兵燹的还有祥源观、醴泉观、南山观、四圣观、延真观、玉霄观、洞源观等。其中祥源观是专门供奉真武的场所。据称宋初有人于此地见龟蛇，于是营建真武堂。天禧二年(1018)，泉涌堂侧，汲之靡竭，人有疾疫者，饮之辄愈，乃就其地建观。凡六百一十三区，其正殿曰灵真，以奉真武像，加号灵慈真君。

北宋时期还有一所新增的全国性宫观，名为天庆观。大中祥符元年(1008)，真宗诏令天下以正月三日天书降临之日为天庆节。第二年十月，真宗再次下诏，令诸路州府军监关县择地建道观，并以天庆为额。真宗由天书降临到各地增设道观再到举行泰山封禅大礼，都从一个侧面反映了道教在当时王权统治中的地位。

现今，两宋时期的寺观壁画主要留存于山西和河北两地。山西高平开化寺壁画为宋代建构。河北定州开元寺塔以及静志寺塔基地宫和净众院塔基地宫壁画，亦为宋代遗留下来的宝贵财富。

第四节　宋代寺观壁画遗存

一、山西高平开化寺壁画

1. 开化寺概况

山西高平开化寺是当今硕果仅存的绘有宋代壁画的汉地佛教寺院。开化寺位于山西省高平市东北17.5公里处的舍利山腰。寺庙周围峰峦叠嶂，松柏密植，景色宜人。悠久的历史和清幽的环境使开化寺成为当地著名的名山古刹。

据《重修开化寺观音阁记》记载，开化寺初创于北齐武平二年（571）。该碑刻载："距泫城三十里有舍利山，山上建开化寺，盖武平二年创也。"但也有人认为该寺兴建于唐、五代时期，其依据为寺内的《泽州舍利山开化寺修功德记》和寺外的《大唐舍利山禅师塔铭记》，此二石碑记录了该寺在唐和五代期间由高僧大愚禅师主持兴建的经过，并明确当时的寺名为"清凉兰若"。开化寺塔林旧有"大愚禅师塔"一座，单层方形，通高约4米，每面宽1.7米。塔身下施扁平须弥座，上置基座，基座上为两层仰覆莲瓣，须弥座与基座中间雕狮子及狮奴图像。基座上方为塔身，青石质地，两侧各雕一力士，门的上部雕有二飞天。塔身东西两侧各雕一侍者，西侧所雕直棂窗下为一执壶侍女。塔身后壁刻有文字，有"禅师姓刘，法号大愚，潞城人也……"等铭文，塔铭刊刻年代为同光三年（925）岁次乙酉九月辛卯朔六日。塔林另有元至顺辛未年（1331）灵塔一座，表明由唐至元，该寺香火未绝。而《泽州府舍利山开化寺填图铭记》碑亦记称，北宋天圣八年（1030）时，该寺仍然存在，只不过寺名已由原来的清凉兰若寺改称为开化禅寺了。

开化寺坐北朝南，为两进院落，现存建筑有大悲阁、大雄宝殿、东西配殿、延宾室、讲经堂、维摩净室、观音阁等，布局较为严谨。开化寺最前端沿中轴线原建有钟楼一座，后改为大悲阁，专奉观音菩萨。大悲阁后面为大雄宝殿，居于中央。以大雄宝殿为界，寺院被分为前后两部分。前面院落有东西厢房两列，后面院落有东西配殿各三间，皆呈对称分布。后院北侧旧有演法堂，业已坍塌。演法堂的左右两侧为观音阁和维摩净室。此外，寺外东隅还有僧房、禅堂、膳房等，可供僧人日常生活所需。

大雄宝殿系开化寺主体建筑，宋代壁画便绘制于该殿之内。按开化寺所存石柱铭文和碑刻等记载可知，大雄宝殿始建于北宋熙宁六年（1073），元祐七年（1092）工毕，绍圣三年（1096）殿内壁画始作，崇宁元年（1102）记述营建过程的碑文亦撰写完成，大观四年（1110）刻碑以纪其事。后经金、元、明、清诸代修葺，存续至今。

开化寺的大雄宝殿三间见方，进深六椽，面积约1000平方米，屋顶结构为单檐九脊歇山顶，琉璃脊饰。大殿前无月台，殿内东、西、北三面皆遍绘壁画，面积达88.68平方米。画面主题以佛教故事为主，在宣扬佛法威力和因果报应的同时，亦表现儒家的孝道和社会各色人等的活动情景。对于殿内壁画，梁济海、柴泽俊、谷东方、夏淳、徐岩红、张亚洁、张康宁、皮庆生、孙文艳等人均有所关注。

2. 开化寺壁画相关研究

1981年，梁济海在《开化寺的壁画艺术》一文中，首先指出开化寺壁画题材与《大方便佛报恩经》的关系以及北宋社会世俗生活在开化寺壁画上的反映，并特别提到开化寺壁画风格是对唐宋以来中原地区壁画传统的承继。柴泽俊对开化寺的研究主要体现在《山西寺观壁画》一书中，他通过实地调研，对寺庙沿革、壁画绘制年代、保存情况、绘制内容、风格、成就及画师诸方面均作出相应探讨，研究成果成为后继者们继续探查的重要资料。谷东方是开化寺壁画诸多研究者中完全从佛教艺术角度对壁画作出解读的学者，他在多次实地调查的基础上，对开化寺大雄宝殿西壁和北壁西侧图像所蕴含的思想内涵和艺术风格进行了细致考订，比较透彻地解析出《大方便佛报恩经》与壁画图像之间的关系[1]。夏淳则在其2009年发表的《由开化寺壁画看宋代的社会风俗》一文中，从壁画中的人物、场景与故事情节出发，重点探讨了开化寺壁画所表现出的世俗化倾向。徐岩红的两篇文章《高平开化寺宋代壁画中的古船结构与特征研究》和《宋代壁画中的纺车与织机图像研究——以山西高平开化寺北宋壁画认定为例》均系从壁画具体内容入手所作的探讨，目的在于检视宋代科技成果。张亚洁、张康宁二人合写的《山西高平开化寺宋代壁画》一文，对壁画部分情节作过描述。皮庆生的《高平开化寺北宋壁画中的人文世界》在对前人研究进行梳理的基础上，重点探讨了壁画结构和其中所蕴含的人文因素。除此之外，还有一些针对建筑彩画的文章，亦颇值得关注，如李路珂的《山西高平开化寺大殿宋式彩画初探》和杨红的《开化寺彩画探查记》等。

3. 开化寺壁画绘制年代

对于开化寺壁画的绘制年代，寺内所藏的北宋大观四年（1110）的《庆赞佛殿碑永记》有所记载："以元祐壬申（1092）正月初吉绘修佛殿功德，迄于绍圣丙子（1096）重九燦然功成。"大殿内后檐明间西平柱上亦有墨书题字，共两行，为："丙子六月十五日粉此两壁。画匠郭发记并照壁。"后檐明间西平柱内侧东隅亦有墨书，称："丙子十月冬十五下手搞谷（孤）立观音，至十一月初六日描讫，来春上彩。画匠郭发记。"题记中所称的丙子，与碑刻中的记载一致，应是北宋绍圣丙子年，也即公元1096年。由此可以确定，开化寺壁画的绘制时间应在北宋绍圣年间。

4. 开化寺大雄宝殿东壁和北壁东次间壁画

开化寺大雄宝殿东壁绘制的是佛传故事，现已漫漶不清。按《泽州舍利山开化寺修功德记》碑刻所载，大雄宝殿的壁画绘制情况是：东序曰华严，扆壁曰尚生；西序曰报恩，□壁曰观音。并称，有功德数十缗，其间错综，著以善恶之缘。据谷东方的研究，开化寺大雄宝殿西壁和北壁西次间所绘内容均依据《大方便佛报恩经》而来，可视作一个整体。而大殿东壁与北壁东次间的壁画尽管破坏严重，但从仅存的内容上仍能依稀辨识出东壁系依据《华严经》而来，而北壁东次间描绘的是菩萨说法场景，这与《泽州舍利山开化寺修功德记》中所记载的"东序曰华严"，"西序曰报恩"，"□壁曰观音"的记载相符。

开化寺现存东壁壁画仅有四幅依稀可辨，从其绘制内容看应该是华严经变中的"七处九会"内容。七处九会乃佛教术语，实际上是指佛陀成道后在菩提道场等七个处所讲经说法的故事。按《华严七处九会颂释章序》载，七处乃人中三处和天上四处的合称。人中，四洲中南称为人中。三处，摩羯提国的三胜处名为三处，即菩提树下道场处、普光明法堂处、祇树给孤独园处。天上四处指欲界六天中之四天，须弥顶上四殊胜处，即须弥顶上忉利天处、自顶上方夜摩天处、兜率陀天处、他化自在天处。七处九会是华严经变中最常见题材，据《大方广佛华严经随疏演义钞》载，唐时僧人法诚在蓝谷隐居

1 谷东方：《高平开化寺北宋大方便佛报恩经变壁画内容考释》，《故宫博物院院刊》2009年第2期，第89—150页。

的时候，曾在南岭建造华严堂，内外装饰既毕，乃图画七处九会之像[1]。由此可知，唐时寺院中，《华严经》中的七处九会内容便已极为盛行。

开化寺东壁所绘的《七处九会》，现在可识别的只有《兜率天宫会》、《普光法堂会》，以及《重会普光法堂》和《三重会普光法堂》等四幅图像。东壁南起第一幅为《兜率天宫会》，此乃七处九会中的第五会。兜率天，本是欲界六天中的第四天，位于须弥山巅忉利天之上。释迦成佛之前，曾住于兜率天。未来佛弥勒，亦住于此天。释迦曾预言，称弥勒成佛时，其国土异常清净，人们丰衣足食，生活安宁幸福。凡上生兜率天之人，皆可生喜乐知足之心，人寿四千岁，三灾不及。而弥勒自己也曾发下宏愿，宣称当其为佛时，需“令我国中人民，务有诸垢瑕秽，于淫怒痴不大，殷勤奉行十善，我尔乃取无上正觉”[2]，“众生不得度，我不取佛果”。在弥勒菩萨这种大慈大悲精神的感召下，很多高僧大德、帝王百姓，均以往生兜率天为修行的终极目标。白居易曾作诗称：“海山不是吾归处，归即应归兜率天。”曾在南岭建造华严堂的法诚，贞观时示疾，亦愿往生兜率天，曰有童子相迎。最后光自口出，异香充室，怡然坐委。《贤愚经·摩诃萨埵以身施虎品第二》也称摩诃萨埵太子舍身饲虎命终后，往生兜率天。东晋时期高僧道安及其弟子法遇诸人，亦在弥勒佛像前发愿往生兜率天。从以上记载看，兜率天在佛教信徒的心中，是心所向往的往生佳境。开化寺所绘兜率天宫会，其主尊释迦如来结跏趺坐于束腰须弥座上，旁边有日月星辰、天空流云以及楼阁宫阙，另有诸多菩萨和男女供养人齐聚其间。

东壁南起第二幅为《普光法堂会》。普光法堂亦名普光明殿，是佛陀宣讲佛法之第二、第七、第八会所在。其地坚固，金刚所成。宝树行列，宫殿楼阁皆焕曜光明，遍周法界。此图画面中心即为普光明殿，三间四阿顶。释迦结禅定印端坐于殿内须弥坛的正中，两边迦叶、阿难二弟子合掌侍立，再外侧为文殊、普贤二菩萨分别侍坐于左右，另有十菩萨胁侍。佛陀背后佛光万道，其中九道直冲霄汉。普光明殿殿顶两隅为行进中的菩萨天人众。殿宇后面又绘一建筑，但其具体构造已隐匿于云雾之中。普光明殿外左右两侧，侍立四大天王及护法金刚众，殿前为众多跪坐听经的菩萨、帝释、梵天等。听法众人中间位置绘有一白色方框，应为墨书榜题处，但无字迹。白色方框下面有雄狮、供桌等物。供桌的下方为两组世俗人士装扮的中年夫妇，各携带二童男童女，分别在僧人、女尼的带领下跪听释迦教诲。此两组人物身后亦有护法神将伫立。

图 3-4-1　观世音法会，北宋，位于山西高平市开化寺大雄宝殿北壁东部

开化寺东壁第三幅和第四幅画

1《大正新修大藏经》（电子版）第36册，No.1736，《大方广佛华严经随疏演义钞》。

2《大正新修大藏经》（电子版）第12册，No.0349，《弥勒菩萨所问本愿经》。

图 3-4-2　伎乐，北宋，位于山西高平市开化寺大雄宝殿北壁东部

面分别为《重会普光法堂》和《三重会普光法堂》。画面以释迦和文殊、普贤为主题，两侧为二弟子及诸位胁侍菩萨，侧旁有天王、金刚护持。释迦众人的上隅为乘云飞翔的飞天，下面为听法的僧尼众。在《三重会普光法堂》的画面上，佛像的外围还有十二圆觉菩萨环列而坐，并有八大金刚司守。

大雄宝殿北壁东次间表现的是观世音菩萨在普陀山成道之时举办法会的盛况（图3-4-1）。画面为一座三进寺院，第一院为二层高阁，下为厚壁，上为高阁。第二院高壁露台，两侧有花坛相对，法堂居于正中。第三院位居上方，左右分立两层歇山顶楼阁建筑，正中为庄严巍峨的观音阁，阁内中央的莲花座上端坐观世音菩萨，其左右分列胁侍菩萨，法座前为十二圆觉、四大天王、护法金刚众。阁后为十大弟子，分为两部分。另有四菩萨乘云而降，二金刚司职而守。观音阁前还有乐伎弹奏、舞伎起舞，场景十分热闹（图3-4-2）。寺院两侧有“西方三圣”和禅堂，下部还有男女邑子共39人。整幅画面错落有致，极具匠心，应该是壁画绘制者精心构思后的结果。

5. 开化寺大雄宝殿西壁壁画

开化寺大雄宝殿西壁概况

开化寺大雄宝殿西壁壁画由南至北共分为三组，每组的中间部分为说法图，每组说法图各有一位主尊，正端坐于莲台之上为众说法（图3-4-3）。说法图两侧为各类报恩经变故事，壁画题材主要取自《大方便佛报恩经》。南侧第一组说法图（图3-4-4）主尊头顶上方两隅有四道金光，每道金光均指向一组如来佛，各有榜题，由北至南分别为：

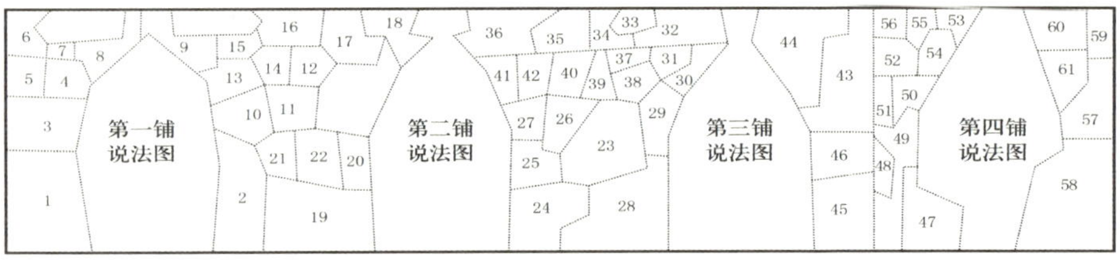

图 3-4-3　高平开化寺西壁及北壁西部图像布局示意图
（据谷东方《高平开化寺北宋大方便佛报恩经变壁画内容考释》图六，其中六幅图像有所调整）

东方世界名上胜佛号喜王如来、北方有世界名自在称王佛号红莲花光如来、南方光德世界佛号思惟相如来、西方净住世界佛号日月灯光如来。以上四位如来均作说法状坐于台座之上，台座前置供桌，上有祭品，两侧为合掌侍立的听法信众与僧人。

图 3-4-4　西壁说法图之一，北宋，位于山西高平市开化寺大雄宝殿西壁南侧

按《大方便佛报恩经》卷一《序品》载，世尊说法时，曾从其面门放五色光：尔时，过于东方无量百千万亿佛土，彼有世界，名曰上胜，其佛号曰喜王如来……；尔时，如来复放一光直照南方，过八十万亿诸佛国土，有世界名曰光德，彼中有佛，号曰思惟相如来……；尔时，如来复放大光，直照西方，过无量百千万亿诸佛国土，有世界名净住，其佛号曰日月灯光如来……；尔时，释迦如来五色光明照于北方，过五百万亿那由他诸佛国土，有世界名自在称王，其中有佛，号曰红莲华光如来。四位如来各属一方，其所处树林间均敷师子座，高一由旬[1]，以七宝校饰之，复以天衣重敷其上，烧天宝香，诸天宝华遍布其地。四位如来于师子座上结跏趺坐。

四位如来的中间部位标有一榜题，上面墨书须阇提太子故事中太子身体恢复如初一节内容。榜题下面是一座颇具北宋范宽样式山水气象的大山，山顶与山腰白云缭绕，山顶上还有绿色植物苍翠欲滴。山之下部为一宝盖，端严华美，遍饰璎珞和花朵。宝盖下面，也即画面主尊背后为四株茂盛的果树，枝头繁花似锦。主尊前面为一供案，上置七物，除鲜花依稀可辨外，其他多已残损，模糊不清。佛身下的台座和前面供案均缀饰珠宝，极为奢华。供案下跪一着绿袍的年轻弟子，面向佛陀，背朝画面。有研究者认为该弟子为阿难，并称此画是对《报恩经》缘起部分的描述。

按《大方便佛报恩经》卷一《序品》载，在四方神众于佛陀的感召下前来听法时，“尊者阿难观察众心，亦咸皆有疑。欲显发如来方便密行故，并欲为未来一切众生开其慧眼故，欲令一切众生渡渴爱海得至彼岸永得安乐故，欲令众生念识父母师长重恩故。即从座起整衣服，偏袒右肩，胡跪合掌而白佛言：‘世尊，阿难事佛已来，未曾见佛笑，笑必有意，愿佛示之，愿佛说之，断除如是大众疑网。’”于是，“尔时，大众之中有七宝莲华从地化生，白银为茎，黄金为叶，甄叔迦宝以为其台，真珠罗网，次第庄严。尔时，释迦如来即从座起升花台上，结跏趺坐，即现净身”。所以，此处壁画中所出现的佛陀、阿难及两侧听法者，应是对以上场景的具体反映。而画面中的大山，即为佛陀所在的王舍城耆阇崛山。

1 由旬，古代印度计量长度的单位，据《大唐西域记》卷二载，一由旬指帝王行军一日之路程，相当于一只公牛走了一天的距离，有11公里、16公里及40里之说。

开化寺西壁第一铺说法图及报恩经变故事

第一铺说法图人物众多，按画面布局可分为上中下三个部分。上、中两部分以佛前供案为分界线，供案上面部分以佛与左右胁侍菩萨为主，三者均为坐像，造型端庄，神态安详。主尊结跏趺坐于束腰仰莲台座之上，袒露胸部，内着僧祇支，外着红色袈裟，腰间束带，正左手抚膝，右手施无畏印，佛的头顶有青绀色螺发，螺发中间结髻珠，眉间有白毫，双眼微垂，似在下视。佛的唇部和下颌饰有蝌蚪胡，双耳下垂至肩部，面相平和，颈间有三道圆弧状纹。佛的背光为白色圆环，头光两重，身光三重，外缘饰有火焰纹。佛之左侧菩萨合掌，右侧菩萨持物，惜已毁损，从毁损形状看似为如意。二菩萨均头戴宝冠，眉间生白毫，胸前饰璎珞，裸足踏于莲台之上。二胁侍菩萨身边，是与他们一起意欲聆听佛法的诸弟子、菩萨、帝释、梵天以及天王众。前来听法的弟子，除去供案下跪立的年轻弟子外尚有九人立于佛陀身侧，左五右四，均合掌挺立，身后为天龙八部等众。左侧最上层靠近佛陀的是一位项长三头、散发，左手托日，右手托月者，当为阿修罗；其身边第二位携一鸟，当为迦楼罗；下面还有携龙者，当为龙天。而两侧戴通天冠、捧笏者，当为帝释和梵天，另有抚剑武士数人。按《大方便佛报恩经》卷一《序品》载：佛说法时，各路菩萨及其百千眷属俱来听法，复有无量百千欲界诸天子等，各与眷属俱。当时诸天上微妙香华，有天伎乐住虚空中。诸天、龙、夜叉、乾闼婆、阿修罗、迦楼罗、紧那罗、摩睺罗伽、人非人等，各与若干百千眷属俱，各礼佛足，退坐一面。尔时如来大众围绕，供养恭敬，尊重赞叹。现在画面上所出现的佛陀及其身边所立众人，应是依据该经而来。

供案下面为第一组说法图的中间部分，共绘有二十九人，中间为跪立于佛陀面前的年轻弟子，其左右两侧各一单膝跪于仰莲之上的供养菩萨，两位供养菩萨身后分别为诸帝王、诸王后及僧尼众。两侧众人上方又各立一持幡侍女。此部分应是对《大方便佛报恩经》中“复有无量百千欲界诸天子等，各与眷属俱”场景的描述。

第一组说法图的最下一组人物位于栏杆及台阶处，共计15人。栏杆上刻有祥云、花卉等纹饰，栏杆两侧为台阶，其中左侧台阶处人物图像残损严重，只依稀可见大约五位着长衫的男子，其后另有三人侍立，一绿袍黑帽男子在前，一黑衣女子居中，手捧一盒，女子身后似为一侍女。该组图像的右侧构图与左侧类似，台阶之上为五位合掌女子，其后为一着蓝袍戴黑帽的男子，男子身后为一黑衣女子。从人物服饰、姿态及所执之物看，这组人物似为供养人。

说法图下面两隅各植一树，枝繁叶茂，上生云气，一直延绵至上面的山顶，从而将说法图除四位如来以外的各个部分紧密联系在一起。

第一组说法图除了主尊说法部分外，其外围图像主要描述的是须阇提太子本生故事。故事开启于图1的《阿难颂孝》部分，该部分图像已漫漶不清，从仅存的图像可以看到画面上部绘有一个摆满货物的店铺，店内两人，店外一人立于柜台前，店铺右侧悬有“王舍□程代□花铺”招牌，招牌旁亦站立一人。画面下部中间部位立一比丘，其对面为一男子，身着圆领窄袖黄袍，右手置于胸前。男子右侧立一身穿短褐，背负一人的男子，二人背后又立有数人，因画面漫漶，无法确定具体人数。比丘身后立两人。从画面构图看，比丘系众人的核心，众人目光皆聚于其身。该幅图像的左上方绘有榜题框。

按《大方便佛报恩经》卷一《序品》载：阿难曾承佛威神，于晨朝时入王舍城，次第乞食。尔时，城中有一婆罗门子，孝养父母，其家衰丧，家计荡尽，担负老母，亦次第行乞，若得好食，香美果瓜，仰奉于母；若得恶食，萎菜干果，而自食之。阿难见之，心生欢喜，偈赞此人：“善哉！善哉！善男子！供养父母，奇特难及！”当时有一梵志，是六师徒党，为人非常聪辩，悉能通达四围陀典、历数算计、占相吉凶、阴阳改变，豫知人心。

亦是大众唱导之师，多人瞻奉，执着邪论，为利养故，残灭正法，心怀嫉妒，毁佛法众，对阿难说："汝师瞿昙，诸释种子，自言善好，有大功德，唯有空名，而无实行。汝师瞿昙实是恶人，适生一七，其母命终，岂非恶人也？逾出宫城，父王苦恼，生狂痴心，迷闷躃地，以水洒面，七日方能醒悟。'云何今日失我所生？'举声大哭，悲泪而言：'国是汝有。吾唯有汝一子，云何舍我，入于深山？'汝师瞿昙，不知恩分，而不顾录，遂前而去，是故当知是不孝人。父王为立宫殿，纳娶瞿夷，而不行妇人之礼，令其愁毒，是故当知无恩分人。"梵志的话使阿难心生惭愧，乞食已，还诣佛所，头面礼足，却住一面，合掌白佛言："世尊！佛法之中，颇有孝养父母不耶？"佛问阿难："谁教汝，令发是问？诸天神耶？人耶？非人耶？汝为自以智力问于如来耶？"阿难如实回答后，佛陀开始为阿难、菩萨等众讲授《大方便佛报恩经》。所以，从《大方便佛报恩经》卷一《序品》的描述可以看出，开化寺大雄宝殿西壁第一幅说法图右侧下方的壁画内容当为阿难在王舍城礼赞婆罗门子的孝行，并遭遇六师诘难的场景。该图为西壁《报恩经变》画的缘起。

《阿难颂孝》图像外，围绕第一幅说法图的左右两侧及上部的图2—图9画面，依次描述了须阇提太子本生故事中的八个场景。须阇提太子本生故事来源于《贤愚经·须阇提品》，主要讲述了特叉尸利国国王在位时遭大臣罗睺谋害，其子逃脱并复国的故事。当时，罗睺诛杀了除最小的太子善住外的所有特叉尸利国王太子。善住因得到药叉告诫而得以避免祸患，匆忙中备好七日食粮，与妻子及幼子须阇提仓惶逃亡他国。但在选择前往他国的路途时因慌乱而误入十四日道中，中途粮尽，饥饿难耐。善住怜其幼子，欲杀其妇，以保存自己和儿子。当其拔刀杀妻之际，太子须阇提发现了父亲的用意，苦劝父亲放弃杀妻，愿以自身之肉奉食父母，最后肉食殆尽，仅剩骨头、眼、舌等，又分为三份尽数施舍。须阇提的行为最终感化了前来一试真假的帝释天，其身体得以恢复如初，后在他人的帮助下善住父子铲除了奸臣罗睺，其国丰乐。

须阇提太子本生故事2（图2）描绘了两位正仓皇出逃的男子，后面有一队持矛兵卒正策马追赶，另一队士兵行进于山中。该处榜题曰："尔时波罗奈国大王……/曰罗……复遣四兵往……第一太子……"按《大方便佛报恩经》载，该场面应该是罗睺派兵追杀大太子、二太子的情形。其中仓皇奔逃堪堪毙命者当为大太子和二太子。山中行进的兵丁有可能是奉命前去捕杀善住太子的队伍。

须阇提太子本生故事3（图3）描述的是善住太子得到宫殿神（《贤愚经·须阇提品》中负责报信的为药叉）告诫的场景。画面正中一男子正与四侍者站立在宫殿外台基之上，合掌向空中一披戴甲胄的神祇致礼。其下方院落中有执扇仪仗侍卫四人，旁有榜题曰："尔时，守宫神语大王言：'大王知罗睺大臣，/□□恶逆，□夺国位，煞父王□□□/□兵，侍捕二兄，已断命根，军马不久当/至，大王今者何不逃命去也。'尔时，大王/闻是语已，心惊毛竖，躃地闷绝，良久乃/苏。微声报虚空中言：'卿是何人？但闻/其声，不见其形。'即报王言：'吾是守殿宫神。'"

须阇提太子本生故事4（图4）描绘的是善住得知消息后在后宫内心纠结的场景。画面中的善住太子坐于亭内，两膝间立一小孩，他们的前方为一女子，当为善住之妻。此幅画面上的榜题称："尔时，波罗奈□□大王生一太子，字须阇/提，聪明慈仁，好喜布施。太子身黄金色，/人相具足，年始七岁。其父爱念，目不暂/舍。尔时，大王即入宫中，呼须阇提太子，抱着膝上，粗复惊起，而复还坐。尔时，夫人见其大王不安，似恐怖状，即前问言：'大王今/□□祥之相，愿见告语。'王言：'吾所有事，非汝所知。'"

须阇提太子本生故事5（图5）描绘的是善住告知妻子和太子事情始末后，三人逃亡郊外的场景。画面正中为一拱形桥，拱桥两端为善住一家出逃的两个画面。一个画面善住手拉太子，在前面行走，已至桥边，其妻紧随其后。另一组画面为其离开拱桥的场景。该幅画面的榜题为："尔时，大王而自思念，欲投他国/而有两道，一□行满七日乃/至他国，一道⺆由十四日。既便/盛七日路粮，微服□□⼐外/复还宫，呼须阇提太子，即/出近路。夫人亦随后从之而去。”从画面构成看，桥很可能是善住逃亡途中七日与十四日道路的分界线。桥附近的场景表明这时他们已经身处郊外。

须阇提太子本生故事6（图6）描绘的是善住一家在逃亡途中弹尽粮绝，善住欲杀妻以保全太子及自身的场景。画面中夫人一边在前面行走，一边往后看，表情惊恐。站在其后面的善住则一面拔剑，一面将头转向太子。太子双手紧紧拉住国王的右肘，作阻止状。榜题上写作：“尔时，□王本意，盛一人七日路粮。/三人共食，悟（误）入十四日道，粮食至/已尽，前路由（犹）远。是时大王与夫/人举声大哭，怪哉怪哉！苦哉苦哉！云/何今日受此穷厄，正欲前进，/前进饥渴所逼。尔时，大王欲煞/夫人，续其子命，太子捉王手发誓。”

须阇提太子本生故事7（图7）描绘的是太子割肉奉养父母的场景。画面中太子正用剑在自己的腿上割肉，其父母并排跽坐于太子面前，作掩面状。该处榜题为：“尔时，须阇提谏父母言：□者/欲求一愿，若见违者，非慈父/母也。尔时，大王语太子言，不逆/汝□。须阐提言，欲借父王龙剑，/就儿身上割三斤肉，分作三人分，/二分奉上父母，一分儿自食之。”

须阇提太子本生故事8（图8）描绘的是须阇提太子裸身坐在地上，周围有虎、狼、狮子等动物。其前面有一戴通天冠的神祇正用手指向太子，该神祇两侧各有一执幡童子。左侧下方为掩面离开的善住夫妻，上方还有乘云而去的三位神祇。该处榜题曰：“尔时太子，于身体支节间剜/□□肉，已济父母，余命未断，发/声立誓，愿我父母常得十余/福，发是愿时，六种震动。尔时，/天帝释，化作师子虎狼，故来/问太子，能舍身供养父母处。”

须阇提太子本生故事9（图9）描绘的是善住得到他国帮助意欲复国，在返国途中寻得须阇提太子的场景。该画面分为两个部分，一部分描述的是善住和友邻国王正相互致礼场景，夫人立于善住身后，周围为七位侍者。另一部分描述的是合掌而立的太子，太子对面为二国王，其中一王正张开双臂，周围为八位披甲执矛兵士。画面的右侧标有榜题，称：“尔时大王得达/邻国，向彼国说上/事因缘。王给四兵/顺路寻觅，遥见/其子平复端正倍常。”此题榜与《大方便佛报恩经》卷一《孝养品》所载内容一致。按《大方便佛报恩经》载：“尔时，王及夫人得到邻国。时，彼国王远出奉迎，供给所须，称意与之。尔时，大王向彼国王说上事因缘，如吾子身肉孝养父母，其事如是。时，彼邻国王闻是语已，感须阇提太子难舍能舍身体肉血供养父母，孝养如是，感其慈孝故，即合四兵，还与彼王伐罗睺罗。尔时，大王即将四兵，顺路还归，至与须阇提太子别处，即自念言：‘吾子亦当死矣！今当收取身骨，还归本国。’举声悲哭，随路求觅，遥见其子身体平复，端正倍常，即前抱持，悲喜交集，语太子言：‘汝犹活也！’尔时，须阇提具以上事向父母说，父母欢喜，共载大象，还归本国。以须阇提福德力故，伐得本国，即立须阇提太子为王。”[1]

开化寺西壁第二铺说法图及报恩经变故事

开化寺西壁第二组说法图（图3-4-5）与第一组类似，佛陀结跏趺坐于亞字形基坛的仰莲台座之上，佛上方悬一宝盖，宝盖周边为一组祥云，宝盖后面为一人两小二座山头，三山与宝盖被两位飞天所带的云气所包围。云端之上靠近壁画上缘处描绘了释迦为母亲摩耶夫人并诸天众上升忉利大说法九十日的故事。画面正中为结跏趺坐的释迦牟尼，其所坐莲台呈亞字型，莲台左右各有六位女子，每组三人，均着宽衣大袖。此处

1《大正新修大藏经》（电子版）第3册，No.0156，《大方便佛报恩经》。

壁画应系按《大方便佛报恩经》卷三《论议品》第五所载内容而来。《大方便佛报恩经》卷三《论议品》第五载："尔时如来为母摩耶夫人并诸天众说法九十日。"

西壁第二组说法图的右上方还有一铺《授记图》。画面中心位置为一身披黄色袈裟，合掌立佛，其对面上方为一站立于云端身披袈裟的袒胸立佛。上方佛的额上白毫正放射出一道光束照射在下方佛的头部。下方佛立于莲花台座升起的云头上，莲台下为须弥座基坛，基坛周围由栏杆围合而成的空间内分布着五组人物。第一组为坛座前后四位着窄袖袍的男子，他们正将坛座抬在肩上，其中一位男子被坛座遮蔽。坛座左侧一组人物为五位女性，三位捧物，两位执幡。坛座右侧共两组人物，一组为四比丘，一组为六位身穿袍服的男子，有研究者认为他们是六师。坛座后方与空中立佛相对的地方站立三排男子，正目视立佛，这些人有的捧笏，有的执仗，有的合掌，均呈崇奉之态。其前排中间部位着蓝袍者体量较大，似为这组人群中的主要人物。

图 3-4-5　西壁说法图之二，北宋，位于山西高平市开化寺大雄宝殿西壁中部

按《大方便佛报恩经》卷三载：优填大王恋慕如来，心怀愁毒，即以牛头旃檀，摽像如来所有色身，礼事供养，如佛在时无有异也。尔时大王召诸六师，卜问如来为何所在。……如来从天来下至阎浮提，无量百千诸天，随从如来放大光明，神力感动作天伎乐百千万种。……一切大众皆悉云集礼拜供养。尔时优填大王大众围绕远迎如来，头面礼足却住一面。……尔时六师作是念已，与其徒众八千人俱，前后围绕往诣大众，到已却坐一面。从此图所呈现的场景看，似是对《大方便佛报恩经》卷三内容的描绘。莲花座上的佛像很可能便是优填王所造的旃檀佛像，而莲座后面体量高大的着蓝袍者很可能便是优填王。对于优填王雕刻旃檀佛像之事，《大正藏》卷四十之《四分律行事钞资持记》亦有记载，该经为大宋余杭沙门释元照所撰，称："优填王闻佛下天，将像至宝阶所。像即迎佛自行七步，佛为摩顶授记。"

在第二铺说法图的画面正中，即说法的佛陀面前，立有一佛塔，该佛塔为木构楼阁式，平面呈六角形，中央为门，两侧为窗，塔高三层，逐层向上收杀。塔下方绘有方形榜题框，无字迹。塔左侧下方坐有六位男子，大都望向佛塔。塔的右下方绘一菩萨，身披帔帛，赤足，合掌跪坐，亦望向塔身。

关于该佛塔，《大方便佛报恩经》卷三有明确记载，称释迦为母说法后下降至阎浮提，当时："大众瞻仰如来，目不暂舍。如来尔时三昧宴默，一切大众亦皆默然。于大众中，有七宝塔从地踊出，住在空中，无数幢幡而悬其上，百千宝铃不鼓自鸣，微风吹动，出微妙音。"

佛塔的涌出引起众人的好奇，皆有"以何因缘，有此宝塔从地踊出"的疑问。当时弥勒菩萨观察众心，发现大家咸皆有疑，自亦未了，即从座起，往到佛前，头面礼足，合掌向佛，而作是言："世尊！以何因缘有此宝塔从地踊出？"由此引起佛对其前世身为忍辱太子故事的追忆。

忍辱太子的故事绘制于第一组说法图与第二组说法图的中间位置，与之一起环列丁第二组说法图的还有华色比丘尼和转轮王舍身供佛两个本生经变故事以及善事太子本生经变故事的局部。其中，图10和图11重点描绘了忍辱太子断骨出髓为父治病事迹。图10绘一青年男子端坐于亭中，其周边为四位侍者。亭子前面的台阶下站立六位官员，似正向亭内青年汇报着什么。

按《大方便佛报恩经》卷五《论议品》记载，在波罗奈国，其大王："聪叡仁贤，常以正法治国，不枉人民。王主六十小国、八百聚落。王了无子。王自供养奉事山神、树神、一切神祇，经十二年不懈不息，求索有子。第一夫人便觉有娠，十月足满生一男儿。其子端正，人相具足。生已召诸大臣、诸小国王，占相吉凶，即为立字。以其太子性善不瞋，名曰忍辱。忍辱太子其年长大，好喜布施，聪明慈仁，于诸众生等生慈心。尔时大王有六大臣，其性暴恶，奸诡佞谄，枉横无道，人民厌患。时六大臣自知于行有违，常怀嫉妒，憎恶太子。尔时大王身婴重病，苦恼憔悴，命在旦夕。忍辱太子往告诸臣：'父王困笃，今当奈何？'诸臣闻已，心生瞋恚，报太子言：'王命不久。何以故？欲求妙药，不可得故，是以当知命去不远。'太子闻已，心生苦恼，闷绝躃地。时六大臣即入静室，共谋议言：'忍辱太子不除去者，我等终不得安隐也。'作是念已，第一大臣言：'忍辱太子无事可除。'一臣复言：'我有方便能除去之。'即往太子所，报太子言：'臣向在外，于六十小国八百聚落中求觅药草，了不能得。'太子问言：'所求药草为是何物？'大臣报言：'太子当知，求药草者，正是从生至终不瞋人眼睛及其人髓。若得此药，得全王命；若不得者，命在不久。于诸国土无有此人。'太子闻已，心生忧恼，即报大臣：'今我身者似是其人。何以故？我从生已来未曾有瞋。'大臣言：'太子若是其人者，此事亦难。何以故？天下所重莫若己身。'太子言：'不如诸臣所言也。但使父王病得损者，假使舍百千身，亦不为难，况我今日此秽身也？'大臣报言：'如此之事，随太子意。'"

从图10所绘场景看，似是六位大臣至太子所，向太子汇报需取不瞋之人眼睛及人髓为大王医治之事。亭内年轻男子当为忍辱太子，六位官员即为六大臣。

图11绘制了三个场景，上面两个场景，下面一个场景（图3-4-6）。上面两个场景中，位于左侧的场景描绘了忍辱太子断骨出髓画面。太子坐于椅上，伸出左臂，其右臂已残。太子前面为一男子，举刀欲砍太子左臂。右侧屋宇内为一病态男子，正萎坐于榻上，其身边坐一女性，地下站立数位女性侍者。两处屋宇的室外台阶栏杆处绘一躺卧的男子，身上覆有锦被，其头两侧为二掩面哭泣者。

该幅画面靠上部位绘有榜题框，惜无字迹。按《大方便佛报恩经》卷三《论议品》第五载，忍辱太子决定为父剜目出髓治病后："即入宫中，到其母所，头面礼足，合掌向母，而作是言：'今者此身，欲为父王作治病药。恐其身命不得存立，是故与母共别。愿母莫忧苦，恋慕其子。'其母闻是语已，心生闷绝，忘失四方，譬如人噎，又不得咽，不能劝进，又不得吐，不能劝止。即前抱其太子，闷绝，以冷水洒面，良久乃苏。尔时太子白其母言：'父王身命，须臾之间，不得久停。宜时速办，令王服之。'尔时太子即呼大臣、诸小国王，于大众中，即宣此言：'我身今者与大众别。'尔时大臣即呼旃陀罗，断骨出髓，剜其两目。尔时大臣即捣此药，奉上大王。"忍辱太子之父服药之后，病得痊愈，便问诸大臣："汝等于何得此妙药，除我患苦，得全身命？"大臣回答说："今此药者，忍辱太子之所办耳。非诸臣力所堪办也。"王闻是语，心惊毛竖，微声问诸臣言："忍辱太子今在何所？"大臣答言："太子今者在外，身体伤损，命不云远。"王闻是语，举声大哭："怪哉！怪哉！"自投于地，尘土坌身："如我今者，实自无情，云何乃能服此子药？"往到子所，其命已终。王及夫人及诸臣民，无量大众前后围绕。其母懊恼，投身死尸："以我宿世有诸过恶，今令子身受是苦也。今我身者，何不碎末如尘，乃令我子丧失身命。"

图 3-4-6　忍辱太子断骨出髓为父治病，北宋，位于山西高平市开化寺大雄宝殿西壁中部

当时，忍辱太子之父及诸小王即以牛头栴檀香木为太子收敛所有身骨，复以七宝起塔供养。

图11即是描绘释迦前生身为忍辱太子时为父断臂出髓、其父食药康复继而哀悼其子的故事。说法图主尊面前的七宝塔当为收敛忍辱太子遗骸所建的宝塔，其主旨即为倡导忍辱太子舍生尽孝的大德。

与忍辱太子本生故事同列第二组说法图一侧的还有《华色比丘尼因缘故事》。据《大方便佛报恩经》卷五《慈品》第七载，华色比丘尼曾向被自己度化的五百比丘尼自述未出家前之身世，称：

> 我在家时，是舍卫国人。父母嫁我与北方人。彼国风俗，其妇有娠，垂欲产时，还父母家。如是次第数年生子，后复有娠。垂产之日，皆乘车马，夫妻相将，归父母家。中路有河，其水瀑长。其路旷绝，多诸贼难。既至河已，不能得渡，住宿岸边。于初夜时，我腹卒痛，即便起坐。未久之间，即便娩身，生一男儿。岸边草中有大毒蛇闻新血香，即来趣我。未至我所，我夫及奴眠在道中。蛇至奴所，寻便螫杀；前至夫所，夫眠不觉，亦螫杀夫。我时唱唤："蛇来！蛇来！"唤夫不应，夫奴已死。尔时毒蛇亦螫牛马。至日出已，其夫身体膖胀烂坏，骨节解散，狼藉在地。忧悲恐怖，闷绝躄地，举声大哭，以手搥胸，自拔头发，尘土坌身。寻复闷绝，举身投骨。如是忧苦，经留数日，独在岸边，其水渐小。荷负小儿，以手牵持，其新产者，以裙盛之，衔着口中，即前入水。正到河半，反视大儿，见一猛虎奔走驰逐，开口唱唤，口即失裙，婴儿没水。以手探摸，而竟不获，其背上者，失手落水，寻复没丧，其岸上者为虎所食。我见是已，心肝分裂，口吐热血，举声大哭："怪哉！怪哉！我今一旦见此祸酷！"即到岸上，闷绝躄地。
>
> 未久之间，有大伴至。尔时伴中有一长者是我父母旧所知识。我即前问父母消息。

尔时长者即答我言：“汝父母家昨夜失火，所烧荡尽，父母亦丧。”我闻是已，闷绝躄地，良久乃稣。未久之间，有五百群贼即坏众伴。尔时贼主便将我去。作贼主妇法，常使守门，若有缓急，为人所逐，须速开门。

后于一时，夫与群贼共行抄劫。尔时财主王及聚落并力驰逐，即还其家。尔时其妇在其舍内，娩娠生子。夫在门外再三唤已，内无人开门。

尔时贼主即作是念：“今此妇者，欲危害我。”思惟是已，即缘墙入，语其妇言：“以何事故，不开门耶？”妇言：“以产生故，而不及耳。”尔时贼主见是事已，瞋恚小息，语其妇言：“人有娠者，便当有子。汝为产故，危害于我，用是子为？速往杀之。”尔时其妇心生怜愍，不忍杀之。

尔时贼主寻拔刀斫，解断手足，语其妇言：“汝可还噉？若不食者，当断汝头。”尔时其妇以恐怖故，即还食之。既还食已，瞋恚便息。

其夫于后，续复劫盗，为王所得，即治其罪。治贼之法，要断其命，合妇生埋。我时身体着妙璎珞。尔时有人贪利璎珞，于后夜时，即便开冢，取我璎珞，并将我去。复经少时，王家伺官即伺捉得，以律断之，如治贼罪。治贼罪法，即断其命，合妇生埋。埋之不固，于后夜时，多诸虎狼，把发冢开，食噉死尸。我因此故，寻时得出。既得出已，荒错迷闷，不知东西，即便驰走。路见多人，即便问言：“诸人当知我今苦恼。何处能有忘忧除患？”时有长老婆罗门等，以怜愍心，即语我言：“曾闻释迦牟尼佛法之中，多诸安隐，无诸衰恼。”我闻是已，心生欢喜，诣大爱道憍昙弥比丘尼所出家。次第修习，即得道果，三明六通，具八解脱。以是因缘，汝等当知我在家时勤苦如是。以是因缘自致得道。

开化寺西壁第一组与第二组说法图间所绘《华色比丘尼因缘故事》，便是依据以上内容节选而成。图12（图3-4-7）绘一比丘尼趺坐于方榻之上，一手抚膝，一手上举，作说法状。其对面立五位合掌女子，其右侧为五比丘尼合掌趺坐于席上。其左侧另有三位男子合掌坐于席上。华色比丘尼左侧绘一榜题框，无字迹。按《大方便佛报恩经》卷五《慈品》第七所载，此图描述的应为华色比丘尼说法之缘起，其对面五位合掌女子及右侧五比丘尼当系其度化前后五百释女之代表，而左侧男子及龙神，当为其请召的有缘天龙、鬼神、人及非人等。

图13描绘了华色比丘尼携子渡河的情景。华色比丘尼背负一子，口衔裙角，裙内盛一子，正回首站立在河水中间，其身后河岸上一只猛虎扑向其立于河边的幼子，幼子一边惊恐地回望猛虎，一边向前伸出双手，似在呼唤母亲，寻求帮助。画面集中描写了华色比丘尼瞬间即将痛失三子的场景。

图14绘华色比丘尼与五位行旅装束的男子相向而立，五人身后上方画面出现五位肩负长矛，短褐打扮的男子，正向华色众人奔来。此图当是描述华色回家途中遇到熟人，得知父母死于非命的消息。正言谈间，适值五百强盗抢掠，华色即将被掠走的场景。

图15图像残损，从仅存的部分推测，应是强盗被财主、王及聚落并力驱逐的场景。

图16绘一处院落，门口、墙头及室内绘同一短褐佩剑男子。室内，男子位于右侧，坐一凳上，华色位于左侧，正盘坐于地，面前为一案板，上置被肢解的婴儿，华色一手放于口边，似正在盗首强迫下啖食自己的孩子。

图17绘华色与其夫被行刑的场景。画面正中绘一方形土坑，华色与贼首均被剥去上衣，负枷行至行刑处。周围为押解他们的官吏及看热闹的人群（图3-4-8）。

图18描绘了华色第二次被活埋后为虎狼盗食幸而得救后皈依佛门的场景。画面右侧表现的是华色再次被埋场景，华色位于坑中，仅露肩部以上，两虎一狼正向其奔来。中间画面绘裸露上身的华色正向对面的人群咨询事情，右侧画面表现的是华色与众比

图 3-4-7　华色比丘尼因缘故事，北宋，位于山西高平市开化寺大雄宝殿西壁中部

图 3-4-8　刑场，北宋，位于山西高平市开化寺大雄宝殿西壁中部

丘尼在一起，表示其即将皈依佛门。

综上所述，图12—图18，均是围绕华色比丘尼的因缘故事展开的画面，七幅画面，穷尽华色比丘尼一生遭遇。

继华色比丘尼故事之后，开化寺西壁还描绘了转轮圣王的故事。

图19描绘了一穿长袍的男子端坐殿内，其身边及殿外为众多文武官员和侍者。场面正中有榜题，曰："尔时转轮圣王为求佛法故，□阎□/遍处宣令，谁解佛法，皆□□□/国中□□婆罗门解知佛法。王遣/使往诣婆罗门问言：'大德解佛法/耶？'答言：'解耳。'□□言，大□轮王欲相/顾命，惟愿□师，□□德往彼转轮/王所。时转轮王远出奉迎之处。"

转轮王故事在《大方便佛报恩经》卷二《对治品》第三中有详细记载，称转轮王曾发善心救助因旱灾而挨饿的人群，却因所施食物中掺入了豢养毒蛇的井水而使众人丧生。转轮王忧恚懊恼不止，便发愿道："我今应当求索无上佛法、出世间法，令诸众生读诵玩习，远离生死，得至涅槃。"为求佛法，转轮王遍寻世间大德，终于在一小国中找到一位声称可以解得佛法的婆罗门，并延请该人至转轮王所。当转轮王请求婆罗门为其解说佛法时，婆罗门提出"就王身上，剜作千疮，灌满膏油，安施灯炷，燃以供养者"的条件，并称如能答应这一条件，他便为转轮王解说佛法。如若不能，他便起身离去。转轮王答应了婆罗门的请求，他辞别后宫两万夫人、五百太子及诸小国王，在旃陀罗的帮助下，得以"遍体剜作数满千疮"，并于身上诸疮中灌满膏油，按上燃灯所用的灯捻。眼见转轮王千疮已成，婆罗门为王而说半偈，谓兴衰法，即："夫生辄死，此灭为乐。"转轮王闻得此法，心生欢喜，告诸太子及诸大臣，称："诸人若于我有慈愍心者，应为我忆持是法。于诸国土，处处聚落，有人民处，城市巷陌，宣王优命：'诸人当知！大转轮王见诸人民，一切众生，没于苦海，未能出恶。于诸众生起大悲心，剜身千灯，求于半偈。诸人今当感大王大慈悲心，应当书写此偈，读诵玩习，思惟其义，如说修行。'"众人允诺，或纸或帛，或于石上，或于树木、瓦砾、草叶，蹊径要路，多人行处，亦皆书写。以致凡见闻者皆发阿耨多罗三藐三菩提心。而转轮王身上所燃的千灯也远照十方天地，上照至忉利天宫，引得忉利天王化作凡人，往诣转轮王所。忉利天王为了了解转轮王求法的决心，再三问询，最后转轮圣王于忉利天王面前立下誓言，称："我若不真实求于阿耨多罗三藐三菩提，欺诳天王释者，使我千疮终无愈时。若不尔者，血当为乳，千疮平复。"此语一出，转轮王的身体平复如故，由此证实转轮王所作所为尽皆真心，并无半点虚妄。

图 3-4-9　转轮王舍身供佛本生经变，北宋，位于山西高平市开化寺大雄宝殿西壁中部

开化寺西壁图19描绘的便是转轮王宣令求法以及迎请婆罗门入宫的场景。图20则描绘了婆罗门向转轮王提出要在其身上剜作千疮，灌满膏油，安施灯炷等条件的场景。图21描绘了旃

陀罗手执牛舌刀即将在转轮王身上剜作千疮的场景。屏风前端坐的袒露上身者便为转轮王，持刀者为旃陀罗。图22描绘的是转轮王身上燃满千灯，烟火升腾的场景（图3-4-9）。身上燃有千灯者便是转轮王，其周围为参与观礼的众人。

开化寺西壁第三铺说法图及报恩经变故事

开化寺西壁第三组说法图（图3-4-10）与前两组类似。主尊结跏趺坐于莲台之上，莲台两侧各有数位菩萨、比丘及天王等众。主尊头顶上有两道向上升腾的白气，将其头上华盖和身后山峦以及一组说法人物统统囊括在内。说法人物图像位于壁画上缘的祥云之上，共七人，主尊着菩萨装，结跏趺坐，其两侧各立三位听法者。右侧听法者从其装束看明显为女性。壁画下缘正中，即主尊莲台下方有一铁栅围成的墙体，墙内中间有灶台，灶台上置一锅，灶台旁边放有钩叉等工具。钩叉旁边立一牛头人身者，正面向灶台，其身后为裸露身体浑身战栗的人群。按《大方便佛报恩经》卷四《恶友品》第六记载：“尔时如来熙怡微笑，从其面门放大光明，青黄赤白，名曰大悲，远照十方，上至阿迦腻咤天，下至十八地狱；照提婆达多身，身诸苦痛即得安宁。尔时大众异口同音赞叹如来：‘善哉！善哉！世尊！真是大慈！真是大悲！能于怨亲其心平等。提婆达多常怀恶心，毁害如来，而世尊不以为患，愍而哀伤，放大悲光，远照其身。’如来尔时普告大众而作是言：‘提婆达多非适今世而伤害我，过去世时常欲害我。我以慈悲力，因乃得济。’”尔时阿难观察众心咸皆有疑，即从座起，偏袒右肩，右膝着地，胡跪合掌，而白佛言：“世尊！提婆达多过去世时毁害世尊，其事云何？”从而引出说法图周边所绘制的善友太子本生故事。

所以，从第三组说法图的整体构成看，该组图像表现的是佛祖不计前嫌，解救提婆达多及众生的故事。该图以阿难询问有关提婆达多加害佛陀之事为引子，引发释迦的回应。此组说法图上缘所绘七人当为阿迦腻咤天主众，下缘所绘铁栅围城当是十八地狱之一。

图 3-4-10　西壁说法图之三，北宋，位于山西高平市开化寺大雄宝殿西壁北部

围绕第三组说法图周边共有22幅图像，皆为善友太子本生故事。图23绘于第二组说法图与第三组说法图中间部位，该图采取一图二景构图方式。左侧绘一戴通天冠穿红袍的男子，正坐于大殿之内，其右侧立一怀抱婴儿的男子，门侧也立有一怀抱婴儿的男子。右侧大殿内绘一穿红袍的端坐者，其两侧为诸侍者。大殿台阶处还分列文武官员和侍卫。按《大方便佛报恩经》卷四《恶友品》记载，此场景当是波罗奈国王得子并为之命名的场景。殿内穿红衣者即是波罗奈国王。

《大方便佛报恩经》卷四《恶友品》对此记述较为详尽，称：“波罗奈王名摩诃罗阇，聪叡仁贤，正法治国，不枉人民。王主六十小国、八百聚落、五百白象。二万夫人了无有子。王自祷祀诸山、河池、树木、神祇，满十二年，

图 3-4-11　观耕，北宋，位于山西高平市开化寺大雄宝殿西壁北部

王第一所重夫人即便有娠；第二夫人亦皆有娠。王甚欢喜，手自供养，床卧饮食皆令细软。至满十月，太子便生，形体端正，妙色庄严，人相具足。第二夫人亦皆生男。王甚欢喜，即召诸臣百官并诸相师婆罗门等，占相吉凶，抱儿示之，便令立字。相师问言：'此儿生时，有何瑞相？'答言：'第一太子，其母性行由来弊恶，恚恨妒忌，骄慢自大。从怀子已来，其性调善，和颜悦色，发言含笑；先意问讯，软语利益，慈愍众生，喻如赤子。'相师答言：'此是儿之福德使母如此。'即便立字，名曰善友太子。第二夫人所生太子者，相师问言：'其子生时，有何瑞相？'答言：'其母由来性常调善，先意问讯，发言柔软，可适众心。怀妊已来，其性卒暴，发言粗恶，嫉妒恚痴。'相师答言：'此是儿之业行使母如是。应当立字，名之恶友太子。'"

图24（图3-4-11）绘一年轻男子骑在马上，周围立六随从，分别持伞盖等仗仪。其右侧有一块农田，田地里有一农夫正在驾牛犁地，田地边放置着一些农具，并有数只黑鸟在田间啄食。田地边还有两位农夫，一人荷锄在后，一人在前正向观耕者抱拳施礼。按《大方便佛报恩经》卷四《恶友品》载："善友太子导从前后，作倡伎乐，大众围绕，出城观看，见有耕者，垦土出虫，乌随啄吞。善友太子遥见如是，愍而哀伤，生长深宫，未见此事。问左右言：'此作何物，共相残害？'左右答言：'太子！所以有国，依于人民；所以有人民者，依因饮食；所以有饮食者，依因耕田，种植五谷，得存性命。'太子念言：'苦哉！苦哉！'"图24描述的当是善友太子到民间观耕的场面，马上的年轻男子即为善友太子。

图25（图3-4-12）绘善友太子诸人立于一织布作坊前，坊内有五位衣衫不整的织女，其中一人坐于织机前忙于织布，另外三人则借助门扉的遮挡与太子诸人交谈。按《大方便佛报恩经》卷四《恶友品》载，此图应是对善友太子观织场景的描述，即善友太子"见诸男女自共织作，来往顾动，疲劳辛苦。太子问曰：'此作何物？'左右答言：'太子！此诸人等纺织，作诸衣服，以遮惭愧，荫覆五形。'太子言：'此亦劳苦，非一也。'"

图26（图3-4-13）绘善友太子诸人站于一肉铺前，肉铺内一短衣襟打扮的男子正在案板上切肉，其身后房梁上尚悬有数块肉等待出售。店铺内有一张桌子，桌子两边各坐两位男子，其中两人正向善友太子诸人方向观望。按《大方便佛报恩经》卷四《恶友

图 3-4-12　观织，北宋，位于山西高平市开化寺大雄宝殿西壁北部

图 3-4-13　观屠，北宋，位于山西高平市开化寺大雄宝殿西壁北部

品》载，此图是对善友太子看到屠户宰杀驼、牛等牲畜，卖肉糊口场景的描述。

图27（图3-4-14）绘善友太子诸人站立于一池塘边，看五位渔人拉网捕鱼的故事。按《大方便佛报恩经》卷四《恶友品》载："（善友太子）见诸人众，网鸟饵鱼，枉滥无辜，强弱相凌。太子问言：'此是何人？名何事耶？'左右答言：'太子！网鸟捕鱼。如是诸事，以供衣食。'太子闻是语已，悲泪满目：'世间众生，造诸恶本。众苦不息，忧愁不悦。'即回车还宫。"[1]

图 3-4-14 观渔，北宋，位于山西高平市开化寺大雄宝殿西壁北部

图28描绘的是善友太子回宫后征得父王同意，将宫内宝库所藏施舍众人之场景。该图左侧绘一门楼，前面有四人正抬着箱子出门，其后还有二位男子各牵一头白象出门。中间部分为善友太子坐于亭内，其周围及亭外站立侍者及官员。按《大方便佛报恩经》卷四《恶友品》载，善友太子自观耕、观织、观屠、观渔之后，一直愁苦不止。后经父王问询，提出请求，要将国王宝库中的财富施舍众人，以解其贫乏。其父答应了善友太子的请求，此图便是对开库施舍场景的描述。

图29绘一王者端坐，周围为执仪仗者。王座下的台基处有一穿红袍的匍匐者。按《大方便佛报恩经》载，善友太子在开放国库进行施舍的过程中，遇到来自管库大臣的阻挠，使善友太子认识到："孝子者，不应倾竭父母库藏。我今应当自求财宝，给足众生。"后经人指点，善友太子决定入海采取妙宝——摩尼宝珠，因为一旦得到此宝珠，便能称意给足一切众生。但善友太子的想法受到父王及母后的反对，为求得父母的应允，善友太子采取了五体投地和绝食的手段。此图当是对善友太子与父母抗争，以求他们答应其出海场景的描述。《大方便佛报恩经》对此情节记载称："（善友太子）即入宫中，上白父王：'子今欲入大海，采取妙宝。'王闻此语，譬如人噎，亦不得咽，又不得吐，语太子言：'国是汝有，库藏珍宝随意取用，何为方复自入大海？汝为吾子，生长深宫，卧则帏帐，食则恣口。今者远涉涂路，饥渴寒暑，谁得知者？又复大海之中，众难非一，或有恶鬼毒龙，湍浪猛风，洄波涌澓，水泡之山，摩竭大鱼。往者千万，达者一二。汝今云何欲入大海？吾不听汝。'善友太子即便五体投地，四布手足而作是言：'父母若不听我入大海者，我当舍命于此，终不起也。'"图中端坐者当为波罗奈大王，即善友太子之父，台阶下五体投地者当为善友太子。

图30绘一王端坐，两侍从执扇，另一侍从捧物立于王右前侧。王座前跪一蓝袍掩面男子。按《大方便佛报恩经》载，此图当是描述善友太子的父亲答应太子可以出海后，寻访海师邀其陪同太子出海的场景。其具体情况记述如下："尔时波罗奈国有一海师，前

1 《大正新修大藏经》（电子版）第3册，No.0156，《大方便佛报恩经》。

图 3-4-15 入海求珠，北宋，位于山西高平市开化寺大雄宝殿西壁北部

后数返入于大海，善知道路通塞之相，而年八十，两目蒙盲。尔时波罗奈大王往导师所，报言：‘导师！吾唯一子，未更出门，劳屈大师入于大海，愿见随从。’尔时导师即举声大哭：‘大王！大海留难，辛苦非一，往者千万，达者一二。大王今者，云何乃能令太子远涉险道？’王报导师：‘为怜愍故，随从听许。’导师言：‘不敢违逆。’”图中端坐者为波罗奈王，掩面跪拜者为海师。

图31（图3-4-15）描绘的是善友太子和恶友太子即将出海的场景。画面中有两位红衣太子，一坐一立，二位太子右侧坐一拄杖老者，当为海师。二人左侧为一擂鼓者，对面则为数名追随善友太子出海者。按《大方便佛报恩经》载：“（善友太子）至大海已，以七铁鏁鏁其船舫，停住七日。至日初出时，善友太子击鼓唱令：‘汝等诸人，谁欲入海？入者默然。若当恋着父母、兄弟、妇儿、阎浮提乐者，从此还归，莫为我故。所以者何？大海之中，留难非一，往者千万，达者一二。’如是唱令，大众默然。即断一鏁，举著船上。日日唱令，至第七日，即断七鏁，举著船上，望风举帆。”

图32绘一鼓帆远航的大船，船上众海员正听从击鼓者调遣，努力续航。

图33绘一红袍男子正在一隆起的小丘上击鼓，四周似为水面。击鼓者左侧为一穿蓝袍和一穿红袍的男子，穿蓝袍者当为海师，红袍者当为善友太子。太子对面为数名追随其航海者。按《大方便佛报恩经》载：“（善友太子众人）至珍宝山。到宝所已，善友太子即便击鼓宣令：‘诸人当知道路悬远。汝等诸人速载珍宝，极停七日。’复作是言：‘此宝甚重，阎浮提中亦无所直。莫大重载，船舫沉没，不达所至；莫大轻取，道路悬远，不补劳苦。’”图33描绘的应是善友太子在珍宝山上对众人进行训示的场景。

图34表现的是善友太子和海师探求摩尼宝珠的故事。按《大方便佛报恩经》载，善友太子叮嘱好众人后，与海师接着前行寻找摩尼宝珠：“行一七日，水齐到膝。复更前行一七，水齐到颈。前进一七，浮而得渡。即到海处，其地纯以白银为沙。导师问言：‘此地何物？’太子答言：‘其地纯是白银沙。’导师言：‘四望应当有白银山。汝见未耶？’太子言：‘东南方有一白银山现。’导师言：‘此道在此山下。’至彼山已，导师言：‘次应到金沙。’尔时导师疲乏，闷绝躄地，语太子言：‘我身命者，势不得久，必丧于此。太子于

是东行一七，当有金山。从山复更前进一七，其地纯是青莲花。复前行一七，其地纯是红赤莲花。过是华已，应有一七宝城，纯以黄金而为却敌，白银以为楼橹，以赤珊瑚为其障板。车璩马瑙杂厕间错，真珠罗网而覆其上。七重堑垒纯绀琉璃，大海龙王所止住处。其龙王耳中有一摩尼如意宝珠，汝往从乞。若得此珠者，能满阎浮提，雨众七宝，衣被饮食、病瘦医药、音乐倡伎。总要而言：一切众生所须之物，随意能雨，是故名之如意宝珠。太子若得是珠者，必当满汝本愿。'尔时导师作是语已，气绝命终。"画中左侧绘太子与海师立于海中，水才及膝。中部绘太子及海师，水已及肩。右侧绘海师平躺在白色海滩上，太子合掌立于海师脚边，预示海师已亡故。

图35绘二太子分别立于青、红二色莲花之上，周边为水面。太子上方绘两座珊瑚状海岛，一岛纯白，一岛被损毁，无法得见色彩，只留轮廓。按《大方便佛报恩经》载，此图当是描述善友太子埋葬海师后继续前行寻宝的过程。他分别越过了银山、金山和青莲花、红赤莲花之地，即将抵达摩尼宝珠所在地。

图36描绘的是善友太子到摩尼宝珠所在地——龙宫寻宝的场景。据《大方便佛报恩经》载："龙王所止住处，其城四边有七重堑，其城堑中满中毒龙，以身共相蟠结，举头交颈，守护城门。尔时太子到城门外，见诸毒龙，即慈心念阎浮提一切众生：'今我此身，若为此毒龙所害者，汝等一切众生皆当失大利益。'尔时太子即举右手，告诸毒龙：'汝等当知！我今为一切众生，欲见龙王。'尔时诸毒龙即开路令太子得过，乃至七重堑守城毒龙。得至城门下，见二玉女纺颇梨缕。太子问曰：'汝是何人？'答言：'我是龙王守外门婢。'问已，前入到中门下，见四玉女纺白银缕。太子复问：'汝是龙王妇耶？'答言：'非也。是龙王守中门婢耳。'太子问已，前入到内门所，见八玉女纺黄金缕。太子问曰：'汝是何人？'答言：'我是龙王守内门婢耳。'"太子让其为他通报大海龙王，称："阎浮提波罗奈王善友太子故来相见，今在门下。"龙王听后，暗想："自非福德纯善之人，无由远涉如是险路。"即请入宫，王出奉迎。该龙宫"绀琉璃为地，床座七宝，有种种光明，耀动人目。即请令坐，共相问讯"。在接受了龙王七日奉给之后，善友太子得到摩尼宝珠，还归阎浮提。归去时大海龙王使诸龙神飞空送之到岸边。

图36画面中高大巍峨的宫殿即为龙宫。第一个场景：龙宫门口，善友太子正随八位守卫内门的玉女入宫。第二个场景：庭院中，太子与一穿蓝袍者互相致礼。第三个场景：宫殿内部，太子与着蓝袍者对坐，室内宝物熠熠放光。第四个场景：宫殿外左侧天际，太子在诸龙神的护持下正驾云离开。

图37绘恶友太子刺瞎善友太子双目，夺走宝珠场景。画面中两位红衣太子，一个扭身正待急行，一个萎坐于地，双手掩目。掩目者身后树中有一身穿甲胄武士正注视着事态的发展。按《大方便佛报恩经》载："尔时善友即解宝珠，与弟恶友而诫敕言：'汝若疲乏眠卧，我当守护；我若眠卧，汝应守护。'尔时恶友次应守宝珠，其兄眠卧，即起求二干竹刺，刺兄两目，夺珠而去。尔时善友即唤其弟恶友：'此有贼刺我两目，持宝珠去。'而恶友不应。兄便懊恼：'我弟恶友似为贼所杀。'如是高唱，声动神祇，经久不应。尔时树神即发声言：'汝弟恶友是汝恶贼，刺汝两目，持宝珠去。汝今唤恶友何为？"由此可知，画面中急忙奔逃者为恶友太子，萎坐于地者为善友太子，善友太子身后树中武士当为树神。

图38（图3-4-16）绘善友太子盘膝端坐于五牛之间，一牛正伸长舌头舔舐太子眼睛，二持鞭男子紧随牛群之后。按《大方便佛报恩经》载："尔时善友太子被刺两目，干竹刺着，无人为拔；徘徊宛转，靡知所趣。当时苦恼，大患饥渴，求生不得，求死不得，渐渐前行，到利师跋王国。利师跋王有女，先许与波罗奈王善友太子。利师跋王有一牧人名留承，为利师跋王放五百牛，随逐水草。尔时善友太子坐在道中。尔时牛群垂逼践踏，中有牛王，即以四足骑太子上，令诸牛群皆悉过尽，然后移足，右旋宛转，反顾回头，吐

图 3-4-16　神牛医眼，北宋，位于山西高平市开化寺大雄宝殿西壁北部

舌舐太子两目，拔出竹刺。”此图描述的即为牛王为太子拔出眼中竹刺之事。

图39绘太子坐于地上弹筝。其左侧为五位着破衣烂衫的乞丐，右前方为三位戴官帽的男子。按《大方便佛报恩经》载：“善友善巧弹筝，其音和雅，悦可众心。一切大众皆供给饮食，乃至充足，利师跋道上五百乞儿，皆得饱满。”

图40绘善友太子为守园监看护园子，得遇利师跋王女。按《大方便佛报恩经》载：“时国王有一果园，其园茂盛，常患鸟雀。时守园监语善友言：‘为我防护鸟雀，我当好相供给。’善友答言：‘我无两目，云何能为汝驱驰鸟雀耶？’守园监言：‘我有方便。我以绳结诸树头，安施铜铃。汝坐树下，闻鸟雀声，牵挽绳头。’善友答言：‘如是我能。’将至树下，安隐住已，即舍而去。善友防护鸟雀，兼复弹筝以自娱乐。时利师跋王女将诸侍从入园观看，见此盲人，即往其所，问言：‘汝是何人？’答言：‘盲乞人耳。’王女见已，心生爱念，不能舍离。”画面中善友太子正席地而坐拨弄筝弦，其右前方站立一干人马，为首者正用手指向善友太子，似是对善友太子心生爱念的利师跋王女。

图41绘善友太子与利师跋王女于殿内桌前端坐，左右为站立捧物侍者。殿外立一正躬身致意的男子，男子对面为一穿红袍的男子。二人中间的地上放置一些物品。此图当是描述善友太子与利师跋王女两次赌咒发誓从而使善友太子双目复明的故事，图中二人均作合掌状，似在阐述誓言。殿外躬身致意男子应是曾给过善友太子礼遇的牧牛人，他因善待过太子而得到利师跋王的厚赏。

图42绘一亭子，亭内一人坐于桌前正手捧书信，其身边站立身穿红、绿袍服的两位侍者，桌前地面上立一白色的大鸟正引颈看向读信人。据《大方便佛报恩经》载：“尔时善友太子未入大海在宫殿时，养一白雁，衣被饮食，行住坐卧，而常共俱。尔时夫人往到其所，报其雁言：‘太子在时，常共汝俱。今入大海未还，生死未分，而我不能得知定实。汝今云何不感念太子？’雁闻是语，悲鸣宛转，啼泪满目，报言：‘大王夫人！欲使求觅太子者，不敢违命。’尔时夫人手自作书，系其雁颈。其雁音响，问太子大海所在，身升虚

空，飞翔宛转而去。夫人见已，心生恃赖：'今者此雁，其必定得我子死活定实消息。'飞至大海，经过周遍，求觅不见。次第往到利师跋国，遥见善友太子在宫殿前。其雁敛身，拥翅往趣，到已，悲鸣欢喜。太子即取母书，头顶礼敬，发封披读，即知父母昼夜悲哭，追念太子，两目失明。"该画面当是描述善友太子母子通过大雁传书的场景。

图43绘太子还家场景。大殿中间坐善友太子，两侧为其父母。殿外为执仪仗者和众官员。左上方又有一殿，殿内桌旁坐一女子，地上立一鸟，殿周围环立数位侍者。

其中左上方殿内女子，当指善友太子的母亲，地上所立一鸟，表示她已接到善友太子托大雁带回的书信。另一大殿中的三口之家，则表示善友太子已回归本国，与父母团聚。据《大方便佛报恩经》载："父母闻太子归，欢喜无量，乘大名象，作倡伎乐，扫洒烧香，悬缯幡盖，远迎太子。国上人民，男夫女妇，闻太子入于大海，安隐还归，欢喜无量，亦皆出迎。"

图44绘一座两层高楼，空中降落无数物品。按《大方便佛报恩经》载，善友太子回国后原谅其弟，并从恶友太子手中要回摩尼宝珠，为众生谋求福利："尔时善友太子于月十五日朝，净自澡浴，着鲜净衣，烧妙宝香。于高楼观上，手捉香炉，头面顶礼摩尼宝珠，立誓愿言：'我为阎浮提一切众生故，忍大辛苦，求是宝珠。'尔时东方有大风起，吹去云雾，虚空之中皎然明净，并阎浮提所有粪秽、大小便利、灰土、草莽，凉风动已，皆令清净。以珠威德，于阎浮提遍雨成熟自然粳米，香甘软细，色味具足，沟渠盈满，积至于膝；次雨名衣、上服、珠环、钗钏；次雨金银七宝，众妙伎乐。举要言之，一切众生所须乐具，皆悉充足。"

从图23—图44所绘场景看，第三组说法图周边的故事图像是对《大方便佛报恩经》中善友太子本生故事的完整再现。该故事通过善友太子的善举及恶友太子的恶行相互对照，重点突出释迦与提婆达多这两个素有恩怨的组合在前生及后世的种种际遇，为第三组说法图中释迦和阿难关注地狱中的提婆达多提供铺垫。

在第三组说法图周边除了绘有善事太子故事外，还绘有两幅大光明王本生故事。

图45绘于第三组说法图左侧，画面绘一宫殿，内坐一人，阶下立一人，正向殿内之人施礼。殿外环立众官员及侍者。按《大方便佛报恩经》第五《慈品》第七载："尔时边小国王闻大光明王布施之德，心生嫉妒，即集诸臣：'谁能往彼波罗奈国，乞大光明王头？'诸臣皆无能往者。王复更宣令：'谁能往彼波罗奈国，乞大光明王头？能去者，偿金千斤。'其中有一婆罗门言：'我能往乞之，但给我资粮。'此国去波罗奈六千余里。王即给资粮，遣至波罗奈国。"[1]所以，图45当是边小国王招募人前去乞大光明王之头的场景。殿内所坐之人应是边小国王，殿外黄袍者，应该是应征的婆罗门。

图46描绘了婆罗门半躺地上，其身边落有一把利刃，婆罗门正手指利刃，似对一些事情不可理解。其对面立一着红袍男子，头发缚于树上，正面对婆罗门方向合掌。其身后为二位站立着的侍女。其右侧树间有一披甲男子，正用手指向婆罗门。按《大方便佛报恩经》载，此图当是描述大光明王同意将头施舍给婆罗门后发生的故事："尔时大王便入后园，唤婆罗门来：'汝今远来，从我乞头。我以慈心怜愍汝，故不逆汝意。令我来世得智慧头，施于汝等。'作是语已，即起合掌，向十方礼，而作是言：'十方诸佛哀慈怜愍，诸尊菩萨威神护助，令我此事必得成办。'语婆罗门：'随汝持去。'时婆罗门言：'王有力士之力。临时苦痛，脱能变悔，不能忍苦，或能反害于我。王审能尔者，何不以头发自系树枝？'王闻是语，心生慈愍：'此婆罗门怯而且羸。若当不能断我头者，而失大利。'即随其言，以发自缚着树，语婆罗门：'汝断我头，还着我手中。我当以手授与于

1《大正新修大藏经》（电子版）第3册，No.0156，《大方便佛报恩经》。

图 3-4-17 大光明王本生故事，北宋，位于山西高平市开化寺大雄宝殿西壁北部

汝。’时婆罗门手自捉刀，即前向树。尔时树神即以手拍婆罗门头，闷绝倒地。”图像（图3-4-17）中系发于树枝者，即为大光明王，地上躺倒者，当为前来取头的婆罗门。以上二图通过描绘大光明王牺牲自己，以求佛法的故事，阐释了世间万物生死有度，皆赖因缘的故事。

6. 开化寺大雄宝殿北壁西侧壁画

开化寺北壁西侧绘有第四组说法图，因此图部分画面已漫漶不清，其具体内容尚待进一步考证。按谷东方的解释，此部分似可视作《大方便佛报恩经》的流通分考虑。

围绕第四组说法图，开化寺画工绘制了鹿女因缘故事。

图47绘一亭子，亭内有人端坐，亭外树下有一人正向亭子走去，在亭子左上角空中，一僧人正携锡杖驾云而来。按《大方便佛报恩经》卷三《论议品》第五所载，此图应为鹿女因缘故事的引子，描述了鹿女前生身为波罗奈国婆罗门女的故事：“尔时有国号波罗奈。其国有一婆罗门，唯生一女。其父命终，婆罗门妇养育此女，年转长大，其家唯有一果园，其母以女守园，自往求食。既自食已，后为其女而送食分，日日如是。其母一日而便稽迟，过时不与。其女悒迟，饥渴所逼，而便恚心言：‘我母今日何因缘故，不与我食，不来见看。’乃至烦惋再三，寻复恚言：‘我母今者不如畜生。我见畜兽野鹿，子饥渴时，心不舍离。’如是未久，母持食至。正欲饮食，有一辟支佛沙门，从南方来，飞空北过。尔时其女见此比丘，心生欢喜，即起合掌，头面作礼，即便请之，为敷净座，取好妙华，减其食分，奉施比丘。比丘食已，为说妙法，示教利喜。尔时其女即发愿言：‘愿我来世，遭遇贤圣，礼事供养，使我面首端正，尊荣豪贵，若经行时，莲华承足。’佛告阿难：‘尔时女者，鹿母夫人，是以其一食，净华覆上，施辟支佛，五百世中尊荣豪贵，衣食自然，莲华承足。愿力因缘，今得值五百辟支佛礼事供养。尔时以一恶言，不知其恩，毁骂其母，喻如畜生，以是恶口因缘，五百身中生鹿腹中。’”由此可知，图47画面中亭中所坐，应为

施食的婆罗门女，亭外树下之人，似为其母，天际云端僧人，应为飞行中的辟支佛沙门。

图48绘一山谷中，一怀抱包裹的男子立于一平整的石头边。《大方便佛报恩经》载：“尔时有国号波罗奈。去城不远有山，名曰圣所游居，以有百千辟支佛住此山中故，无量五通神仙亦住其中。以多仙圣止住其中故，号圣游居山。其山有一仙人住在南窟，复有一仙住在北窟。二山中间有一泉水，其泉水边有一平石。尔时南窟仙人在此石上，浣衣洗足已，便还所止。去后未久，有一雌鹿来饮泉水。次第到浣衣处，即饮是石上浣垢衣汁。饮此衣垢汁已，回头反顾，自舐小便处。尔时雌鹿寻便怀妊，月满产生。鹿产生法，要还向本得胎处。即还水边，住本石上，悲鸣宛转，产生一女。尔时仙人闻此鹿悲鸣大唤。尔时南窟仙人闻是鹿大悲鸣声，心生怜愍，即出往看，见此雌鹿产生一女。尔时鹿母宛转舐之，见仙人往，便舍而去。尔时仙人见此女儿，形相端正，人相具足。见是事已，心生怜愍，即以草衣裹拭将还。”该图描绘的是南窟仙人从泉水石边抱回鹿女的情景。

图49下半部分描绘了一持物女子正脚踏莲花而行。其身后，画面的右上部分绘一窟前数位着官服男子正与修行装扮的人对话，该窟被层层莲花围绕。按《大方便佛报恩经》载，此图当是描述鹿女到北窟仙人处借火的场景：“尔时鹿女即随父教，往诣北窟。步步举足皆生莲华，随其踪迹，行伍次第，如似街陌。往至北窟，从彼仙人乞求少火。尔时仙人见此女人福德，如是足下生于莲华，报言：‘欲得火者，汝当右绕我窟，满足七匝。’行伍次第了了分明，随其举足，皆生莲华。绕七匝已，语其女言：‘欲得火者，复当在此右边还归去者，当与汝火。’尔时鹿女为得火故，随教而去。其女去后未久之间，波罗奈王将诸大臣，百千万众，前后围绕，千乘万骑，入山游猎，驰逐群鹿。波罗奈王独乘名象，往到北窟仙人所，见其莲华绕窟行列。尔时大王心生欢喜，叹言：‘善哉！善哉！大德神仙！大仙导师！福德巍巍，其事如是！’尔时仙人即白王言：‘大王！当知此莲华者，非我所能。’王言：‘非大师者，是谁所为。’报言：‘大王！是南窟仙人生育一女，姿容端正，人相具足，世间难有。其女行时，随其足下皆生莲华。’”（图3-4-18）

图3-4-18　鹿女本生故事，北宋，位于山西高平市开化寺大雄宝殿北壁西部

图50绘国王与鹿女在护卫及侍从簇拥下回宫的场景。按《大方便佛报恩经》载："尔时大王即入窟中，见其鹿女，心生欢喜。即以沐浴香汤，名衣上服，百宝璎珞庄严其身，乘大名象，百千导从，作倡伎乐，还归本国。"画面中红白伞盖下分别坐着的便是国王与鹿女。

图51绘南窟仙人在山顶眺望鹿女随国王远行的场景。《大方便佛报恩经》载："尔时其父上高山顶，遥看其女，目不暂舍。"

图52绘水池上盛开一朵大莲花，国王坐于池边，周围为众侍者，多望向莲花。按《大方便佛报恩经》载，鹿女进宫后怀孕生此莲花，被国王嫌弃，后国王与诸群臣入后园中游戏，发现此莲花，感觉"其华红赤，有妙光明。王见此华，心生欢喜"，进而发现五百莲叶下各有一天童男的场景。

图53漫漶不清，依稀可见数人位于殿中，其中一人正展卷研读。从画面内容看似是描述五百太子在宫中的和谐快乐的生活。按《大方便佛报恩经》载，鹿女所生的五百太子分由宫内五百夫人抚养，以致各位夫人感激不尽，"五百夫人即前礼鹿母夫人，自谢悔过，奉事鹿母，如蒙贤圣，如母姊妹，所养太子，如所生不异"。

图54绘国王与鹿女坐于殿内，殿下立有五男子。按《大方便佛报恩经》载，此处应是描述五百太子长大后请求父母让其出家的场景。殿下五人代表的便是五百太子。

图55绘五位比丘站立园中，三人立于地面，正合掌看向两位正升腾于空中的比丘，其中一人头顶出水，另一人头顶出火，脚下出水。按《大方便佛报恩经》载，五百太子得父母应允，在后园出家："时诸太子即便出家，受其母请，住后园中。一一太子皆得辟支佛道，如是次第四百九十九太子皆得道果，往诣宫中，至父母前，报言父母：'出家利益，今已获得。'时诸比丘身升虚空，东踊西没，西踊东没，南踊北没，北踊南没。或作大身满虚空中，复以一身作无量身；或身上出水，身下出火；身下出水，身上出火。"此图当是五百比丘向其父母展示道果的场景。

图56绘林中并立数塔，鹿女携伎乐队伍礼敬佛塔。此是描述五百太子："为其父母作种种神变已，即便烧身，取般泥洹。时鹿母夫人收取身骨，于后园中，即起四百九十九塔供养。最小太子过九十日已，亦得辟支佛道，亦为父母现大神变，现神变已即取泥洹。尔时其母收取身骨，起塔供养。尔时鹿母夫人烧众名香，作妙伎乐，日日入后园中，供养是五百辟支佛塔。于其塔前愁忧不乐，而作是言：'我虽生是五百太子，虽复出家，而无一人能发菩提之心。'即立誓愿：'我供养是五百辟支佛，并起五百塔，供养舍利功德，悉以回向普及一切众生，令我来世不用多生诸子，而不能发菩提之心，但生一子能发道心，现世出家，得一切智。'"

开化寺北壁西侧说法图旁除绘有鹿女故事外，还绘制了数幅提婆达多因缘故事，以与西壁第三组说法图周围的报恩经变故事遥相呼应。虽然现今因画面漫漶不清，无法一一识别，但从以下数幅图像中，仍可了解故事的大概。

图57绘佛坐于山下石头上，山顶一人搬石头，山间一武士装扮者正双手上举似要接住上面抛下的石头。按《大方便佛报恩经》载："提婆达多既不果愿，复作是念：'如来今者坐耆阇崛山下，我今应当上山，头顶上排山上石下，断其命根。'作是念已，上山排石，伤佛足指。我慈悲心，怨亲同等。"

有关提婆达多排石害佛之事在《大方便佛报恩经》中未有详载，如对山间负责接石的武士未见记述。但佛经《增一阿含经》卷四十七对这一细节有较为详细的描述，称："尔时，提婆达多见阿阇世王捡父王已，复兴此念：'吾要当取沙门瞿昙害之。'尔时，世尊在耆阇崛山一小山侧。尔时，提婆达多到耆阇崛山，手擎大石长三十肘，广十五肘而掷世尊。是时，山神金毗罗鬼恒住彼山，见提婆达多抱石打佛，实时伸手接着余处。尔时，石碎，一小片石着如来足，实时出血。”[1]

图58绘一座城楼，城楼上坐定两人，一红袍男子和一比丘，其周围为侍者。城楼的右侧上方云端立五位合掌比丘。城楼下靠近城门处可见一男子正在向城门外驱赶大象，其中两头往外跑，一头往回跑，还有一头仰卧地上。城门外空间可隐约得见三个狮子的头部。按《大方便佛报恩经》卷四《恶友品》第六载：“时提婆达多白阿阇世王言：‘佛诸大弟子等，今皆不在。如来单独一身。王可遣信，往请如来。若入宫城，即当以酒饮五百大恶黑象，极令奔醉。佛若受请来入城者，当放大醉象，而踏杀之。’时阿阇世王遣使往请如来。佛与五百阿罗汉即受王请，前入王舍城。尔时阿阇世王即放五百醉象，奔逸搪揬，树木摧折，墙壁崩倒，哮吓大吼，向于如来。时五百阿罗汉皆大恐怖，踊在空中，徘徊佛上。尔时阿难围绕如来，恐怖不能得去。尔时如来以慈悲力，即举右手，于五指头出五师子，开口哮吼，五百醉象恐怖躃地。”图中城楼上穿红袍者当为阿阇世王，比丘应为提婆达多。云端合掌的五比丘应代指五百罗汉。

图59绘两位僧人，一僧正在禅坐，一僧于火上烧衣。按《大方便佛报恩经》载：“尔时比丘常患虮虱，即便共虱而作约言：‘我若坐禅，汝宜默然隐身寂住。’其虱如法。于后一时，有一土蚤来至虱边，问言：‘汝云何身体肌肉肥盛？’虱言：‘我所依主人常修禅定，教我饮食时节。我如法饮食故，所以身体鲜肥。’蚤言：‘我亦欲修习其法。’虱言：‘能尔随意。’尔时比丘寻便坐禅。尔时土蚤闻血肉香，即便食啖。尔时比丘心生苦恼，即便脱衣，以火烧之。”按佛陀的解释，坐禅比丘，即迦叶佛；土蚤，即提婆达多；虱，即佛本人。

图60及图61所绘内容不确，图60绘一亭，亭内有人端坐，亭周边有侍卫护从，亭对面亦有数人站立。图61绘佛陀带领众弟子正在前行。

从以上诸多画面看，开化寺主殿西壁和北壁西侧壁画内容主要以说法图和本生及因缘故事为主，且画面均与佛教经典特别是与《大方便佛报恩经》有关。这些说法图与故事图相互补充，相互印证，充分反映了宋代佛教经典的传播情况以及世俗生活风貌，对后世研究宋代社会文化生活具有极为重要的价值。

除山西高平开化寺外，在河北及山西一带的佛塔及佛塔地宫中，也保留有一些佛教壁画。如宋代开元寺塔壁画、定州静志寺塔地宫壁画、净众院地宫壁画和山西芮城寿圣寺塔壁画等[2]。

二、宋代寺塔壁画

1. 定州开元寺塔壁画

开元寺塔建于宋真宗和宋仁宗时期，据《定州志》载，开元寺最初是在真宗咸平四年（1001）开元寺僧人会能从天竺取回佛经及舍利子之后，由皇帝诏建的。至宋仁宗至和二年（1055）完工，历时半个多世纪。开元寺塔壁画位于塔身首层回廊西南壁内外两侧的墙壁之上，20世纪70年代，定州博物馆准备对塔顶进行维修时，施工人员在堆积于回廊里的“剩”砖中发现了该壁画，现有壁画面积约20平方米，还有部分壁面未被清理。回廊内侧壁画内容为说法图，中间绘制佛像，两边为弟子、菩萨以及罗汉众，说法图上面绘有三个色彩绚丽的华盖，华盖两侧绘飞天。回廊外侧壁画主神为手执各种法

1 《大正新修大藏经》（电子版）第2册，No.0125，《增一阿含经》。

2 柴泽俊在《山西寺观壁画》一书中称山西芮城寿圣寺塔亦有宋代壁画，但未见相关图像及研究发表。该塔建于北宋元丰年间（1078 1085）。

器的千手观音，两侧为诸天神将（图3-4-19），上部绘飞天以及散落的花朵。

定州开元寺壁画色彩绚丽，线条流畅，墨色浓淡相宜，部分人物面部及身体的裸露部分施以晕染，增强了画面的立体感。人物衣饰多用白色勾勒，面部和手部则施以朱砂，层次分明。

图3-4-19 天王局部，北宋，位于河北定州开元寺塔内侧

2. 河北定州静志寺和净众院地宫壁画

河北定州静志寺、净众院的地面建筑早已不存。静志寺塔基地宫建于太平兴国二年（977），位于定州城内东北隅，地宫坐北朝南，通高2.4米，门为砖砌拱券，宽约0.7米。地宫平面略呈方形，边长约在2.1—2.2米之间，四壁为砖砌仿木构建筑，上面绘有彩画。其中，阑额上绘束莲，泥道栱画流云或画铺地卷成、鱼鳞旗脚，斗面多画团科柿蒂、松纹等，通替木画松纹，长槫画牡丹，栱眼壁画写生花卉，空间补以云朵。

静志寺塔基地宫北壁中间绘莲座牌位，上书“释迦牟尼真身舍利”八字，两侧各绘五位僧人，皆双手合十，神情肃穆庄严，应是表现释迦牟尼的十大弟子在其涅槃后礼敬佛祖的场景。地宫南壁券门两侧各绘一天王（图3-4-20、图3-4-21），东西两壁则绘有梵天、帝释礼佛图。东壁的梵王身材健硕，阔脸大耳，脸上胡须密集，头上佩戴宝冠，身着宽袍大袖的袍服，肩上搭绿色帔帛，前有侍者手捧香花（图3-4-22）引路，左右有侍童扶持，后面还有侍童跟随。后面侍童身后有莲座木牌，上书“范王”二字以表明主尊身份。

帝释（图3-4-23）亦佩戴宝冠，肩披绿色帔帛，且身上饰有璎珞。其形象雍容华贵，气定神闲。帝释手中执一白色的麈尾，此乃魏晋以来居士常持之物。帝释的前面有一侍女奉桃引路，左右二侍童随行，后面侍童身后的莲座木牌上写着“帝释”二字。

静志寺塔地宫墙壁和画面空白处写满了施舍者的名字及所布施的器物名称，有的还题有纪年，这些信息为后人研究宋代定州一带民众佛教崇奉情况提供了珍贵的资料。

净众院塔基地宫位于定州城内新立街，建于北宋至道元年（995）。地宫坐北朝南，平面为方形，砖砌穹顶，但四壁无仿木构建筑，南壁设有两扇石门，门前为拱券甬道。地宫的东、西、北三面均绘有壁画，壁画结构与静志寺塔地宫相似，但所绘内容不同。地宫的墓顶绘有飞天、凤凰，间有散花、流云图像，整个画面以墨线勾勒为主，赋色简淡，风格较静志寺塔地宫壁画粗犷。

图 3-4-20　托塔天王，高 66 厘米，北宋，位于河北定州市静志寺塔基地宫大门内东侧

图 3-4-21　天王，高 61 厘米，北宋，位于河北定州市静志寺塔基地宫大门内东侧

图 3-4-22　捧花侍女，北宋，位于河北定州市静志寺塔基地宫东壁

图 3-4-23　帝释礼佛图，高 105 厘米，宽 83 厘米，北宋，位于河北定州市静志寺塔基地宫西壁

图 3-4-24　涅槃变，高 100 厘米，宽 260 厘米，北宋，河北定州市净众院塔基地宫北壁

图 3-4-25　哀乐图之一，高 172 厘米，宽 248 厘米，北宋，河北定州市净众院塔基地宫西壁

净众院塔地宫北壁为尺幅巨大的《涅槃变》（图3-4-24），描绘了释迦牟尼涅槃后，其十个弟子举哀的场景。画中释迦牟尼右胁卧于须弥台座之上，双目微闭，袒胸露足，其左脚叠于右脚之上，与佛经中有关释迦涅槃时的动作一致。释迦周围是他的十个弟子，他们有的默默哀戚，有的捶胸顿足，有的呼天抢地，有的昏厥倒地，人物刻画各不相同，极富感染力。释迦足旁绘有二人，其中一人世俗人士打扮，正坐于释迦脚边的蒲团之上，一手抚释迦足，似在探看释迦的具体情况。其身后一比丘正双手抱拳，满怀期望地望向释迦，似在等待奇迹的出现。

图 3-4-26　哀乐图之二，高 172 厘米，宽 248 厘米，北宋，河北定州市净众院塔基地宫东壁

净众院塔地宫东西二壁为《天众奏乐图》（图3-4-25、图3-4-26），东西壁各绘乐人六名，皆着戎装。人物衣装整肃，神情庄严，所奏乐器有琵琶、竽、排箫、横笛、连鼓、拍板等。每个演奏者均体态肥硕，面阔腰圆，延续了唐末、五代人物的丰腴特征。

静志寺和净众院的塔基地宫模式，直接影响到辽代的塔基地宫建构。吉林农安的塔基形制与静志寺和净众院基本相同，其地宫四壁亦绘有壁画，门两侧为《天王》，北壁绘《涅槃像》，从中可以充分体现宋代艺术在辽的延续性。

第四章

辽、金、西夏佛寺壁画

第一节　辽代佛寺壁画

一、辽代佛教传播与宗教艺术概况

宋、辽、金、西夏统治时期，是继五代十国之后又一次战乱频仍时期。当时，虽然社会动荡不安，但佛教崇奉并未断绝。而且，在辽、金、西夏统治者的大力提倡下，曾经在中土极盛一时的佛教在契丹、金及西夏等国度亦极兴隆，佛教寺院鳞次栉比，寺内画壁亦蔚然成风。

公元916年，活动于辽河流域的契丹人首领耶律阿保机建立了大契丹国，并于公元947年，由耶律德光改国号为大辽。虽然之后又有两次改号，但均系在以上二名间反复，学界也通常以"辽"称呼契丹政权。契丹人骁勇善战，于晚唐、五代时期崛起于北方后，长期与宋发生关系，在文化上前接唐代，后与宋朝融合。辽有五京，太宗以皇都为上京（今内蒙古巴林左旗南部一带），升幽州为南京（今北京），改南京为东京（今辽宁沈阳），圣宗建立新都号中京（今内蒙古宁城），兴宗升云州为西京（今山西大同）。此五京地区，乃辽经济、政治及宗教文化繁荣区域。辽人擅骑射，其国号以镔铁为号，即为取其坚。辽自公元10世纪初建国直至公元1125年为金所灭，共有九帝统辖疆土，时间长达210年之久。

辽代佛事兴起较早，早在天复二年（902），耶律阿保机便营建了开教寺。平定渤海国后，又在其所居大部落置天雄寺。契丹族作为鲜卑宇文部的别支，本属畜牧民族，素无邑屋。耶律阿保机建立大契丹国后，按汉人习俗自称皇帝，署汉地官号。后掳掠汉人，并得燕人所教，开始营建城郭宫室。最先营建的是西楼邑，位处漠北，距幽州有三千里之遥。史载辽帝曾将"所获僧崇文等五十人归西楼，建天雄寺以居之，以示天助雄武"。新营造的邑所屋门皆东向，延续契丹人传统的车帐之法。西楼邑南部别作一城，以实汉人，名曰汉城。城中有佛寺三所，僧尼千人[1]。在汉城居住的僧人及民众，无疑将保留原有的宗教信仰。而他们的信仰，也势必会对那些与他们朝夕相处且崇尚汉文化的契丹民众有所影响。耶律阿保机登基第三年，还曾诏令左仆射韩知古为龙化州大广寺建碑，以纪功德[2]。在领有燕云十六州后，辽皇室倡导佛教之势更盛，在辽的属地建立了诸多佛教寺院。

辽代的佛教寺院意在宏敞。据说盛时的缙阳寺，各殿僧房多达三百八十余架。宜州的奉国寺则

1 文渊阁《四库全书》（电子版），史部，正史类，《旧五代史》卷一百三十七。

2 文渊阁《四库全书》（电子版），史部，正史类，《辽史》卷一。

"楹以千计"，寺内有七佛殿九间，后法堂九间，正观音阁、东三乘阁、西弥陀阁、四贤圣洞一百二十间，伽蓝堂一座，前三门五间，东斋堂七间，东僧房十间，正方丈三间，正厨房五间，东厨房四间，小厨房两间，其规模与中原寺院相比毫不逊色。从今天保存下来的蓟县独乐寺、辽宁义县奉国寺、山西大同华严寺和当时增修的大同云冈石窟的规模来看，颇能得知辽代对佛教的推行力度。在曾是辽五京之地的巴林左旗、辽阳、大同、北京等地，至今仍有相当数量的大小佛塔寺院遗构留存，经文物部门考古清理的部分佛塔地宫，亦较完好地保存了辽代壁画的原貌。

辽代佛事的兴隆与皇室贵族舍宅为寺的风气有关。辽圣宗之女秦越大长公主曾舍弃其私宅棠阴坊为大昊天寺，同时施田百顷，民户百家。辽道宗为此专门题写碑铭及碑额，以彰其事。道宗耶律洪基自己也以白金数百两铸二佛像，铭其背曰：愿后世生中国。现存辽代遗迹如蓟县独乐寺、大同华严寺、应县佛宫寺、庆州白塔寺等，均与辽代皇室或贵族有一定关系，由此足见佛教对辽代上层社会的影响。

佛教在辽时的兴盛，突出表现在辽塔的建立和寺观壁画的绘制方面。虽然现存的辽代寺院壁画较为稀少，但从其他壁画绘制情况仍可隐约得见当时的盛况。就现存辽代佛教壁画划分，大致有三种题材：一种是绘制于墓室中的带有佛教性质的壁画，如内蒙古赤峰市阿鲁科尔沁旗东沙布尔日台宝山辽墓一号墓，其石室西壁绘有一幅《高逸图》，中心人物为僧人。河北张家口宣化区张文藻墓中，亦有僧人图像出现。同时在张氏家族墓中，还有对备经场面的描述。宝山辽墓二号墓中，其石室北壁绘有一幅《诵经图》。辽宁阜新关山萧德温的墓中，发现了反映僧人观棋的《对弈图》。第二种佛教题材的壁画绘制于棺椁、小帐中。如北京斋堂辽墓棺椁的后挡板上，绘有莲花图案。内蒙古赤峰市巴林右旗的辽太叔祖耶律弘本棺椁壁上绘有火焰宝珠和菩提树等物。第三种辽代佛教壁画绘制于佛寺殿堂与佛塔地宫中，其中尤以佛塔地宫中的壁画保存较为完整。现考古发掘出的辽代佛塔壁画有山西应县佛宫寺辽代木塔壁画、山西灵丘觉山寺辽代砖塔塔心室内外墙壁壁画、沈阳塔湾无垢净光舍利塔地宫壁画等。

在契丹族诸多信仰中，观音信仰是其接受较早的佛教信仰之一。《辽史》卷四十九记载了耶律阿保机对观音信仰的推崇，称："太祖幸幽州大悲阁，迁白衣观音像，建庙木叶山，尊为家神。"[1]对太祖迁像之举，《辽史》卷三十七有过详尽描述，称："太祖援石晋主中国，自潞州回，入幽州，幸大悲阁，指此像曰：'我梦神人，令送石郎为中国帝，即此也。'因移木叶山建庙，春秋告赛，尊为家神。兴军，必告之。"[2]

对于耶律阿保机迁奉白衣观音之事，有研究者称与其妻所奉信仰有关。耶律阿保机的妻子舒噜氏乃西域回鹘诺苏后，回鹘崇奉佛教，好服白衣。鉴于此，葛雾莲、杨富学等学者认为在契丹艺术中，回鹘的影响不容小觑。[3]

辽太宗即位后，继续秉承其父行事风格，对后唐石敬瑭所献的燕云十六州执行原有的宗教政策。于是，在汉、回鹘等多民族的共同影响下，佛教信仰及相关艺术形式通过多种渠道逐渐渗透到契丹人的日常生活中，并与契丹人原有的宗教信仰结合在一起，共同作用于契丹社会。

到辽圣宗、兴宗、道宗时（983—1100），佛教更为兴盛。辽圣宗耶律隆绪为祭奠与宋战争中阵亡的将士，曾在各地兴建寺塔，并行幸诸寺，亲参佛事。据称，圣宗一月之间曾"饭僧"万余。兴宗亦笃信佛教，除屡次行幸寺院或召集僧侣进宫讲习佛法外，还任命多位僧人担任朝廷要职。如僧人惠鉴便被任命为检校太尉，给予极高礼遇。兴宗

1 文渊阁《四库全书》（电子版），史部，正史类，《辽史》卷四十九。
2 文渊阁《四库全书》（电子版），史部，正史类，《辽史》卷三十七。
3 杨富学：《回鹘文献与回鹘文化》，北京：民族出版社，2003年。

之后，道宗耶律洪基对佛教推进贡献亦大。他精通华严宗，著有《大方广佛华严经随品赞》以及《发菩提心戒本》等，对寺院的各项扶植亦事无巨细。而始于圣宗时的《契丹藏》的雕凿及版本的流传，无疑已成为弘扬佛法的重要手段之一。

在辽代颁行的各项政策中，除崇佛外，对汉文化中的儒家文化也颇为重视。对此，耶律阿保机与其子耶律倍曾有一段问答，《辽史》对此有所记载，称太祖曾问群臣："受命之君，当事天敬神。有大功德者，朕祀之，何先？"皆以"佛"对。太祖曰："佛非中国教。"倍曰："孔子，大圣。万世所尊，宜先。"太祖大悦，即建孔子庙，诏皇太子春秋释奠[1]。与耶律阿保机对答的太子倍在耶律阿保机死后流亡汉地，被赐李姓，名曰赞华。李赞华善长绘画，他所绘制的《千角鹿图》后来流入宋朝秘府，为时人叹服。从赞华与其父的言谈中可以看出，辽在学习汉文化方面颇具开放性，不惟选择佛教部分，汉文化中的儒学亦是其效仿的对象。故而，有研究者称辽代的统治策略为"以儒治国，以佛治心"。这一政策在辽代的宗教艺术方面时有体现。

纵观辽代，除东丹王耶律倍（李赞华）外，世宗耶律阮、辽圣宗耶律隆绪、兴宗耶律宗真等亦在诗文、音乐、绘画等方面有其专擅。辽宫中还设有翰林图画院，以广绘事。皇室寺院壁画亦多出自宫廷画家之手。如翰林待诏田承制曾在宿懿州宝严寺画《二十八宿神像》。胡环、高益等善绘番马和道释人物，也都是称名于辽宋朝野的画家。由于辽代帝王贵族的提倡，辽代的绘画艺术水平直追中原，其艺术作品不惟在寺观壁画中有突出表现，在墓室壁画中也屡现奇迹。

二、辽宁沈阳无垢净光舍利塔地宫辽代壁画

无垢净光舍利塔，俗称塔湾舍利塔，位于沈阳市皇姑区塔湾街。该塔建于辽重熙十三年（1044），高34.75米，造型为八角形十三层密檐式砖塔。无垢净光舍利塔塔基为八边形素面须弥座，高1.7米，由砖砌筑，边角处嵌有花岗岩条石。塔身分上下两截，下半截有束腰，束腰中间设壶门，内雕石伏兽。上半截每面正中设一拱券式凹龛，拱眉上雕有卷草、海棠花纹。凹龛内设莲座，莲座上各祀坐佛一尊。凹龛外侍立二胁侍。龛顶饰宝盖，旁有飞天。龛顶正中砖面上刻有佛名，八个方向各不相同[2]。

无垢净光舍利塔塔心中空，内部由天宫、中宫、地宫三部分构成。1985年，当地文物考古部门对该塔进行了清理，于中宫和地宫中共清理出文物1200余件[3]。在清理出的诸多文物中，有一通石函极为重要。石函上盖和函身四面通刻楷书汉字5000余字，详细记录了大契丹国邑人李弘遂等百余人于重熙十三年发愿修造此无垢净光舍利佛塔的经过[4]。该石函原藏于无垢净光舍利塔地宫之内，地宫平面呈正方形，每壁底边边长1.54米，高1.04米，四壁分绘四天王像。

无垢净光舍利塔地宫东壁绘《东方持国天王及毗舍合（瞰精鬼）》（图4-1-1）。天王居中，身高85厘米，面部丰腴，满带笑意。头戴宝冠，身穿铠甲，正右手仗剑挺胸直背侧坐于石台之上。天王头顶及身边有祥云升腾，身上的巾帛亦随之飘摇。天王的左侧立一鬼卒，尖嘴圆目，头发上扬，腕上饰有带铃钏饰，腰间扎裙，正双手捧一狼牙棒于胸前，似在向天王致礼。天王与小鬼之间空隙有一墨书榜题框，内无文字。

无垢净光舍利塔地宫南壁绘《南方增长天王及鸠般荼（大力鬼王）》（图4-1-2）。

1 文渊阁《四库全书》（电子版），史部，正史类，《辽史》卷七十二。
2 陈伯超主编：《沈阳城市建筑图说》，北京：机械工业出版社，2011年，第57页。
3 孙进己、冯永谦、苏天钧主编：《中国考古集成》（东北卷辽三），北京：北京出版社，1997年，第2171页。
4 向南：《辽代石刻文编》，石家庄：河北教育出版社，1995年，第237页。

图 4-1-1　东方持国天王，全画高 122 厘米，宽 154 厘米，辽，位于辽宁沈阳市无垢净光舍利塔地宫东壁

图 4-1-2　南方增长天王，全画高 122 厘米，宽 154 厘米，辽，位于辽宁沈阳市无垢净光舍利塔地宫南壁

天王亦居于中央，身高94厘米，头戴盔，肩披鱼鳞甲，胸前挂山纹甲，双手执哨箭，正右腿弯曲、左腿下垂，神态严肃地坐于石台之上。天王紧皱的双眉下双目圆睁，稍向左谛视。血红的双唇中露出两排白色的牙齿。天王身上巾帛随风飞舞，动态十足。天王左侧绘有如意祥云，祥云之上为无字的榜题框。天王右侧为一鬼卒，正右手执弓箭，左手抚胸，头发倒立，双眼圆睁，从口中往外喷出一道强烈的火焰。小鬼的额前扎一红色巾带，上身赤裸，下身罩短裙，手腕及脚腕处均饰有带铃铛的钏饰。

无垢净光舍利塔地宫西壁亦绘二人，分别是《西方广目天王及富单那（臭饿鬼）》（图4-1-3）。广目天王身高80厘米，居中，头戴华冠，冠上饰三粒珍珠。天王全身披挂山纹甲，紧闭双唇，圆睁二目，谛视自己的右方。双腿亦是一曲一垂坐于台座之上，其右手所执宝剑剑锋，指向左小腿方向。天王左侧绘如意祥云，右边侍立一鬼卒，身高约70厘米。头上为刺猬状短发，身背剑鞘，正右手执剑，左手捻动胸前佩珠仰望天王。鬼卒与天王之间的空白处亦勾画出榜题框，但并无字迹。

图4-1-3 西方广目天王，全画高122厘米，宽154厘米，辽，位于辽宁沈阳市无垢净光舍利塔地宫西壁

无垢净光舍利塔地宫的北壁绘《北方多闻天王及夜叉和吉祥天女》（图4-1-4）。多闻天王居中，身高92厘米，头上戴冠，身上罩甲，正左手托宝塔、右手执长戟正面就坐。其左侧为一鬼卒，身高70厘米，正手持剑鞘面朝天王。天王右侧为一女子，梳高双环髻，身高84厘米，身材窈窕，正手捧一盘，意欲供奉天王，盘上堆满了花果类供物。女子与天王之间空白处绘无字榜题框。

图4-1-4 北方多闻天王，全画高122厘米，宽154厘米，辽，位于辽宁沈阳市无垢净光舍利塔地宫北壁

有关四大天王来历，按《醒世录》载："四天王者，依《长阿含经》云：'东方天王名多罗吒。此云治国主，领乾达婆及毗舍阇神将，护弗婆提人，不令侵害；南方天王名毗琉璃。此云增长，领鸠槃荼及薜荔神将，护阎浮提人；西方天王名毗留博叉。此云杂语主，领一切诸龙及富单那将，护瞿耶尼人；北方天王名毗沙门。此云多闻主，领夜叉罗刹将，护郁单越人。'"[1]

在《西域记》中，四天王的主要职能是护法。该经记载了这样一个故事，称某佛寺藏有宝物，担心被人偷盗，便塑四天王护之。当时有"突厥王贪其宝，故率众来取。梦见天王以戟刺心，其心大痛，至明而卒"。另一则天王故事和于阗有关，称于阗王无子，求于天王，后额裂而生一子。在现今留存的大量释迦降生及逾城的图像中，也多有四天王的影子。如释迦初生时，四天王曾以天缯接太子身，置宝几上。逾城时，四天王又捧马四足协助太子出城。另，《本行经》还记载了佛初成道时，欲受食，四天王向他献钵的故事。

如果说早期的天王像乃是随着佛经的不断译出而进入人们的视野，那么到了唐代，译经活动更为兴盛，仅据《开元释教录》所载，便已有《四天王经》、《四大天王经》以

1《嘉兴大藏经》（新文丰电子版）第23册，No.B122，《醒世录》。

及《毗沙门天王经》等有关天王的经籍传播。天王像渐渐成为寺观绘塑中不可或缺的重要组成部分，一些著名绘手也渐渐参与到天王壁画的绘制中。据载，唐代吴道子、韩干、周昉、孙知微以及吴道子的弟子翟琰等人均绘制过天王像。至《蜀中广记》成书时，天王像绘制者已数不胜数。最早载入《蜀中广记》中的天王像缔造者是天监末年的释僧仙，史载其曾于同泰寺造四天王像，每六斋晨常设净供[1]。后来的著名绘手辛澄，亦曾在成都大圣慈寺普贤阁外绘制北方天王像，并于堂内四柱之上做四天王像。长安人赵公佑，善绘天王像。在赞皇公镇蜀时，公佑自宝历至开成期间，于诸寺所画天王像甚多。只可惜，公佑所绘天王像多于会昌灭佛运动中被除毁，仅存大圣慈寺文殊阁下天王三堵、阁内东方天王一堵，普贤阁下南方天王，华严阁上东西二方天王，药师院师堂内四天王并十二神，中兴寺大殿中文殊、普贤及天王部众，前寺石经院天王部属等寥寥数处。除公佑外，还有其他一些画师亦钟情于绘制天王图像，如四川保福院门屋所存天王二堵，据称是赵公佑孙赵德齐笔。昭觉寺的大悲堂内有四天王两堵，寺门后有东西天王两堵，皆中和年间由不具名姓的画工所绘。僧令宗亦爱制作天王像，亦于大圣慈寺三学院下经楼院下两畔绘制过四天王两堵[2]。著名妆彩匠杨元真也曾为圣兴寺天王院天王及部属妆彩，并为四天王寺绘制壁画。

北宋著名绘手武宗元亦画过天王像。据宋代董逌在其著述《广川画跋》中记载，作为尚书郎的武宗元尝绘制东方持国天王像，威严毅烈，以威神加哀摧灭魔怨，得大总持，故威威寂寂，其相好如此，令人如见吴道子所绘天王像。董逌在鉴赏天王像时称四大天王各有职属，所以其形容亦各以妙用，不可以不知其特点而乱画。从以上记载可知，北宋时绘制的天王像，已开始注重天王形象内涵。

至南宋时，四大天王作为佛之护法神，其形象更为普及。如《南宋建炎至德祐》之《筠溪集》中，便极为详细地记录了一则太平道院新造三乘小像的事迹，称："太平道院新造三乘小像，以释迦如来居中，弥勒在左，无量寿在右。面如满月，身相端直，优钵昙华为菩提座，六大菩萨慈容粹和，补陀大士无畏自在。复有住世十六大阿罗汉各以愿力现诸神变，复有四大天王威德坚忍，却诸魔事。复有二金刚神勇猛可怖，守护正法。"[3]由此可见，两宋时的四大天王，已与辽塔壁画中的四天王形象大体一致，俱以凸显个性，威德坚忍貌为其特征。

需要指出的是，现今寺观壁画中留存的四大天王形象，虽然来自经典，但并非是对某部佛经的照搬，而是与当时生活相结合的再创造。以四大天王职守为例，按《长阿含经》载，须弥山的东南西北四个方位分由四位天王管辖，其中提头赖咤天王位属东方，毗楼勒天王位属南方，毗楼博叉天王位属西方，毗沙门天王位属北方。其所携神众：东方提头赖咤天王，领乾沓和神，有大威德，有九十一子，尽字因陀罗，皆有大神力。南方毗楼勒天王，领诸龙王，有大威德，有九十一子，亦字因陀罗，有大神力。西方毗楼博叉天王，领诸鸠盘茶鬼，有大威德，有九十一子，亦字因陀罗，有大神力。北方天王名毗沙门，领诸悦叉鬼，有大威德，有九十一子，亦字因陀罗，有大神力[4]。而《四教仪注汇补辅宏记》也有关于四天王及其所领部众的记载，称："东方提头赖咤天王，此云持国，护持国土故。居黄金埵，领乾达婆、富单那；南方毗留勒叉天王，此云增长，令他善根增长故。居琉璃埵。领鸠盘茶、薜荔多。王有九十一子，如灵感传；西方毗留博叉天王，此云广目，亦云非好报，亦云杂语，能作种种语故。居白银埵，领毗舍阇、毒龙等。北方毗沙

1 文渊阁《四库全书》（电子版），史部，地理类，杂记之属，《蜀中广记》卷八十一。

2 文渊阁《四库全书》（电子版），史部，地理类，杂记之属，《蜀中广记》卷一百六。

3 文渊阁《四库全书》（电子版），集部，别集类，《南宋建炎至德祐》之《筠溪集》卷二十二。

4 《大正新修大藏经》第1册，No.0001，《常阿含经》卷十二。

门天王，此云多闻，福德之名，闻四方故。居水晶埵，领夜叉、罗刹。诸处建立天王堂，事见唐天宝元年（742）。”[1]后世塑绘天王像，多参照佛经中天王所处方位及威仪，但对于天王所领部众则多有变更。

另外，按佛经《地藏本愿经科注》载，四大天王亦有地位高低之别：“然此四天，毗沙门为尊。若王念及三方天王，即严驾诣毗沙门天王，于一面立。故北方天王，统领三方。”[2]所以，在四位天王中，北方毗沙门天的地位最高。但在现存的天王壁画中，毗沙门天的这一优势并未得到充分体现，四大天王均以威猛形象示人，如果不参读佛经，人们根本无法凭借图像判断其职位高低。

而且，对于天王手中所执武器，图像与经典亦有较大出入。以北方天王毗沙门天为例，《陀罗尼杂集》载：北方天像着种种天衣，左手伸臂执稍拄地，右手屈肘擎于佛塔。稍长一丈八尺。唐立像仪云：“此王全身被金甲，而足踏女人之肩，下作云以拥之，或云乃其母也。于其左右罗列八部风水雷电诸鬼。其子祇那利沙，与九十一子前后随从。”[3]

对于《陀罗尼杂集》和唐代立像仪所记载的左手执稍拄地、右手擎塔、足踏女人肩的天王像现今无存，但一手执武器、一手擎塔的天王像则极为常见。另外还有一种毗沙门天形象亦为常见，即一手执伞盖，一手抱一动物。按《阿弥陀经略注》载，毗沙门天有持盖的记录[4]，但无抱动物的记载。该形象的出现，可能与唐代流传的毗沙门天解安西之围的故事有关。

据《毗沙门仪轨》记载：“唐天宝元载（742）壬午岁，大石康五国围安西城。其年二月十一日，有表请兵救援。圣人告一行禅师曰：‘和尚，安西被大石康□□□□□□国围城，有表请兵。安西去京一万二千里，兵程八个月，然到其安西，即无朕之所有。’一行曰：‘陛下何不请北方毗沙门天王神兵应援？’圣人云：‘朕如何请得？’一行曰：‘唤取胡僧大广智即请得。’有敕唤得大广智到内，云：‘圣人所唤臣僧者，岂不缘安西城被五国贼围城？’圣人云：‘是。’大广智曰：‘陛下执香炉入道场，与陛下请北方天王神兵救。’急入道场。请真言未二七遍，圣人忽见有神人二三百人，带甲于道场前立。圣人问僧曰：‘此是何人？’大广智曰：‘此是北方毗沙门天王第二子独健，领天兵救援安西，故来辞。’圣人设食发遣。至其年四月日，安西表到云：去二月十一日巳后午前，去城东北三十里，有云雾斗暗。雾中有人，身长一丈，约三五百人尽着金甲。至酉后鼓角大鸣，声震三百里，地动山崩停住三日，五国大惧尽退军。抽兵诸营坠中，并是金鼠咬弓弩弦，及器械损断尽不堪用。有老弱去不得者，臣所管兵欲损之，空中云：‘放去不须杀。’寻声反顾，城北门楼上有大光明毗沙门天王见身于楼上，其天王神样，谨随表进上者。”[5]

以上故事中与毗沙门天王息息相关的动物为金鼠。后世出现的诸多抱动物形象的毗沙门天图像，应该是对其用神兵和金鼠解安西之围的赞誉。随着安西毗沙门图本的呈进，唐王朝的玄宗帝已开始敕令诸道州府城楼，于西北隅居置天王形象[6]。正所谓：“今有状毗沙门天王像，必右手擎宝塔……盖当时所现之像，于擎浮图。今相习，尽塑于州邑之城上，或伽蓝营垒之间是也。”[7]

1《卍新续藏》（电子版）第57册，No.0980，《四教仪注汇补辅宏记》。
2《卍新纂续藏经》（电子版）第21册，No.0304，《地藏本愿经科注》卷二。
3《卍新纂续藏经》（电子版）第20册，No.0361，《金光明经照解》卷上。
4《卍新纂续藏经》（电子版）第22册，No.0431，《阿弥陀经略注》。
5《大藏经》（电子版）第21册，No.1249，《毗沙门仪轨》。
6《卍新纂续藏经》（电子版）第57册，No.0980，《四教仪注汇补辅宏记》卷三下。
7《卍新纂续藏经》（电子版）第64册，No.1261，《祖庭事苑》。

其实，有关唐代的毗沙门天信仰，还有比安西解围更早的故事。据《历朝释氏资鉴》载，唐太宗追随高祖起兵后，便有神自称毗沙门天王，称愿同力定乱。由于毗沙门天拥有猪首象鼻等大将，故所向披靡。及太宗即位，遂诏天下公府皆祀之[1]。

辽宁无垢净光舍利塔地宫内出现的四天王壁画，其造型与北宋佛塔地宫中的画像极为相似，说明辽代寺观壁画的样式及其仪轨与宋代大致相同。而如此坐姿的天王像，应是宋、辽、金时期普遍流行的一种样式，其来源很可能与毗沙门天救助安西之围有关。今沈阳等地留存的怒目状坐姿毗沙门天图样，似正是毗沙门天安西救围时“光发北城门楼上，有天王坐而怒视”[2]的真实写照。

三、山西灵丘觉山寺塔辽代壁画

觉山寺，位于山西省灵丘县城东南12公里的觉山山谷之中。觉山，又名悬钟山，山势耸峙，崖壁峭拔。觉山寺便坐落于此，坐北朝南，四周群山环抱。觉山寺寺内古木森森，环境极为幽静。据传，该寺最早建于北魏孝文帝太和七年（483），文帝为报母恩，于此地辟佛刹一区，赐额为“觉山寺”。辽大安五年（1089），镇国大王行猎于此，见寺庙残破，便上奏辽帝加以重修，从而使寺庙鼎盛一时。

以上内容具载于大辽重熙七年（1038）所立之《重修觉山寺碑记》中[3]。该碑称北魏太和七年二月二十八日，元魏高祖孝文皇帝因太后忌日，哭于陵左，绝膳三日，哭不辍声，想报母恩，乃于蔚萝之西南、灵丘邑东南，大约二十里外的觉山希奇之境，建寺一所，赐额“觉山寺”。当时硕德高僧，四方云集，禅教高流，五百余名，安止于寺。衣粮供给，丰足不挂。六宫侍女，皆持年长月六斋。其精进诵经者，并剃度出家。至辽大安五年（1089）八月二十八日时，有大辽掷国大王[4]行猎到此，见该寺宝塔殿宇摧坏，还朝内奏。后道宗皇帝赐金十万缗敕令重修，并设立衙门提点，并赐朱印及庄产五处[5]。所以，后人多以碑中所言的大安五年作为建造寺塔时日。此时，据辽之败亡仅剩三十多年的时间。

觉山寺塔总高44.23米，为砖砌八角十三层密檐塔。全塔可分为四部分：最下层为塔基，塔基之上为塔身和密檐，最后是塔刹。塔基高3米，底边边长6.2米，由须弥座、平坐勾栏和莲台组成。须弥座与平坐勾栏间为束腰，束腰部分设有壶门，每面3个，内塑人像，或抚琴，或说法。壶门两侧各立侍女一人或飞天一躯。壶门之间及八角部位雕有力士，骨肉饱满，别具特色。须弥座之上的平坐勾栏雕有几何纹及莲花装饰。平坐之上的莲台，总高1.43米，分为三层。最底层莲瓣较小，然后逐渐增大，沿水平方向形成了三条装饰带，层层叠叠，极为美观。

觉山寺塔塔身峻秀挺拔，第一层有八角形塔室，角上设圆倚柱，中心为八角形塔柱，可供信徒绕柱礼佛。塔心柱每边边长为1.45米，四面辟门，其中东西两面为砖雕隔扇假门，南北两面为实门，均为后人补葺。另外四斜面砌有砖雕假直棂窗。

觉山寺塔的密檐，上下重叠共计十三层，按傅熹年先生的研究：“每层最下为普拍

1 《卍新纂续藏经》（电子版）第76册，No.1517，《历朝释氏资鉴》。

2 《卍新纂续藏经》（电子版）第77册，No.1522，《新修科分六学僧传》。

3 《重修觉山寺碑记》，见录于《灵丘县志》。《山西通志》：“碑今在灵丘县东南二十里。碑叙事未工，而语多可信，必有所本，惜缺其撰人及年月。然大安重建文称道宗皇帝，似立石当在天祚时，而县志乃于碑末署重熙七年，则在大安前五十年，亦不太考矣。”

4 据魄芾在《觉山寺辽碑的发现和初步研究》中考证，掷国大王不存，应为镇国大王。

5 魄芾：《觉山寺辽碑的发现和初步研究》，《汕头大学学报》（人文科学版）1990年第1期，第83页。

枋，枋上为补间及转角斗栱，其上为椽、飞、瓦垅和屋脊，屋脊之上便是上一层檐塔的普拍枋。方形密檐塔在二层塔檐之间的低矮塔身在这里已为斗栱所取代。”[1]觉山寺塔的塔刹为铁质，现尚存圆形覆钵、相轮七层、圆光、宝盖、仰月、宝珠及刹杆等，造型工艺皆为上乘。

图 4-1-5 观世音菩萨，高 169 厘米，辽，位于山西灵丘县觉山寺塔底层南门洞内东侧

觉山寺塔内绘有壁画，绘制年代约为大安六年（1090），绘制内容为佛、菩萨、天王、明王、飞天等。除前后门洞外，塔内几乎所有墙壁之上均绘有壁画，共计81.36平方米。因受塔内结构所限，觉山寺壁画皆以墙面为界。其中塔内中心柱前后与门洞相对处绘释迦牟尼佛，上置宝盖，下设须弥座，身后为背光及云气。释迦牟尼佛一手施说法印，一手施触地印。中心柱上的佛陀画像与两个门洞相对，光线较好，人们从塔下仰望即可享受到佛陀的慈悲。舍利塔的前后门洞两侧绘菩萨像，与中心柱上的佛陀构成别样的一佛二菩萨结构。觉山寺所绘的四尊菩萨，分别为文殊菩萨、普贤菩萨、观音菩萨和地藏菩萨，皆面貌俊朗，姿态端庄，秀雅之中尽显慈悲情怀，与近旁的金刚和明王造型形成鲜明对比。四菩萨中的观音菩萨（图4-1-5），头上饰白巾，身上披白袍，神情极为淡定从容。

塔内八角中心柱的其他六面分绘四大天王（图4-1-6）和两位护法金刚。天王、金刚是佛教绘画中较为常见神祇，觉山寺塔壁画中的四大天王，均头戴王冠，身穿铠甲。有的足蹬云头履，手中分执剑、戈、戟、伞等法器，形体雄健、孔武有力。另有二金刚均现忿怒相，身上肌肉呈圆球状隆起，怒目横眉，威怖可畏。金刚手中执有法器，似在全力护法。金刚左上角及右上角还分绘一尊坐佛，似为其法身。

觉山寺塔内，除两个门洞外，分绘六幅明王像。按柴泽俊研究，六位明王分别为除盖障菩萨现作不动尊明王、虚空藏菩萨现作大笑明王、慈氏菩萨现作大轮明王（图4-1-7）、观世音菩萨现作马头明王、地藏菩萨现作无能胜明王、普贤菩萨现作步掷明王。各位明王皆赤脚六臂，手执宝剑，威然挺立。由于六尊明王均呈忿怒身，故其形象极为夸张，横眉怒目，毛发飞扬，令人观之不禁寒噤。各尊明王两侧及身后还有众多的天王、神将、力士、菩萨、飞天（图4-1-8）及鬼卒等，造型或威武雄壮，或泰然自若，或清净闲雅，或潇洒自如，神情举止和穿戴装束俱不相同。其手中所执法器，亦有钵、莲蕊、宝瓶、花盘、琵琶、经卷、棒、叉、剑、戟、弓、刀、斧等数种。除此之外，觉山寺塔东西两壁

1 傅熹年：《中国古代市规划、建筑群布局及建筑设计方法研究》（上册），北京：中国建筑工业出版社，2001年，第194页。

图 4-1-6　东方持国天王，高 228 厘米，辽，位于山西灵丘县觉山寺塔底层中心柱东南面

图 4-1-7　大轮明王，高 150 厘米，辽，位于山西灵丘县觉山寺塔底层内壁东北面

图 4-1-8　飞天，高 50 厘米，宽 76 厘米，辽，位于山西灵丘县觉山寺塔底层内壁东北面上隅

上隅亦各绘一佛，呈坐姿。另，东北、东南、西北、西南四斜面各绘蛟龙一条。每幅壁画中心的明王，均体量高大，约占墙面的二分之一。明王两侧及身边护法、力士、菩萨及鬼卒等，形体较小，且前后叠置，明显处于胁侍和从属地位。

总之，觉山寺舍利塔壁画构图巧妙。壁画绘制者能够在有限的空间内，将众多佛教图像按部就班地排列于各自所属的位置，主次分明，繁而不乱，充分展示了辽代画工高超的艺术技能。

四、山西应县佛宫寺释迦塔辽金壁画

山西省应县佛宫寺释迦塔俗称“应县木塔”，位于山西省朔州市应县县城西北隅，是我国现存最高的木结构楼阁式佛塔（图4-1-9）。该塔为辽清宁二年（1056）遗构，金明昌六年（1195）有过增修。塔通高67.31米，由塔基、塔身、塔刹三部分组成。塔刹高11.77米，包括仰莲、覆钵、相轮、仰月和宝珠。塔身平面呈八角形，底层直径30.27米。塔形外观为五层六檐，塔内各明层之间均有暗层，明、暗合计实为九层，是国内现存古代木结构建筑中集建筑造型与功能完美结合的典范。

应县释迦塔底层塑有释迦塑像。释迦佛身披通肩式袈裟，结跏趺坐于束腰莲座之上，体态端庄，神情高雅。四周绘坐佛六躯，均结跏趺坐。胁侍菩萨头戴花冠，衣带飘垂，造型样式与大同华严寺的辽代彩塑较为贴近。大佛周围内槽壁上除前后两端为门扉外，其他六壁皆绘有大像。其中，内槽南门东西两侧墙上绘阿难、迦叶二弟子，神情虔恭，姿态端庄。内槽北门东、西两侧墙上各绘一尊护法密迹金刚像。金刚上方有伞盖遮护，身后祥云缭绕。东侧金刚足踏芒鞋，手持降魔杵，身形为坐姿（图4-1-10）；西侧金刚赤足露臂，手执宝剑，身形亦呈坐姿（图4-1-11）。金刚像左右两侧背后还绘有鬼卒、童子、菩萨等众，画面人物姿态生动，动感十足。

金代时，人们又于内槽南门的西东两侧墙上将上述壁画的画面下部改绘四大天王（图4-1-12，图4-1-13）。此四天王像，虽经金代补绘，但尚留有辽代天王威严勇猛的神貌气势，他们顶盔贯甲，半倚半坐，分别持有杵、箭、斧、剑等法器，怒目而视，神态威猛。

辽代的天王像由唐天王像变化而来，头面向左而躯体向右，臂前伸则腿屈，颈短头大，坚甲扬带。五台山佛光寺明间佛座壁画中的北方毗沙门天王乃唐代天王像的典范，与应县释迦塔中的天王像可互为参照。而画史所载的辽代画家高益擅长绘制的“坐神”，亦应指此类坐姿护法天王像。应县释迦塔中的天王上方还绘有宝盖，样式

图4-1-9　应县木塔，辽，山西应县

图 4-1-10　金刚之一，高 242 厘米，宽 186 厘米，辽—金，位于山西应县佛宫寺释迦塔底层内槽北门东侧八字墙内侧上部

图 4-1-11　金刚之二，高 312 厘米，宽 276 厘米，辽—金，位于山西应县佛宫寺释迦塔底层南门内门道西壁

图 4-1-12　南方增长天王，高 320 厘米，宽 165 厘米，辽—金，位于山西应县佛宫寺释迦塔底层内槽南门西侧八字墙内侧下部

图 4-1-13　东方持国天王，高 315 厘米，宽 163 厘米，辽—金，位于山西应县佛宫寺释迦塔底层内槽南门东侧八字墙内侧下部

图 4-1-14　飞天，辽—金，位于山西应县佛宫寺释迦塔底层内槽西南壁

图 4-1-15　女供养人，高 152 厘米，辽—金，位于山西应县佛宫寺释迦塔底层内槽门楣东格外侧

华美艳丽。天王背光中的火焰纹，亦异常华美，如彩云流淌。释迦塔内槽内墙东西两壁上亦绘有坐佛，高达6米。其所坐仰莲座上祥云缭绕，飞天翱翔，姿态优美，活泼生动（图4-1-14）。

释迦塔前后门道横披板上绘有六位供养人，神态举止虔诚而安详。南门三块横披板内的供养人像为女性，均头戴花冠，身穿褒衣，飘带缠绕，侧身站立。她们的手中分别捧果盘、花盘和珊瑚盘（图4-1-15）。北门三块横披板内的供养人像为男性，双手分别捧有宝瓶等供物，年纪或长或幼，身姿自如（图4-1-16）。

应县木塔所存的辽代绘画在构图上沿袭了唐和五代以来体量高大的主要人物占据中心画面，体量矮小的次要人物居于侧旁的特点。在应县木塔这样底层空间高大，层高达11.5米的特殊建筑结构中，此类构图正好与塔内高大的佛像相辉映，使建筑、雕塑和壁画彼此相通，相互协调，和谐一致。

图 4-1-16　男供养人，辽—金，位于山西应县佛宫寺释迦塔底层内槽门楣西格外侧

第二节 金代佛寺壁画

一、金代皇室与佛教崇奉

金人在建国之前主要信仰萨满教，对佛教的接受是在与其他各族交往与征战的过程中完成的。据《金史》记载，完颜家族的始祖函普来自高丽，当时“兄阿古乃好佛，留高丽不肯从”。由此可知，在建国之前，已有部分女真人接触到佛教。随着女真势力的扩大，为争取信仰佛教的渤海人和契丹人的支持，金人逐渐接受了佛教，并给予其极高的地位。史料记载：“金俗奉佛尤谨，公卿诣寺，则僧坐上坐。”[1]在金立国近一百二十年的时间里，佛教一直在其政治生活中占据着重要位置，佛教寺院的修缮和兴建在金代亦从未断绝。天会二年（1124），金太宗命僧人善祥在山西应州建净土寺。金占领燕京后，太宗又于天会九年（1131）亲迎旃檀瑞像至京悯忠寺，并为之设立了七昼夜的水陆法会。尽管日本学者鸟居龙藏对奉安瑞像的寺院到底是否为悯忠寺尚持怀疑态度（他认为奉安瑞像的寺院应该是圣安寺），但这并不影响后人对旃檀瑞像由印度辗转至汴京再至燕京这一传播路线的认可。金代佛教的推行，亦有赖中原僧人的努力，其中也包括血的代价。据宋使洪皓的《松漠纪闻》卷一记载，太宗天会己酉岁（1130）时，“有僧被掠至其阙，遇上元，以长竿引灯球，表而出之以为戏。金主见之大骇，问左右曰：‘得非星邪？’左右以实对。时有南人谋变，事泄而诛，故金主疑之曰：‘是人欲啸聚为乱，克日时立此，以为信耳。’命杀之。后数年至燕，颇识之，至今遂盛”[2]。显然，僧人“以长竿引灯球”的举措并非源自佛教，乃宋之习俗。南来僧人将宋之习俗亮相北地，实际上也反映了宋金之际汉地僧俗文化对金的浸渍。

太宗之后，熙宗继位。金熙宗“幼而聪达，贯综经业。喜文辞威仪，早有大成之量”[3]。熙宗重视佛教，皇统二年（1142），皇子济安生，大赦天下。“肆赦令燕云汴三台普度，凡有师者皆落发，奴婢欲脱隶者，才以千嘱请即得之，得度者亡虑三十万。”[4]英悼太子生日时，诏海慧大师于上京宫侧并造大储庆寺，普度僧尼百万。后来济安皇子突病，虽熙宗及皇后百般祈告，仍不幸身亡。皇子死后，熙宗及皇后哀痛不止，命工匠塑皇子像于储庆寺内，并亲至寺安置。

熙宗与皇后对佛教的尊崇还表现在对僧人的极端重视。如高僧海慧，熙宗除了为其建造大储庆寺外，还请他与清慧禅师迎取瑞像于储庆寺积庆阁中供养。海慧迁化后，熙宗与皇后亲奉舍利，并立塔五座，特赐海慧“佛觉佑国大禅师”，复赐清慧“佛智护国大师”号及金襕衣。

金代皇室另外一位与佛教密切相关的人物是金世宗的母亲。在完颜宗尧逝后，李氏落发为尼，法号“法愿”。熙宗在位时便对其格外关照，曾赐其紫衣，并拨款三十万为之修建清安禅寺，还赐其“通慧圆明大师”尊号。

当时，在熙宗等人的带动下，上京地区的佛教信仰一度达到极致。其他皇族，如二太子斡离不，虽身为金代大将，累更战阵，杀伐无数，竟被史书描绘为“性慈仁，喜谈佛

1 文渊阁《四库全书》（电子版），史部，杂史类，《松漠纪闻》卷一。
2 文渊阁《四库全书》（电子版），史部，杂史类，《松漠纪闻》卷一。
3 文渊阁《四库全书》（电子版），史部，别史类，《钦定重订大金国志》卷九。
4 文渊阁《四库全书》（电子版），史部，杂史类，《松漠纪闻》卷一。

道”的“菩萨太子”[1]。

大辽皇室对佛教的态度也直接影响到女真贵族及平民，当时多有贵戚、望族男女舍身出家。据《英公禅师塔铭》载，东京垂庆寺“其尼尽戚里贵人”[2]。虽然海陵王执政时期，曾有部分寺庙遭到破坏，但仍有佛法的推行。如正隆元年（1158），海陵王曾亲至宣华门观迎佛，并赐寺僧绢五百匹、彩五十缎、银五百两。同年，宝严大师应部分仕人豪贵的礼请，“复开《大华严经》讲，徒满二百”[3]。在此之前，即天德二年（1151），他已在东宫太后的支持下，在兴王寺演讲过《大华严经》，当时聚徒二百人。与之同道的还有北京房山云居寺的谦公法师，其“经邑门徒，众仅数千”[4]。这种讲习佛经的风尚，从客观上促进了佛教文化的传播以及佛教寺院的扩大。

在金代皇室的带动下，金代佛教大盛，以致燕京一带兰若相望，大者三十有六。其他地方，佛教亦十分兴盛。据《山西通志》记载，仅山西一地，金代便新建、重建或重修寺院150余所。今山西繁峙岩山寺文殊殿，朔县崇福寺弥勒殿、观音殿，五台山佛光寺文殊殿，陵川南吉祥寺后殿，长治龙泉寺后殿，应县净土寺大殿，大同华严寺大殿、善化寺三圣殿，清徐香岩寺石构佛殿等，均为金代遗构。

在金代诸帝中，世宗是当时在山西一地修建寺院最多的帝王。金世宗幼时受母亲影响曾比较崇信佛教。执政后，曾敕建大庆寿寺，并诏玄冥顗禅师开山，又诏顗禅师于东京创清安寺，度僧五百，作般瑟吒会。大定二十年（1180）又于燕京西山敕建仰山栖隐禅寺，仍诏顗禅师开山设会度僧。

在崇佛的同时，金世宗也时刻提醒自己避免重蹈辽代崇佛过度的覆辙。大定八年（1168），金世宗对梁武帝和辽道宗的崇佛政策提出质疑，称：“至于佛法，尤所未信。梁武帝为同奉寺奴，辽道宗以民户赐寺僧，复加以三公之官，其惑深矣。”[5]在佛教管理方面，金世宗也多次发布禁令。如大定十四年（1174）四月，他对臣下说：“闻愚民祈福，也建佛寺，虽已条禁，尚多犯者，宜申约束，无令徒费财用。”大定十八年（1178），禁止民间擅自创兴寺观。大定十九年（1179），宣称：“人多奉释老，意欲徼福。朕早年亦颇惑之，旋悟其非。”[6]金世宗对佛教的约束，并非是要杜绝佛教的传播，而是为了限制佛教的实力。为此，他还采取了一些其他策略。

据《金史》记载：大定四年（1164）六月甲子，以雨足，命有司祭谢岳镇海渎于北郊，定祭五岳四渎礼[7]。当时选定的祭祀五岳、五镇、四海、四渎的时间和地点分别为：立春祭东岳于泰安州，东镇于益都府，东海于莱州，东渎大淮于唐州；立夏望祭南岳衡山，南镇会稽山于河南府，南海、南渎大江于莱州；季夏土旺日祭中岳于河南府，中镇霍山于平阳府；立秋祭西岳华山于华州，西镇吴山于陇州，望祭西海、西渎于河中府；立冬祭北岳恒山于定州，北镇医无闾山于广宁府，望祭北海、北渎大济于孟州。由此可见，其致祭时间和致祭地点与前代大致相当，而有关五岳、五镇、四海、四渎的封号亦因袭唐宋之制。

除了沿袭前代已成定例的祭祀体制外，世宗还确立了自己本民族的祭神系统。大定

1 文渊阁《四库全书》（电子版），史部，别史类，《钦定重订大金国志》卷二十七。

2 罗福颐：《满洲金石志》卷三，台北：台湾新文丰出版社，1982年第2版，第17305页。

3 黑龙江省地方志编纂委员会：《黑龙江省志·文物志》，哈尔滨：黑龙江人民出版社，1994年，第227—229页。

4 徐自强：《房山云居寺〈谦公法师灵塔铭〉》，《文物》1979年第1期，第227—229页。

5 文渊阁《四库全书》（电子版），史部，正史类，《金史》卷六。

6 文渊阁《四库全书》（电子版），史部，编年类，《资治通鉴后编》卷一百二十五。

7 文渊阁《四库全书》（电子版），史部，正史类，《金史》卷六。

十二年（1172），他肯定了有司提出的为长白山封爵并建立庙宇的建议。十二月，封长白山神为“兴国灵应王”，并就其北山地建庙宇。大定十五年（1175）三月，又确立了有关祭祀长白山神的章服仪礼制度，规定礼用三献，祭如岳镇。

世宗对长白山的崇奉也得到了继任者金章宗的追崇。明昌四年（1193），金章宗加封长白山神为“开天弘道圣帝”，其地位直追五岳。同年，沂山道士杨道全还提请朝廷封沂山为东安王，吴山为成德王，霍山为应灵王，会稽山为永兴王，医无闾山为广宁王，淮为长源王，江为会源王，河为显圣灵源王，济为清源王，并确定了每岁遣使奉祭体系和程序，这些规制使汉唐以来的山岳文化信仰在金代得以延续。

章宗对佛教也十分崇信。即位之初便诏请万松禅师，于禁庭升座，帝亲迎礼，并奉锦绮大僧伽黎诣座授施。内宫贵戚亦罗拜拱跪，各施珍爱。章宗还筹备普度连日的佛事活动，致使祥云连绵天际。章宗还曾驾幸燕之仰山，留下“金色界中兜率境，碧莲华内梵王宫”之句。承安四年（1199），还以太后遗命诏下和龙府起大明寺，造九级浮屠，度僧三万，施以度牒及五万人。章宗逝后，群臣举遗诏立完颜永济为卫绍王，改元大安。完颜永济在位四年，曾将旃檀瑞像还上京禁庭供养。

金朝统治时期最值得称道的是多支道教教派的产生和壮大。太一教、真大教、全真教均在这一时期创立，纷乱的战事和宽松的政治环境为这些教派的产生提供了丰厚的土壤，三支教派利用平民百姓急于摆脱战乱之苦而统治者又无暇对其进行钳制的契机，吸引了大批的信徒，形成了令各方政治势力不可小觑的宗教力量。据载，太一教、真大教和全真教的首领都曾得到金朝统治者的邀请，只不过，全真教的首领并未响应，而是选择了远赴流沙觐见成吉思汗。倒是太一教的创始人萧抱珍、真大教的创始人刘德仁相继被延请至京，分别得到金熙宗和金世宗的接见。虽然后来这两支教派与全真教在元代都得到较大发展，但尤以全真教成绩最著，信徒遍及河北、河南、山东、山西、陕西和甘肃等广大地区，艺术圣迹亦流布大江南北。现仅山西一地就有龙山石窟、永乐宫壁画等艺术形式留存于世，当时全国受全真泽被的宫观殿堂更是不计其数。可以说，金代开启了元代全真艺术的盛世。

一、山西朔州崇福寺金代壁画

1. 朔州崇福寺概况

山西五台山地区是辽代华严宗的主要道场，当时寺院林立，香火极盛。金代继辽之后又有续造，佛寺壁画遗迹也主要分布在五台山及其周边地区。崇福寺位于朔州市城内东大街北侧，坐北朝南，俗称大寺庙，曾是雁门关外著名的金代佛寺之一，名列朔州八景之首。按寺内明代正德年间的《崇福寺碑记》和清代乾隆四十年（1775）的《朔州林衙寺重兴碑记》记载，崇福寺曾名为“林衙古刹”，最初由唐代鄂国公尉迟敬德于高宗麟德二年（665）奉敕建造。至辽契丹时，该寺为官府占据，改为林衙太师府署。统和间（983—1012），因地有灵光屡现，居人不安，遂将其复为僧居，“士人以林衙院目之”。金皇统三年（1143），熙宗崇奉佛法，敕令“开国侯翟昭度于大雄殿后又建弥陀殿七间，东西禅廊各三楹，正南立祇园牌坊一座，围以宫墙而规模更加式廓，方寺之盛也”[1]。天德二年（1150），海陵王完颜亮为寺赐额“崇福禅寺”。元代时，丞相拜住曾遵诏颁大藏经纳于阁[2]。明代，在修葺原有建筑的基础上，又增建毗卢殿三楹。崇祯四年（1631），朔州

1 柴泽俊：《朔州崇福寺》，北京：文物出版社，1996年，第3页。

2 柴泽俊：《朔州崇福寺》，北京：文物出版社，1996年，第94页。

图 4-2-1　朔州崇福寺弥陀殿，金，山西朔州

知州翁应祥为寺题额为“林衙古刹”。至清，乾隆、嘉庆、同治、光绪等朝，崇福寺又屡经修建，建筑面貌多有改观。现今，有的建筑业已荡然无存，如明代所建的毗卢殿，其地基在清时便已被马道和民宅占据。

如今的崇福寺共有五进院落。第一进院落为长方形，主殿为天王殿，是山门之后的第一进院落，崇福寺的匾额便悬于山门之上。第二进院落为方形，主殿为千佛阁。东西分设钟鼓楼，楼顶为单檐歇山顶，与主殿千佛阁遥相呼应。第三进院落主殿为大雄宝殿，左右有东西厢房，分别为文殊殿和地藏殿，二殿皆为悬山顶，面阔五间。第四进院落为弥陀殿，殿宽七间，进深四间八椽，屋顶为单檐歇山式。该殿建于金熙宗皇统三年（1143）。弥陀殿匾额，为金大定二十四年（1184）所题。殿高约20米，殿内建筑结构实行“减柱法”，空间极为敞阔，特别有利于彰显佛像的庄重威严气势。第五进院落主殿为观音殿，亦为金代建筑，面阔五间，进深三间，屋顶为单檐歇山式。

弥陀殿（图4-2-1）作为崇福寺的主殿，其建筑、雕塑及大部分壁画均为金代遗存。[1]从该殿命名来看，金熙宗应该是阿弥陀佛净土宗的崇奉者。阿弥陀佛信仰源于古代印度，其得以流传汉地与经典的传播有关。早在两晋时期，与阿弥陀佛信仰相关的佛经便已陆续译出，最主要的经典为《无量寿经》、《阿弥陀经》和《观无量寿佛经》。其中《观无量寿佛经》由西域僧人姜良耶舍在刘宋时翻译而成，对后世净土思想的传播影响深远。

中国最早倡导阿弥陀净土信仰的是东晋慧远。慧远于庐山东林寺与人结社，发愿往生弥陀净土，遂成净土宗的首倡者。之后，又经历代大师的不断推进，弥陀净土信仰渐入人心，最终扩充至“家家弥陀佛，户户观世音”的境地。

2. 崇福寺弥陀殿壁画

崇福寺弥陀殿的主尊为阿弥陀佛。阿弥陀佛位于大殿之中的束腰须弥式佛坛之

1 有关崇福寺弥陀殿壁画的年代，按《朔州崇福寺》一书所言应与大殿创建年代一致。但从其风格看，似乎晚于金代。部分造像明清画风明显，有可能经过了后世画工重描。具体情况尚待进一步的考证。

上，佛坛上原有塑像九尊，阿弥陀佛居中，其左侧为观世音菩萨，右侧为大势至菩萨，此三尊像即为人们常说的“西方三圣”。另外还有四尊胁侍菩萨，分立于“西方三圣”左右。胁侍菩萨之外是两尊金刚，分别位于佛坛前侧两端。除此之外，在佛的背光部分还塑有一些小型坐佛、飞天及伎乐等，佛的须弥座四周亦有塑像，为四躯力士形象。

弥陀殿壁画面积总计为321.02平方米，主要分布于两山及后墙部位，内容以说法图为主。其中东山墙壁画面积为92.72平方米，西山墙壁画面积为123.15平方米，南墙东尽间壁画面积为22.55平方米，南墙西尽间壁画面积为26.01平方米，北墙东、西两梢间门楣壁画面积为13.14平方米，北墙残存壁画面积为43.45平方米。

崇福寺弥陀殿东西山墙上各绘有三组说法图，其中东壁北侧一组说法图残损，仅余主尊右侧的胁侍菩萨。现在可见的五组说法图构图大同小异，皆为一佛二菩萨的构成方式，且主尊均为结跏趺坐，胁侍菩萨分立两旁。东壁南侧的说法图主尊（图4-2-2）身披红色袈裟，袒胸，结说法印。其左右两位菩萨衣着严整，装饰繁复，头冠上缀满莲花及其他宝饰，冠上圆圈中还绘有墨书符号。两位菩萨均手中捧物，左侧菩萨所捧之物不详，右侧菩萨双手捧一巨钵。菩萨的上方还分别绘一飞天，其中左侧飞天右手托日，日中有金乌；右侧飞天左手托月，月中有捣药的玉兔，两位飞天成对称姿势飞绕在佛的头光左右。金乌、玉兔本为汉民族古代神话传说中的动物，弥陀殿壁画将其纳入佛教奉神系统，表明当时的艺术家在艺术创作中对各种艺术形式竞相汲取的创作原则。

在五组说法图中，只有中间对称的两组说法图主尊未曾绘制蝌蚪胡（图4-2-3），其两侧菩萨，或执香炉、珊瑚，或执经卷、图轴，神态祥和而端庄。主尊左右两侧上隅还分别绘有五尊结跏趺坐佛像。在这些端庄佛像之间靠近上部的

图 4-2-2　释迦牟尼说法图，金，位于山西朔州市崇福寺弥陀殿东壁南铺

图 4-2-3　说法图，佛像通高 569 厘米，金，位于山西朔州市崇福寺弥陀殿西壁中铺

图 4-2-4　飞天，高 113 厘米，宽 203 厘米，金，位于山西朔州市崇福寺弥陀殿西壁南铺

边缘之处，舞动着一些姿态曼妙的飞天（图4-2-4），她们徜徉在五彩流云中，一臂轻扬，一臂或执器物，或托巾帛，曲身婉转，侧身凝视，身姿灵动，变化万千。

图 4-2-5　日想观，金，位于山西朔州市崇福寺弥陀殿北壁门楣

弥陀殿北壁原绘四尊佛像，现仅余西尽间一尊佛像及其胁侍菩萨。佛像体态雄硕，面部方正，举手结说法印。其身上袈裟线条劲利，绘制手法不似其他画作，似为后世重绘。佛像两侧的菩萨仍保持原有造型样式，均手捧花瓶侧身敬侍于佛之身边。弥陀殿东尽间尚存一胁侍菩萨的局部，东尽间上隅云端存有两尊坐佛，其中一佛合掌于胸前，另一佛的身体大部分隐于云间，手印不详。

弥陀殿北壁两梢间门楣上绘有《八宝观》和《十六宝观》壁画。东梢的《八宝观》留有墨书题记，尚可辨识，分别为“一落日悬鼓观”：画面中一女子正在观想落日（图4-2-5）；“二湛水凝溜观”：画面为水汽蒸腾中的楼阁；“三□地圆成观”：画面绘方坛，内置法幢四座；“四宝树宝严观”：画面绘八株宝树，树上开花若像；“五宝池德水观”：画面绘莲池，池内树身若赏；“六惣前诸宝观”：画面绘镶嵌珠宝的楼阁殿宇；“七宝莲花座观”：画面为硕大莲花上宝塔突起；“八三圣宝像观”：画面绘

图 4-2-6 千手千眼观世音菩萨，高 573 厘米，宽 450 厘米，金，位于山西朔州市崇福寺弥陀殿西尽间南壁

"西方三圣"坐像[1]。上述"八宝观"内容，来源于《观无量寿经》中的"十六观"。十六观，乃是将阿弥陀净土的日、水、地、树、池等实物与阿弥陀佛和观音菩萨等神灵分为十六个阶段进行观想，每个阶段，都有各自不同的观想对象。佛教徒通过不断的观想，完成此十六观，即可往生西方净土世界。崇福寺弥陀殿壁画中的八宝观可以与《观无量寿经》中的前八观一一对应，即："一日观、二水观、三地观、四树观、五池观、六总观（观一切楼地池等）、七华座观、八佛菩萨像观。"之后八观为："九佛身观、十观音观、十一势至观、十二普往生观、十三杂明佛菩萨观、十四上品生观、十五中品生观、十六下品生观。"[2]崇福寺弥陀殿西梢的《十六观》与此大体一致。

弥陀殿南墙东尽间绘三佛三菩萨像，分列上下两层，每层3尊，均结跏趺坐于仰莲座上。上层为佛像，从东至西分别为药师佛、释迦牟尼佛和毗卢遮那佛。药师佛结禅定印，释迦牟尼佛结说法印，毗卢遮那佛结毗卢印。下层分别为地藏王菩萨、除盖障菩萨、妙吉祥菩萨。上层佛像绘制粗糙，比例结构失调，很可能为后世补绘。下列菩萨图像与其他画像较为一致，应为原作。

弥陀殿南墙西尽间绘千手千眼观世音菩萨（图4-2-6），像高达4.68米，几乎为满壁构图。崇福寺的千手观音共计十八面，分列六层，最下层正中一面，面相端庄威严。双眼微睁，鼻子挺翘而略有鹰钩，颇具异域之风。嘴巴小巧，朱唇紧闭。额上一眼亦微睁，似正观看世事。正面头的两侧又各绘一面。千手观音的第一层有三面，体量较大。之后，三面之上又分列五面、四面、三面、二面及一面，即从第二层至第六层，十八面观音的面部数量一直呈阶梯状递减，至最上一层仅剩一面时，于菩萨头上生出一莲花座，座上结跏趺坐一化佛。佛座旁边为多只手臂托举莲花座。千手观音的每个手掌心均绘有一眼，各手或作手印，或执法器。胸前六臂则呈虚心合掌手印或说法手印。千手观音六条主要手臂之下即观音的腹部位置绘一钵，钵内海水汹涌、乌云翻腾。一巨龙虬曲盘旋，正欲飞腾。钵下为一仰覆莲托，下面有四只手臂正托举其座底。

崇福寺弥陀殿千手千眼观音的千手是以胸前合掌之手为中心向四周呈放射状布局的。第一圈，以巨钵上下手臂为主；其次，为身侧伸出的多条手臂，其手腕之上的装饰清晰可辨；再次，是由内到外多达四五重的手掌及手指，层层叠叠，有序排列。整个千手的布局，犹如菩萨的背屏，尽显圆融之美。按《佛说造像量度经解》，千手千眼观音造像具有一定的造像规制，一般以心窝处为圆心，"向外各去正五十指之地画圆圈作环记。所作诸手，虽伸亦不得出此环记之外。手足虽多，根同生于一枢，其式约略似扇把横轴所

1 柴泽俊：《朔州崇福寺》，北京：文物出版社，1996年，第79页。

2 《大正新修大藏经》（电子版）第37册，No.1750，《观无量寿佛经疏》。

拦。适手举者，余手从上向下排；适手垂者（里收者同），余手自下往上排”[1]。此经所说心窝，正是崇福寺弥陀殿千手千眼观音中间两手合掌处。

千手千眼观音作为佛教中最为著名的多臂尊神，一直以来研究颇盛。有学者认为这种多臂造型是公元6世纪末由古代印度传入中土。有关千手观音的来历，按《千手千眼观世音菩萨广大圆满无碍大悲心陀罗尼经》载，观世音菩萨在过去无量亿劫时，曾听千光王静住如来讲《广大圆满无碍大悲心陀罗尼经》。当时，如来以金色手为观音摩顶，称：“善男子！汝当持此心咒，普为未来恶世一切众生，作大利乐。”于是，观音菩萨即发誓言：“若我当来，堪能利益、安乐一切众生者，令我实时，身生千手、千眼具足。”[2]千手，表示引迷接物之多；千眼，表示放光照暗之广。

另一个颇具中国特色的千手千眼观音故事来源于《销释金刚经科仪会要批注》。该经称嵩岳之南二百余里有三山并列，中为香山。山之东北有一王，名妙庄严王。王无太子，唯有三女。小女妙善，进止容仪，超然拔俗，常服垢衣，不华饰。日止一食，不茹荤辛，斋戒修行。妙庄严王欲为妙善招一驸马，妙善坚决不受，志求出家。其父震怒，先幽其花园绝其饮食，后又罚妙善至百雀寺种菜，终无悔过。妙庄严王一怒之下，令人杀尼并放火烧毁寺院，所幸妙善在龙神帮助下得以逃脱，于香山埋名修炼。后妙庄严王因杀僧毁寺业故得疾，有异僧提出需用无嗔人手眼合药服之才能治愈，并告知妙庄严王香山仙人即为此人。妙庄严王派人访得仙人所居之地，仙人自剜两目，并断双手，交付侍臣。妙庄严王服药后果真痊愈，遂携夫人到仙人处探望，相见之下才知施眼手仙人为己爱女。妙善称她奉手眼是为了上报父恩。王闻之抱持大哭，称自己无道，令女儿受此大苦痛。妙善称：“吾非苦痛，我舍肉眼得金刚眼，舍凡夫手得金色臂。誓愿不虚，必得是果。于是天地震动，仙人乃现千手千眼。”[3]妙善版的千手千眼故事充满中国神话色彩，其兴起时间约在唐宋之际。南宋隆兴二年（1164）沙门祖琇编纂的《隆兴编年通论》记有唐代高僧道宣向天神询问观音大士缘起之事，当时天神为其所说的便是妙善的故事。该段文字中提及乾封二年（667）年号，似与千手千眼观音信仰初起时间有关。

《千眼千臂观世音菩萨陀罗尼神咒经序》中还记载了另一个千手千眼观音像兴起的时间，称：“自唐武德之岁（618—626），中天竺婆罗门僧瞿多提婆，于细毡上图绘形质及结坛手印经本至京进上，太武见而不珍，其僧悒而旋辔。至贞观年中（627—649），复有北天竺僧，赍千臂千眼陀罗尼梵本奉进。文武圣帝敕令大总持寺法师智通，共梵僧翻出咒经并手印等。”[4]从这部经的记载来看，千手千眼观音流传时间始于唐太宗时期，比《隆兴编年通论》中的乾封二年早数十年。

如果说以上佛经对千手千眼观音的初传时间有所界定的话，那么，唐代译出的《千手千眼观世音菩萨姥陀罗尼及像经》，则对千手千眼观音像的传播起到了极大的促进作用。它不但提到了千手千眼观世音变相说法，还详载了曼陀罗图像画法，称：“若画千手千眼观世音菩萨摩诃萨像变者，当用白毡，纵广十肘或二十肘，是菩萨身作阎浮檀金色，面有三眼，臂有千手，于千手掌各有一眼。首戴宝冠，冠有化佛。其正大手有十八臂，先以二手当心合掌，一手把金刚杵，一手把三戟叉，一手把梵夹，一手执宝印，一手把锡杖，一手掌宝珠，一手把宝轮，一手把开敷莲花，一手把羂索，一手把杨枝，一手把数珠，一手把澡罐，一手施出甘露，一手施出种种宝雨施之无畏。又以二手当脐，右押左仰掌。其余九百八十二手，皆于手中各执种种器仗等印，或单结手印，皆各不同。如《心经》

1《大正新修大藏经》（电子版）第21册，No.1419，《佛说造像量度经解》。

2《大正新修大藏经》（电子版）第20册，No.1060，《千手千眼观世音菩萨广大圆满无碍大悲心陀罗尼经》。

3《卍新纂续藏经》（电子版）第24册，No.0467，《释金刚经科仪会要注解》。

4《大正新修大藏经》（电子版）第20册，No.1057a，《千眼千臂观世音菩萨陀罗尼神咒经》。

说：手腕一一各着环钏，身服着以天妙宝衣，咽垂璎珞。”[1]《千手千眼观世音菩萨姥陀罗尼及像经》是后世不同版本千手千眼观音像的重要来源之一。

崇福寺弥陀殿的千手千眼观音在图像构成方面虽也依据了部分经典，但并未完全照搬。如壁画中所绘的观音手托地狱之磨的画面，画中两位男子正推动一盘石磨，磨眼中一人倒悬，臀部以上的大半截身体皆被碾进磨盘中，只剩上边裸露的双腿。磨下是血湖，推磨者正在血水中艰难跋涉。很明显，这组图像与地狱信仰有关，与此观念相关的还有牛、马等动物图像。按《千手千眼观世音菩萨广大圆满无碍大悲心陀罗尼经》，凡信徒向南无大悲观世音发愿者，皆可有以下奇迹发生：

> 我若向刀山，刀山自摧折。
> 我若向火汤，火汤自消灭。
> 我若向地狱，地狱自枯竭。
> 我若向饿鬼，饿鬼自饱满。
> 我若向修罗，恶心自调伏。
> 我若向畜生，自得大智慧。[2]

所以，壁画中所绘的这些动物和地狱变相，应该与千手千眼观音的法力有关。

弥陀殿千手千眼观音身体下方还站立四位神祇，其中左下方为吉祥天和长有象鼻的黑面男子。吉祥天头戴宝冠，项饰璎珞，双手合十，神态安详，侧身而立。吉祥天与观音之间有一正跪拜着的四臂男子，该男子阔脸黑面，须发浓黑，所生四臂两只用来抱拳行礼，两只用来执掌武器，所执武器一为长矛，一为索。男子头上戴一四牙象头，似为装饰，又似身份标志。大象的长鼻向前上方高高卷起，眼睛半睁半闭望向天空，两只硕大的耳朵垂于男子头部两侧。千手千眼观音的右下方站立婆薮天，头戴小冠，皓首银须，身着彩衣，正双手拄斑竹杖，翘首望向观音菩萨一侧，神色怡然。婆薮天与菩萨中间为一戴猪头冠的四臂黑面男子，两手合十，正侧身跪拜，另两手分执二剑。崇福寺千手千眼观音壁画构图精当，层次分明，在有限的空间内创造出了最佳的视觉效果。

纵观崇福寺壁画，整体画面布局主从有致，人物形象突出。其构图不似宋代寺观壁画那般繁密谨细，而是承袭了唐代疏朗开阔的遗风。佛陀形象高大而不失协调，菩萨姿态端庄丰润而不失威严。飞天勾画细腻，体态优美。在绘画技法上，画家采用了重彩平涂及沥粉贴金手法，从而使画面色彩艳丽，立体感很强。崇福寺壁画设色以朱砂、石青、石绿、铅粉为主，间以黄、赭、蓝、橙、白、紫诸色，用色和谐，古朴雅致，是古人留存给我们的宝贵财富，艺术价值极高。

三、山西繁峙县岩山寺金代壁画

1. 繁峙县岩山寺壁画概况

岩山寺（图4-2-7），原名灵岩寺，或灵岩院，位于山西繁峙县五台山北麓的东山乡天岩村，是古代大同、浑源、京津、张家口等地佛教徒朝圣五台山的必经之地。早年，朔漠信徒，每于四月初八佛诞日，便会长途跋涉前往五台山进香，岩山寺作为香客进山的重要站点，香火极为兴盛。

岩山寺约创建于宋元丰至金正隆年间（1078—1161）。寺内曾残留北宋元丰、元佑年间的陀罗尼经幢和石灯等物。另有金正隆年间刊刻的石碑，称海陵王正隆三年（1158），

1 《大正新修大藏经》（电子版）第20册，No.1058，《千手千眼观世音菩萨姥陀罗尼及像经》。
2 《大正新修大藏经》（电子版）第20册，No.1060，《千手千眼观世音菩萨广大圆满无碍大悲心陀罗尼经》。

图 4-2-7　岩山寺，金，位于山西繁峙县

曾在此建水陆殿五楹，由“御前承应画匠”王逵绘制水陆壁画。该碑文云：“此邦乃平昔用武争战之地，暴骨郊原，沉魂滞魄，久幽泉壤，无所凭依。男观女睹，嗟泪垂弹，岂不伤哉。”为此，后人“矜悯，一方相纠，命工图像，凡绘水陆一会”。正隆三年的工程由“邑社”负责牵头组织，另有“图画圣像维那人”、“管勾人”、“木匠都料”、“小木匠都料”、“琉璃匠”、“瓦匠”等人员参与此事。现今，尽管水陆壁画早已荡然无存，但从其碑中所记仍可看出当年筹建时的繁盛。而且，宋金史料也可与碑中所记相互印证，证实在宋金战乱中，此地确曾有过惨痛战事。据《三朝北盟会编》载，在宋金争战中，太原城被围。当时城中有位将官叫杨可发，面有六字，号为“杨麻胡”，逃出城外，欲招集人为太原解围。“到虞县，约有众千余，忽逻得三人，乃繁畤县东诸豪杰，不肯顺番，差往探太原事者。可发遂随此三人至五台山北繁畤县东天延村招军，四十余日得二万余人，以五台山僧李善诺、杜太师为先锋，将到繁畤县东十里铁家会，遇金人，大战至晚，众皆散去。可发却上五台山，副僧正真希投拜可发，去五台山，却入虞县，有众二千，遇尼堪大军至，可发自知其不可，乃倚壁而立，以枪自刺其腹而死。疮口无血，有白脂一块，隐出塞定疮口。至是，解潜之兵溃，刘韐奔入京师，李纲止屯于怀州，金人纵横于河东矣。”[1]应该说，此次作战虽为宋金争战中的一个极小战事，但从其结果却可窥见整个北宋战局。在很短的时间内，北宋就不得不面对导致国破家亡的靖康之变的来临，整个北方地区，遂为金人所有。所以，岩山寺兴隆三年的绘事，很可能是为了祭奠如杨可发等在宋金战役中阵亡的将士。

继正隆三年绘制完水陆殿壁画之后，王逵又在金世宗大定七年（1167）绘制了文殊殿壁画，并在殿内西壁上留下了墨书题记：“首□□□□发诚心益舍净财恳画西壁□诸人名姓如后：□□、赵园、□□、母段氏、霍庙、韩氏、王政、高氏、博德、冯氏、□□、母王氏……大定七年前□□二十八日画了灵岩院，普□画匠王逵，年陆拾捌，并小起王辉、宋琼、福喜、润喜。”金代兴建的文殊殿到元佑二年（1315）时再次经受大修。至正四年（1344），水陆殿也得到重新修葺。之后，明正德七年（1512）、万历二十六年（1598）、万历四十七年（1619）、崇祯十六年（1643），清同治九年（1870）、光绪八年（1882），[2]岩山

1 文渊阁《四库全书》（电子版），史部，纪事本末类，《三朝北盟会编》卷五十一。

2 柴泽俊：《岩山寺文殊殿壁画》，《五台山研究》1990年第4期，第31页。

寺均经过不同程度的缮修。现今，除文殊殿殿内壁画和塑像仍为金代遗构外，其他遗存已很难找到金代艺术的影子。

文殊殿面阔五间，进深三间六椽，单檐歇山式屋顶。殿内设有宽大的凹字形佛坛，所存佛、菩萨、弟子、金刚等塑像，仍为金代原作，只是略有残损。大殿主尊文殊师利菩萨与其标志性坐骑狮子居中，胁侍菩萨和童子、金刚等众分列左右。佛坛背后塑有一尊水月观音，姿态优雅，造型俊美。文殊殿的金代塑像均面部丰满，体态健硕，颇具神采，与殿内壁画相映成趣。

文殊殿壁画共计98.11平方米，分布于殿内东西山墙和南北墙壁之上，壁画内容包括佛传故事、本生故事和经变故事。其中西壁以描述释迦牟尼诞生、出游、修行到成佛的一系列故事为主，所有情节均涵盖于一幅通景大图之中。画面中既有富丽的皇宫，又有市井小巷，朝廷官员、宫廷侍卫以及社会平民百姓等，尽显宋金社会百态。

2. 岩山寺文殊殿西壁壁画

西壁的佛本行经变故事（图4-2-8）约为38.64平方米，画面正中为一座金碧辉煌、气度不凡的宫城。围绕宫城，在亭台楼阁和山水云石间，壁画作者非常巧妙地穿插绘制了释迦牟尼佛的诸多故事，内容包括降生、沐浴、九龙灌顶、七步莲花、背射九鼓、隔城掷象、游走四门、深夜离宫、出家苦修、母女献乳、树下成佛、弘法布道、度化众生等，每个故事旁边均附一则榜题，可以令人准确地理解画面含义。

西壁南侧首绘一组授记图（图4-2-9），描绘了普光如来佛为鹿皮仙人授记的场景。画面中的如来身披绿色佛衣，赤足立于莲台之上，身后有火焰型背光。如来的左臂微曲，右手置于胸前，似正为仙人授记。如来所立的莲台之下跪拜着赤裸上身、长发铺地的仙人。仙人的鹿皮衣亦置于莲台前。如来两侧是弟子、菩萨、天王等。旁边配套的墨书榜题为“此是鹿皮仙人铺□佛经之处”。此题记近旁尚有“鹿皮仙人报七枝金莲之处”、“青衣买七枝金莲花之处”、“二贫人野外持道供佛之处”等榜题，均与《过去现在因果经》中所记载的故事有关。

按《过去现在因果经》载，善慧仙人因梦求缘，欲供养普光如来。普光如来原为当时提播婆底城灯照国王的太子，后出家得道成佛。成佛后普光如来往诣国界，游行教化。其父十分高兴，即敕国中，平治道路，香水洒地，悬诸缯彩宝幢幡盖，散众名花。又击鼓传令国内凡有花者，不得私卖，应悉输与王。并敕人民，不得先于国王供佛。在此情况下，善慧仙人无法在提播婆底城内购得香花，但他意犹不息，暗寻苦访，恰遇一青衣

图 4-2-8 佛本行经变，高310厘米，宽900厘米，金，位于山西繁峙县岩山寺文殊殿西壁

图 4-2-9 授记图，金，位于山西繁峙县岩山寺文殊殿西壁南部

密持七茎青莲花而行。当时青衣因畏惧国王命令，藏花于瓶中。由于善慧仙人礼佛意诚，感其莲花踊出瓶外，遂与青衣相商，欲以银钱五百求买五茎。青衣得知仙人购花目的后，令其答应自己"生生常为君妻"的誓言后，便将莲花赠与仙人，并委托他代替自己寄二花以献于佛，好使自己生生不失此愿。

当时，灯照王与其诸子及众官员、婆罗门等，均持香花及种种供具，外出奉迎普光如来。举国人民，亦皆随从。善慧及其五百弟子，便也随之同诣普光佛所。在普光如来面前，灯照王等人首散名花，但他们所散名花，皆堕落于地。轮到善慧散花时，他先散五茎，皆住空中，化成花台；后散二茎，亦止空中，夹佛两边。善慧的散花赢得当时上至国王及其眷属，下至一切臣民，天、龙、夜叉、乾闼婆、阿修罗、迦楼罗、紧那罗、摩睺罗伽，人非人等众的称奇，盛赞此举前所未有。普光如来也赞善慧称："善哉，善哉！善男子！汝以是行，过无量阿僧祇劫，当得成佛，号释迦牟尼如来。"当普光如来为善慧授记之时，无量天、龙、夜叉、乾闼婆、阿修罗、伽楼罗、紧那罗、摩睺罗伽，人非人等，皆散众妙花，满虚空中，并发誓言称："善慧将来成佛道时，我等皆愿为其眷属。"普光如来答应了他们的请求。

然而，当普光如来授记完毕，发现善慧仍作仙人髻，披鹿皮衣。如来意欲令其舍弃此服饰，便在地上幻化出一片淤泥。善慧担心淤泥玷污佛之双足，即脱皮衣，以之布地，却发现鹿皮衣无法覆盖所有泥地。于是他又解发，以发覆之。如来即践而度之，并因此而记之曰："汝后得佛当于五浊恶世，度诸天人，不以为难，必如我也。"[1]后世释迦出生后，其行迹皆如普光如来所说。

与《过去现在因果经》类似，《佛本行集经》也记载了佛为鹿皮仙人授记的故事。所不同的是，在《佛本行集经》中，普光如来更名为然灯如来，善慧仙人变为"云童子"。不但如此，在《佛本行集经》中，云童子的经历比《过去现在因果经》的鹿皮仙人更为丰富，增添了云童子赴输罗波奢城参加无遮大会的情节。

岩山寺西壁南侧有一画面当是对此情节的描绘。画面上绘一宫殿，殿门外站立二人相对致礼，一人身材魁梧，着官服，一人矮小，类童子貌。殿门内是仓皇而出的两位戴官帽的男子，第一个男子在门口伸头探望，其后面的男子正整理帽子，似要迎接客人。按《佛本行集经》载，云童子跟随居于雪山南边的梵志学艺，习得本领后意欲还家。梵志留恋童子，便让其找寻"一好清净伞盖、革屣、金杖，金三叉木，金瓶，金钵，上下舍勒"以及五百金钱，只有将这些东西交付于他，童子才可离开。云童子答应了梵志的要求。

1《大正新修大藏经》（电子版）第3册，No.0189，《过去现在因果经》。

图 4-2-10 街市，金，位于山西繁峙县岩山寺文殊殿西壁南部

正当童子筹措如何完成任务之时，他听到一则消息，称输罗波奢城中的大婆罗门祭祀德大富饶财，甚足资产，正在为六万诸婆罗门奉设一年的无遮之会。而且，祭祀德为上座婆罗门提供的器物极为丰盛，恰恰包括梵志所需的那些物件。为此，云童子决心前往该城，获取上座婆罗门的荣誉。当云童子抵达输罗波奢城的时候，恰被祭祀德婆罗门女看到，该女与诸童女：“楼上遥望见云童子端政少双，见已喜欢，向四方礼诸天诸神，心自密念：‘愿此童子，论议第一，胜旧上座诸婆罗门，令我远离此不善人，莫与如此不善之人共为夫妇。’”结果，云童子果真胜出，成为上座婆罗门。岩山寺壁画中所绘二人门前致礼场景当为描述祭祀德与云童子在门前相见故事。祭祀德身后诸女子当是他为获胜的上座婆罗门所备童女。而门内匆忙外出者当为曾与云童子论辩者。

榜题“青衣买七枝金莲花之处”是岩山寺壁画最为引人入胜的部分。壁画的绘制者在处理该情节时将这一场景放置于繁华的市井之中（图4-2-10）。画面中心是一处街心，两旁为林立的酒肆店铺。靠近榜题处是身穿鹿皮衣的仙人（或称童子），他的手中执有刚得到的莲花。仙人面前为一侧身男子，该男子面前放一手推车，车上置一大盆，盆中横放着类似莲叶的东西。按经书所载，负责赠予仙人莲花的是一“青衣”，即年轻女子，但画面上与鹿皮仙人相近者似为男子，并且男子面前的盛花器皿也并非经中所载的水瓶。鹿皮仙人和推车男子旁边为一挑担卖浆者（亦或当时的某种吃食），该人身着蓝衣，正向一穿绿衣的女子递送一碗。绿衣女子膝下有一婴儿正攀着女子的手臂，似正讨要浆水。画面上的这组人物的附近还有一老一小二人。儿童在前，负责牵引老人。老人躬身在后，头上戴着黑色的东坡巾，身着长袍，腰上悬着算命用的卦盘，右手拄杖，正双目紧闭，在孩童的带领下横穿街区。他们旁边是一位头上顶物、右手持物、右腋夹一架子的急行者，其步伐极大，似急着赶路。急行者的身侧有一摊位，一偏袒左肩的男子正为一携婴儿的女子割取食物，旁边还有一老妇，似刚刚买完东西离去。

紧接着以上众人旁边，是一处市井酒楼。酒楼顶上挑着“野花攒地出（一说‘生’），村酒透瓶香”的酒幌。该酒幌与宋元小说中描述的宋代酒店招牌相仿。如《水浒传》第23回《横海郡柴进留宾　景阳冈武松打虎》一节，称武松上景阳冈打虎之前，曾于一酒家喝过一种名为“透瓶香”，又叫“出门倒”的酒，该酒初入口时醇酽好吃，少刻便倒。按《水浒传》载，醉倒武松的透瓶香酒家位于阳谷县，即今山东界内。现远在山西的金代壁画上亦出现了“透瓶香”之名，可见宋金时期的村酒惯以此名作为酒肆幌子。

岩山寺壁画中的酒楼位于水流湍急的河水之上，四面临风，顶上为歇山式屋脊。酒楼的店小二身着短衣，袖口高挽，腰间别一芭蕉扇，正一面回首张望，一面手托一个大笼屉上楼。在小二将要登临的酒楼之上早已宾朋满座，其中两人正凭栏眺望，其余的则围坐于八仙桌前，正一边饮酒，一边听两位艺人卖唱。卖唱的两人为一男一女，均坐于楼梯口处的长椅之上，男子执一长拍板，正回首张望，亦为外边的某事所吸引。女子云鬟高挽，着对襟长衫，身体略微前倾，坐于一个三条腿的鼓架前，鼓架上置一大型的扁鼓，女子正手执鼓槌意欲击鼓。酒楼之外，还有一些人群，其中三位老人正与一牵马的年轻人交谈，他们头上方有一墨书榜题："此是车□送太子回来问信处。"榜题中"车"字极为模糊，如此字无误，当是指车匿送太子离宫修行后回来之事。据佛经记载，当年乔达摩·悉达多太子夜半出宫后由车匿负责护送至苦修林，之后，太子让车匿将其宝冠及璎珞等带回宫殿向父王汇报。对此情节，《过去现在因果经》载云："尔时车匿，步牵揵陟（释迦坐骑）及庄严具，悲泣鸣咽，随路而还。举邑人民，见此惊愕，无不懊恼，悉皆竟来，问车匿言：'汝送太子，置于何处？今与揵陟，而独还耶？'车匿既得诸人此问，倍更悲绝，不能答之。"《佛本行集经》对此场景亦载称："其迦毗罗城内，所居人民大小，遥见车匿将领马王干陟还归，不见太子，以不见故，悉随车匿及干陟后，次第而行，咨车匿言：'悉达太子，今在何处？'"由此可知，岩山寺壁画中三位老人与牵马男子问答图像，应是车匿送太子出城归来后民众争相问询情景的再现。此场景与释迦夜半逾城图像相临，是佛陀从诞生至出家期间诸多故事图像中的一幅。

当普光如来为善慧授记时，现场还有二贫人，正与亲属百人前来观佛。见佛相好，威德严显，亦想礼佛。但因自己贫乏，无以供养。如来感知其意，愍其心至，即在自己前面的地上化生出一些草秽。二贫人见地不净，发欢喜心，而便洒扫。普光如来为之记曰："汝过无量阿僧祇劫，释迦牟尼佛出兴于世，汝等尔时当作第一声闻弟子。"于是，此二人便在后世成为释迦身边的舍利佛和目犍连。

由以上诸图来看，岩山寺西壁所绘的有关鹿皮仙人的场景应是对普光如来为善慧仙人，也即释迦牟尼的前世进行授记的描述，西壁其他壁画皆以此部分图像为引子。

对于善慧仙人通过若干世的轮回，最后到摩耶夫人处投胎之事，壁画南端最上部位有一处"菩萨将内宫入无人腹内之处"的榜题，表明这部分描述的即为菩萨降生时的故事。另外，在画面上端稍南部位，还绘有一菩萨坐六牙白象降临的场景。菩萨左侧有一榜题，标为"此是谈明菩萨夜半托生之处"[1]。菩萨周围有众天人护持，菩萨左眼处还有一道光芒直射向西壁中间位置的宫殿之内，宫殿中的摩耶夫人正躺在锦被中入睡。室内有两位宫女，一位欲将卷帘放下，一位正搬动一坐具。室外还有三位宫女，两位立于楼上栏杆处，一位在平台整理香炉。整个宫殿霞光四射，极为富丽（图4-2-11）。

岩山寺西壁有关释迦降生的榜题有"摩耶夫人攀无忧树降太子处"、"周行七步三界称吾独尊之处"、"地神钵金盆九龙吐水沐浴处"等。"摩耶夫人攀无忧树降太子处"描绘了摩耶夫人与众侍女站立于蓝毗尼园内，摩耶夫人身边有一株大树，应为太子降生时摩耶夫人攀扶的无忧树。摩耶夫人所占位置的前下方表现的是释迦降生后周行七步的场景。刚降生的释迦不用人扶持便自行在地上走了七步，然后一手指天，一手指地，宣称："天上地下，唯我独尊。"画面中的太子脚下及身后共有七朵莲花，表示他所行走的七步。紧挨着释迦"周行七步三界称吾独尊之处"，两位地神正托举一个雕饰精美的金盆，太子端坐于金盆内，盆上方有九条飞龙正在为新生的太子吐水灌顶。

按《过去现在因果经》载："菩萨（即太子）即便堕莲花上，无扶侍者，自行七步，举

1 佛经中未有"谈明菩萨"之名，按《过去现在因果经》载，该菩萨应为"善慧菩萨"，或如《佛本行集经》所称"护明菩萨"。

图 4-2-11 乘象入胎，金，位于山西繁峙县岩山寺文殊殿西壁中部

其右手而师子吼：‘我于一切天人之中最尊最胜，无量生死于今尽矣，此生利益一切人天。’说是言已，时四天王，即以天缯接太子身，置宝机上；释提桓因手执宝盖，大梵天王又持白拂，侍立左右；难陀龙王、优波难陀龙王，于虚空中，吐清净水，一温一凉，灌太子身。”[1]《过去现在因果经》中记录的是两位龙王为太子沐浴，但在《普曜经》及其他佛经中，多记载九龙为太子沐浴。岩山寺壁画选取的是九龙灌顶题材。由此可见，岩山寺壁画，并非完全依照某一部佛经刻画而得，而是杂糅了同一题材的诸多佛经故事。

岩山寺壁画在宫城边缘还绘有“五百童子”、“五百童女”、“五百白兔”等，所标注的榜题分别为“种种吉祥牛生麒麟之处”、“种种吉祥猪生五百口净马处”、“此是吉祥生五百童男童女之处”。按佛经载，太子降生时，与之一起降临人间的还有众多神祇，如无量天、龙、夜叉等。他们当初都曾在燃灯佛面前发愿，希望日后与释迦一同降生。所以，释迦的降生，导致其父王所领导的王国热闹非凡，各种新奇之事层出不穷：“当尔之时，诸释种姓，亦同一日，生五百男。时王厩中，象生白子，马生白驹，牛羊亦生五色羔犊，如是等类，数各五百。”

除此之外，太子降生时还有其他祥瑞出现。《过去现在因果经》称：“当尔之时，所感瑞应，三十有四。”在三十四种瑞应中，有一种是“香风芬芳从四方来”。岩山寺壁画中有一处榜题“□门开四十里闻香之处”，有可能便是对太子降生时出现香风瑞应的刻画。

至于《过去现在因果经》中所记载的由青衣向白净王（即净饭王）报告太子降生消息一事，在岩山寺壁画中是由宫人擂鼓完成的，榜题为：“此是生下太子掴鼓报喜之处。”图中负责击鼓的为一女子，报喜之鼓悬于宫殿廊下，近旁还有宫女观看。

与此情节相关的榜题还有“梵王集群臣朝觐诠名悉达处”和“迁使臣请阿斯德人之处”。“梵王集群臣朝觐诠名悉达处”描述的是诸婆罗门得知太子降生后齐聚王宫，国王请众人为太子起名的场景。《过去现在因果经》载：“抱太子出，即便白诸婆罗门言：

1《大正新修大藏经》（电子版）第3册，No.0189，《过去现在因果经》。

‘当为太子作何等名？’诸婆罗门即共论议，而答王言：‘太子生时，一切宝藏皆悉发出，所有诸瑞莫非吉祥，以此义故，当名太子为萨婆悉达。’”岩山寺壁画将太子诠名情节置于巍峨的宫殿前，两旁排列文武大臣及侍卫，气势类似宋代皇家威仪（图4–2–12）。

图 4–2–12 百官朝贺，金，位于山西繁峙县岩山寺文殊殿西壁中部

“辽使臣请阿斯德人之处”描绘的是国王派遣使臣请阿斯德为太子占卜的场景。图中阿斯德（亦译为阿私陀）刚出院门，门口立两个送行童子。阿斯德身着白衣，身后跟随一执扇童子。他们的前面，站立着一匹配好鞍子的骏马。按《过去现在因果经》记载，释迦出生后，其父王欲知释迦命数，便普敕群臣，令访聪明多闻，智慧善知占相，为诸世人所知识者。群臣闻已，四方推觅，寻得一知相婆罗门，后婆罗门又向国王推荐了梵仙阿私陀。阿私陀进入王宫后，国王及夫人请他为太子看相，称：“愿更为我占视太子，有长寿相不？得转轮王位王四天下不？我年既暮，欲以国土皆悉付之，当隐山林出家学道，所可志愿，唯在于此。尊者为观，必定果耶？”于是，阿私陀为大王说太子三十二相，并预言：“具有如此相好之身，若在家者，年二十九，为转轮圣王；若出家者，成一切种智，广济天人。然王太子，必当学道得成阿耨多罗三藐三菩提，不久当转清净法轮，利益天人开世间眼。”

正是由于阿斯德的占卜，使国王对王子的未来极为担心。为避免王子出家，国王尽天下珍宝与之，除将七宝天冠、璎珞等给予太子外，还为其准备了各种器物及众多侍从，甚至为其召集了五百位形容端正、才能巧妙的伎女，企图以此拴住太子。岩山寺壁画中的榜题有“□斯归等罗净宝各十千处”应是对这一内容的描述（图4–2–13）。

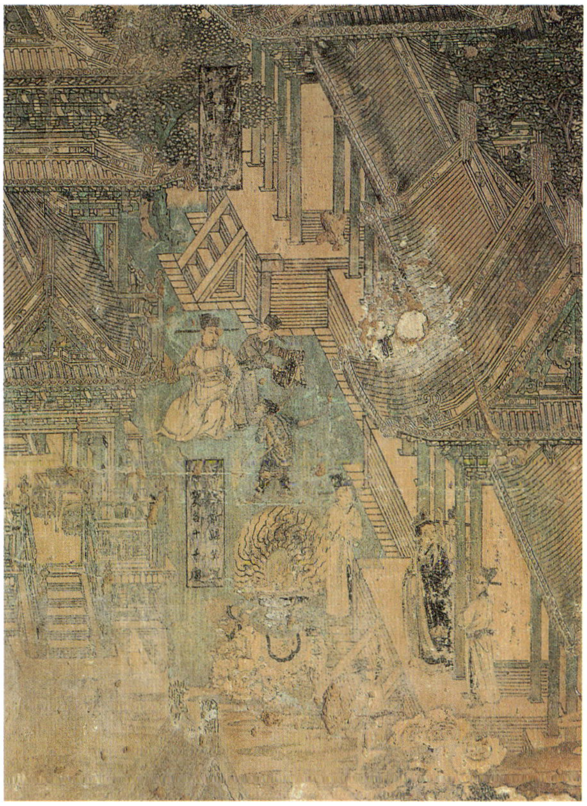

图 4–2–13 阿斯德算罢得宝，金，位于山西繁峙县岩山寺文殊殿西壁中部

岩山寺西壁描述太子慢慢长大的场景有“太子对诸王掷象往空处”、“太子背射九重铁鼓之处”、“太子东门见老伤嗟之处”、“太子南门见病伤叹之处”、

“太子西门见死伤心之处”、“太子北门逢僧礼拜之处”以及“太子箭□见□坝塔之处”等。

有关太子长大后比武事宜，岩山寺壁画概括为两个画面，一个是太子掷象，另一个是背射铁鼓。太子长至十几岁，诸艺皆通，名彻四方。一次，其堂弟提婆达多及其他童子欲与太子比武，试其勇健。他们以为太子只善解书论，无法在膂力上与诸人相较。《过去现在因果经》对此载称：“尔时父王，又访国中善知射者，而召之来，令教太子，即往后园，欲射铁鼓。提婆达多等五百童子，亦悉随从。时师即便授一小弓而与太子，太子含笑而问之言：‘以此与我，欲作何等？’射师答言：‘欲令太子射此铁鼓。’太子又言：‘此弓力弱，更求如是七弓将来。’师即授与，太子便执七弓，以射一箭，过七铁鼓。时彼射师，往白王言：‘大王！太子自知射艺，以一箭力，射过七鼓，阎浮提中无能等者。云何令我为作师耶？’”

国王得知太子无师自通便射穿七鼓，极为高兴。为宣扬太子射技，便敕令太子及提婆达多等五百童子再次比武。又复击鼓唱令国界：“太子萨婆悉达，却后七日当出后园，欲试武艺；诸人民中有勇力者，可悉来此。”

至第七日，提婆达多与六万眷属，最先出城。当时有一大象，挡住城门，诸军众皆不敢上前，提婆达多得知后独自前往象前，以手搏头，即便躄地，于是军众次第得过。不久，难陀与其眷属亦欲出城，其诸军众走得极慢，难陀便问：“何故行迟？”诸人答言：“提婆达多手搏一象，躄在城门，妨行者路，以是故迟。”难陀即便前至象所，以足指挑象，掷于路旁。无数人众，聚共看之。随后，太子与十万眷属，前后围绕，亦开始出城，见路旁众人聚看便问：“此诸人辈，为何所看？”从人答言：“提婆达多手搏一象，躄在城门，妨人行路；难陀次出，以足指挑掷着于此，是故行人悉聚看之。”于是太子自言自语道：“今者正是现力之时。”便即以手执象，掷着城外，还以手接，不令伤损；象又还稣，无所苦痛。当时国内人民，皆叹为观止。白净王听闻此事，亦深生奇特。

在岩山寺的《隔城投象图》（图4-2-14）中，太子正于众人面前将象抛向空中，大象四肢朝天，在空中处于欲坠未坠之时，太子立于大象下方正双手上举，似要接住下落的

图 4-2-14　隔城投象，金，位于山西繁峙县岩山寺文殊殿西壁中部

图 4-2-15 射九重铁鼓，金，位于山西繁峙县岩山寺文殊殿西壁中部

大象。旁边围观的诸人皆抬头望向大象。

在太子《射九重铁鼓图》（图4-2-15）中，悉达多太子坐于奔驰的马背之上，正转身弯弓，意欲射鼓。其对面，为一串排列整齐的大鼓。按《过去现在因果经》记载，太子抛象之后，众人出城，到达比武的园子，提婆达多、难陀等开始与太子轮番在众人面前表演射鼓："尔时彼园，种种庄严，施列金鼓、银鼓、鍮石之鼓、铜、铁等鼓，各有七枚。尔时提婆达多，最先射之，彻三金鼓；次及难陀，亦彻三鼓；诸来人众，悉皆雅叹。尔时群臣，白太子言：'提婆达多及与难陀，皆已射讫，今者次第正在太子，唯愿太子射此诸鼓。'如是三请，太子曰：'善！'而语之言：'若欲使我射诸鼓者，此弓力弱，更觅强者。'诸臣答言：'太子祖王有一良弓，今在王库。'太子语言：'便可取来。'弓既至已，太子即牵以放一箭，彻过诸鼓，然后入池，泉水流出，又亦穿过大铁围山。"岩山寺壁画所绘射鼓图，当是对太子一箭"彻过诸鼓"前，箭在弦上即将射出状态的刻画。

有关太子游走四门的故事，岩山寺壁画刻画得极为细致。太子比艺胜出，启请出游。结果看到农夫耕作时翻土出虫，鸟儿啄食情景，遂心生悲悯。国王担心太子出家，赶紧为其张罗婚事。太子成婚后，又欲出游，这次出游地点为东门。

《过去现在因果经》载："尔时太子，与诸官属，前后导从，出城东门，国中人民，闻太子出，男女盈路，观者如云。时净居天，化作老人，头白背伛，拄杖羸步。太子即便问从者言：'此为何人？'从者答曰：'此老人也。'太子又问：'何谓为老？'答曰：'此人昔日曾经婴儿、童子、少年，迁谢不住，遂至根熟，形变色衰，饮食不消，气力虚微，坐起苦极，余命无几，故谓为老。'太子又问：'唯此人老？一切皆然？'从者答言：'一切皆悉应当如此。'尔时太子，闻是语已，生大苦恼，而自念言：'日月流迈，时变岁移，老至如电，身安足恃！我虽富贵，岂独免耶？云何世人，而不怖畏？'"太子出游东门回去后，便一直愁思不乐。岩山寺壁画中太子出游东门的图像已漫漶不清，只可见城楼及城门的样子，以及城头"太子东门见老伤嗟之处"的榜题。

太子出游东门之后不久又开始出游南门，这次净居天幻化为一病人。按《过去现在因果经》载："尔时太子，百官导从，出城南门。时净居天，化作病人，身瘦腹大，喘息呻吟，骨消肉竭，颜貌痿黄，举身战掉，不能自持，两人扶腋，在于路侧。太子即问：'此为何人？'从者答曰：'此病人也。'太子又问：'何谓为病？'答曰：'夫谓病者，皆由嗜欲，饮食无度，四大不调，转变成病，百节苦痛，气力虚微，饮食寡少，眠卧不安，虽有身手，不能自运，要假他力，然后坐起。’尔时太子，以慈悲心，看彼病人，自生愁忧。又复问言：‘此人独尔？余皆然耶？’答曰：‘一切人民，无有贵贱，同有此病。’太子闻已，心自念言：‘如此病苦，普应婴之，云何世人，耽乐不畏？’作此念已，深生恐怖，身心战动，譬如月影现波浪水。语从者言：‘如此身者，是大苦聚，世人于中，横生欢乐，愚痴无识，不知觉悟；今者云何，欲往彼园游观嬉戏？’即便回车，还入王宫，坐自思惟，愁忧不乐。”壁画中的太子骑在马上，见一大树下病卧一人，虚弱不堪，旁边一身穿绿衣的男子正在探视。

太子再次出游，在西门遇一死者。按《过去现在因果经》载：“尔时太子，与优陀夷，百官导从，烧香散花，作众伎乐，出城西门。时净居天，心自念言：‘先现老病于二城门，举众皆见，令白净王嗔责从者并及外司。太子今出，王制严峻，我今现死，若皆见者，增王忿怒，必加罚戮枉及无辜；我于今日所现之事，唯令太子及优陀夷二人见耳，使余官属不受责也。’作此念已，即便来下，化为死人，四人举舆，以诸香华，布散尸上，室家大小，号哭送之。尔时太子与优陀夷，二人独见。太子问言：‘此为何物？而以花香，庄饰其上，复有人众，号哭相送。’时优陀夷，以王敕故，默然不答。如是三问，净居天王威神之力，使优陀夷不觉答言：‘是死人也。’太子又问：‘何谓为死？’优陀夷言：‘夫谓死者，刀风解形，神识去矣，四体诸根，无所复知。此人在世，贪着五欲，爱惜钱财，辛苦经营，唯知积聚，不识无常；今者一旦舍之而死，又为父母亲戚眷属之所爱念；命终之后，犹如草木，恩情好恶，不复相关。如是死者，诚可哀也。’太子闻已，心大战怖。又问优陀夷言：‘唯此人死？余亦当然？’即复答言：‘一切世人，皆应如此，无有贵贱而得免脱。’太子素性，恬静难动，既闻此语，不能自安。即以微声，语优陀夷：‘世间乃复有此死苦，云何于中，而行放逸，心如木石不知怖畏？’即敕御者可回车还。”壁画中的太子坐于马上，正侧目望向路上的一具死尸。该死尸仰面朝天，骨瘦如柴。其身边的饿狗正在啃咬尸体。饿狗旁边还有两只乌鸦也欲啄食死者（图4-2-16）。

太子先后三次出游，分别得见老、病、死三种人间苦状，令其极为震撼。最后，他出行北门。“时净居天，化作比丘，法服持钵，手执锡杖，视地而行，在太子前。太子见已，即便问言：‘汝是何人？’比丘答言：‘我是比丘。’太子又问：‘何谓比丘？’答言：‘能破结贼，不受后身，故曰比丘。世间皆悉无常危脆，我所修学，无漏圣道，不着色声香味触

图 4-2-16　出游西门，金，位于山西繁峙县岩山寺文殊殿西壁中部

法，永得无为，到解脱岸。’”太子深以比丘所言为是，决定修学此道。岩山寺壁画中此部分图像已经漫漶，仅剩榜题。

太子一心出家，遭到上至父王、下至妻子的一致反对，宫人卫士亦严密看护。一夜，看守太子的诸人皆悉迷惑，被乏重眠。天上诸天来至王宫，其中名为“法行”的天子，施以神通，令诸婇女身体服饰纵横不正，并呈现各种不雅睡相。太子醒后，“见诸宫人如是睡卧，或执铜钹、笙、瑟、筎、箫、琴、筑、琵琶、竿、笛、螺、贝，口出白沫，鼻涕涎流，见如是等种种相貌”，更加坚定了出家的信念。于是，在众天神的帮助下，太子得以离开王宫。岩山寺壁画选取了“宫中伎乐沉睡”、“魔王见宫人奏乐送睡处”和“四天王捧马足离宫”等三个场景描绘太子出家。

图 4-2-17　夜半离宫，金，位于山西繁峙县岩山寺文殊殿西壁中部

“宫中伎乐沉睡”图描绘了净饭王所遴选的五百婇女在宫殿内沉睡的场景。在宫殿月台上，台基右侧一乐伎坐于地上，正右手支颐倚窗而眠，其面前横放一琵琶。台基左侧还有三位乐伎相偎而眠，其中一位乐伎直接以另一位乐伎的膝盖为枕，酣然入睡。月台上唯一一位未曾入眠的便是身着彩衣的太子，他正望向月台下面的半开启的宫门。宫门内还有四位乐伎尚处于梦乡。中间一白衣女子正依靠着一个桌腿入眠，其身后，另一白衣女子倚靠在席地而卧的女子身上酣睡。这两位女子的身后，还有一位黑衣女子蜷缩在角落里倚靠着月台墙壁而眠。院内月台台基之下，有一黑衣男子骑于马上，正望向太子。院外，两位骑马者正驱赶马队经过（图4-2-17）。

在众人昏睡的宫殿上端，有一朵蓝绿相间的彩云，云中一红衣神祇正大步行进。他头上戴帽，脸上胡须浓密，嘴巴大张，左手抓一袋，右手叉指前伸，似要释放某物。其上榜题云“魔王见宫人奏乐送睡处”。按《佛本行集经》：“欲界魔王波旬，见于太子初出家时，为欲恐怖于太子故，以神通力，化作诸声，所谓虚空出现大云，云中复更出大雷声，及霹雳声。更复化作诸大水河，吹于大石，出没奔流。太子之前，复作大山，其山高峻，现大崖岸。又复化作大猛火聚，炎爀炽然。尔时净居诸天，以神通力，隐彼大云，雷电霹雳一切诸声，及彼大山、河石、高峻崖岸、猛火，皆令不现。将彼魔王波旬，掷着无量百千由旬之外，勿使障碍太子出家。”此处榜题虽表明“魔王”二字，但刻画的并非如上述《佛本行集经》中所讲的魔王施展法术阻止太子出家的场景，而应是诸天中的“法行天”帮助太子催眠众人的故事。

在太子离宫的画面中，释迦太子骑于马上，车匿在旁牵持马匹。为避免惊扰宫人，马的四蹄皆被四位天王托举而起，没有发出半点声息。而图画中太子回首凝视处，恰是其刚刚离开的王宫。王宫下部绘宫中伎乐沉睡，上部绘耶输夫人（即释迦太子妻耶输陀罗）得信香场景。

耶输夫人得信香场景：耶输夫人跪于室内一隅，双手合十高高上举，其面前燃有灯烛。耶输斜上方有一榜题，上书“此是耶输夫人得信香一瓣处”。有关耶输夫人得信香故事，佛经《如来广孝十种报恩道场仪》有所涉及，该经文有两条内容事关耶输夫人：一条为得信香故事，一条为出火坑故事，均可与岩山寺西壁图像相对应。具体内容如下：

南无赞如来，第一号，毗那园内摩耶到，无忧树下降金身，累劫修行成佛道。
南无赞如来，第二号，九龙吐水霞光照，地涌金莲捧世尊，累劫修行成佛道。
南无赞如来，第三号，四门游玩观生老，回头看时不久常，累劫修行成佛道。
南无赞如来，第四号，弃舍皇宫去修道，夜至三更天神报，累劫修行成佛道。
南无赞如来，第五号，天王乘马云中报，城南留下马蹄踪，累劫修行成佛道。
南无赞如来，第六号，不恋皇宫去修道，信香一炷付耶输，累劫修行成佛道。
南无赞如来，第七号，雀巢冠顶三层绕，芦芽穿膝不曾移，累劫修行成佛道。
南无赞如来，第八号，盘陀石上谈经教，泥莲河内浴金身，累劫修行成佛道。
南无赞如来，第九号，梵王太子亲身到，耶输宫主离火坑，累劫修行成佛道。[1]
……

与《如来广孝十种报恩道场仪》一起记载耶输焚香事宜的还有佛经《楞严解冤释结道场仪》。该经以道场唱念方式宣称：“三更鼓打，鼓打人憔悴，念释迦云云。称念太子临行嘱付，妻耶输两泪，两泪双垂，念释云云。信香一炷，一炷君收什，有灾焚起，焚起告父知。”[2]

从《如来广孝十种报恩道场仪》和《楞严解冤释结道场仪》所载内容看，耶输得信香故事很可能是民间佛教说唱艺术的产物。只可惜《如来广孝十种报恩道场仪》和《楞严解冤释结道场仪》对“耶输得信香”及“耶输出火坑”这两个情节均未详述。不过，在《杂宝藏经》之《罗睺罗因缘》中，有对“耶输出火坑”的详细记载，称耶输陀罗于释迦初成道夜生子罗睺罗，因释迦出家日久，众人皆以耶输陀罗不贞，欲设火坑将其母子烧死。对于这令人惊心动魄的一幕，《杂宝藏经》记载如下：

时耶输陀罗，见火坑已，方大惊怖，譬如野鹿，独在围中四向顾望，无可恃怙。耶输陀罗便自呵责：“既自无罪受斯祸患。”遍观诸释，无救己者，抱儿长叹，念菩萨言：“汝有慈悲，怜愍一切，天龙鬼神，咸敬于汝。今我母子，薄于佑助，无过受苦，云何菩萨不见留意？何故不救我之母子今日危厄？诸天善神，无忆我者。菩萨昔日，处众释中，犹如满月在于众星，而于今者，更不一见。”实时向佛方所，一心敬礼，复拜诸释，合掌向火，而说实语：“我此儿者，实不从他而有斯子，若实不虚，犹六年在我胎中者，火当消灭终不烧害我之母子。”作是语已，即入火中，而此火坑，变为水池，自见己身，处莲花上，都无恐怖，颜色和悦，合掌向诸释言：“若我虚妄，应即燋死，以今此儿实菩萨子，以我实语，得免火患。”[3]

岩山寺壁画中的耶输位于一坑内，似在合掌跪拜（亦或焚香）。其身体周围有一圆圈护体，圆圈外烈焰熊熊。烈焰之上有墨书榜题为“此是耶输夫人火坑内焚香处”。火坑一侧或坐或立数位着官服的男子，正在观看耶输夫人的举动。

有关太子离宫故事，岩山寺壁画还绘制了“寻见马迹”图像。为表现宫中诸人寻觅太子的焦灼状态，壁画绘制了两位官员正在城墙上查看马迹，并标有“太子离宫寻见马迹之处”的榜题，此景可与佛经中人们找寻太子时在南门墙下发现马之踪迹的记载相互印证。

---

1 《藏外佛教文献》（电子版）第8册，No.0068，《如来广孝十种报恩道场仪》。

2 《藏外佛教文献》（电子版）第6册，No.0051，《楞严解冤释结道场仪》。

3 《大正新修大藏经》（电子版）第4册，No.0203，《杂宝藏经》。

太子苦修是佛本生故事中喜闻乐见的题材，对此，岩山寺有数幅图像描绘此过程。西壁上部有一幅图像绘太子赤身坐于平整的盘石之上，因久坐不动，其头上搭起了一个高高的鸟窝，且有两只鸟儿在窝上盘旋。太子身下也长出了茅草。此景与佛经《如来广孝十种报恩道场仪》中所载的释迦“雀巢冠顶三层绕，芦芽穿膝不曾移”的修行状态极为一致。太子所坐磐石下站立一人，其右手托钵似正向释迦进献饮食。石下还匍匐一夜叉及捧斧跪拜的武士和伏虎。该处图像榜题为“此是太子中年苦行修持之处”（图4-2-18）。在该图的左下方，站立三头体态健硕的奶牛，有一对母子正给中间一头奶牛挤奶，用于盛奶的大盆放置于奶牛身下，挤奶女子坐于地上为牛挤奶。挤奶女子右侧，其幼子正站于一边观看。他一边观看，一边左臂前伸，似在为母亲指点着什么。挤奶女子的左侧放置一瓦罐，应为储存牛奶的器物。该处榜题为“此是牧牛女献乳太子食处”。牧牛女的右侧稍远处，是太子在尼连禅河内清洗身体的画面。图中太子坐于河边，双腿浸入水中，右手弯曲向下，眼睛凝视着脚下的河水，正在沐浴。太子头上有头光，身体周围亦被一大型光环包围。一缕祥云从太子头顶袅袅升起，直入云际。太子头顶还有一片红色的祥云，云上有圆环，环内有一篆书的“图”字。太子沐浴图像旁边榜题为“此是泥连河边沐浴成佛之处”。在牧牛女的左侧，站立五位男子，两位穿蓝袍，三位穿白袍，均头戴黑色巾子。其中站在最前面的白衣男子右手指向前方，似在向同伴指示方向。旁有榜题为“此是五君轮寻觅太子不见之处”。

图 4-2-18　六年苦行，金，位于山西繁峙县岩山寺文殊殿西壁中部

按《过去现在因果经》载，太子在山中苦修，身形消瘦，皮骨相连，血脉悉现，心自念言：“我今日食一麻一米，乃至七日食一麻米，身形消瘦，有若枯木；修于苦行，垂满六年，不得解脱，故知非道；不如昔在阎浮树下，所思惟法，离欲寂静，是最真正。今我若复以此羸身，而取道者，彼诸外道，当言自饿是般涅盘因；我今虽复节节有那罗延力，亦不以此而取道果，我当受食然后成道。”于是，“即从坐起，至尼连禅河，入水洗浴。洗浴既毕，身体羸瘠，不能自出；天神来下，为按树枝，得攀出池。时彼林外，有一牧牛女人，名难陀波罗，时净居天，来下劝言：‘太子今者在于林中，汝可供养。’女人闻已，心大欢喜，于时地中，自然而生千叶莲花，花上有乳糜。女人见此，生奇特心，即取乳糜，至太子所，头面礼足，而以奉上。太子即便受彼女施，而咒愿之：‘今所施食，欲令食者，得充气力；当使施家得胆得喜，安乐无病，终保年寿，智慧具足。’太子即复作如是言：‘我为成熟一切众生故，受此食。’咒愿讫已，即受食之；身体光悦，气力充足，堪受菩提”[1]。以上一组壁画当是对太子苦修过程的描述。

1《大正新修大藏经》（电子版）第3册，No.0189，《过去现在因果经》。

太子放弃苦修，接受牧女施舍，气力恢复后坐于菩提树下，决心在此树下成道。欲界魔王波旬担心释迦成道后损害自己的权利，故此千方百计地阻挠释迦修行。岩山寺壁画绘制者选取了魔王发动众魔以武力进攻太子的情节作为绘制主题：画面中释迦佛安然端坐，四周光芒四射。身边众菩萨及弟子亦泰然而立。释迦前面，具有护持职责的天王正捧剑跪拜，一派宁和气象。释迦周边，数不清的魔众正杀将过来，有的骑龙而来，有的挥剑而来，有的高举板斧而来，有的狠击连鼓而来，来势汹汹，气势撼人。《佛本行集经》对这一现象有过详细记载，称："尔时，魔众如是异形，或乘白象，或复骑马，或乘骆驼、水牛、犀牛、诸车乘等，四面云集……或手执持佉咤傍伽，或有腰带悬于诸铃，动作大声。而其手中执人髑髅，或人骸骨以为花鬘，或复手执死人手足，或复执铃手摇令鸣，或有身体长大犹如一多罗树，手中执矛或剑或刀箭矟弓弩，或手执戟，或把三叉，或棒或轮，长刀利斧，或持铁杵，头出猛焰，铁搥白棒擎石如山。或着青衣黄赤白黑杂皮之衣，或有赤体以蛇缠身，或从眼耳鼻出诸蛇，其蛇黑色，以手执取，于菩萨前而口瞰食。或食人肉，或有饮血。……或于虚空出大黑云，或虚空里飞风散雨，出大闪电，震动雷声，空中下雹，雨诸山石，或下碎石，霹雳大树。……南至于海，遍满魔军，其间无有针鼻空地。变状可畏，欲搦菩萨，欲杀菩萨。"[1]岩山寺壁画将这一冲突感极强的画面如实地呈现出来，整个画面动静结合，对比极为强烈。

经过数日坚守，释迦终于在十二月初八日击败魔王，修成正觉。释迦成佛后，应其父邀请意欲返乡。他派优陀耶先去禀告父王，称七日后将抵达王土。优陀耶本是净饭王的手下，在其遵循王旨礼请佛陀时受到佛陀感召出家修行。此次释迦派其回宫，优陀耶突现各种不可思议的神变，长篇诗偈脱口而出，文思泉涌，令人称奇。壁画中的优陀耶头上戴冠，身着长袍，正捧笏立于一亭中，周围站立众多戴长脚幞头的官员。亭旁屋脊上有榜题为"此是优陀耶说佛神通广大处"[2]。

净饭王得知释迦回归消息后，十分高兴，便于佛归日率领文武大臣出城四十里相迎。壁画中榜题为"梵王四十里接佛之处"的画面为：释迦在天神的护持下踩着祥云降临。释迦身着红色袍服，身带三个光环，头上垂有宝盖，正一手作施愿印，一手放于胸前施法。旁边榜题为"释迦牟尼佛为梵王现神变处"。《增一阿含经》对释迦回归有比较细致的记述，称："是时，世尊以至七日，便作是念：'我今宜可以神足力，往诣迦毗罗卫国。'是时，世尊即将诸比丘，前后围绕，往诣迦毗罗卫国。到已，便诣城北萨卢园中。是时，真净王（及净饭王）闻世尊已达迦毗罗卫城北萨卢园中。是时，真净王将诸释众，往诣世尊所。是时，世尊复作是念：'若真净王躬自来者，此非我宜，我今当往与共相见，所以然者，父母恩重，育养情甚。'是时，世尊将诸比丘众，往诣城门，飞在虚空，去地七仞。是时，真净王见世尊端政无比，世之希有，诸根寂静，无众多念，身有三十二相、八十种好，而自庄身，发欢喜之心，即便头面礼足，而作是说：'我是刹利王种，名曰真净王。'"[3]岩山寺壁画描绘了释迦牟尼佛飞在虚空的场景（图4-2-19），也描绘了国王匍匐在地，向释迦佛跪拜致礼的情节。净饭王跪拜情节的榜题为"净饭王礼佛踊身虚空遮谛处"。

王宫内，还有一群头戴通天冠，身着官服的人或坐或立，正议论某事。其图正中有榜题称"此是对诸国王等应难论之处"。据《仁王般若经疏》载，释迦牟尼佛留居王舍城的时候，曾为十六国王讲解护国品，认为"王者本欲令七难不起，妖灾消灭，境土清

---

1 《大正新修大藏经》（电子版）第3册，No.0190，《佛本行集经》卷二十九。

2 《大正新修大藏经》（电子版）第3册，No.0186，《普曜经》之《优陀耶品第二十八》及《卍新纂续藏经》（电子版）第21册，No.0375，《盂兰盆经疏孝衡钞》等经均有此记载。

3 《大正新修大藏经》（电子版）第2册，No.0125，《增一阿含经》第十五卷。

夷，万民安乐，此王者本意”。并为众解释护国含义：“内德既圆，外化复显。经之威力，使国无灾，民主获安，故名为护。所护是何？题名为国。国者，王化封疆，名之为国。”[1]此处所绘王者云集图像，当是释迦为诸国王讲述该经的场景。

宫殿的另一端，很明显应是家眷居所，有宫女捧衣物出门，旁边的榜题为“此是姨母现佛金栏袈裟之处”。据《中阿含经》载，释迦的姨母摩诃簸逻阇钵提瞿昙弥曾持新金缕黄色衣往诣佛所，稽首佛足，想将其亲手制作的新金缕黄色衣献给世尊。世尊为使其明白施舍不论亲疏、不分贫贱的道理，拒不接受，而是再三告曰：“瞿昙弥！持此衣施比丘众，施比丘众已，便供养我，亦供养众。”[2]此处所绘姨母现佛金栏袈裟故事，应指此事，目的是使众人乐善好施。

岩山寺西壁摩耶夫人无忧树下诞下太子图像的最下端，还绘有一个前后共计32人的庞大抬舆队伍，另有仪仗无数。中间所抬之舆极为高大华美，与《大般涅盘经》中所记载的佛涅盘时的仪仗极为相似（图4-2-20）。据《大般涅盘经》载，阿难在得知佛陀即将涅盘后，极为悲伤，便问佛陀涅盘后如何供养。佛对阿难说：“阿难！供养我身，依转轮圣王。”阿难又问：“供养转轮圣王，其法云何？”佛言：“阿难！供养转轮圣王之法，用新净绵及以细毡，合缠其身，如是乃至积满千重，内金棺中，又作银棺，盛于金棺，又作铜棺，盛于银棺，又作铁棺，盛于铜棺，然后灌以众妙香油。又复棺内，以诸香华而用涂散，作众伎乐，歌呗赞颂，然后下盖。造大宝舆，极令高广，轩盖栏楯，众妙庄严，以棺置上……施大宝帐，以覆其上。”释迦涅盘后，诸力士听从阿难转述的释迦遗

图 4-2-19 梵王神变，金，位于山西繁峙县岩山寺文殊殿西壁中部

图 4-2-20 宝舆殡送，金，位于山西繁峙县岩山寺文殊殿西壁中部

1 《大正新修大藏经》（电子版）第33册，No.1707，《仁王般若经疏》卷上二。

2 《大正新修大藏经》（电子版）第1册，No.0026，《中阿含经》第三。

言，果造一雕镂庄丽的宝舆，将如来身置宝舆上，烧香散华，作众伎乐，歌颂赞叹。另有一种说法认为此图乃释迦殡送父王时的场景，目的是为了倡导孝行。

3. 岩山寺文殊殿东壁壁画

岩山寺文殊殿东壁主要绘说法图及经变故事。但由于榜题字迹漫漶，无法得知全部内容，仅可见《说法图》和《鬼子母经变故事》的部分情节。

东壁中心位置绘《说法图》，主体结构为一佛二菩萨及二弟子和二天王。佛结跏趺坐于高大的莲台之上，左手抚膝，右手上举，正在说法。佛座下为侍立的二弟子，之后是对坐的二菩萨，最外围则为护法二天王。佛座前供有宝物，宝物两旁各有一人倾听佛法。佛的身体笼罩着三重圆光，最大的圆光覆盖佛座，圆光内有数位天人听法。佛的上部有二飞天驾云而来，飞天中间为一绿色华盖，罩于佛顶。华盖之上有祥云，祥云上托一绿色圆形物。旁有榜题两则，惜字迹不清，无法辨识。

佛《说法图》左侧及东壁南侧下半部分绘一宫殿式建筑，连绵起伏，极为庞大。此组宫殿的最南端又绘有一建筑群，门上悬一匾，匾额为“圣母之庙”。按《根本说一切有部毗奈耶杂事》经记载，佛陀在王舍城竹林园中居住时，王舍城主人为影胜大王。在城内一座山边，有药叉神娑多与影胜大王比邻而居。娑多拥护影胜大王，故此，中宫妃后王臣宰辅及诸人众，皆得安乐。

当时，在王舍城的北方还有一个健陀罗国，健陀罗国也有一位药叉名半遮罗。娑多和半遮罗相互交好，共相约定若生男女，共为婚媾。后娑多妻生药叉女，名为“欢喜”，半遮罗妻生药叉子，名为“半支迦”，长大后欢喜遂与半支迦结为夫妇，婚后二人情义相得。岩山寺东壁说法图北侧绘一城池，内有宫殿，宫殿内坐年轻男女二人，正在交谈，旁边有多名侍女侍卫。图中正在交谈的青年男女有可能便是新婚后的半支迦夫妇。该图像右上侧，绘有一幅水磨图。全图共分为上下两部分，上面部分绘三人劳作，其中两人围着水磨劳动，另一人则手端饭碗意欲下楼。下面部分是水磨的动力系统，该装置正通过水力带动磨盘运动，从而最大成效地节省人力。动力系统旁边的台阶上正站立两人观看（图4-2-21）。

图 4-2-21　水磨图，金，位于山西繁峙县岩山寺文殊殿东壁中部

以上图像应该是描绘王舍城民众与药叉女等安居乐业的场景。但这种和谐随后被打破。药叉女婚后接连生下五百个孩子，由于其前世发过恶邪愿，便开始到王舍城中取食人们所生的婴儿。城中既失男女，所有人众便都向影胜大王禀报，希望大王能够为其探察。于是，影胜大王便敕令诸处街衢，四面城门，令兵守捉。但可怕的是，就连负责捉拿的兵士有时亦被偷

图 4-2-22 王舍城宫殿，金，位于山西繁峙县岩山寺文殊殿东壁中部

走，妇人怀娠者亦皆被偷。王舍城中人越来越少。

岩山寺东壁中心部位的宫殿便是影胜大王的王舍城王宫。图中，影胜大王头戴王冠，身穿长袍，正襟端坐，正听取人们的报告，其身边有数位宫女和大臣。殿外庭院内还有众多执笏及执仪仗者两厢肃立。大殿与庭院之间的栏杆处亦有中官站立，负责传话，庭院中间跪一红袍官员，正在向影胜大王汇报（图4-2-22）。

影胜大王得知人口失踪事件后，赶紧请来卜师问询。卜师告知此灾由药叉造成，需速办诸妙饮食而为祭祀。于是，影胜大王敕令全国“无问主客，在我境者，皆需备办饮食香华，扫洒街衢城隍聚落，种种严饰，鼓乐音声，铃铎幡幢。于时，王舍城人既奉王敕，各以精心备办饮食香华等物，严饰街衢，如欢喜园，处处祭祀”[1]。

岩山寺东壁影胜大王的宫殿后面右侧绘一偏殿，偏殿上有一月台，月台之上站立众多人物。月台顶端设一长桌，上有祭品，两位着官服的人员正在桌前忙碌，似在准备祭品。一戴王冠、穿蓝袍的男子站立桌前，似在祷告。其背后室内有数人正在忙碌。月台右侧天空中，两位女仙正在三位侍女的陪伴下驾云而来。此部分图像当是对王舍城众人祭祀活动的描绘。

王舍城影胜大王宫殿后面有一空地，空地后面有一处宫殿隐于云气中，仅可见半开的朱红的大门。门上饰有铺首，及一排五个的黄色乳钉，极为富贵威严。殿前台阶下坐定三人，中间为一男子，两侧各一女子，近旁还有众多孩童。坐在大王左侧的女子身着素袍，正与立于自己膝上的婴儿嬉戏。坐在大王右侧的女子身着红袍，手中持物，正在审看。红袍女子的旁边，是一位即将离开的身着绿袍的官员，该官员手托一长卷，正一边走，一边回看。除白衣女子怀中的婴儿外，院内还有8位孩童，均在玩耍。白衣女子前面的三位婴儿围在一起，似在玩水，一子坐地双手后撑，一脚跷起，似在用脚拍打水面。其

1 《大正新修大藏经》（电子版），第24册，NO.1451，《根本说一切有部毗奈耶杂事》卷三十一。

对面的白衣男孩右手上举，似要阻止男孩的击水动作。他们中间一位略大的孩子正用右手指着水面，说些什么。三孩旁边还有一男孩正双手各举一木偶玩耍，可能是被背后伙伴们的举动所吸引，该男孩正扭头向后观看。他的背后是四位正在玩皮影的孩童，一位躲在屏幕后表演，三位或坐或趴在屏幕前观看。四位孩童旁边，还有三位夜叉。其中，位于中间的夜叉正向坐于殿前的一男二女跪拜。在此庭院右侧不远处，有一对男女正在为金翅鸟放生，二人衣着与殿前男女（红衣女子）比较一致。所以，此部分图像描绘的应是药叉女和半支迦与他们所生的五百孩童快乐生活的故事（图4-2-23）。

图 4-2-23　婴戏图，金，位于山西繁峙县岩山寺文殊殿东壁中部

药叉女一方面极为疼爱自己的孩子，一方面不断取食王舍城人们的孩子。在祭祀无果的情况下，人们转而求助于释迦。释迦为挽救王舍城的子民，同时也是为了教化药叉女，便趁药叉女外出时，用钵将其爱子“爱奴儿”罩住带走。岩山寺壁画东壁北隅靠下部位有一处榜题，依稀可见“此是□□化一老人向洞门□见□多孩儿内报了爱奴儿”等字。岩山寺东壁绘一僧人站于云端，其向后挥起的右手指向一个黑色的钵盂。此图表现的应是释迦幻化后用钵盂摄走药叉女幼子的场景。另有释迦令阿难用钵盂带走鬼子母幼子的说法。

图 4-2-24　鬼卒休息图，金，位于山西繁峙县岩山寺文殊殿东壁中部

药叉女丢失幼子后，疯狂地到处寻找。据《根本说一切有部毗奈耶杂事》载，她“遍行诸坊康庄道路园林池沼天庙神堂客舍空房，皆求不得。更加痛切，便即癫狂，脱去衣裳大声号叫，唱言：‘爱儿，汝今何在？’遂出城外巡历村庄大聚落中，皆觅不得。即往四方乃至四海，亦皆不见。被发露形，宛转于地。肘行膝步，蹲踞而坐……”[1]《杂宝藏经》也载：“时鬼子母，周遍天下，七日之中，推求不得，愁忧懊恼。”[2]岩山寺东壁绘有夜叉女令其手下搜求爱子的图像。在东壁《说法图》的右侧靠上部位，绘有众鬼卒四处找寻药叉幼子的场景，有的鬼卒因

1《大正新修大藏经》（电子版），第24册，No.1451，《根本说一切有部毗奈耶杂事》卷三十一。

2《大正新修大藏经》（电子版），第4册，No.0203，《杂宝藏经》卷九。

疲劳正伏于石头，或坐于地上休息，有的仍在焦急地搜寻（图4-2-24）。

最后，药叉女终于找到佛所。释迦牟尼佛让其看了爱奴儿置于钵下的情景。药叉女意欲解救爱子，遂带领鬼卒使尽所有神力，试图打开钵盂，但未能成功。最后，药叉女只好求告于佛。佛陀为药叉女约定了三归、五戒后，爱奴儿终于得以回到母亲身边[1]。

有关药叉女取食王舍城中婴儿的故事，本为药叉女前世冤孽。据《四分律名义标释》载，药叉女前世曾为一牧牛女，当时王舍城中有大节会，有五百人各各严身，持诸饮食、音乐，共诣芳园。他们路逢牧牛女，持酪浆瓶，便告言可来舞蹈，共为欢乐。牧牛女当时怀有身孕，在跳舞时由于疲顿而导致堕胎。诸人皆得以向园，只牧牛女极为难过地留下。她遂以酪浆买得五百庵没罗果，当独觉前来时，牧牛女顶礼其双足，持果奉施，投身于地，合掌发愿："我今于此真实福田，所施功德，愿我当来，生王舍城，此城中人所生男女，我皆取食。"当时的牧牛女，即后来的诃梨底药叉女[2]，又称为鬼子母。

鬼子母题材的绘画出现得很早，据传，早在南朝梁时，画家解倩就曾画过《九子魔》图，受到时人的称赞。唐代是《鬼子母经变》图像最为流行的时期，著名绘手范琼曾在成都大圣慈寺绘制鬼子母，雕塑家李岫在光明寺塑过《鬼子母像》，唐贞元年间（785—805）的画家李真，亦在招福寺库院绘过鬼子母。"往往得长史规矩，把镜者尤工"的五代画家韩虬以及宋代的侯翌、李公麟等也绘制过《鬼子母图》。由辽入宋的画家高益还在京城相国寺完成过同样题材的壁画，名为《佛降鬼子母揭盂图》。现尚有传为李公麟的《揭钵图》白描图卷藏于美国，另有多个版本的《揭钵图》流传于海内外。明代亦有诸多《揭钵图》流传，《玉芝堂谈荟》中便记载了一幅名为《摄鬼子置瑠璃钵》的图像，所绘内容与宋时所载亦大致相同。[3]

各处流传的鬼子母像虽千差万别，但均未脱离佛经本意。按佛经记载："画鬼母形当作天女，身真金色，着天衣，头冠璎珞，坐宝台上，垂双足，于足两边画二子傍立，于二膝上各坐一子，怀中又抱一子，右手执吉祥果。"[4]"西方诸寺每于门屋处或在食厨边塑画母形，抱一儿子于膝下，或五或三，以表其像。"[5]岩山寺的《鬼子母经变故事》是现存鬼子母图像中内容最为丰富者，虽然很多图像和榜题漫漶不清，但其研究价值仍无可代替。

4. 岩山寺文殊殿北壁及南壁壁画

岩山寺北壁西侧绘五百商人出海寻宝遭遇海难的故事。画面上部绘一艘大船扬帆远行，大海中风高浪急。商船于罗刹国倾覆，该国有罗刹女，化作女人迷惑五百商人，言称："善来，诸贤！此宝渚之上，与彼天宫不异，多诸珍宝，数千百种饶诸饭食。又有好女皆无夫主，可与我等共相娱乐。"[6]部分商人受其迷惑，便要停留，但商主坚决要求离开，后在马王的帮助下得以还家。当时五百商人中的商主即为后世的舍利佛比丘，五百商人即为五百比丘，负责救渡商主的马王即为释迦。

北壁东隅绘一舍利塔院，前设门楼及台阶，后面为琼楼玉宇。位处画面中心位置的

---

1 在潘絜兹、柴泽俊等人的研究中，均提到岩山寺东壁绘有须阇提本生故事，但从他们对岩山寺壁画的描述中，未能发现有关须阇提故事的蛛丝马迹。现东壁图像漫漶严重，本人亦无法审读壁画的全部内容。故此，本节仅就壁画中可辨识部分作出初步解读。

2 《卍新纂续藏经》（电子版），第44册，No.0744，《四分律名义标释》。

3 文渊阁《四库全书》（电子版），子部，杂家类，杂纂之属，《玉芝堂谈荟》卷十三。

4 《卍新纂续藏经》（电子版）第20册，No.0361，《金光明经照解》卷下。

5 《卍新纂续藏经》（电子版）第57册，No.0961，《施食通览》。

6 《大正新修大藏经》（电子版）第2册，No.0125，《增一阿含经》卷第四十一。

是一木构敌楼和一木构八角形七级浮屠（图4-2-25）。该塔构造精美，壮阔挺秀，几乎占据了整个东梢间墙壁的全部面积。塔上有勾栏、平座、斗拱、瓦顶等，各层还都安有隔扇。塔的顶层为重檐，上有佛光四射的塔刹。塔的第二层有四人值宿，皆为僧人，其中一位正在给栏杆顶上的油灯注油，其他三人或在护灯，或在点灯，各司其职。

岩山寺南壁仅东梢间绘有壁画，绘制内容为殿阁、楼台和供养人像。其中，释迦佛和二弟子、二菩萨位于殿阁楼台中，供养人及姓名榜题位于下部，大多已经漫漶不清。

图4-2-25　七级浮屠，高345厘米，金，位于山西繁峙县岩山寺文殊殿北壁东梢间

5. 岩山寺壁画特色

岩山寺壁画以金碧山水为主，赋色大胆，色泽明快。画中绘制了大量的殿堂楼阁，精工典雅，结构繁复，疏密有致，且使用了沥粉贴金技术，使画面呈现出一种富丽堂皇的艺术效果，凸显了壁画绘制者的精湛技艺。而且岩山寺东西二壁的鸟瞰式全景构图，打破了以往以主尊说法为中心的经变画样式及本生故事画中的连环叙事模式，创造了以金碧山水界画统摄全局的全新构图。佛经故事中的各个情节，被统一安排在殿阁楼台、晚风香榭、山林苑囿等宜人的自然景致中。从整体看，是一幅金碧辉煌、气势宏伟的青绿山水。细看局部，则市井楼台，人物车马，山村驿路，各成体系，但又和谐地统一于一个整体的画面之中，尤其是画工对一些细枝末节的描绘，如酒幌、水磨、农耕、婴戏等，均极为朴实自然，使宋金城镇风貌跃然壁上。也正因如此，岩山寺壁画才得到诸多研究者的赞誉。如潘絜兹先生便在《灵岩彩壁动心魄——岩上寺金代壁画小记》一文中赞称：“（岩山寺）壁画总的印象是内容丰富，人物生动，布局精巧，设色妍雅，不同于一般寺观的做法，十分接近于卷轴画，是典型的北宋院体。更令人惊叹的是这样大面积的工笔重彩画，一丝不苟，找不到起稿和粉本痕迹，而且线条变化多样，无一废笔……岩上寺金代壁画为我们提供了宋、金社会丰富的形象资料，可供历史、宗教、社会、建筑、美术等各方面的专家研究。”[1]傅熹年先生也在《山西省繁峙县的岩山寺南殿金代壁画中

1 潘絜兹：《灵岩彩壁动心魄——岩上寺金代壁画小记》，《文物》1979年第2期，第9页。

所绘建筑的初步分析》一文中称颂："可以毫不夸张地说，在现存的宋、金、元壁画和传世绘画中，就建筑物的透视关系和画面的集中紧凑而言，除张择端的《清明上河图》外，少有能超过它的了。"[1]

第三节　西夏佛寺艺术

一、西夏佛教崇奉概况

西夏是党项族人元昊于公元1038年创立的割据政权。在西夏建国之前，与之毗邻的回鹘、吐蕃等西北少数民族便已崇奉佛教。党项起初虽未大倡佛法，但亦有崇佛事件发生。史载元昊之父赵德明在宋景德四年（1007）母丧时，曾"请修供五台山十寺。乃遣合门祇侯袁瑀为致祭使，护送所供物至山"[2]。元昊受家族影响，"自幼晓浮屠学，通蕃汉文字"[3]。所以，在大夏国建立之前，西夏领地便已有佛寺的建立及佛经的流传。元昊执政后，开始向宋朝寻求佛法。据《宋史》记载，景佑元年（1034）十二月，经元昊恳请，宋仁宗赐西平王赵元昊佛经。仁宗所赐经书在元昊的主持下被译成西夏文广为流传。西夏立国前两个月，即长庆三年（1038）八月，西夏境内著名的舍利连云塔得以建立，塔上的石刻铭文《大夏国葬舍利碣》后被保留于《嘉靖宁夏新志》之中。该铭文详细记载了兴建舍利连云塔的目的，声称舍利宝塔的雄伟瑞气能够昭示西夏皇朝长久，所辖百姓忠顺。

对于西夏建国前后的佛教崇奉，西夏问题专家史金波在其《西夏佛教史略》中有过探讨。他认为在元昊建国之初，西夏就已建有舍利佛塔。随之，他详细罗列出目前可知的西夏寺院：戒台寺、高台寺、承天寺、海宝寺、大度民寺、贺兰山佛祖院、五台山寺、慈恩寺、大延寿寺、阿育王寺、田州塔寺、康济寺、大佛寺、安庆寺、一百零八塔寺、护国寺、圣容寺、崇圣寺、卧佛寺、崇庆寺、诱生寺、十字寺、禅定寺、众圣普化寺、温家寺、仁王院、黑水城寺庙和圣劝寺等[4]。在史金波提及的诸寺中，高台寺建于公元1047年，位于兴庆府东十五里，高数十丈，宋朝所赠《大藏经》即藏于此处。承天寺建于西夏福圣承道三年（1055），由谅祚母后没臧氏倡建。当时为兴建此寺，动用民力数万人，历时达五年之久。承天寺建成后，太后及皇帝亲临寺内听讲佛经。由是，"近自畿甸，远及荒要，山林溪谷，村落坊聚，佛宇遗址，只椽片瓦，但仿佛有存者，无不必葺"[5]。

西夏佛教除接受宋人信息外，也多受回鹘影响。敦煌壁画西夏窟中的贵族妇女造型多与回鹘供养人相似。回鹘的高僧也频繁参与西夏佛事。现藏于中国国家图书馆的《西夏译经图》便是对回鹘高僧白智光在西夏主持译经活动的描写[6]。同时，吐蕃艺术对西夏佛教的影响也不容小觑。在西夏时期绘制的石窟壁画和唐卡中，吐蕃因素时有出现。

西夏时期的佛教遗迹，分布于甘肃、宁夏、内蒙古等地。甘肃地区存有西夏时期雕

1 傅熹年：《山西省繁峙县的岩山寺南殿金代壁画中所绘建筑的初步分析》，选自《中国古代建筑十论》，上海：复旦大学出版社，2004年。

2 文渊阁《四库全书》（电子版），史部，正史类，《宋史》卷四百八十五。

3 文渊阁《四库全书》（电子版），史部，正史类，《辽史拾遗》卷二十二。

4 雷润泽：《宁夏佛塔的构造特征及其传承关系》，选自《西夏佛塔》，北京：文物出版社，1995年，第18页。

5 金维诺、罗世平：《中国宗教美术史》，南昌：江西美术出版社，1995年，第183页。

6 史金波：《西夏社会》（下册），上海：上海人民出版社，2007年，第471页。

图 4-3-1　宁夏西夏佛塔塔身壁画遗迹，西夏，位于宁夏银川市贺兰山东麓拜寺沟方塔第四级塔身北壁

凿的石窟寺，宁夏保留了西夏佛塔遗迹（图4-3-1）。内蒙古地区，则以黑水城佛寺遗址的出土物而名扬天下。

二、黑水城的西夏遗物

1. 黑水城概况

黑水城，俗称黑城子，蒙语“哈喇浩特”，乃西夏古城遗址，位于今内蒙古自治区额济纳旗界内。黑水城乃西北边防的重要经济和军事要塞，早在汉朝，汉安帝就曾于此设置居延县，新莽时此地称居成，东汉时此地成为张掖居延属国。之后，朝代更迭，此地亦不断易手，至元昊执掌政权时，于西夏广运二年（1032）在此设立十二监军司之一的“黑水镇燕监军司”，以防御临近的其他政权。蒙古兴起时，此地成为蒙古人的游牧地。公元1226年，成吉思汗率大军攻破黑水城，而后一鼓作气，于1227年灭掉西夏，从而将西夏版图纳入蒙古帝国的管辖范围。元至元二十三年（1286），忽必烈为讨伐海都之乱，于居延地区设置“亦集乃”路，黑水城得以扩建。但之后，随着大规模的战乱和沙漠的侵蚀，曾经繁荣一时的黑水城终被废弃，成为一座死城。

2. 20 世纪初黑水城的发掘

自20世纪初，一些境外探险家便将目光锁定于这一区域，先后对其进行过多次发掘，其中规模较大的有三次。首先在黑水城进行发掘的是沙皇俄国的柯兹洛夫等人，他们以“俄国皇家地理学会赴蒙古—四川探险队”的名义从1907年12月至1909年7月对我国西部地区进行了为期一年多的考察，先后两次进入黑水城，发掘到大量的文物。

在柯兹洛夫的两次发掘中，尤以第二次收获最大。他选定了一处距西城墙约400米的大佛塔作为发掘目标。接下来，对之进行了为期九天的发掘工作，收获了大量珍贵的西夏文、汉文书籍以及佛教图像资料。正如其在《蒙古、安多和死城哈喇浩特》一书中所说的：“正是这座‘著名的’苏布尔干……它赐予考察团大量的收集品，一批书、画卷、手稿，近300件画在画布、薄丝绸织物和纸上的佛像。在许多杂乱堆积在苏布尔干中的书和彩画中我们发现了非常有趣，文明水平参差不齐的金属和木质佛像、刻版、苏布尔干模型和许多其他物品，一块代表着高超编织技艺的双面挂毯特别富丽堂皇。”[1]

柯兹洛夫发掘的物品于1909年秋运抵圣彼得堡，暂时存放于俄国地理学会。随后，又分门别类地将全部书籍和文献移交了俄国科学院亚洲博物馆，即今天俄罗斯科学院东方学研究所圣彼得堡分所的前身，另将画像、雕塑和一些物质文化遗产保存于俄国博物馆民族学部，后移交给艾尔米塔什博物馆（冬宫）。

据艾尔米塔什博物馆黑水城文物的研究者萨玛秀克博士在米开罗·皮欧特洛夫斯基编辑的《丝路上消失的王国——黑水城佛教艺术》一书中所谈：“冬宫博物馆之黑水城出土收藏品一共包括了3500件文物。其中，约200件为绘于丝、麻、纸张及木桩上的绘画作品，或壁画。一半以上的作品是完整无缺的，其余则为断片。此外，还有20件版画和素描……”[2]

英籍匈牙利人斯坦因也曾于1914年5月27日到黑水城进行过为期八天的发掘，采集到一些画像、瓦当及供养塔和书籍。在斯坦因的记录中，有黑水城寺庙绘塑情况的记载：距城3/4英里的已坍塌寺庙，寺南壁绘有壁画，室中央方台座上的塑像已毁，但从收集到的耳、指等彩色残块推断，原塑人物与真人等身。在斯坦因所收集的塑像和雕刻品中，多为佛教毗沙门天、护世者、鬼魔、佛陀、菩萨等，还有脚踏两头怪兽，状如湿婆的神祇。另有彩色壁画和被柯兹洛夫剥下而无法带走的大量顶棚版画、亚麻布画、丝绸画及用于西夏文佛经的版画等。一些仿宋元山水画而创作的水墨画和用于宗教、丧葬方面的旗幡类，也统统被斯坦因收入囊中。

继柯兹洛夫和斯坦因之后，美国哈佛大学福格艺术博物馆派出的华尔纳和来自瑞典的探险家斯文·赫定也分别于1923年和1927年进驻黑水城，但所获甚微。经华尔纳搜集，哈佛大学仅收藏到黑水城的部分泥塑残件和壁画残片。

三、新中国对西夏遗址的发掘

新中国成立后，百废待兴。对西夏遗址的发掘，主要开始于20世纪60年代。其中比较著名的有：西夏陵区的调查和发掘；西夏佛塔的维修清理；西夏武陵窑的发掘等。以上发掘，出土了众多的珍贵文物，对西夏艺术的研究提供了丰富的实物资料。其中，对佛教艺术而言，尤以西夏古塔的维修收获最多。

1986年，在维修拜寺口双塔时，发现西夏时期佛教塑像67尊、绢质唐卡2幅，以及彩绘木质雕像等物。1987—1988年，在维修青铜峡一百零八塔时，清理出西夏砖雕佛像6尊，彩绘泥塑4尊，彩绘绢质佛画2幅，彩绘拓模塔百余件。1990—1991年，在维修宏佛塔时，清理出西夏彩绘绢质佛画14幅、彩塑佛头6尊、罗汉头18尊、护法力士画像2尊、罗汉身像12身、彩绘木雕菩萨像1尊、伎乐天女1尊，另外还有小木塔及一些建筑残件。1991年，在清理被炸毁的拜寺口沟方塔时，发现佛画5件，还有若干佛经雕版画和捺印佛像等。

在临近宁夏的甘肃和内蒙古等地，也陆续有西夏佛教遗物出土。如1989年，在甘肃

1 ［俄］彼·库·柯兹洛夫著，王希隆、丁淑琴译：《蒙古、安多和死城哈喇浩特》，兰州：兰州大学出版社，2002年，第371页。

2 陈育宁、汤晓芳：《西夏艺术史》，上海：上海三联书店，2010年，第30页。

武威城南亥母洞出土有绢质千手千眼观音菩萨画像和文殊菩萨唐卡。1963年，在内蒙古额济纳旗的一座古庙中出土了一批西夏彩塑，其中包括佛、弟子、菩萨、力士及供养人像。1983—1984年，内蒙古考古所对黑水城重新进行发掘，获取了一些西夏文献和佛经版画。除此之外，陕西、北京等地也藏有部分西夏时期的文物[1]。

四、西夏佛寺艺术特色

对于西夏佛寺艺术的研究，首先是从黑水城的出土文物开始的。黑水城丰富的出土文物，充分证实了西夏王朝崇佛的事实，同时也为后人提供了研究西夏佛教艺术的可能。萨玛秀克博士便是这诸多黑水城文物的研究者之一，她从黑水城的出土文物中探寻到西夏佛教与中原佛教和吐蕃佛教的关系问题。

来自欧美的一些研究者也对黑水城文物产生了浓厚兴趣。研究西藏绘画的巴勒将黑水城的唐卡归入12—14世纪噶当派的艺术，莱茵和瑟曼则认为这批唐卡中大部分藏传绘画均与西藏风格有关，但其中金刚座触地印释迦牟尼佛的造型风格则与12—13世纪中叶东印度的某些雕塑作品风格有关。罗勃·林端宾通过对贺兰县宏佛塔和拜寺口西塔出土的唐卡的研究，认为西夏艺术具有多元文化特征，受到过中原王朝和辽、金文化影响，同时也受到了西藏和中亚的影响。

虽然黑水城出土的西夏作品表现出诸多的民族融合特色，但仍然具有很明显的西夏风格。如主要菩萨的脸庞，都拥有西夏人的阔下巴及典型的大鼻子，面部特征与西夏文献资料的描述以及一些西夏施主画像所显示的特征相同。

西夏绘画中也反映出党项人丰富的天文学知识。黑水城遗址、贺兰县宏佛塔都出土有反映星宿信仰方面的图画。如现藏宁夏回族自治区西夏博物馆的《炽盛光佛图》[2]，1990年出土于宁夏贺兰县宏佛塔，画面主尊为炽盛光佛，居中结跏趺坐于仰莲座上。炽盛光佛的头上为尖形螺髻，相貌端庄，举止有度，看上去十分稳重慈祥。炽盛光佛身上外披朱红色袒右袈裟，内着黑色僧祇支，左手托钵于腹前，右手施说法印，身后有三重圆光。炽盛光佛上方绘黄道十二宫和祥云，十二宫大多已漫漶不清，仅剩圆形轮廓。主尊下部及左右两侧绘十一大曜，分别为：日、月、金星、木星、水星、火星、土星、罗睺、计都、紫气、月孛。他们分立于由彩虹连接在一起的十一朵祥云之上，神情各异，布局巧妙。炽盛光佛题材的画作，在多地出现过，如敦煌唐代石窟中就绘有同样题材的壁画。该题材是占星术与密教结合的产物，宋和西夏时期逐步完善，涉及佛教、道教、天文学等多个领域。炽盛光佛图像中出现的所有星曜神，与中原地区民众所崇奉的星曜神并无二致，在现存的道教壁画和水陆壁画中，七曜、九曜和十一大曜都是极为常见的神祇。而同样题材的画作，在俄罗斯艾尔米塔什博物馆收藏达二十四幅之多，由此足见西夏与汉地佛教交流之密切。

总之，西夏艺术家在佛寺绘塑中所创造的诸多形象，为我国佛寺壁画艺术增添了靓丽的一笔。同时，也为唐宋一脉相承的佛教图像样式注入了新的时代因素，便于后来研究者对这一时期佛教艺术的进一步探求。

1 陈育宁、汤晓芳《西夏艺术史》，上海：上海三联书店，2010年，第38页。

2 中国国家博物馆、宁夏回族自治区文化厅编：《大夏寻踪：西夏文物辑萃》，北京：中国社会科学出版社，2004年，第178页。

第四节 回鹘寺院艺术

新疆地区的古代高昌回鹘所在地亦留有诸多佛教壁画遗迹。回鹘，亦名回纥，其祖先为匈奴之裔，后魏时号铁勒，原居漠北草原，因协助唐朝平定“安史之乱”而移居天山南北，和中原通好。唐广德元年（763）登里可汗由洛阳带回四位摩尼教僧人，摩尼教开始传入回鹘，其后代替萨满教而成为回鹘的国教。回鹘西迁，又接受了佛教的影响，境内开始兴建佛教的寺院。太平兴国六年（981），北宋使臣王延德出使高昌，见其国中有佛寺五十余所，都是唐朝的旧寺，居民春月群聚游乐其间。王延德还曾在回鹘国王的避暑地——北庭面见回鹘狮子王，息止高台寺，游历应运大宁寺。1979年，在新疆吉木萨尔县发现了一座高昌回鹘时期的佛教寺院，寺在北庭古城的西面，寺院壁画供养人题名中有回鹘国王“神圣的亦都护之像”和“公主”、“长史”之像，证明这座寺院原属高昌回鹘王室。

一、吉木萨尔佛寺壁画

吉木萨尔佛寺平面呈长方形，南北长70.5米，东西宽43.8米。南部是庭院、配殿、僧房、仓库等建筑，北面是正殿，四周环筑窟室。在配殿和窟室中多有塑像和壁画，但大部分已残损。配殿的壁画场面较大，后壁及两侧壁面绘经变画（图4-4-1）。经变画构图紧凑，佛居中间，两侧为各类情节的人物场景。在南部的配殿群中，105号配殿西壁保存下来一铺《八王分舍利图》（图4-4-2），分别描绘了八国国王渡河、攻战、香姓婆罗门分舍利等情节。其中一幅画面为王者出行场面，出行队伍浩浩荡荡，王者居中坐于大象背上，前后为全副武装的将士。队伍的两边为连绵的山峦，表明其行进于自然环境之中。

图4-4-1 经变画，高昌回鹘，位于新疆吉木萨尔县北庭故城西大寺东配殿南壁

图 4-4-2 八王分舍利图，全长 440 厘米，高昌回鹘，位于新疆吉木萨尔县北庭故城西大寺配殿群 105 号配殿西壁

图 4-4-3 供养人，宽 87 厘米，高昌回鹘，位于新疆吉木萨尔县北庭故城西大寺配殿群 105 号配殿西壁

图 4-4-4 供养比丘，高 48 厘米，宽 23 厘米，高昌回鹘，位于新疆吉木萨尔县北庭故城西大寺配殿群 103 号配殿大台座东面

吉木萨尔佛寺的供养人和供养比丘像通常绘于佛座的两侧和经变画的下方。105号配殿西壁的供养人（图4-4-3）身着民族服装，身侧还配有回鹘文墨书榜题框，框内标明男性供养人为长史巴尔楚克·托呼邻，女性供养人为依停赤。103号配殿大台座东面的供养比丘（图4-4-4）也别具特色，其头戴红色的格子僧帽，内着红色圆领僧衣，并身着多套袈裟。正殿东面上下两层的窟室中有九间绘有壁画。上层窟南北壁绘经变故事画，台座上绘故事画和供养人像。回鹘王亦都护（图4-4-5）的供养像绘于正殿门侧，其手中执

有贴金长茎花，冠服装饰亦为金色。下层窟顶部绘千佛，南北两壁绘供养菩萨和护法神。

正殿东上层204龛南壁的经变画形制比较特殊，全画作三重殿和回廊的构图。人物活动和故事情节都在这样的建筑空间中加以勾画。第一进院落画宴乐的场面。女子高髻，广袖长裙，或捧供盘，或持乐器，或翩翩起舞。男子高冠大袍，捧持果盘供器。壁画中部的第二进院落，两侧有双层大阁，中间绘高髻宫装的伎乐或供养人。画面的上层画天宫楼阁和佛像，但已漫漶不清。西大寺正殿的东外侧下层101号洞龛北壁右上部绘有合掌供养菩萨（图4-4-6），面部饱满，神色安然。

图 4-4-5 回鹘王亦都护，高昌回鹘，位于新疆吉木萨尔县北庭故城西大寺正殿门侧

吉木萨尔佛寺壁画是10世纪时的作品，绘画题材以大场面的经变画为主，一些图像兼有龟兹和内地壁画的题材样式。人物造型以线为骨而更重色彩的渲染。壁画以红黄等暖色为主调，部分还贴金，因此画面呈现富丽堂皇的效果。回鹘最初风气较淳朴，安史之乱后，受唐朝礼遇，风气渐趋豪奢。如《资治通鉴》所言："初，回鹘风俗朴厚……及有功于唐，唐赐其甚厚，登里可汗始自尊大，筑宫殿以居妇人，有粉黛文绣之饰。中国为之虚耗，而虏俗亦坏。"高昌回鹘佛寺石窟经变画中的重楼阁道，宴乐歌舞的奢华场面正反映了登里可汗之后回鹘宫廷贵族崇尚奢华的社会风气。

图 4-4-6 合掌供养菩萨，高 42 厘米，宽 32 厘米，高昌回鹘，位于新疆吉木萨尔县北庭故城西大寺正殿东外侧下层 101 号洞龛北壁右上部

二、焉耆佛寺壁画

新疆焉耆回族自治县也发现有回鹘活动遗迹，现藏于英国伦敦大英博物馆和俄罗斯艾尔米塔什博物馆的部分高昌回鹘时期的佛教壁画，异常精美，均出自这一地区。其中一幅《说法图》（图4-4-7），画面极为丰富，绘制了菩萨、比丘、诸天等众静心聆听佛法的场景，人物服饰、姿态、表情各不相同，极富表现力。另外一些出自焉耆回族自治县明屋寺院遗址的回鹘壁画多为《礼佛图》（图4-4-8a、图4-4-8b）和《写经图》（图4-4-9a、图4-4-9b），且很

图 4-4-7　说法图局部，残高 108 厘米，残宽 101 厘米，高昌回鹘，出于新疆焉耆回族自治县寺院遗址，现藏俄罗斯艾尔米塔什博物馆

图 4-4-8a　礼佛图，残高 66 厘米，残宽 78.8 厘米，高昌回鹘，出于新疆焉耆回族自治县明屋寺院遗址，现藏英国伦敦大英博物馆

图 4-4-8b　礼佛图，残高 60 厘米，残宽 42 厘米，高昌回鹘，出于新疆焉耆回族自治县寺院遗址，现藏俄罗斯艾尔米塔什博物馆

多图像构图模式极为相似，很可能源自同一组画工或使用了同一粉本。

三、高昌回鹘摩尼教壁画遗存

高昌回鹘地区的摩尼教也曾经兴盛时，至迟在公元7世纪甚或更早阶段就已从粟特地区传入回鹘人的祖居地蒙古高原。高昌回鹘所传的摩尼教是经过改造的摩尼教，按原始的教规，摩尼教徒不茹荤，不敬偶像，不蓄财富。后受佛教的影响，摩尼教的宗教场所也开始塑绘偶像。20世纪初，德国人在高昌故城清理佛塔遗址，从中获得了一批摩尼教的经卷及艺术品。德国柏林亚洲艺术博物馆收藏的一方摩尼教壁画残片（Ⅲ.8918），类似佛说法图，画面以淡蓝色为主调，人物白袍白帽，中心人物身量高大，头戴白色高冠，颈系黑带，有日月头光，高冠上金绘卷草花纹，白色法服上绘有标志性的纹章。右侧残存三排人物，均双手合十恭立，有的还标有名姓。这位居于画面中央的白色高冠人物，一般认为是摩尼本人。摩尼教有供奉白色摩尼冠帽的仪式，拜冠如拜摩尼本人。高昌故城同批出土了一件二天神供奉摩尼冠帽的纸本残卷（IB4614）。1981年伯孜克里克石窟曾出土一本粟特文摩尼教写本（81TB65：1），其中的插图也是二天神奏乐供养摩尼冠帽的场景。经本插图带有波斯细密画的特点，说明高昌回鹘的摩尼教艺术曾受到来自西亚画风的影响。

图 4-4-9a　写经图，残高 69 厘米，残宽 49 厘米，高昌回鹘，出于新疆焉耆回族自治县明屋寺院遗址，现藏英国伦敦大英博物馆

图 4-4-9b　写经图，残高 70 厘米，残宽 23 厘米，高昌回鹘，出于新疆焉耆回族自治县明屋寺院遗址，现藏英国伦敦大英博物馆

第五章
元代寺观壁画

第一节　元代宗教政策及寺观壁画概况

蒙古13世纪兴起于漠北，首领成吉思汗以其雄才大略一举统一了蒙古各部，之后蒙古大军南征西讨，开疆扩土。1227年灭西夏，1234年灭金，1246年招降吐蕃，1253年灭大理，至1279年，又将南宋政权彻底摧毁，从而建立起一个横贯南北，纵横东西的超级大国。大元建国近百年，以强有力的手段推行具有蒙古特色的政治文化政策，严厉控制汉人尤其是南人的思想。儒家文化一落千丈，彻底失去了在思想文化方面的主导作用。

与饱受压制的儒家知识分子相比，元代的各种宗教团体均得以长足发展。蒙古族原本信仰萨满教，但其历代首领并未因此而排斥其他宗教。相反，他们均以开放的胸怀对待各民族的宗教信仰，甚至不惜改信其他宗教。如定宗贵由可汗和成吉思汗的次子察合台信仰基督教，成吉思汗的孙子别儿哥信仰伊斯兰教，忽必烈信仰佛教，阿难答及其所部十余万人信仰伊斯兰教[1]。蒙古贵族对各族宗教的开放态度，与成吉思汗的教导息息相关。成吉思汗曾严令诸皇子："切勿偏重任何宗教，应对各教之人待遇平等。"[2]成吉思汗不但教导他人尊重各族的宗教信仰，自己也躬身践行。1219年，在征讨花剌子模前夕，成吉思汗派近臣刘仲禄等人赴山东诚邀全真教首领丘处机，请教治国方略及养生之道。当丘处机应邀前往后，成吉思汗将其视为上宾，尊为神仙。对此，《元史·释老志》称："太祖深契其言，曰：'天锡仙翁，以寤朕志。'命左右书之，且以训诸子焉。于是锡之虎符，副以玺书。不斥其名，惟曰'神仙'。"[3]

成吉思汗不唯对道教礼遇有加，对佛教亦极为重视。在征讨过程中，成吉思汗曾得到临济宗大德中观沼公及其弟子海云的消息，便载中观沼公于黄犊轻车中，并专门降旨于负责接待沼公的摩花理国王，称："老长老小长老，实是告天的人。好与衣粮养活者教做头儿，多收拾那般人在意，告天不拣阿谁，休欺负交达里罕行者。"[4]摩花理国王奉诏对沼公师徒大加恩赐，延居兴安香泉院，并署中观为慈云正觉大禅师，海云为寂照英悟大师。二人所需皆官给，小长老之名亦自此始。

---

1 任宜敏：《元代宗教政策略论》，《文史哲》2007年第4期，第97页。

2 [瑞典]多桑著，冯承钧译：《多桑蒙古史》（上册），北京：中华书局，1962年。

3 文渊阁《四库全书》（电子版），史部，正史类，《元史》卷二百二。

4 《大正新修大藏经》（电子版）第49册，No.2036，《佛祖历代通载》卷第二十一。

成吉思汗的孙子元世祖忽必烈崇奉佛教。在其执政期间，大兴佛事，广布寺院。他曾称：“故自有天下，寺院田产二税尽蠲免之，并令缁侣安心办道。”当时的汉藏佛寺僧侣，均得以衣食无忧安心奉道。元世祖自己在政务之余，亦“自奉施食，持数珠而课诵”。

元世祖极为倚重来自吐蕃的僧人八思巴。八思巴，本吐蕃萨斯嘉人，相传自其祖多尔济起，便以其法辅佐吐蕃国王称霸西海十余世。八思巴七岁时已诵经数十万，十五岁谒见世祖。当时世祖尚未登基，听八思巴语后大悦。戊午年（1258），八思巴主持释道订正《化胡经》的论辩，当时道士败北，自弃其学。这次论辩令忽必烈更为倚重八思巴。中统元年（1260），世祖即位不久即尊八思巴为国师，并授以玉印，令其任中原法王，统天下教门。庚午年（1270），又命八思巴完成创建蒙古文字。八思巴也因此而荣获“大宝法王”之号，更赐玉印统领诸国释教。庚辰岁（1280），八思巴卒，世祖赐其号为“皇天之下一人之上宣文辅治大圣至德普觉真智佑国如意大宝法王西天佛子大元帝师”，并令于京师建大窣堵波，宝藏其真身舍利。

八思巴逝后，元世祖继续采取扶持佛教打压道教的政策。至元十八年（1281），第二次责令僧道二家论辩，道教再次败北。最后裁定除《道德经》是老子真实经旨外，其余皆后人造作。并称道经“谎说多有诋毁释教，偷窃佛语，更有收拾阴阳医药诸子等书，往往改移名号，传注讹舛，失其本真。伪造符咒，妄言佩之。……佩符在臂，男为君相，女为后妃，入水不溺，入火不焚，刀剑不能伤害等语。及令张天师、祁真人、李真人、杜真人试之于火，皆求哀请命，自称伪妄，不敢试验”[1]。在此情况下议定道教经典除老子《道德经》外，其他道藏说谎经文并印板尽行焚毁。并对败北的道士给出两条出路：其一，凡爱佛经者可以去做和尚；其二，不愿为僧的可以娶妻为民。以上两条必选其一遵照执行，否则本人及其隐藏者要一并受罚。如此以来，全真教的势力得到抑制，藏传佛教得以发展。到至元二十八年（1291）时，全国佛寺已达四万二千三百一十八区，僧尼二十一万三千一百四十八人，以致“凡天下人迹所到，精蓝胜观，栋宇相望”。

成宗时，继续承继乃祖遗志，恩宠佛教。元贞元年（1295），成宗大赦天下，诏悦堂訚公至阙，入对称旨，赐其“通慧禅师”之号，并赐金襴法衣。上天竺湛堂澄法师入觐上京，赐食禁中。大德元年（1297），成宗敕建临洮寺。又继世祖志于五台绝境建万寿佑国寺，并命真觉国师文才主之。大德三年（1299），还诏命弘济禅师江浙释教总统补陀僧宁一出使日本。

武宗，曾于至大元年（1308）发军千五百人修五台山佛寺，并于上都建佛寺大都。亦曾施钱帛于昊天寺，建水陆大会。另对高丽及藏地均有佛事推行。武宗时推崇佛事最甚者是令宣政院颁旨，称凡“殴西番僧人者截其首，詈之者断其舌”。后经皇太子建言，方才改过。同年，武宗又严令禁止白莲社，毁其祠宇，令信众还隶民籍。

仁宗亦重视佛教，以西僧为国师，赐玉印，并赐金十两、银五十两、钞万锭以及丝织品、良田、邸舍等物于大普庆寺。又给钞万锭，修香山普安寺。延佑元年（1314），敕建旃檀瑞像殿。延佑三年（1316），设水陆大会于金山，命江南教、禅、律三宗诸师说法。延佑六年（1319），赐大兴教寺僧斋食，钞两万锭。乾元寺钞万锭，俾营子钱供缮修之费。在支持佛教的同时，仁宗也注意听取多方建议。当得知江南僧人有不法行为时，他开始罢免总统所及各处僧录、僧正、都纲司，令凡僧人诉讼悉归有司，从而加强了对僧人及宗教团体的管理。

英宗及其后继者泰定帝对佛法亦有推广。英宗时曾诏各路立帝师殿，敕建帝师殿

1 《大正新修大藏经》（电子版）第49册，No.2035，《佛祖统纪》。

碑，作大佛事于宝慈殿，礼敬僧人。又作佛事于光天殿，铸铜佛像置于玉德殿，修佛事于文德殿。并敕京师万安、庆寿、圣安、普庆四寺，扬子江金山寺，五台山万圣佑国寺，作水陆胜会七昼夜。泰定帝于泰定元年（1324）于中都昆刚殿修佛事，并命僧作佛事于大内。泰定帝还令人绘制了十一幅八思巴像颁各行省，俾塑祀之。并造浮屠三百十六所，以厌海溢。

从文宗至顺帝，佛教仍为元代宗教主体。文宗及皇后均受佛戒。顺帝在支持写经建寺的同时，也注重对僧道的管理。元统元年（1333），顺帝继位之初便禁令私创寺观庵院，宣布僧道入钱五十贯，给度牒方听出家[1]。但顺帝父子对密宗中男女双修之道的接收，使其迷失了心性，变得荒淫无度。他们广取妇女，唯以淫戏为乐，不理朝政。以上行为加速了元朝的灭亡。

元代重视宗教政策，尤其重视高层宗教领袖。前期，他们推崇全真教的丘处机，后来，则推崇来自藏地的八思巴。元朝的历代帝王对帝师八思巴均十分重视，史载“百年之间，朝廷所以敬礼而尊信之者，无所不用其至。虽帝后妃主，皆因受戒而为之膜拜。正衙朝会，百官班列，而帝师亦或专席于坐隅。且每帝即位之始，降诏褒护，必敕章佩监络珠为字以赐，盖其重之如此”[2]。

元代帝王对藏传佛教的过度崇奉，也导致了部分不法僧人怙势恣睢，气焰熏灼，延于四方，为害乡邻。对此，《元史》有所记载：“有嘉木扬喇勒智者，世祖用为江南释教总统，发掘故宋赵氏诸陵之在钱塘绍兴者，及其大臣冢墓，凡一百一所，戕杀平民四人，受人献美女宝物无算，且攘夺盗取财物计金一千七百两，银六千八百两，玉带九，玉器大小百一十有一，杂宝贝百五十有二，大珠五十两，钞一十一万六千二百锭，田二万三千亩，私庇平民不输公赋者二万三千户，他所藏匿未露者不论也。”[3]又如至大元年（1308），上都开元寺西僧强市民薪，民诉诸留守李璧，李璧才开始询问事情缘由，便被西僧率众持武器闯入公府肆意殴打。并被捉到僧人住所，关至一空屋之内，许久才得以逃脱。后李璧奔诉于朝廷，西僧的罪行也未得到惩戒，而是以赦免而告终。后来，又有僧龚柯等十八人与诸王哈喇巴尔妃呼图克齐德济争道，拉妃堕车殴之，且有犯上语。泰定二年（1325），西台御史李昌言：“尝经平凉府静会、定西等州，见西番僧佩金字圆符，络绎道途，驰骑累百，传舍至不能容，则假馆民舍，因迫逐男子，奸污女妇……”

与飞扬跋扈的西僧相比，具有儒家传统的全真教派更易为中原百姓所信服。尤其是在早期战乱中，因信仰全真教而保全性命的普通民众数以万计。据《元史》载：“时国兵践蹂中原，河南北尤甚，民罹俘戮，无所逃命，处机还燕，使其徒持牒招求于战伐之余。由是，为人奴者得复为良，与濒死而得更生者毋虑二三万人，中州人至今称道之。”[4]由于丘处机等人的不懈努力，全真势力得以在民间大兴。《清虚宫重显子返真碑铭》对此记称：“东尽海，南薄汉淮，西北历广漠，虽十庐之聚，必有香火一席之奉。”元好问也评述道教的势力为：“黄冠之人十分天下之二，声焰隆威，鼓动海岳。”[5]当时，仅大都一地，道观便有万寿宫、天宝宫、通玄宫、白云宫、长春宫、崇仙宫、西太乙宫、丹阳宫、天长观、洞真观、玉虚观等五十二宫、七十观之多。所以，尽管元代统治者在建国后对全真教采取了限制策略，但由于其拥有雄厚的民众基础，因此并未受到致命打击。

佛道的兴盛刺激了宗教艺术的繁荣。有元一代，各种艺术形式，蓬勃发展，异彩纷

1 《大正新修大藏经》（电子版）第49册，No.2035，《佛祖统纪》。

2 文渊阁《四库全书》（电子版），史部，正史类，《元史》卷二百二。

3 文渊阁《四库全书》（电子版），史部，正史类，《元史》卷二百二。

4 文渊阁《四库全书》（电子版），史部，正史类，《元史》卷二百二。

5 文渊阁《四库全书》（电子版），集部，别集类，金至元，《遗山集》卷三十五。

呈。元杂剧、元青花、元曲，均独树一帜，载誉千秋。而寺观内留存的佛道绘塑，亦美轮美奂，名传四海。元代的寺观绘塑，上承唐宋，下开明清，后人完全可以通过元代艺术领略当时匠人的高超技艺及其宗教情怀。

现今，元代寺观壁画主要分布于山西、陕西、河北等地，尤以山西最盛。据统计，山西省的元代寺观壁画居全国首位，总面积达1800余平方米。其中芮城永乐宫壁画、稷山县青龙寺壁画、洪洞县水神庙壁画、汾阳县五岳庙壁画、高平市万寿宫壁画以及流失于海外的平阳府壁画、稷山兴化寺壁画和洪洞广胜寺壁画等均为元代寺观壁画中的精品。而与山西相邻的陕西和河北两地，也因保存有元代寺观壁画，而成为诸多研究者关注的对象。

第二节 山西芮城永乐宫壁画

一、永乐宫概况

永乐宫，原名大纯阳万寿宫，其址本在芮城西22公里处的永乐镇，因修建三门峡水电站拟占用原址才搬迁至今芮城北侧3公里的龙泉村东隅。作为全真教三大祖庭之一，永乐宫与元大都天长观（今北京白云观）、终南山重阳宫均为全真教文化信息的重要承载者。永乐宫的建制极其雄伟，宫内有主体建筑五座，除宫门外，其余四座建筑——龙虎殿、三清殿、纯阳殿、重阳殿，皆为元代建构，内绘壁画，面积达1005.68平方米。

二、龙虎殿壁画

龙虎殿，又称无极门，修建于元至元三十一年（1294），原为永乐宫大门，明代增建宫门后始成为永乐宫第一重殿宇。该殿殿宽五间，进深两间四椽，为单檐庑殿顶。龙虎殿壁画绘于后槽两梢间的二面墙壁之上，面积为80.10平方米，内容为神将、天丁、力士、城隍、土地等，皆为具有护卫职能的神祇。该壁画原来长期暴露于行人、器械的磨擦之下，损毁严重，后被人涂抹上一层泥皮，至永乐宫搬迁时原画始现，但由于壁面残损严重，很多部位已无法修复。

图 5-2-1 青龙君，元，位于山西芮城县永乐宫龙虎殿北壁东段

龙虎殿现存壁画中较有代表性的为青龙、白虎和神荼、郁垒画像。龙虎殿南壁西段绘青龙君众（图5-2-1），东段绘白虎君众。龙虎殿北壁东段绘神荼众（图5-2-2），西段绘郁垒众。其中青龙君和神荼的造型极为接近，均为面部饱满，身材魁梧的着甲武士

形象，且肩上均披有绿色巾帛。二者约略不同之处为青龙君少髯，剑锋朝下。神荼多髯，剑锋朝上。龙虎殿后槽两梢间的三面墙壁也绘有壁画，面积约80平方米，但残损严重。

图 5-2-2 神荼，元，位于山西芮城县永乐宫龙虎殿北壁东段

三、三清殿壁画

在永乐宫诸殿中，三清殿壁画最为著名。三清殿，又名无极殿，居于永乐宫中心位置，是永乐宫的主殿。该殿殿台高大，建筑恢宏，面阔七间，进深四间八椽，为单檐庑殿顶。殿前设大月台，月台两侧各有朵台一个。殿内壁画《朝元图》面积为429.56平方米，平均高度4.4米，画面总长达97米，遍布大殿四壁及扇面墙。三清殿壁画共绘制了近300位道教神祇[1]，图像清晰，构图完整，是研究道教神祇谱系的绝好范本。

1. 三清殿壁画相关研究

关于三清殿壁画的绘制时间和绘制者的身份，因壁间留有墨书题记，所以比较明确。按扇面墙正面所留两组墨书题记，三清殿壁画应完成于泰定二年（1325）。该题记具体内容为："河南府勾山马七待诏正尊五间，六月□日工毕/云气"；"河南府洛京勾山马君祥/长男马七待诏/把作正殿前面/七间，东山四间，殿/内斗心东面一半/正尊云气五间/，泰定二年六月工笔（毕）。/门人王秀先、王二待诏/赵待诏/马十一待诏/范待诏、魏待诏/方待诏/赵待诏。"关于三清殿壁画的绘制年代和绘制者身份，学界并无太大争议。但对于壁画中的诸多神祇，尤其是壁画中八位主神的身份，长期以来争议不断。

最早进行该项研究的是中央美术学院的王逊先生。王逊先生于1963年在《文物》上发表了《永乐宫三清殿壁画题材试探》一文。该文细致考订了三清殿壁画中出现的诸多神祇名称，除少数几位神祇暂未定名外，其他均各有归属。对于壁画中出现的八位主神，王逊先生认为位于大殿东壁的是太上昊天玉皇上帝（简称玉皇）和后土皇地祇（简称后土）；西壁是东华上相木公青童道君（简称木公）和白玉龟台九灵太真金母元君（简称金母）；北壁是紫微北极大帝（简称紫微）和勾陈星官天皇大帝（简称勾陈）；扇面墙东壁外侧是南极长生大帝（简称南极）；扇面墙西壁外侧是东极青华太乙救苦天尊（简称东极）。

继王逊先生之后，山西大学的李德仁教授在《永乐宫壁画与全真道宇宙观》一文中也阐明了自己的看法。他充分考虑了大殿建筑与壁画的关系问题，尤其注意到元代壁画所具有的尚右传统。在此基础上，他认为王逊先生所认定的三清殿东西二壁及北墙北门东西两侧的神祇位置应互相颠倒才符合实际，即玉皇、后土位处西壁；木公、金母位

1 关于三清殿所绘壁画人数，有不同说法，常见的为286位和292位之说。

处东壁；紫微在北门西侧；勾陈在北门东侧；东极在扇面墙外壁东侧；南极在扇面墙外壁西侧。

相比于王逊和李德仁二位先生，在美国执教的景安宁教授对永乐宫壁画讨论得更为深入，他对大殿东西壁的主神认定与李德仁教授一致，即东壁是木公、金母；西壁是玉皇、后土；但对于北壁的紫微、勾陈，他赞同王逊先生的主张，认为北门西侧为勾陈，东侧为紫微。对于扇面墙两侧的主神，景安宁教授的观点与其他人出入较大，他认为扇面墙两侧的主神并非南极和东极，而是吕洞宾与钟离权。

在以上诸位学者的研究基础上，中央美术学院的赵伟及北京大学的邓昭也在各自的博士论文和硕士论文中论及了三清殿壁画的神祇构制问题。赵伟通过对永乐宫碑刻及考古资料的梳理，注意到三清殿建筑与壁画之间的关系问题，认为二者的建构思想一脉相承，均是建筑设计者秉承九宫八卦理念的产物，而这一设计理念又与全真教徒的修行理念密切相关[1]。邓昭对于三清殿八位主尊的排列方式与其他人有较多不同，她认为西王母（即金母）与南极位于大殿西壁；玉皇、后土位于东壁；紫微、勾陈分别位于北门的东西两侧；扇面墙东壁外侧是东王公；扇面墙西壁外侧是东极。

另外需要提及的一位研究者是荷兰的葛思康（Gesterkamp），其博士论文亦围绕道教朝元图展开。在其论文中，他更多地关注到永乐宫三清殿壁画与道教科仪的关系，对壁画构成作出新的阐释。至于壁画中的八位主神，葛思康认可景安宁关于东西壁主神的判定，以及王逊关于北壁及扇面墙上的神祇意见。

2. 三清殿壁画八位主神序列与《上清灵宝大法》

以上诸位学者对于三清殿八位主神的探讨多基于当年王逊先生的研究。据最早研究三清殿壁画的王逊先生判定，三清殿壁画中的八位主神源自宋代道士宁全真编纂的《上清灵宝大法》。其实，永乐宫参照的那部《上清灵宝大法》的作者并非宁全真，而是与之同属南宋的金允中[2]。《道藏》（全36册）共收录了两部《上清灵宝大法》，一部由道士宁全真传授，一部由道士金允中编写。在宁全真传授的《上清灵宝大法》中，其主要神祇除三清之外有："昊天玉皇上帝、勾陈星宫天皇大帝、紫微中天北极大帝、后土皇地祇、东极青玄上帝、太微南极注生大帝、九幽拔罪天尊、十方灵宝天尊、朱陵大帝……东华木公上相青童道君、西元白玉龟台金母元君……"[3]很明显，在宁全真的《上清灵宝大法》中，三清之下排名前八的诸神中只有一位女性神祇，即后土皇地祇。另一位西元白玉龟台金母元君因排名太过靠后，而无缘进入前八序列。但在南宋金允中编写的《上清灵宝大法》中，三清之下的主要神祇中恰有两位女主神位于前八位，具体顺序为：太上开天执符御历含真体道昊天玉皇上帝、中宫紫微北极大帝、勾陈星宫天皇大帝、承天效法厚德光太后土皇地祇、南极长生大帝、东极青华太乙救苦天尊、东华上相木公青童道君、白玉龟台九灵太真金母元君等。这一神祇名目与永乐宫三清殿壁画中八位主神的绘制方式极为吻合。而且，在金允中的《上清灵宝大法·散坛设醮品上》中，还专门记载有黄箓斋三百六十分位以及一百八十分位事，所列神灵目录亦与《永乐宫重修诸神牌位记》碑刻中所载神祇数目一致，该碑称："宫内有无极、混成、重阳三大殿，创自胜国，规模闳巨，广庑翼翼，邃靓轩豁，壁绘天神像三百六十，计排有四百余座，供槕有数十余张。"[4]所

1 赵伟：《道教壁画五岳神祇图像谱系研究》，北京：文化艺术出版社，2013年。

2 卿希泰主编：《中国道教》（第三卷），上海：东方出版中心，1994年，第12页。

3 《道藏》，北京：文物出版社、上海：上海书店、天津：天津古籍出版社，1988年，第30册，第917页。

4 陈垣编纂：《道教金石略》，北京：文物出版社，1988年，第1304页。

以，永乐宫三清殿壁画中的神祇构制应该是按南宋金允中的《上清灵宝大法》而来。

3. 永乐宫兴建缘起及三清殿的构制理念

永乐宫兴建缘起

永乐宫系由全真教徒设计营造，三清殿作为永乐宫的主体建筑，更是凝聚了多位筹划者的心血。据《纯阳宫令旨碑及请潘公主持疏》载，丙午年（1246），平阳府、河中府及河东南北两路甚至太原路的官员，曾多次联名向全真道士潘德冲投疏，请其主持永乐镇纯阳宫和平阳府长春观事宜。疏中盛赞潘之美德，称其“实丛林一角之麟，乃法窟九苞之凤”，“游庄列之虚门，得丘刘之大道，千年纲纪，万代规模”以及“有补天修月之才，抱激水搏风之志”。并称河东永乐大纯阳宫“殿宇殊无，墙垣粗立，计尔门徒则虽有，度其材木则未完。不凭有德之名师，难结全真之善果”。恳请潘远涉云程，前往该地。

对于大纯阳万寿宫的筹划，最早关注此事的是披云真人宋德方。据《玄都至道披云真人宋天师祠堂碑铭并序》载，披云真人庚子年（1240）“自甘棠来永乐，拜谒于纯阳祠下，见其荒残狭隘，无人葺之，遂招诸道侣而谓之曰：‘兹中条之南，洪流之北，名山大川，阳明交会之地……将以宫易祠，不惟广大纯阳之遗迹，抑亦为后来继出者张本耳。’”[1]后择可任用者令主持之，谋行兴建事。甲辰时（1244）披云真人再至此地，指授节次，使之渐进。只可惜，宋德方离开后不久该祠即遭火灾。对于这一变故，《玄都至道披云真人宋天师祠堂碑铭并序》未载，《大朝重建大纯阳万寿宫之碑》有所述及，称：“岁甲辰（1244）暮冬，野火延之，一夕而□□□□□□故鼎新之兆。”并称：“明年，有敕升观为宫，进真人号曰天尊。披云真人宋德方在陕右，谓其徒曰：‘师升其号，观易以宫，苟不修崇，曷以称是。’以是□□□□□□教清和（尹志平）、真常（李志常）二真人乃命燕京都道录冲和大师潘德冲充河东南北路道门都提点办其事，以完颜志古、韩志元辅翼之。”[2]《冲和真人潘公神道之碑》亦称当时朝议决定改祠为宫，并任命李真常遴选道望隆盛人所具瞻者崇建。因潘公德望才干，绰有余裕，即欲堪其役。于是，潘德冲被任命为河东南北两路道教都提点，前往永乐营之。

从以上记录可以看出，宋德方于大纯阳万寿宫实有倡建之功，他也因之而归葬于此。甲寅年（1254），在河东南北两路教门提点冲和大师潘德冲的主持下，宋德方由陕西祖庭改葬山西大纯阳万寿宫。短短两年之后，为兴建该宫倾尽心力的潘德冲亦驾鹤而去，其藏蜕处与宋德方比邻而居。

永乐宫自公元1247年开始营建，至1262年，已建成三清、纯阳、重阳三座主殿。所以，至潘德冲仙逝时，宫殿主要工程已接近尾声，尤其是三清殿，作为永乐宫主要殿堂，应该是最先完工者。尽管之后的增修和妆彩使永乐宫的建设又陆陆续续延续了一百年，但永乐宫的主体建筑及设计构思应该在潘德冲时期已经奠定完成。对此，《冲和真人潘公神道之碑》中有明确记载，称：“师率其徒至永乐，百工劝缘，源源而来，如子之趋父事，陶甓伐木，云集川流，于是略基址，度远弥，程功能，平枝干，合事庀徒，百堵皆作，不数稔，新宫告成。堂殿廊庑宅厨厩库，下至于寮舍湢浴之属，各有位置，莫不焕然一新。”所以，当壬子（1252）夏四月，李真常奉朝命祀岳渎过永乐时，见其规模宏敞，极为高兴，认为非潘德冲不能毕此胜缘，乃倾帑以助其经费。从李真常过永乐，到潘德冲去世，其间又过了四年，在这四年时间里，永乐宫的主体建筑应已完备。正因为如此，潘德冲在其去世前才有“吾比年经营，略有次第。今世缘念道亦庶几兼修而并举，无复事

1 陈垣编纂：《道教金石略》，北京：文物出版社，1988年，第547页。

2 杜先洲：《永乐宫的建筑》，《文物》1963年第8期，第3页。

矣，吾其行乎”[1]之语。倘若兴宫大事未备，料其不会认为“无复事矣”，想必是诸事皆按其意度，并卓有成效，无需再费心思筹措，才会出此之语。所以，永乐宫应该是一处凝聚了全真宗师尤其是潘德冲毕生智慧和修为的建筑群，其主要殿堂的壁画内容亦应经过了设计者的精心构思。正如王逊先生在《永乐宫三清殿壁画题材试探》一文中所言：“此一完整的设计似是经过周密的思考，不只是表现了艺术构思上的完整性，而特别值得注意的，是其中反映了一定的完整的思想体系，贯串着完整的逻辑的构思。”[2]

三清殿的营造理念与九宫八卦关系

永乐宫三清殿壁画的整体构思与其建筑构制理念密切相关。按《纯阳万寿永乐宫重修墙垣记》载，永乐宫的建筑系按八卦而成：“……唐朝飞升，乃天仙之首山；威灵显应，乃三界之福星也。当其时，名挂天府，奉敕建宫，鲁班匠手，道子画工。殿阁巍巍，按天上之九星而罗列；道院森森，照地下之八卦而排成。……崇祯九年岁次丙子仲冬望日。”尽管该碑刻并非元代所立，但碑上所言并非无中生有。纯阳万寿永乐宫跨越百年的营建史，皆源于潘德冲时期“略基址，度远弥，程功能，平枝干”的一系列筹划。关于永乐宫可能按八卦营建的情况还可从元时的碑刻中探知。据《徒单公履冲和真人潘公神道碑》记载，元世祖中统元年（1260）三月五日，潘德冲被葬于“宫之乾位，仍建别祠，令嗣事者以奉岁时香火”。据宿白先生的考证，潘祠在康熙《蒲州府志》和光绪《永济县志》的记载中都是位于披云道院之西北。在后来的考古发掘中，果于此处发现潘墓。而披云道院的位置据李鼎碑铭称其在永乐宫西隅。这样，结合两处道院的方位可知，当年潘德冲所葬乾位应为永乐宫西北方，也即后天八卦中的乾位。潘公作为营造永乐宫的负责人，其营造理念会直接影响到后继者。所以，尽管永乐宫壁画绘制年代晚于宫殿营造，也非潘公主持，但从后人对潘公葬位的选择上仍可看出全真教徒按后天八卦观念营造永乐宫的思想脉络。

中国古人按九宫八卦理念营建宫殿的例子并不鲜见，但对于一个独体殿堂建筑，如何解读其蕴含的九宫八卦理念仍是一个值得深入探讨的问题。

按冯时先生的考证，中国古代建筑与九宫八卦有着密切关系：“从理论上讲，虽然八方的平面即为九宫，然而九宫的形成却有其独特的方式。证据显示，九宫的取得事实上是两个五位图叠合交午的结果，而五位图则显示了殷商时期常见的‘亞’形。”[3]叠加后的中心为九宫的中宫，其余八个方位分别应合八卦。按照这一思路，永乐宫三清殿中心扇面墙区间即可被视为叠加后的中宫，由道教中地位最高的三清占据。其他神祇围绕三清身边，按后天八卦布局。其中，坤、乾之位正好与永乐宫西壁图像一一对应，带坤卦标识的后土位于西南坤位，而其对偶神昊天玉皇大帝位于西北乾位。同样，东壁的两位主神也按后天八卦原理排列。这样，永乐宫西东二壁四位神祇就对应了坤、乾、艮、巽四个方位，而这四个方位正好代表着后天八卦中的四隅，即九宫中的四维。而绘于北山墙后门两侧的北极紫微大帝与勾陈大帝及绘于扇面墙东西两壁外侧的东极大帝和南极大帝，则处于八卦中的四正方位。如此一来，三清殿便拥有了一个由四正、四维两个五位图相互叠加的九宫八卦空间。这种由四正、四维构成的九宫八卦空间来源于古老的盖天说宇宙模式。按此模式，三清殿可被看成一个由天之四极、地之四隅构成的小宇宙，其中，东西二壁的四位主神所处位置被视为地之四隅，北山墙及东西扇面墙神祇所处位置则被视为天之四极。

1 陈垣编纂：《道教金石略》，北京：文物出版社，1988年，第555页。

2 王逊：《永乐宫三清殿壁画题材试探》，《文物》1963年第8期，第33页。

3 冯时：《中国古代的天文与人文》，北京：中国社会科学出版社，2006年，第45页。

三清殿的营造与全真教徒的修行理念

虽然说永乐宫的建筑布局为古代单体殿堂建筑中比较常见的样式，并不具备特殊性，但殿内壁画布局与建筑构思的一致性却有其独到之处。究其原因，应该与整个殿堂营造理念源自全真弟子有关。三清殿从设计到建造全部由全真弟子督办，虽壁画为画工所为，但具体布局也似依据了建筑的构思，是整个建筑密不可分的组成部分。所以，三清殿建筑和壁画的设计构思不仅体现了古代建筑宇宙观念，也体现了全真教的修行理念，尤其是内丹修炼理念。

对此，《上清灵宝大法》在谈及内丹修炼时曾称："人之血、气脉以右为始。天道之行以西北为始，由西行而至牛宿，则天事毕矣。"牛宿位于北方，在永乐宫壁画中，牛宿属勾陈大帝部众，方位正好应天之西北方。如按《上清灵宝大法》解释，天道自西北开始运行再回到牛宿，正好完成一周天的运转。全真教徒的内丹修炼亦与此相合。元代张理在其撰写的《易象图说》中，把内丹修炼与后天八卦结合起来，通过两个图表，展示了二者之间的关系。

第一个图表展示了八卦生成原理。当乾坤艮巽居于隅，坎离震兑居于中时，即为后天八卦中的方圆之象。这与三清殿以四隅（四维）象征地，四正象征天极为一致（图5-2-3）。据《易象图说外篇》的撰者张理的解释，在道教徒的个人修行中有所谓"九宫之叙"的说法，即在九宫中模拟天道运行，以完成个人内丹修炼。如图5-2-3所示，其中，一、三、九、七象征天数，为奇数，象圆，其数左旋。始于一，居于正北，三次于正东；九次于正南，七次于正西，然后回复到一。地数的循环与天数正好相反，为右转。地数为偶数，分别为二、四、八、六。其转动方式从数字二所代表的西南开始，之后转至东南、东北、西北，最后再归于西南，从而完成天地阴阳的运行。

而第二个图表则将内丹家"以乾坤为鼎器，坎离为药物，余六十卦为火候"的观念与自身修炼结合在一起，把"人身形合之天地阴阳"的修炼过程展示出来（图5-2-4）。

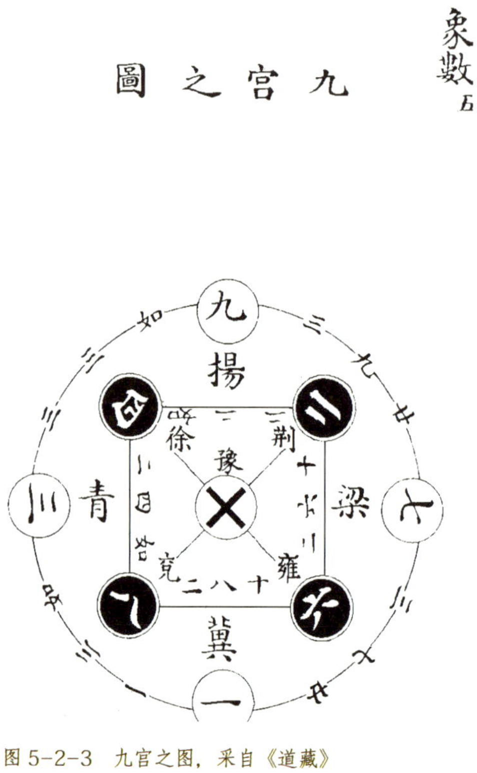

图 5-2-3　九宫之图，采自《道藏》

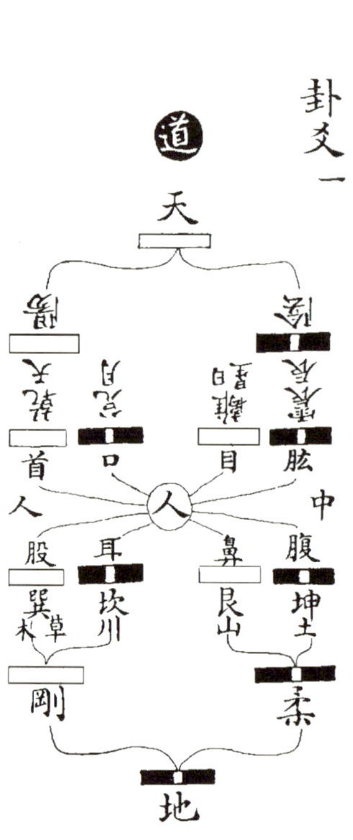

图 5-2-4　四象八卦六位之图，采自《道藏》

道教徒的这种内丹修炼就是利用建筑中的九宫布局，在个人的身体中模拟宇宙反演规律，使人体的小宇宙顺应自然界的大宇宙，以“道法自然”的原则修炼成道，并通过这种把个体生命纳入整个宇宙进行自然循环的办法，“使人体的生命节律与宇宙运动的根本节律相协调，最终达到生命与道合真的境界”。

在道教徒的具体修炼过程中，又有大、小周天之说。元代全真修行，遵循的是小周天功法。据《上品丹法节次》载，长春真人丘处机即演练小周天。小周天是仿照后天八卦而来的一种功法，在修炼中需要打通身体任督二脉。任脉是指循行于颌喉胸腹的中间干线络脉，又称阴脉。督脉指循行于头顶至脊背的正中络脉，又称阳脉。修炼者需依据时辰并配合宇宙运行规律来完成小周天的多次运转。衡阳道人李德洽曾专门谈论过这一问题。他认为“凡炼丹，随正子时阳气起火则火力全，他时不然。盖夜半正子时，太阳在北方，正人身气到尾闾关节，此时起火又正值身中阴极阳生之候，以天地间之正子时值人身之活子时一齐发动，则内外相合，方是天人合发妙机，得以全盗天地之造化而成丹”[1]。该文所言的“正子时”是指夜半12点左右，而“活子时”则指个人演练小周天功法时的一种状态。一般把“静极之时，正有动象，于恍惚杳冥之中，觉丹田气动”的状态称为“活子时”。小周天的运行，就是使任督周流，督升任降，循环往复。

对于内丹修炼，全真弟子陆西星也有过精到论述，他认为“丹法取坎。取坎者，补其既破之离也”。并称“坎者，阴中之阳，乃太极之静极而动”。尽管陆西星提倡的是“阴阳相合而成”的双修丹法，但其关于“阴中之阳，乃太极之静极而动”的观点仍然沿袭了金元以来的全真功法，所谓“人道顺施，仙道逆取”的观点也与全真教徒按后天八卦模拟宇宙图式进行小周天的修炼过程极为一致。

所以，永乐宫三清殿壁画中的神祇位业并不是民间画工的随意行为，而是与三清殿建筑结构、道教教义以及全真教徒的内丹修炼等诸多因素有关。三清殿的神祇构成应该是既秉承了全真教义又结合了之前道教图像传统而来。可以说，永乐宫三清殿的神祇构成是对唐宋以来道教朝元体系的继承与开创，它不但继承了宋代三清四御或三清六御的道教神祇构成模式，而且还将金允中《上清灵宝大法》所提到的需要斋醮的主神统统囊括其中，并结合古代建筑中的九宫八卦布局把数量庞大的道教神祇按部就班地排列在各自所属位置，特别是对扇面墙空间的利用，颇具创造性。他们遵循天道左旋、地数右转的原理，把紫微、勾陈、东极、南极四位大帝和玉皇、后土、木公、金母等八位主神及其部属分别安置，使其能够共同拱卫高高端坐于扇面墙内神坛之上的三清，从而构建出一个完整的三清四御三界部众体系。所以，永乐宫三清殿建筑和壁画艺术本身就是一种宇宙图式，三清殿壁画中的神祇布局开创了道教神祇构制的新纪元。

4. 三清殿壁画神祇身份

在遵循建筑宇宙模式和后天八卦布局的同时，永乐宫三清殿壁画也延续了道教神祇按各自位业分头构制的艺术创作传统。即在道教壁画绘制中，虽然东西两壁神祇以对称形式出现，但地位并不等同。而且，其构成过程也并非是神祇们的随意搭配，而是经过了设计者的精心布局和构思。如永乐宫三清殿东壁绘制的是十二元神、五岳、四渎等地祇，西壁绘制的则是十太乙、八卦神、雷公、电母、雨师等天神。

面对永乐宫三清殿复杂的神祇构成，王逊先生采用的是一一编号的方式为各位神祇命名。后来研究者多沿袭此方式。按王逊先生所编号码，对应后人的研究，永乐宫三清殿西壁（图5-2-5）神祇构成应该是男主神为太上昊天玉皇上帝，女主神为后土皇地祇。

---

1 胡道静等主编：《藏外道书》，成都：巴蜀书社，1992年，第10册，第416页。

图 5-2-5　永乐宫三清殿西壁全图，位于山西芮城县永乐宫三清殿

西壁主要神祇：玉皇、后土部众

位于三清殿西壁南端的女主神头戴凤冠，身穿衮服，姿态端庄，神色雍容。其头冠中绘制的坤卦符号与藏于加拿大的平阳府壁画中的女神头冠符号一致，似可作为其身份标志（图5-2-6）。

图5-2-6　永乐宫三清殿西壁后土，元，位于山西芮城县永乐宫三清殿西壁

坤，按《周易·说卦》的说法："坤者，地也，万物皆致养焉。"[1]并称："乾，天也，故称乎父。坤，地也，故称乎母。"[2]《说文》也言："坤，地也，易之卦也。从土从申，土位在申。"[3]春秋时期的左丘明也言称："《坤》，土也。《巽》，风也。《乾》，天也。"[4]《国语》卷十语："坤，土也。……坤，母也。"[5]《周易·上经·彖》则载："至哉坤元，万物资生，乃顺承天。坤厚载物，德合无疆。"[6]《周易·系辞上》也载："天尊地卑，乾坤定矣。"[7]《太平御览》引《释名》曰："地，底也，亦谓之坤。坤顺乾也。"[8]

另据《宋史》记载："五行之生也，各一其性。无极之真，二五之精，妙合而凝，乾道成男，坤道成女。"[9]宋代张载在《西铭》中也言："乾称父而坤母，予兹藐焉，乃混然中处。"[10]《四库全书·经部》对张载《西铭》有过解释，称："天，气

1 《四库全书》，经部，易类，《周易注》卷九，北京：商务印书馆，2005年，第272—273页。
2 《四库全书》，经部，易类，《周易注》卷九，北京：商务印书馆，2005年，第273页。
3 ［汉］许慎：《说文解字》，北京：中华书局，1963年，第286页。
4 ［春秋］左丘明著，李梦生注：《左传今注》，南京：凤凰出版社，2008年，第88页。
5 史延庭编著：《国语》，长春：吉林人民出版社，1996年，第193—194页。
6 《四库全书》，经部，易类，《周易注》卷九，北京：商务印书馆，2005年，第244页。
7 《四库全书》，经部，易类，《周易注》卷九，北京：商务印书馆，2005年，第267页。
8 《四库全书》，经部，易类，《周易注》卷九，北京：商务印书馆，2005年，第306页。
9 ［元］脱脱：《宋史》卷四百二十七，列传第一百八十六，北京：中华书局，第12712页。
10 ［元］脱脱：《宋史》卷四百二十七，列传第一百八十六，北京：中华书局，第12724页。

也，以至健而位乎上，父道也。地，形也，以至顺而位乎下，母道也。人禀气于天，受形于地，以藐然之身，混合无间而位乎中，子道也。然不曰天地而曰乾坤者，天地，其形体也，乾坤，其性情也。乾者健而无息之，谓万物之所资以始者也。坤者顺而有常之，谓万物之所资以生者也。是乃天地之所以为天地，而父母乎万物者，故指而言之。”[1]

而《太平御览》卷三十六也称：“……坤，地也，故称乎母。……《物理论》曰：‘地者，底也。底之言著也，阴体下着也。其神曰祇。祇，成也，育生万物各成也。其卦为坤，其德曰母。’又曰：‘地者，其卦曰坤，其德曰母，其神曰祇，亦曰媪。大而名之曰黄地祇，小而名之曰神州，亦名后土。’”[2]宋代道经《道门定制》也称：“后土，即朝廷祀皇地祇于方丘是也。王者所尊，合上帝，为天父地母焉。”[3]

所以，三清殿西壁带有坤卦标志的女主尊应为后土，而与其同列一壁的男主神，则为其对偶神昊天玉皇上帝。

对于昊天玉皇上帝，按《上清灵宝大法》的介绍，其地位处于三清之下，万神之上：“昊天上帝，诸天之帝，仙真之王，圣尊之主。掌万天升降之权，司群品生成之机。三洞四辅禁经之标格，大梵至妙无为之神威，乃三界万神、三洞仙真之上帝君也。自三气之天胤，三宝之皇胄，高出乾坤之表，生万物而不宰也。三才肇立，气清高澄，积阳成天……以形象言之谓之天，以主宰言之谓之帝，故曰玉真天帝玄穹至圣玉皇大帝。”[4]元代隐士邓牧编辑的《大涤洞天记》之《昊天阁记》载：“昊天玉皇上帝陛下，位三极之尊，御万有之众。”从这些内容看，昊天玉皇上帝的管辖范围极广，几乎囊括了一切神祇。所以，在永乐宫三清殿昊天玉皇上帝辅神构制上，亦呈现复杂局面，有众多天神、仙真以及三洞四辅部众围绕在昊天玉皇上帝身边。如引进仙官、仙曹、玉女、香官类神祇，以及一些从其衣冠样式看，应为玉帝身边的高级官员，但目前身份尚不明确者。在昊天玉皇上帝左侧的一组仙人中，还有两位装扮特殊者，被王逊先生暂命名为仓颉、孔子。其中，被命名为仓颉者是一位六目老翁。另一被王逊先生命名为孔子的儒者，手执羽扇，其头上巾帕样式确与流传下来的孔子画像极为接近。

在以上诸神中，位于西壁最北端的天蓬大元帅和佑圣真君（图5-2-7）的身份长期以来一直被人们误读为天猷副元帅和储庆真君（图5-2-8）。天蓬大元帅、天猷副元帅、储庆真君、佑圣真君被称为北极四圣或四圣真君、北方四元帅，是道教寺观壁画以及水陆画中最为常见的神祇。按《上清灵宝大法》（金允中编）卷三十九载，北极四圣全称为：天蓬元帅真君、天猷副元帅真君、翊圣保德储庆真君、真武灵应佑圣真君。《道门通教必用集》卷七则直接称之为“天蓬元帅、天猷副元帅、真武将军、黑煞将军”。

关于天蓬、天猷的形象，多部道经均有记载，其中，《道法会元》卷170《天蓬火山烧鬼折魔符》中称天蓬“一头六臂，金甲绯袍，发如云霞，喷进火山，杀烧魔鬼……”该卷保留着蒙古行文方式，很明显是蒙元时期的产物，其文中所言天蓬形象与永乐宫西壁被王逊先生命名为天猷副元帅的第204号神祇极为相似，应该可以判定该神祇身份为天蓬大元帅。而且，上述道经中的天蓬形象并非孤例，此一形象在其他道经中也多次出现，如《道法会元》卷217就描写天蓬形象为：“三头六臂，赤发，绯衣，赤甲，跣足；左一手结天蓬印，右一手撼帝钟；又左一手执斧钺，右一手结印擎七星；左一手提索，右一手仗剑，领兵吏三十六万骑，雷公、电母、风伯、雨师、仙童、玉女，羽衣赫赫，各持金

1《四库全书》，经部，易类，《周易注》卷九，北京：商务印书馆，2005年，第588页。

2《四库全书》，经部，易类，《周易注》卷九，北京：商务印书馆，2005年，第306—307页。

3《道藏》，北京：文物出版社、上海：上海书店、天津：天津古籍出版社，1988年，第31册，第669页。

4《道藏》，北京：文物出版社、上海：上海书店、天津：天津古籍出版社，1988年，第30册，第730页。

图 5-2-7 天蓬大元帅、佑圣真君，元，位于山西芮城县永乐宫三清殿西壁

图 5-2-8 天猷副元帅、储庆真君，元，位于山西芮城县永乐宫三清殿东壁北端

剑，乘北方太玄煞气、黑气，气中有五色气，从空降坛。”《太上北极伏魔神咒杀鬼录》（约明代）亦述天蓬威仪：“三头六臂，执钺斧、弓箭、剑、铎、戟、索六物，身长五十丈，黑衣、玄冠、金甲，领神兵三十六万众。”《太上九天延祥涤厄四圣妙经》开篇《启请咒》中也有对天蓬形象的描述，称其：“现三头六臂之威容，运七政八灵之洪造，帝钟才震，万圣齐临；钺斧轻挥，群魔碎灭，神光赫赫，常救护于众生；真性巍巍，誓永兴于正道。劈尸千里，斩鬼五形，大悲大圣大愿大慈，通天祈佑，延祥涤厄，保宁身命，北极天蓬八十一军大元帅。”

至于天猷，《太上九天延祥涤厄四圣妙经·天猷咒》把它描绘为“肩生四臂，项长三头，身披金甲，手执戈矛”的形象，并较为详细地记载了它的位业及职权范围，称其“位列诸侯。上佐北帝，下临九州岛……五岳巡游，金童鼓吹，玉女歌讴，名列金阙，位镇酆幽。苍禽狮子，巨海虬龙，三十万兵，从我周游。逢妖即斩，遇鬼皆收……”

由此可知，天蓬、天猷二元帅最大的区别在于一个六臂，一个四臂；一个负责统帅雷公电母等天神，一个负责“下临九州岛”，巡游五岳与酆都。所以，尽管史料中关于天蓬、天猷形象的记载与道教壁画中所绘二像并不完全一致，但仍可作为参照。大足南宋留存的道教石窟中，留存有天蓬三头六臂和天猷三头四臂的造像，其形态与平阳府壁画和永乐宫壁画中的神祇极为相似，尤其是六臂、四臂的区分，最为明显。而平阳府西壁的天猷，虽没有项长三头，而只长了两头，却肩生四臂；位于东壁的天蓬，虽没有完全按照《道法会元》中所描述的“左一手结天蓬印，右一手撼帝钟；又左一手执斧钺，右一手结印擎七星；左一手提索，右一手仗剑”，但其三只左手和右手也分别执有矩、索、戟、剑等器物。所以，经典所载的四圣形象及所执法器，在宋元道教雕刻和壁画中均得到了部分的印证。

图 5-2-9　北极四圣。采自《道子墨宝》

有关北极四圣，除雕刻和壁画外，在流传至今的壁画粉本《道子墨宝》中也保留有其形象（图5-2-9）。《道子墨宝》中的天蓬大元帅项长三头，肩生六臂，每条手臂中均执有器物。其中左侧三条手臂分执日、戟、镜，右侧三条手臂执月、帝钟、剑。《道子墨宝》中的天猷副元帅项生两头，肩生四臂，四臂中分执火轮、剑及弓箭。翊圣宝德真君则一身玄衣，披发跣足，仗剑直立。佑圣真君与翊圣一样亦是披发跣足，一身玄衣装扮，只不过不是翊圣那般仗剑正面直立，而是仗剑侧身向前。因《道子墨宝》中的北极四圣均标有榜题，所以，各位神祇的身份比较明确，据此，应该完全可以认定永乐宫三清殿东西二壁的天蓬、天猷身份。

除北极四圣外，三清殿西壁后土皇地祇附近还有八卦神、十太一，雷公、电母、雨师等。按宋代白玉蟾集注的《九天应元雷声普化天尊玉枢宝经集注》载，昊天玉皇上帝可以号令雷霆，后土皇地祇可以节制雷霆。永乐宫壁画雷公、电母等神祇与玉皇、后土同列一壁，正好是二者神祇职能的体现。

东壁主要神祇：木公、金母部众

永乐宫三清殿东壁（图5-2-10）男主神为东华上相木公青童道君，女主神为白玉龟台九灵太真金母元君。木公乃早期东王公的化身，金母则为西王母。按宋代张君房编纂的《云笈七签》所载，金母，也即西王母，是位配西方的女神：“西王母者，九灵太妙龟山金母也。一号太灵九光龟台金母，亦号曰金母元君，乃西华之至妙、洞阴之极尊。……以西华至妙之气，化而生金母焉。金母生于神洲伊川，厥姓缑氏，生而飞翔，以主阴灵之气，理于西方，亦号王母。皆挺质太无，毓神玄奥，于西方眇莽之中，分大道纯精之气，结气成形。……体柔顺之本，为极阴之元，位配西方，母养群品。天上天下，三界十方，女子之登仙得道者，咸所隶焉。”以上内容，虽载于宋代史籍，却是宋人辑录于

图 5-2-10　三清殿东壁木公、金母等众，元，位于山西芮城县永乐宫三清殿东壁

唐末五代道士杜光庭所编的《庸城集仙录》[1]。所以，至迟至唐末，金母仍是作为位配西方的神祇出现于道教典籍之中，这与之在永乐宫三清殿中的位置并不一致。产生这一差异的原因在于其地位在魏晋以降的变化。

按史料记载，作为西王母的对偶神，东王公的地位在宋元道经中均高过西王母，最能体现这一差异的是东王公的排名在道经中总是位于西王母之前。如在南宋道士仲励的《祈嗣拜章大醮仪》中，他把东华木公道君列于第十九位，而把西灵金母元君列为第二十位。在宁全真和金允中分别编纂的《上清灵宝大法》亦是如此，如在《普召万神咒》、《传度仪范门》以及《申天枢院类奏状》等部分，金母都被排在木公之后。这一现象在全真道崇奉的经典中就更为明显。如元代道士秦志安撰写的《金莲正宗记·东华帝君》条就把东华帝君（木公）称为"全真第一祖也"[2]。

所以，如果在全真教祖庭绘制木公、金母图像，应该会考虑全真教徒所信奉的神祇系统。而一旦绘制者秉承全真教徒的信奉意图，需要将木公、金母构置于同一壁面时，只可能让金母跟随木公同处木公的方位，即东壁。这种安排符合卿希泰等人对木公地位上升原因的分析，即木公地位超过金母，是中国文化男尊女卑、男主女从意识在起作用[3]。

而且，按另一资料分析，三清殿东壁女主神也不应该是后土。因为该女神胸前绘有一个震卦标志。震卦本为："易卦名，震上震下。动也，其象为雷，为长子。震惊百里，惊远而惧尔。……"[4]由此可知，震卦的最初含义与雷和动紧密相连，在卦象上往往与自然征候相关。元代张理在《易象图说内篇》中指出："震为雷，动于春也。"[5]而处在巽位的震卦则具有"延"的含义。如果该壁女像是金母，按其所处方位及卦象，正好符合可以使修道者延年益寿、得道成仙的用意。但如果把该女像定为后土，由于后土代表坤德，那么，按六十四卦解释，震卦和坤卦的结合就意味着"祸"[6]。除此之外，《易象图说内篇》还记载了八卦中巽与震的关系，称："巽为扬，为风，位于东南，附震而为木。"并称

1《道藏》，北京：文物出版社、上海：上海书店、天津：天津古籍出版社出版，1988年，第18册，第168页。

2《道藏》，北京：文物出版社、上海：上海书店、天津：天津古籍出版社，1988年，第3册，第344页。

3 卿希泰主编：《中国道教》（第三卷），上海：东方出版中心，1994年，第60页。

4 李叔还编：《道教大辞典》，杭州：浙江古籍出版社，1987年，第649页。

5《道藏》，北京：文物出版社、上海：上海书店、天津：天津古籍出版社，1988年，第3册，第230页。

6 关于六十四卦相生相克原理，在王其亨先生的著作中有明确的图表展示。参见《风水理论研究》，天津：天津大学出版社，1992年，第78页。

以上所言系依据“后天八卦方位所由定”[1]，而后天八卦，恰为全真修行之术。该文后面还提到“见巽伏震”之语，而三清殿东壁女主神恰处于东南巽位且身上绘有震卦符号，似暗示其“见巽伏震”，且“附震而为木”的特性。

而且，在宋代书画典籍《宣和画谱》中也提到东华帝君（木公）与震卦的关系问题，该书称道士陈若愚“画东华帝君像尤工。盖东华帝君应位乎震，自乾再索而得震，震帝出以应物之地，若愚非道家者流，何以知此，宜前此未有写之者也”[2]。这说明宋元道教壁画在绘制过程中的确注意到神祇构制与阴阳八卦之间的关系问题，在绘制东华帝君（木公）时，会将其放置于东方震位。所以，三清殿东壁两位主神应该是木公、金母，而非玉帝和后土。另外，按景安宁先生的考察，东壁女主尊椅座上绘有玉兔图案，似也表明座位主人的身份与西王母（金母）有关。

三清殿东壁木公右侧为天猷副元帅、黑煞将军、四目老翁以及十二元神等神祇。有关四目老翁，《云笈七签》卷四五载称北帝在念天蓬咒时，会召集一些神灵共同行动，那些被召集的神灵中就包括苍舌绿齿的四目老翁。而《道法会元》卷二百六十六之《召四目老翁咒》更详细地载称，四目老翁能“目视四部，一一皆通，巡游世界，东缚邪宗，有一不顺，押送北酆。忽来攸去，随召奔风……”《道法会元》所载的“东缚邪宗”、“押送北酆”之语与永乐宫三清殿东壁所绘内容一致，亦与宋代《天童护命妙经》中记载的四目老翁为驱逐鬼兵的神祇，曾率领部众三十余万，将鬼王逐至大铁围山内容接近，因为在三清殿东壁金母一侧，便排列有酆都大帝及地府十王众。

三清殿东壁天猷副元帅和储庆真君旁边为十二元神，即子、丑、寅、卯、辰、巳、午、未、申、酉、戌、亥等十二地支神。十二元神，乃道教壁画中常见神祇，其冠上多有与之属相相配的动物形象。但永乐宫三清殿十二元神头冠中的标志物已漫漶不清，无法一一确认，只能通过其群组特性及部分保存完好的标志识别其身份。

三清殿东壁木公、金母之间为五岳、四渎和福、禄、寿、扶桑大帝等神祇。永乐宫的五岳、四渎神祇，从冠饰上具有明显的等级差别，五岳戴帝王冕旒，分穿五色袍服，以配各自方色。四渎亦戴冠，但头冠样式低于五岳，非冕旒冠。在五岳、四渎前面还有三位神祇，一位道士打扮（第161号），一位儒者打扮（第162号），另一位是一长着硕大脑门儿、手持如意的老人。由于这三位神祇身份奇特，所以，大家往往对其来历讳莫如深。从大脑门儿老人怪异的头形看，似与老人星有关。老人星，即传说中的南极仙翁。

古人对老人星的崇拜由来已久，《史记·封禅书》索引曾提到人们立祠祭祀老人星以祈福寿。正义解释说：“角、亢在辰为寿星。三月之时，万物始生建，於春气布养，各尽其性，不罹灾夭，故寿。”《尔雅·释天》也云：“寿星，角、亢也。”如此可见，早期人们曾把老人星定为东方苍龙七宿中的头两宿。唐代，国家祀典将老人星与角亢七宿之祭合并，据《旧唐书》卷八载：“（开元十四年）乙巳，初置寿星坛，祭老人星及角、亢等七宿。”宋代，人们对老人星的崇拜有增无减。景德三年（1006），诏定寿星之祀。大中祥符二年（1009），真宗诏礼官与司天监定议，认为：“……兖州，寿星之次，宜如中和奏，设位氐宿之间，以为永式。”元丰中，规定秋分时于南郊祭祀寿星，并在坛上设寿星一位，南向。于坛下卯陛之南设角、亢、氐、房、心、尾、箕七位，东向。

朝廷对老人星的重视也影响到民间。据南宋周必大《二老堂诗话》云，米元章曾手书“长寿庵”三字，并题诗两句：“人是西方无量佛，寿如南极老人星。”而同为宋人的范仲淹还有专门的《老人星赋》流传在世，称其为：“万寿之灵，三辰之英。其出也，表君之瑞；其大也，助月之明。但仰祥光，莫辨皤然之象；方资睿算，斯垂耄矣之名。……名

1《道藏》，北京：文物出版社、上海：上海书店、天津：天津古籍出版社，1988年，第3册，第230页。
2于安澜：《画史丛书》（二），《宣和画谱》卷二，上海：上海人民美术出版社，1982年，第23—24页。

尊五福，位列三光。发天文之炳焕，符帝德之悠长……”

从以上记载看，老人星祀典及形象在宋时已经存在，而且与东方七宿紧密相连。具体到壁画中，老人星有时还与东斗星君融合在一起。现山西公主寺壁画中绘有东斗三星众，其中一位老人也长着大脑门儿，与永乐宫壁画中的老人形象颇为相似，其他两位则为道士打扮。永乐宫壁画所绘的三位神祇中只有一位道士，但如果仔细观察其中儒者装扮的神祇，便可发现其冠上也隐约带有道冠痕迹。这种痕迹看上去不似后来添加，很可能为先前画痕的显现。所以，在早期三清殿画稿中，此三位神祇中的两位，有可能也是由道士组成。如果真如此，永乐宫东壁的这三位神祇便与山西明代公主寺壁画中的东斗三星拥有了一个共同的渊源。

不过，作为早于公主寺的一铺壁画，永乐宫三清殿中的三位神祇，很可能是福、禄、寿三神。按《灵宝领教济度金书》及《金箓祈祷晚朝仪》等载，道教设立斋醮时，在其所要延请的神祇中，福、禄、寿三星真君与醮主的本命元辰总是排列在一起的。这一安排很可能是因为福、禄、寿三星与人们的切身需求息息相关。永乐宫三清殿将福、禄、寿三星真君与十二元辰放置在一起，可能亦有此意。永乐宫三清殿壁画中的大脑门儿老人，其手中所执如意，也隐含长寿之意。这一安排与五岳洞天福地功能一致，更与木公、金母负责校正仙籍的职能相关。所以，三清殿东壁五岳、四渎前面的三位神祇应该是分别代表福、寿、禄功能的三星真君。其中大脑门儿老人应为寿星，中间儒者打扮的神祇为禄星，道士装扮者则为福星。

对于立于五岳、四渎等神祇最前端的戴冕旒者，王逊先生将其定为扶桑大帝。按《灵宝无量度人上经大法》载，东霞扶桑大帝的位置在五岳五天圣帝之前。永乐宫东壁木公、金母旁边佩戴帝王冕旒的共有六人，除五岳之外，便是这位立于人群最前端的160号神祇。鉴于此组神祇中的大多数均与人类的日常生活联系密切，且多具有降水禳灾职能，所以，位于东壁前列的这一神祇的身份很有可能确为扶桑大帝。按宋代白玉蟾所撰的《修真十书·武夷集卷》载，在玉晨雷书中有众雷名称，其中扶桑雷之后便为岳府雷和城隍雷。由此可见，扶桑与岳府及城隍均具有地祇性质。而三清殿东壁金母左侧的一组神祇恰为酆都大帝、地府十王及城隍等众，表明宋元时期的道经对壁画创作可能存在着较大影响。

后檐墙东侧主要神祇：紫微大帝部众

永乐宫三清殿北壁即后檐墙上绘紫微北极大帝和勾陈天皇大帝像。紫微北极大帝位于后檐墙东侧，周围为北斗七星、日、月、金、木、水、火、土、紫气、月孛、罗睺、计都等十一大曜、二十八宿中的十四宿，以及历代传经法师等（图5-2-11）。北斗七星皆为年轻男子模样，统一着青色袍服。日、月则为帝后装扮，日为男像，头冠中饰有金色的太阳。月为女像，头冠中饰有白色的月亮。他们身后紧随五星及罗睺、计都、紫气、月孛等九曜。92号神祇木星为文官装束，手中托一盘，盘上放数枚桃子。93号神祇土星，为一老者装扮，头上戴牛头冠，并饰纱质巾帻，正侧身而立。其左手托一金印，右手隐于衣间。木星身后为95号神祇金星，女性装扮，头戴凤簪，怀抱琵琶，琵琶上包裹着一块红地花布。金星右侧站立的是94号神祇水星，亦为女性形象，其左手执一信札，右手提笔，头冠上标有一猿猴标志。金星左侧为96号神祇火星，武士装扮，头戴一马或驴状动物头冠，身着红袍，左手五指抓 ·球，右手执武器。金星、水星身后文官装扮的97号神祇为紫气。紫气为木星之余，系福星。此星大抵多招福，性善无凶毒。故此，其形象多为文官模样。紫气身旁为月孛，月孛多是水余精，名号大阴神，又名彗箒大将军，臧福助凶深。所以，其形象多作恐怖状。永乐宫三清殿的月孛黑脸披发，颈上缠蛇，气势撼人。罗睺亦本水之余，此星大抵性凶恶。计都，又称为蚀神豹尾。此星性能与罗睺相似，多以凶

图 5-2-11　北极紫微大帝等众，元，位于山西芮城县永乐宫三清殿北壁东侧

图 5-2-12　勾陈大帝等众，元，位于山西芮城县永乐宫三清殿北壁西侧

神面貌出现。故此，永乐宫三清殿壁画中的月孛、计都、罗睺皆呈凶恶状。不过，按《太上三十六尊经》载“计都星君龟，月孛星君蛇，若示此正象，皆不为灾”。所以，颈上缠绕一蛇的月孛尽管面貌可怖，但在此并不是灾患的化身。

后檐墙西侧主要神祇：勾陈大帝部众

后檐墙西侧的Ⅳ号主尊为勾陈星宫天皇大帝，其周围为天官、地官、水官、南斗六星、二十八宿中的十四宿，以及历代传经法师、香官、玉女等（图5-2-12）。其中天、地、水三官位于队伍前列，分着蓝、黄、红色袍服，南斗六星的袍服颜色亦取暖色调，以配其方色。二十八宿中的十四宿则多以动物标志示其身份。

扇面墙上主要神祇：南极长生大帝、东极大帝和三十二天帝等众

除东西山墙及后檐墙之外，永乐宫三清殿的扇面墙上亦绘有壁画。扇面墙西侧绘制了南极长生大帝及其部众（图5-2-13），东外侧绘了东极青华太乙救苦天尊及其部众（图5-2-14）。扇面墙背后还绘有三十二天帝（图5-2-15）。按宋代陈景元《元始无量度人上品妙经四注》载：“四方之天，即东方九气青天，南方三气丹天，西方七气素天，北方五气玄天。一方八天，四八三十二天也。在三景之上，九宫之下，四极之方与四维上下，

图 5-2-13　南极长生大帝等众，元，位于山西芮城县永乐宫三清殿扇面墙西壁外侧

图 5-2-14　东极青华太乙救苦天尊等众，元，位于山西芮城县永乐宫三清殿扇面墙东壁外侧

通为十方。”[1]如此可见，三十二天是作为四极、四维另加上下两个方位共同合成的立体护卫系统，而不是如一般的朝圣队列仅按两班排列。三十二天的取材与永乐宫三清殿整体壁画的构制思路一致。尽管在壁画的具体安排上他们与其他神祇一样亦被分割为两部分，但十方护卫功能未变。而与之具有同样功能的还有紫微、勾陈、东极和南极四帝，亦担负着从四个方位拱御三清的功能。具体到永乐宫三清殿壁画，则四极大帝分属后檐墙和扇面墙外壁的东西两侧，以应《元始无量度人上品妙经四注》中所载的“四极之方”；玉帝、后土、木公、金母四位神祇则处于“四维”之位。

图 5-2-15　三十二天帝局部，元，位于山西芮城县永乐宫三清殿扇面墙背面

四、纯阳殿壁画

永乐宫纯阳殿是为了祭祀吕祖洞宾而设立的殿堂，俗称吕祖殿，又称混成殿。殿面宽五间，进深三间八椽，单檐歇山式屋顶。纯阳殿内周壁绘满壁画，总面积212.62平方米。其中东、西、北三面墙上绘有52幅故事画，内容为《纯阳帝君神游显化图》。按宿白、朱希元、梁超、刘炳森、叶喆民、柴泽俊等人的调查研究，《纯阳帝君神游显化图》共有榜题52幅，除第19幅、第20幅图像已泯灭无痕外，其他大体可辨。朱希元、梁超、刘炳森、叶喆民等人在永乐宫调查时已经根据画面内容将第19幅图像榜题补为《庐山放

1《道藏》，北京：文物出版社、上海：上海书店、天津：天津古籍出版社，1988年，第2册，第217页。

生》，第20幅图像榜题补为《度孙卖鱼》。并且，他们还将壁画图像与苗善时编校的《纯阳帝君神化妙通纪》相核对，发现52幅榜题中有37幅源于该书。虽此37处榜题与原书相比，字句较为简略，但仍可看出二者的联系，出现这一变动的原因应该是纯阳殿壁画的榜题设计者按原书删节后的结果。其他15处榜题来源较杂，尚有待进一步考订。

纯阳殿中的52处故事图像及榜题分别为：

（1）瑞应永乐第一

图中描绘了纯阳帝君降生时的场景。画面中有一院落，后院为生产完的吕母正端坐调息，其身边有一侍女服侍。院前月台上两人正为新生儿洗澡，新生儿身体发出数道祥光。月台之下亦站立两人，正捧物欲上月台。庭院外边为四位过路行者，正仰望天空。院落上空祥云缭绕，一只白鹤正朝下飞来。此处题记曰：谨按《道统录》，帝君姓吕名岩，字洞宾，唐河中府永乐县人氏。祖，渭，礼部侍郎，生四子：温、恭、俭、让。帝君，让之子。唐德宗贞元十四年（798）四月十四日巳时，众见一白鹤自天飞入房中。母正梦，亦惊觉。即时帝君降生，异香满室，经日不散。长大有道骨仙风，不婚娶，常慕清虚，不好华饰，幼有仙道志矣。

（2）黄粱梦觉第二

此图描绘的是帝君赶考时遇到钟离权，被其点化的故事。画面中钟离权袒胸坐于榻尾，吕洞宾仰身躺于榻上，正在做梦。室外房顶之上为梦中的吕洞宾正骑马在云中前行。该处榜题为：唐宪宗元和五年（810），时帝君年廿一岁[1]，赴长安应举，寄旅馆。有羽士，状貌奇古，诱化入道。曰：“某受一官，光显门风，然后随师未晚。”帝君欲睡，羽士与枕就睡。一使召状元吕某受官，富贵四十年。忽然借没家产，恍然梦觉。羽士在傍笑曰：“黄粱犹未熟，一梦到华胥。”帝君再拜，问师姓。曰：“钟离权，字云房。”言毕飘然而往。帝君怅然，即回本乡。

（3）慈济阴德第三

此图描绘了帝君放粮救灾离乡寻师之事。画面中帝君身着白衣，戴黑色巾，坐于檐下，正吩咐仆人为院中等候施舍的穷人分发物资。院外，还有若干贫苦人士正排队等待进入（图5-2-16）。该处榜题称：帝君回乡中，时遇饥荒，罄舍资产粮米，救济饥贫。乡中耆老亲属亦喜亦劝存为子孙计，帝君笑曰：“不足恋也。”别离乡里，绰绰然往终南山寻师，皆莫能留。后作诗以示亲：“绣碎葫芦踏碎琴，飘然拂袖出儒林。太初实相德如玉，元始真如莹若金。丹焰冲天神莫测，剑锋入地鬼难寻。自从一觉黄粱后，始信从前枉用心。”

（4）历试五魔

此图描绘了帝君离家修道时，钟离权五试帝君的故事。画面分为五个故事，具体情节与《纯阳帝君神化妙通纪》所载一致。据《纯阳帝君神化妙通纪》载：帝君将别乡里，忽见家人皆死，心无惨悼，但备葬具。忽病死者皆起无恙，此是一试。一夜忽劫盗数十，各持刀杖，勒逼财物。少顷，家中财宝卷尽而去。帝君并不动声色，任其所取，此二试。次别乡里，三两程迷路，抵暮，遥见灯明，遂往。见草房两间，一老者携取鱼网出，帝君向前揖投宿，老者曰：我孑然一身，乘夜取鱼。推托再三，遂开门，言秀才自歇，我去取鱼，令帝君闭门。霎时忽一女子，年二十许，叫门。帝君将谓老者亲属，开门，此女携一袱入门，作礼云：秀才，妾夜晚迷路，投一宿。帝君答：此非我家，我亦在此与渔翁借歇，我

1 帝君年龄似有误，但题记原文如此。特此说明。——作者注

亦不敢留娘子宿。女子云：彼此客中一宿即去，何必阻妾，夜深黑暗，妾亦去不得。百端妖媚调戏，又云：妾家田产财物无数，妾见携金宝若干，妾愿与秀才为妻，有何不可，亦不辜负秀才。帝君默坐，并不动心，任女子百端。至晓，忽开眼，在一大树下坐，默自笑而起行，此三试也。次至一渡，春潦水溢，得一小舟来，遂求渡，上小舟将至中流，黑风大浪，雷电大雨，俱至。浪涛翻滚，小舟翻侧飘荡。帝君瞑目冥坐，任生任死，心若泰山。将近岸，小舟覆沉，幸得上岸。人问何故，帝君笑而不答，此四试也。次夜至一旅舍，约三更，忽见奇形怪状，无数鬼神，有欲打者，有欲杀者。帝君巍坐，一切不问。须臾，有数夜叉押一囚，血肉淋淋，号叫仗剑来前，曰：汝宿世杀我，今日见汝，可速还我命。帝君曰：杀命宜也，又何说焉，引颈就杀。忽闻空中叱喝，神鬼即散不见。有一人抚掌笑曰：“吾云房也。吾尝叹仙才难得，人之尘心难灭。吾之求人向道，甚于人欲求我也。故五试汝，子皆不动心，然可以教子。但功行未完，今且授汝炼黄白秘方，可以济物利人，待汝功行满，吾来度子。”

图 5-2-16 慈济阴德，元，位于山西芮城县永乐宫纯阳殿东壁

（5）衡州肃妖

该图描绘了帝君在衡州西南乌符镇为一大户除妖的故事。画面分为三个场景，分别描述帝君在小房坐、众人跪拜帝君，以及帝君为主人在门口书写墨符的故事。壁画榜题为：衡州西南乌符镇，一大户被妖精迷害人口。一日，帝君求宿，老母推称损了先生命，令小房宿。二更叫喝前来，帝君忽起霹雳打妖精，尽击死，二白虎、猿、猪、狼八十有余。至晚，帝君辞去。老妇拜谢，有二女情愿出家，令簪带冠裳，就宅为庵。老妇告曰：“师真去后，妖复作害。”帝于门首石上，书一墨符，后书“纯阳子押”。本处官司就赐额乌符观，尚存。

（6）神应帝王

此图描绘宋太祖与吕洞宾相会故事，壁画下部残，可见一戴通天冠的帝王头像，其身边为一执扇侍从。他们所在的屋宇上方为一升起的云团，帝君正站立于云团之上。该处榜题为：宋艺祖神武皇帝建隆二年（961）春，帝于御苑龙亭宴坐，偶见一羽人至。帝惊问：“仙真何来姓氏？”帝君以手空中画二口。帝取酒果，不受，辞，乘空而去。帝悟曰：“乃吕公也。”命绘相于太清楼供养。诗象：“五代兴亡五十年，天生英武定山川。真人敬谏行清净，圣主诚膺允自然。玉带赭袍天子贵，青巾鹤氅道人玄。飘然含笑归何处，回首云腾天外天。”

（7）神化石肆求茶

画面分两个部分，上部绘帝君与一对老年夫妇在室内交谈，下部绘一小女子为其奉茶。周边还有其他经过茶肆的行人。该处榜题为：后周末汴京东有石氏，设茶肆。一女尚髫龄，令行茶。帝君诡为丐者，日往，据上坐求茶，衣服褴褛，血肉垢污，女殊无厌恶意，亦取上茗待之。父母怒笞女，女益待。月余，帝君谓女曰：“汝能啜我所饮茗之余乎？”女以垢甚，不可下咽，复之地，忽闻异香。帝君曰：“我吕先生，非丐也。”去后不复来。诗象：“卢同七碗勿言佳，纱帽笼头岂足夸。我祖龙涎方吐露，忽焉遍地喷金花。石家女子忙煎半，留贝安康老健嘉。若是赵州具此味，等闲平地步烟霞。”

(8)度老松精

此幅与第六幅《神应帝王》图相邻，画面也似可公用。画面左下角为一巨松，屋顶卷云上为吕洞宾。该处榜题称：岳州巴陵县白鹤山下内池潜巨蟒，池上一老树，枝干悉蔓草翳焉。帝君一日过之，有人自树梢降而拜曰：“我松之精也，幸有神仙，愿求济度。”帝君曰：“汝妖魅也，平日有阴德否？”曰：“池中两蟒屡害人，救活者多矣。”乃受以丹，松精得点化矣。诗曰：“独自行来独自坐，世人人人不识我。惟有城南老树精，分明知道神仙过。”

(9)再度郭仙

此图分为两个画面。下面一组绘帝君坐于亭中，一肩上搭毛巾的店小二正为帝君献茶。亭下的大门右侧有两位掩鼻侍者，还有一位正开门窥看。上面一组图为店小二跪于地上，帝君以剑度之的场面。此处榜题为：郭上灶，乃老树之精后身。帝君诡丐者，疮痍淋漓，日往啜茶，郭无愠色，益取佳茗待之。帝君曰：“子可教，吾是吕公也。子前生乃是老树精，还记之否？”郭恍然若梦觉也，拜谢愿为弟子。帝君曰：不惧生死，受一剑。挥其首，郭大呼，帝君俄然不见。自是遍游云水，后得尸解之道也。

(10)神化度曹国舅

曹国舅本传：丞相曹彬之子，曹皇后弟，不喜富贵。一日辞上及后，上问何往，曰：“道人家信意十方，随心四海。”坚留不住。上赐一金牌刻云：“国舅到处，如朕亲行。”持一笊籬，忽渡河，艄公要舡钱，出金牌。舟中人见，皆呼万岁。一道人喝叫：“汝既出家，如何倚势！”曹恭身稽首：“弟子安敢？”随声弃于水中。道人呼曹上岸，问曰：汝识□□□□□□识神仙□□□□□□□□□□□□□□□证仙果。

(11)□度何仙姑

画面亦分为两个部分，上面部分绘帝君正在山中一窟内打坐，其面前跪一孩童，孩童右膝前地上置一篮。下面部分绘孩童在柜台前与人交谈以及其与小伙伴们意欲入山采茶的场景。该处榜题曰：何仙姑，零陵市道女也。始一十三岁，伴女伴入山采茶，俄然失其伴。独行迷路，见东峰下一人，修髯细目，冠高纵衣，即帝君也。仙姑仆仆亟拜之。帝君出一桃，曰：“汝年幼，好果物，食此尽，他日当飞升，不然只居地中矣。”仙姑仅能食其半，帝君指以归路，一日不知已逾月矣。自是不饥无漏，后尸解去矣。

(12)度沈东老

湖州归安县，进士沈思，字持正，隐居东林，自号东老，好收书延宾。熙宁元年（1068）八月十九日，帝君诡为回道人，谒东老。命之坐，见其风骨耸秀，非尘埃中人也。问曰：“知君白酒新热，愿求一醉。”遂与饮之，殊无酒容。当留诗赠东老，以石榴皮书于壁：“西邻已富忧不足，东老虽贫乐有余。白酒酿来延好客，黄金散尽为收书。”乃别去。东老送至西石桥，飘然乘风而往，不知所之。

(13)诱侯用晦

画面绘帝君掷剑云端并随之而去的场景。院子里是仰观此事的侯用晦夫妇。画面榜题为：帝君游江州庐山简寂观，临砌淬剑。道士侯用晦问之曰："先生剑何所用？"曰："地上一切不平事，尽皆去矣。"用晦异之，非尘埃中人。剧饮既醉，以筋点酒，书于壁上。初若无字，既而墨迹粲然，透出壁后。侯大惊，愿问姓氏。曰："吕岩也。"言讫掷剑于空中，随之而去，良久不见。侯恨恨而已矣。

（14）神化金陵鹤会

画面残，可见建筑物台基前有众多道士秉笏侍立。该处榜题为：金陵南关大清庵，大德辛丑（1301）四月十四日鹤会。有一道人将一小童后来，大叫求斋。道众坐满，曰："交我两口那里坐？"知堂谭志忠戏云："你两口莫是吕祖师？"指庵前一破石臼："上雨湿，我两口怎坐？"知堂笑于柏树上折柏叶："石上坐，我取斋来。"送至，道人已去。臼上柏叶已透入臼。知堂云："我分明省得祖师作戏弄。"焚香谢罪，移石殿前，柏迹愈现。

（15）度陈七子

画面绘帝君坐于室内，其面前站立为其剃发的陈七子夫人。院外一组画面描绘的是帝君初至其室的场景。榜题为：刀鑴上陈七子夫妇，坐茶肆梳剃。一日有道人携百金求剃须发，才剃即生，既生随剃，如是自旦追暮，夫妇手几脱腕，知其异人也。"幸教某道可乎？"日弃业，云水求之数年，竟无所遇。归去家五里，忽见道人，曰："吾是吕公也。"乃授以丹诀。自此七子精修成道也。

（16）武昌货墨

画面绘帝君与人饮后在平台上指点江山场景。画面下方建筑内为帝君向市井中人货墨场景。榜题为：帝君游武昌，诡为货墨客。持墨二笏，仅寸余，而价钱三千。连日不售，众皆笑侮。有鼓刀王某曰："墨小而价高，其有意邪？"自以钱三千求一笏。与客饮，醉，至夜，俄有叩门者，乃客以钱还辞去。比晓视墨，乃紫金一笏，上有吕字。遍寻客，已不复见。

（17）神化赐药马氏

东京一岁，民大病疟，帝君普化，皆拒之。有老姥马氏，鬻茶，子孙皆病。一日有道人来，姥善待之，以子孙病为请。道人以绛纱裹药曰："病发者执之自愈。一圆可愈百人，过百人不验矣。"依言皆愈，疗及百人，果不验。姥拆囊，已不见药，内书"吕洞宾"三字而已。

（18）提邵康节先生

康节先生邵雍，字尧夫。一日宴坐，忽闻异香，遂下数得兑卦。兑为口，重兑，两口也。曰："吕公至也。"忙整香案，设一纯阳真人位牌。良久仆报，一道人在门首。出迎上庭，帝君将位牌按倒曰："尔何知吾来？"雍说前因。曰："子既知吾来，必知吾往。"雍再拜，望师点化。曰："子平日德厚，吾故来受子口诀。"遂进酒抵暮，飘然而往。自是尧夫养浩乐天真耳。

（19）榜题缺，朱希元等人按图像补为"庐山放生"

按《纯阳帝君神化妙通纪》第76化载：崇宁间（1102—1106），有客航海，横风飘至一岛，有洞天。见金楼门牌上玉字曰：天仙院。一老人在门首，客作礼问曰：此何福地？老人曰：此洞天也，此处隔凡绝世人，唯吕洞宾时来此游戏。其人问姓氏，曰：吾即唐裴休也。客曰：（有缺文）到庐山寻问前事，彼处人俱说近有一道人，见酒肆家剖活鱼作鲙。

道人不忍，遂化其人放生，主家不从。曰：“吾令此鱼活耳。”鲙者不信，道人以药一粒，捺入鱼腹中，随手跳跃。众人大惊，遂放之江。其鱼圉圉洋洋，悠然而去。道人随不见，唯以沙滩上书“回客”二字。海客记前日在海洞时，与放鱼日同，本人遂舍家入道。

（20）榜题缺失，朱希元等人按图像补为“度孙卖鱼”

按清刊本《吕祖年谱海山奇遇仙迹》所载：孙卖鱼者，不知其名，尝卖鱼楚州市中，时当盛暑，鱼不售。吕祖见而戏之曰：“汝鱼馁矣！能饮我，可使鱼活。”遂饮以斗酒，鱼果活焉。因与谈，竟日而去。自是通晓古今事，决人祸福辄应。宣和中（1119—1125），诏至京师，赐号“尘隐居士”，复还楚州。靖康初（1126—1127），常于亳州老子庙号啕大哭而去。记其日，乃汴京陷时也。及栖东松，复号于市曰：“冤哉！中原不可复矣。”遂隐体池山不出。

（21）神化肥遁华峰

正阳师真授帝君口诀，说慧剑法毕，曰：“吾朝元有期，汝遂往华峰羽谷，肥遁林泉，实颐自牧。”四十余年，圆成道果。遗诗曰：“灵芝无种亦无根，解饮能餐自返魂。但得烟霞供岁月，任他乌兔走乾坤。婴儿只恋阳中母，姹女须朝顶上尊。一得不曰千古内，更无冢墓示儿孙。”

（22）神化仪真绘像

画面绘着白衣的帝君与着蓝衣的道士在观前庭院中交谈，帝君身后跟一童子。院内水缸边和右侧角落中亦各有一童子忙碌，似为绘塑纯阳真人之像做准备。榜题称：真州天庆观，先生知观，常敬奉纯阳真人。一日发心装塑供养，胎骨木植，及泥皆作下，匠者失期不至。忽一秀才投宿，知观正怒，问其事，小生喜善塑，来日小生结缘塑了。知观待醉至夜。来日请斋，觅之已去。有道众来言，一夜廊下，一吕真人像新。视果然，其像清奇神采，收一足端坐。众皆喜庆设斋，凡有祈祷，无不感应。现存碑记于观。

（23）游寒山寺

画面绘帝君立于寒山寺内，一手指向塔上铎铃，其身边站立三位和尚，均呈吃惊状看其演法。塔的左上方还有一队男女神祇注视事态的发展（图5-2-17）。壁画榜题称：帝君在苏州昌门外五里游寒山寺，就歇。一夜风大作，本寺塔铎铃叫当聒耳，次日早晨长老待问姓，曰：“姓吕”。坐间，因言一夜风吹铎铃聒恼，长老戏之曰：“尔是吕先生，何不禁其铃休响。”帝君笑曰：“试吹气禁之。”果不响。众僧惊讶仰观，遂隐去。长好（老）方省悟，真吕先生也。后取旧换新铃，亦不复响。

图5-2-17 游寒山寺，元，位于山西芮城县永乐宫纯阳殿北壁

（24）度马庭鸾

图上绘帝君举剑杀狗、烹食狗肉及死狗复活，大家展绢观看吕真人画像的场景（图5-2-18）。榜题为：制

图 5-2-18 度马庭鸾局部，元，位于山西芮城县永乐宫纯阳殿北壁

置马庭鸾，府门挂牌，设如意斋，接待过往道友。一日道人至，见丰彩非常，坐问先生荤素。道指前一狗食之。公曰：“令左右制造。”道人曰：“亲下手。”令人煮以□下，带头狗皮包肠肚绳缚置之坐厕，酒肉大醉。求衬与阔绢一段缚狗皮，送在池亭，宿至明不见。马自悔，将缚狗皮送入池中。水面忽如雷一声，其狗宛然背绢出水。展绢绘吕真人像，清神如活。马立祠供养。一年后此日，马宴坐而逝。

（25）救荀婆眼疾

画面绘庭院中一穿白衣的老年女子坐于马扎之上，身边站一蓝袍男子正为其探看眼睛。旁边站一托盏侍女侍立。帝君袖手站在一侧旁观。榜题称：单州荀大郎母，患目盲二十余年矣。大郎誓愿斋道求医救母。一日帝君至，求斋毕云：“我与母治眼。”笑曰：“医者无数，不必先生。”帝君以药一豆大试点。一筋一箸，母勉强点之，帝君屋后树下少坐。母觉眼清快，忽开目一切皆见。满家欣悦，都向树下拜谢。止见树上刻一吕真人像。就树前建道院，奉侍祖师，接待道友。

（26）神化婺州举塔

画面绘帝君至一寺院投宿，遭到驱逐。帝君以一手戳断石塔，引起身边两位僧人的合十告罪，庭前另有三位跪拜者。榜题为：帝君游婺州塔寺，日暮求宿。知客不允，逐之。师故以逆之。知客怒推出，师以手掇起石塔作两截，虚欲掷知客。复置其上，众皆惊敬，即隐去。至今石塔作两截，虚起一指，望见中有二金钱。人□以竹篦拨取之，至边复入，不能取。乃二钱，现其吕姓也。

（27）救赵监院

监文思院赵应道，病瘵几危委顿，泣别亲旧：“吾死矣，夫閤阁所有之物皆舍得，独鹤发老亲无托，奈何。”语未竟，俄有一道人□扣门，语赵曰：“病不难愈也。”取纸二幅，各掐其中为二方窍，径可二尺许，以授赵曰：“俟夜，一幅灰之，调乳香汤，涂之病上，留一幅以待后人。”言讫，别去。赵贴药，自夕迨晓即愈。大惊喜，觅道人，不复见矣。始悟两方窍乃吕字也。

（28）成都施丹

画面绘帝君在市井中售卖丹药，无人响应的场景。画面下方为一排成人面对帝君的行为相互讥笑的场景。画面上方左侧绘一个儿童以瓦砾掷向帝君的场景。榜题为：成都药市，日有道人垢面鹑衣，手持丹一粒，大呼于市：“我是吕洞宾也。有能拜我者，以丹饵之。”众皆以为狂，相聚戏笑，或加凌侮。道人不顾，如是往还市道上数回。迨夜，竟无人拜之者。道人往坐五显灵观庙前火池上，儿童争以瓦砾掷之，道人笑曰：“世人欲见吾甚切，既见吾而又不识吾，亦命也。夫乃自饵其丹，俄五色云周身，有顷不见，众共悔恨。”

（29）题诗天庆

帝君游秦州天庆观，时道流悉赴邻郡醮席，独一小童在。帝君求笔欲书，童辞以观新修，师戒勿污壁。乃曰：“但烦贮火殿炉，欲礼三清。”既往，见殿后池水清沚，以瓜皮画壁云：“石池清水是吾心，浸彼桃花倒影沈。一到邽山空阙内，清闲绝累七弦琴。”末题云：“回后养书。”壁绝高，非手所能及。众叹异，始悟回为吕，而后养者，先生反对也。

（30）宫中剿祟

政和中，宫禁有祟，白昼现形，盗金宝，奸妃嫔，林灵素等治之，息而复作。上精斋虔祷，奏词九天，昼寝，见东门外有一道士，碧莲冠，紫鹤氅，手执水晶如意，前揖上曰：“臣奉上帝敕来剿祟。”良久，一金甲丈夫捉祟，劈而啖之且尽。上问丈夫何人，道士曰：“乃陛下所奉崇宁君关羽也。”上勉劳之，问师何姓名，曰：“姓阳，四月十四日生。陛下性尚奇怪，多心不正，致使邪犯宫庭。当正心清静，治化天下，免将来奸盗侵乱。”遂去，自是宫禁帖然。

（31）正君心非

徽宗政和二年（1112）驾幸宝录宫，设供斋毕，上问道众：“能有异术否？能化汞为银否？”众无答。最下有一道人，越次而出曰：“化汞为银，犹有所因，不足论。贫道专以土为之。”上骇异，即命为之。遂以泥和，作银锭入炉，用火煅之。须臾，霞光四出，遂成真银。上有绝句诗一首，若模铸成，其诗曰：“世上纷纷炼汞银，大都宜假不宜真。太平宰相张天觉，四海闲人吕洞宾。”上及官与道众骇愕，已不知所向。次日，上命再设斋醮致谢。

（32）度张和尚

衡山僧张智玄，一日游衡山紫盖峰，遇帝君共语，机锋敏绝契合。帝君曰：“《华严经》释迦佛与多宝佛入塔融会，紫金榻上不分左右，说何事？”僧无答，拜问。答曰：“此佛祖正法眼藏真相，空实教外，心传之妙。二佛融会，性命双融也。不分左右，体一太虚也。汝执一边，以见性为能了，何其偏乎？”僧再拜求教，遂授密旨，赠诗曰：“得道纯阳七百秋，五湖四海任风流。此身已出三千界，一日须游数十州。醉倒清风明月夜，踏翻红寥白泮洲。禅门衲子休相笑，我在华严最上头。”

（33）丹度莫敌

画面绘帝君为莫敌驱除冤魂场景。榜题为：杨州老兵官莫敌，自解名籍。家居奉道，积善消愆，斋道济贫。一日有道人遇之，问曰："汝所学何道耶？"莫曰："吾但忏悔杀人罪耳，安敢望道耶？吾束发从军，大小百战，杀千百人，老来颇以为恨，时见冤魂。"道人曰："冤家形影，皆自心生，古人于极恶处一念回机，其力甚大。"乃引莫临水次，果见百余冤魂，来莫左右，莫惊泣。道人一喝皆散去。遂授以丹，令莫服之。莫拜问姓名，以指画空作"吕"字，别去。莫自是绝粒前知，寿百三岁，端坐而逝。

（34）神化度乔二郎

京师乔公二郎，富而好礼，英勇撝谦，仁慈和顺，斋道敬真，施棺葬贫，设粥济饥，遂感遇祖师。相见以来，或求钱物以济人，或索酒至醉，乔欣然取与，时以狂言逆触，如此年余，乔公并不动心，祖师乃力度入道辞。辞，赠一长篇，有云："劝君休恋浮华荣，直须奔走烟霞程。烟霞欲去如何去，先须肘后飞金晶。"末又云："乔公乔公急下手，莫逐乌飞兼兔走。如何修炼作真人，尘世浮生终不久。人道长生那得来，自古至今有有有。"

（35）救刘氏病

画面绘帝君与一红衣男子站立于一块空地之上，红衣男子正抱拳致敬。另有两幅场景，一幅为帝君正与一绿袍男子谈话，该男子正躬身致敬。另一幅为两人在一建筑物内的桌前对坐，桌上备有杯盏等物。壁画榜题为：越州贫民刘氏，病跛，艰于行几二十年。每日灶香祷天，乞已此疾，虔诚备至。一日有道人手携铁瓢语刘曰："子疾易愈，可随我行。"刘随之二里许，指地下曰："此下深三尺余，有五色石。"试掘之，果得石，大如弹丸，五色殊常。曰："子可持归，暴露九日，为细末，以木瓜皮煎汤，服尽即愈。可来城东驻云庵东廊第三间左壁再相会云。"刘如其言，服尽，果然轻便若无疾者，即往寻之，无人，但有像携铁瓢。

（36）神化游戏虹桥

此幅画面不清，似绘一蓝衣道人于一建筑中痛饮，旁有侍者和一中年男子陪伴。榜题为：苏州垂虹桥。一日有蓝缕道人至，携酒于桥亭上，悠然独酌，啸咏终日，神气飘然。众计其所饮，自旦及晡，已非人量所及，亦无酒容。或询其姓氏，道人取佛前香炉灰烬，题一词于柱上："飞梁压水，虹影沉清晓，橘裹鱼村半烟草。算今来古往，物换人非。天地里，惟有江山不老。雨巾风帽，四海谁知道？一剑横空几番到。玉龙斯（嘶）未断，月冷波寒归去也，紫极洞天谁锁。指云屏烟障是吾庐，任满地苍苔，年年不归。"毕书："洞宾"。众惊趋之，俄不见。

（37）游戏罗浮

帝君游罗浮朱明观，至小院中，值道士他出，独一小童在院。童揖帝君，先生少坐此，遂窃道士酒以献帝君。君满饮，使童子尽其余，童子不饮。童所患左目内障，帝君以所余酒噀其目，忽开明，若素无患者，乃取笔画一山水于壁，山下作池三口。谓："饮吾酒，则得仙矣。不饮，命也。然亦高寿。"言讫，飞入石壁隐去。及道士归，见所画山透壁内外，大惊曰："山下三口，乃岩字，非吕先生乎？"后童果百五岁而终。

（38）神化临晋瓜皮诗

画面上绘一斋醮仪式，众多道士或坐或立，神情严肃。其中有一执杖老者，衣衫不整，正站立于右侧队伍前端，引起众人的非议（图5-2-19）。壁画榜题称：河中府临晋县设千道会日，斋间有一先生，衣冠不整，携杖而来会。人皆见，不赶其斋，直入城西庙中。会首数人，同赶邀之，至庙不见，唯壁上有草书一绝，墨迹未干：“吾向金圣谒帝回，首阳乡国暂归来。群迷不识吾家趣，何日重寻阆苑媒？”

（39）神化赵相公

画面绘帝君正向穿蓝衣的赵相公出示一只草鞋。赵相公身后入门处，站立一绿袍抱书童子。大门左侧为私塾，里面有课读童子和负责讲习的老师。私塾后面为内宅，赵相公夫妻正在讨论事宜。榜题曰：赵相罢官，闲居陕右。一日有道人携草鞋一只，可买着之登仙。公曰：“价钱几许？”曰：“要金十两。”赵入室取之。夫人闻之，谏，不从。公出而视，道人失其所在，遗纸有诗云：“十两黄金价不高，草鞋看看入云霄。相公不是夫人谏，教了蓬莱走一遭。”

图 5-2-19　神化临晋瓜皮诗，元，位于山西芮城县永乐宫纯阳殿西壁

（40）神化怀孕师尼

景定甲子（1264），衡州衡岳观三月三设玄天醮。先一日，有怀孕师尼，至观求宿，众皆恶之，令宿门外。中夜闻孩声，乃尼产焉。主者大怒。次早，尼抱孩欲入醮坛，众拒之门外。尼遂将孩掷于地，鲜血迸溅。尼腾空，拍掌大笑而去。视孩是葫芦，血则朱砂。葫芦内有“回公”二字。众皆惊异。

（41）神化鼎州货墨

画面绘帝君大醉，斜靠室内。屋外一妇人正对着拿铁锹的男子诉说原委。门前路上一戴展脚幞头的红袍官员正携带吏卒骑马而来，其马前一拿农具的农夫正向他告发帝君醉卧妇人室内之事。榜题称：鼎州常德府，日有一道士货墨于市，醉向人家室中便睡。其妇人曰：“我夫上不在，向我室中睡。”先生醉不顾。夫主来，托出殴打。间有知府至，捉将到衙询问，先生犹醉不答。知府怒，枷锁廊下，至晚视之，枷锁在地，有纸一张，上云：“货墨来来到鼎州，偶因州主问情由。家居北斗魁星下，剑挂南方月角头。问我醉时真个醉，询余愁时怎生愁。今朝来度君非悟，遥指白云归去休。回道士作。”

（42）神化赐药狄青

画面下方绘三人，一背对画面的黑衣男子正向对面的女子和年轻的绿衣男子展示某物。室内同一黑衣男子背朝画面，向众人交代事项。榜题称：宋仁宗时，有狄青领兵南征，至永州，谒何仙姑。坐间有一先生至，于仙姑上位坐，公见忿怒。其先生腋袋中取膏药一枚，与公曰：“牢收，如遇痈而贴之。”言罢不辞而去。公问仙姑：“适来何人？”曰：“乃吾师吕洞宾也。”公闻自责，追之。仙曰：“不可，已过洞庭矣。”门首遗纸一张，有

《满庭芳》词。狄青出南征，至雍州，攻之不破，将膏药贴于门上，其雍破矣。后狄公回至陈州，背生痈肿，无药可治。思洞宾膏药，不复再得，回斯而殂也。

（43）神化赴千道会

徽宗一日设千道会，诏诸方高道。至日，帝与群臣道众上殿，坐中□，有把门奏曰：“内门前有一先生来赴会，臣不敢放入朝。”诏来至殿，礼毕，帝传圣旨，请坐识来先生于上位坐。众皆惊视。斋毕，各有道术陈。先生至帝前，地上画葫芦一口，捻土为香，霭霭腾空，香绕宫阙。帝大喜，赐果。将盘合桌上，不辞去，失其所往。帝亲取起，盘内有诗云：“捻土焚香别有因，今世宜假不宜真。朝中丞相张天觉，海上云游吕洞宾。”

（44）神化赐雍宝枣

画面绘帝君坐于一座寺庙侧旁的大树下，一蓝衣男子正弯腰伸手，欲接帝君递给他的东西。榜题称：宋嘉定十年（1217）八月十五日，襄阳府有一先生，并生两口，吹一铁笛，自言卖卦两口山人。有军人雍都壕见先生相貌非常，相逐至城西皂荚树下石上坐。曰：“雍宝近前。”宝曰：“先生不相识，何以知某之姓名乎？”先生曰：“盖有仙分，特来度汝。”赐枣一枚食之。拜谢兴身，睹先生已失所往。石上留纸，上有《临江仙》词云。雍览毕词，顿然大悟，弃俗慕道。详两口，乃吕仙翁也。

（45）探徐神翁

海陵徐神公得道，知人休咎，宾客满门。吕惠卿往谒之，适有道人踞上坐不起，颇以语侵惠卿。惠卿怫然不平曰：“子何人斯？”道人曰：“吾与子同族之胄。”道人布香炉灰于地，画灰作一词曰：“鼎裹坎离，壶中天地，满怀风月，一吸虚空。尘寰里，何人识我？开口问洪蒙，云中。三弄笛，岳阳楼外，天远霞红。笑骑黄鹤，暂过海陵东。拂袖呵呵归去，銮和玉佩，风响乔松。君若要知吾踪迹，试与问仙翁。”拍手大笑而去，不知所之。惠卿问徐，徐曰：“即洞宾也。”惠卿方悟同族之说，追恨莫及。

（46）神化上清庙题

政和间（1111—1118），洛阳上清宫帝君题诗云：“吾来两广谒三清，可笑苍生眼不明。今日欲归尘外去，五云深处指神京。”于戊子岁中从西京川宅一道士来谒，阍人阻间，已□堂上坐，愿乞斗酒。（下缺）察之上方□后□□谛□□酒须当（下缺）。

（47）移梳高价

帝君游武昌天心桥，鬻敬移木梳，索价千钱，连月不售。俄有老妪行乞，年八十余，秃发如霜。帝君谓曰：“世人徇目前袭，常见吾高价货故移物，岂无意。而千万人中，咸无超见，尚可进道耶。”乃以梳与媪理发，随梳随长，发黑委地，形容变少。众始神之，以钱求梳。帝君笑曰：“见之不识，识之不见。”乃投梳桥下，化为苍龙[1]飞去，与媪不见。诗曰：“移梳诱俗价千钱，连月无人达此缘。万发梳通人始爱，化龙倏尔上云天。”

（48）神警陈公

陈公执中，建甲第东都大会，尝奉道，和混有德。有蓝缕道士，即洞宾也。陈公问曰：“子何技能？”曰：“我有仙乐一部，欲奏以侑燕席。”腰间出一轴画，绘仙女十二人，各执乐器。道士呼使如人，累累列于前，奏乐音韵清彻，曲调特异。三阕竟，陈曰：“何名女子？”道士曰：“此六甲六丁玉女，人学道成，则身中三魂七魄五脏六腑诸神，皆化而

1 框内写字，表示此字已残，后补而得，不确。——作者注

为此，公亦愿学否？”陈以为幻惑，颇不快。道士顾诸女，可去矣。遂皆复上画轴，张口吞之。索纸笔，大书云，末题：“谷客书”。即出，俄不见。陈谓谷客吕洞宾也，悔欲抉目，未几谢世。

（49）度陈进士

陈明，闽中进士。□自岁浮水游南岳，偶遇帝君，陪往向日。陈黑纠问道，帝君曰：“喜怒哀乐未发谓之中，汝以何为中？”陈默然书一礼，帝君曰：“此性理也。何谓天命？”陈再拜，帝君默授之，遂得道。后谒宫春李观，言洞宾庭老树仙木田。今第南岳永康军。诗象：“冰释科名罢论书，顿忘者也与之乎。虚中至道明天命，一点灵真休太虚。”

（50）长溪觅斋

福州长溪县老媪开饭肆，常斋僧道过往者。乾道中（1165—1173），有道人来化斋，老媪喜迎。待问姓名，不答。食毕，以火柴头书壁，作“吕洞宾来”四字，光艳奇伟。自此，饭店中人食众。太守闻之，骑马往观，则字已销没，无复余迹也。太守自叹而回，曰：“信神笔也。”诗象：“闲戏长溪化一斋，饭婆善待问元来。壁书直指人明道，太守不知空自呆。”

（51）救孝子母

桐庐有通守沈志真，有母病发背，百方不瘥，祈祷备至，孝沈所感，帝君夜往救之，曰：“公至孝感大，命予来救，若迟一日，不复可疗。”乃授以灵宝膏方，括篓五枚，取好乳香五块大如枣，一天二夜，各细研，以白砂蜜一斤，同煎成膏。每服二钱□三，□温酒化下，大治发背诸恶疮肿漏。其母服之，立痊。通守绘洞宾像，朝夕敬事焉。

（52）神化度刘高尚

画面绘一队人马得遇树下磐石上所坐帝君，相互问答之景。榜题曰：刘高上（尚），天资纯厚，不喜贵荣，弃儒从道，逍遥方外。后遇帝君，问曰：“道心惟微，可得见乎？”答曰：“非耳目所及，惟精神默会。”“七情未发处，六欲不生时，是什么？”帝君寂然端视，于空中画一口。高上（尚）拜谢云：“万理归元，一性太虚。”密授口诀而往。后于滨州渤海县，园居二十年，修证成道。感徽宗三诏，方至阙廷，敕赐微妙处士号。后于秀州隐真道院显化，有碑记。又作《还元篇》在世。

纯阳殿北壁后门西侧中部还有一则有关壁画绘制情况的题记，该题记共22行，首两行为：十方大纯阳万寿宫彩画，纯阳帝君神游显化之图；今将本宫提点职事人等施钞花名下项。之后为19行施钞花名，最后一行为：旹大元至正……岁次戊戌（1358）季秋重阳日彩画上毕。题记中未署绘者名姓。纯阳殿北壁后门东侧亦有一处题记，为康熙十四年（1675）重修该殿时所留，称：“混成殿历年久远，□植墙壁损坏良多。丁大清康熙十四年岁在乙卯，郡士左建源等贵油会及柏树价共银二百余金，鸠工庀材，补葺修理，妆画神、斗拱、墙壁，上下内外焕然重新矣。”

纯阳殿南壁东西两侧墙上绘有准备斋供和醮乐（图5-2-20）的图像，此两处壁画的东西外侧上隅分别书有题记：“禽昌朱好古门人、古新远斋男寓居绛阳待诏张遵礼、门人古新田德新、洞县曹德敏，至正十八年（1358）戊戌季秋重阳日工毕谨志”；“禽昌朱好古门人、古芮待诏李弘宜、门人龙门王士彦、孤峰待诏王椿、门人张秀实、卫德，至正十八年戊戌季秋上旬一日工毕谨志。”

纯阳殿后檐墙当心间板门两侧，绘有《柳仙图》和《松仙图》。二仙头上皆以柳枝、松枝为特征。柳仙着白袍，抱一柄长剑。松仙着黄袍，捧一盒供物。门额横披墙上为《八仙过海图》（图5-2-21），画面海水汹涌，八仙正各显神通，立于水上。纯阳殿扇面

图 5-2-20 道观醮乐，元，位于山西芮城县永乐宫纯阳殿南壁西侧

图 5-2-21 八仙过海，元，位于山西芮城县永乐宫纯阳殿北门门额

墙背面绘有《钟离权度吕洞宾》（图5-2-22），该图以自然场景入画，古树苍松，飞流清泉，奇峰耸立。吕洞宾和钟离权师徒二人对坐于山岩前，吕岩儒生装扮，身着白衣，面部平和，双手隐于袖中，似正静心倾听。钟离权则一派洒脱模样，道袍半开，袒胸露腹，正一腿下垂，一腿半屈，坐于石上。其胸前长髯飘飘，极富豪放之气，与吕岩的矜持、安静形成鲜明对比。

五、重阳殿壁画

重阳殿，又称七真殿，是专为纪念全真教的创始人王重阳而建立的殿堂。重阳殿规模不大，殿内东、西、北三面绘有《王重阳神话传记图》。扇面墙背面为三清及侍者像。重阳殿的壁画构成与纯阳殿一脉相承，亦是以连续的人物故事画为主体，旁边配有榜题。重阳殿的故事画共计49幅，从东壁南端王重阳诞生咸阳开始，上下两幅，依次排列开来，详细讲述了王重阳从降生至升化的一生故事，其中不乏神话传奇之处，故事来源主要为《重阳全真集》、《金莲正宗记》、《金莲正宗仙源像传》、《历代真仙体道通鉴续编》、《甘水仙源录》等文献资料。

图 5-2-22　钟离权度吕洞宾，元，位于山西芮城县永乐宫纯阳殿神龛背壁

（1）诞生咸阳

画面展示王重阳降生场景。其母生产后正躺于榻上，头脚处有二人照拂。榻下两位侍女正为婴儿洗澡，另有一位侍者在旁恭候。堂下厨房有三位侍女正在忙碌。室外屋顶霞光万道，祥云缭绕，有仙女在空中执幡秉笏。院内树下人们正仰望空中异象（图5-2-23）。该图榜题为：昔东华教主，承道祖休命，开教中华。□有正阳示纯阳、海蟾以金莲之瑞，以肇七真开化之端。继而重阳禀天地间气脱胎母氏，孕二十有四月乃生，即政和二年（1112）壬辰十二月二十二日也。生而聪敏，及长，仪观魁伟，广额巨目而美须髯。志操倜傥，不拘小节。好属文，然颇喜弓马。初名中孚，字允卿。天眷初，因试武略，易名世雄，字德威。世为京兆之咸阳大魏村人焉。

图 5-2-23　诞生咸阳，元，位于山西芮城县永乐宫重阳殿东壁

（2）下现金莲（原榜题次序为“传授秘语”）

（3）传授秘语

该图画面残损，大门外有五人，其中一穿蓝袍者图像不清，似正与一穿黄袍者交谈。另有卖包子的小贩头顶一盘包子，与一戴帷帽抱婴儿者交涉，二人旁边为一手持折扇的蓝衣人站立观望（图5-2-24）。榜题称：重阳祖师遇披毡道者传道之，明年庚辰，复遇于醴泉市中。重阳趋拜之，道者邀饮于务中酒监，问以乡闾年姓，答曰："濮州人，年二十二。"而不告其姓。遂留秘语五篇，令师读毕焚之。

（4）遇真甘河

重阳祖师在正隆己卯（1159）季夏，因醉啖之于终南甘河镇，遇披毡二道者，形貌绝然相殊。师异之，因肯礼请教。道者遂授□□传狂纵人以害风目之。师受之不辞，更名曰嘉，字知明。

（5）南时作居

大定元年辛亥（应为辛巳）（1161），师在山中独行，忽遇二□于竹径中。重阳默念曰："彼仙人也。"日受学，传□秘旨。遂于终南之南时村，自穿一穴，起封高数尺，号活死人墓。又于行殡上挂一方牌，书王公灵位。独居者三载，仍有诗以畅玄旨。

（6）摒弃妻孥

画面绘祖师将家眷送与他人。图上穿蓝袍者当为祖师，其身后马上女子当为其次女，旁边跟随三位侍从。祖师对面为其亲家，一对夫妻及一个孩童站于门口，穿白袍的男主人正朝祖师行礼（图5-2-25）。榜题为：重阳祖师受秘语之后，毕除家产，摒弃妻孥。将次女送于亲家曰："渠家人口，我与养大，可收之。"其亲家辞以选吉备仪，师不听，竟留而去。

图 5-2-24　传授秘语局部，元，位于山西芮城县永乐宫重阳殿东壁

图 5-2-25　摒弃妻孥局部，元，位于山西芮城县永乐宫重阳殿东壁

（7）甘河易酌

画面绘穿绿袍的祖师正将一葫芦捧递给坐在松下磐石上的黄衣道人。榜题为：正重阳祖师自叙云：余尝从甘河携酒一瓢，欲归庵，道逢一先生叫云："害风，肯与我酒吃否？"余与之，先生一引（饮）而尽，却令余以瓢取河水。余取得水，授与先生，先生复授

令饮。余饮之，乃仙酎也。祖由是圣智流通，转益开悟。故元内翰遗山曰：“与扁鹊饮长桑君上池水，遭际不少，异而能事，颖脱过之。”

（8）躬植海棠

图绘祖师穿白袍，肩扛一扁担从用树枝搭成的浮桥上归来。榜题称：重阳祖师卒业南时，一岁春，于庵之四隅，各植海棠一株。人问之则曰：“吾将来欲使四海教风为一家矣。”

（9）题壁付图

重阳祖师将游海上，题于终南县资圣宫之殿壁云：“终南重阳子害风王喆，诀地肺，别京兆，指蓝川，经华岳，入南京，游海岛，得知友，赴蓬瀛，共礼本师之约耳。”师又自画松鹤仙人之图，与门人史公密收之，为他日参同符契云。

（10）刘蒋焚庵

重阳祖师自南时迁居刘蒋，一日将东游，遂焚其庵。里人惊救之，见师婆娑舞于火边，人问何喜如是？乃作歌以答之曰：“休休休，已有后人修。”后果丹阳等四师建祖庭，王阳买额为灵虚观，逮清和、真常二宗师嗣教，即灵虚故基，奉朝命改修重阳万寿宫，而营建始大。复修之言，信有征矣。

（11）留颂邙山

画面绘祖师于壁上题字，旁有一小童捧砚侍候。屋旁诸人指点议论。榜题为：重阳祖师以大定七年（1167）夏出关，过洛阳，抵邙山，谒上清宫，阅纯阳吕真君诗碑。已而提点王公问师何来，曰：“自西秦。”“何往？”曰：“往东海。”“何干焉？”遂题颂于东庑间以答其问。

（12）别河辞岳

重阳祖师以大定丁亥（1167）四月二十六日别甘河镇，道友以乞路费，有窃其公凭以见留者，问东游之故，曰：“潭中捉马去。”因赋《南乡子》以留别。道过太华，有道者八人，邀游岳顶，师□拒之。游者回谒师于华阴茶肆，因请教，遂书长短句以诫之，大意“明道在诸己，非外可求”。

（13）会真宁海

画面绘三人在园中站立，一鹤冲天。按《甘水仙源录》之《终南山神仙重阳真人全真教祖碑》载，马丹阳曾梦南园仙鹤飞翕，俄顷真人至，马公信犹未笃。真人于鹤起处筑全真庵。该处榜题曰：重阳祖师大定七年（1167）秋，至登郡题一绝于观壁云：“三千里外寻知友，引入长生不死门。”拂旦，东之宁海。初丹阳与丘阳高巨才乡人战师，游范明叔之南园怡老亭，题诗有“醉中却有那人扶”之句。中元后一日，二子复会于南园，祖师径造其亭。战师问曰：“布袍竹笠，冒暑东来，何勤如焉？”曰：“宿缘仙契，有知己之寻。”丹阳问师何方来，曰：“不远数千里特来扶醉人耳。”又问何名为道，曰：“五行不到处，父母未生时。”众遗之瓜，祖师从蒂而食。众异之，曰：“甘向苦中来。”丹阳馆于私弟（第），一日指南园地，建全真庵，其地即丹阳梦鹤起之处也。

（14）沃雪朝元

画面绘祖师站立庭院中，一手执碗，一手托积雪。其对面和身边为多名观览此神异场景之人。榜题为：重阳祖师初至海宁，憩于州之朝元观。索浆，童子□之以水。师曰：“汹而温。”乃以水沃于掌，纷纷成雪，积若玉峰，啖而□。市有兰子者，疑其非仙，怀七鱼而往试焉。曰："若既仙也，能知吾怀中物乎？"师曰："七蟹。"兰子探怀取鱼，乃蟹也。一市莫不惊异。

（15）分梨环堵

重阳祖师日与丹阳讲道于全真庵，见丹阳有出家之意。祖师曰："出家非细事，吾欲锁庵百日，约五日一飧，汝自为供送。"其环中惟破屋一间，风雪四入，而砚水不冰。师□气冲畅，豁如也。没十日分梨与丹阳夫妇共食，六日又赐栗芋，各有奇偶之数。凡赐必有诗词，敷厥奥旨，明天地太丹之道。

（16）看彩霞

丹阳夫妇，奉真日浅，未能洞达幽迹，齐物泯已，每于境中争竞人我，谈说是非，堕于拔舌之狱。祖师垂愍，现神狱上，仰观彩霞，俾令开悟。一日，祖师大醉，径入孙氏寝室。孙氏怒而锁之门，使家人呼宜甫而告之。宜甫曰："师与余谈话楼中，不离须臾。"至家开锁，室已空矣。由是大生信心。

（17）擎芝草

画面绘祖师身着白袍，手擎芝草站立云端，下面为地狱鬼卒正相互搏杀。榜题为：重阳祖师，欲令丹阳夫妇俱证上仙，百行并修，万善皆积也，初演之以清净无为之道，次拯之沉沦地狱之苦。庶使心不退转，渐等仙果。且夫妇虽崇至道，其余酒色财气，犹有未尽，则摄魂地狱，祖师乃见神云中，手擎芝草而救护之。

（18）汴梁

丹阳以家事付三子，出家学道，徙祖师游于汴梁，寓王氏旅邸。祖师以五篇秘诀授丹阳，恐志不坚，遂夜梦□悟以狱井之灾。

（19）扶醉人

丹阳夫妇，酒心未消，□常州人于□□酎赋诗□醉中人扶□□祖师□□□□前曰："吾特来扶醉人。"乃设地□□□□□以警觉之。

（20）夜谈秘旨

丹阳于梦鹤飞处筑室以居祖师，忽夜梦入堕犁舌狱，祖师见身扶救。又数发嗟叹，令各自悔。

（21）拨云头

丹阳夫妇每恣口腹，□□腥腐，害及性命，心失仁慈。则梦入镬汤地狱，祖师见神狱上，以九节杖拨除云头而跑之。欲令知其果自因生，不无还报，无令改过自新，以成上善之行。

（22）洒净水

夫圣人之心，其于安人利物，济死度生也。惟恐行之不至，又乌肯利己而损他哉？丹阳夫妇，于利己损他结怨构祸之行，未能屏去。每有所犯，必梦入炉炭之狱。祖师为之哀愍，见神云际，洒净水以救之。

（23）起慈悲

按丹阳夫妇之家业，富甲东牟，名称半州，犹怀不足，每起贪婪，祖师终欲挈归仙道，恐因物□心，乃摄魂入铁轮狱，祖师见神云间，俯观痛□□□慈悲，令知非补过。

（24）念神咒

丹阳夫妇时为尸魄所悖，猿马所乱，肆性之乖劣，纵心之颠狂，缘业所牵，摄魂于刺□□穿腹之狱。祖师现神云中□□□□破其狱，为因苦迴心，归向上道。

（25）誓盟道戒

重阳祖师，以丹阳夫妇，虽闻妙道于彼，习于旧习，时有所犯。随犯警之以地狱，又受之以道戒，誓盟其心。庶使以戒护定，定而生慧，洞见道源，超出生灭，而人慈循循善诱之心，故可见矣。

（26）画示天堂

重阳祖师，自画天堂之相，以示清净散人孙仙姑。夫天堂者，乃诸天之福堂也。言度人□五方天中各有福堂□道果以升入。盖先警以地狱之苦，复示以天堂之乐，□于行道而□迷也。

（27）叹骷髅

画面为祖师坐于磐石之上，向丹阳夫妇展示自己所画的骷髅像（图5-2-26）。祖师身旁有两位侍者，一人身披蓑衣，手提瓦罐；另一人穿绿袍在后面静立。榜题称：昔祖师在全真庵，自画一骷髅，以示丹阳夫妇。复赠之诗云："勘叹人人忧里愁，我今须画一骷髅，生前只会贪冤业，不到如斯不肯休。"

图 5-2-26　叹骷髅，元，位于山西芮城县永乐宫重阳殿西壁

（28）妆伴哥

重阳祖师自丁亥（1167）□□□□□至戊子一十分梨毕，间示神变非一。至初十日启

□丹阳方许出家□离书于孙氏，分财产于三子，二月八日祖师妆伴哥儿引丹阳上街□泯旗写诗以明过死生，朴面交形而人□□觉。

（29）长春入谒

长春真人丘君，以大定六年（1166）丙戌辞亲入道，自栖霞道昆仑山石门口。明年丁亥（1167）秋，重阳祖师自终南化丹阳于宁海。季秋，长春入谒祖师，一见道合，钓以金鳞之什，赐名处机，字通密，号长春子。尝有诗云："遁迹岩阿方十九。"又云"弱冠寻真傍海涛"是也。

（30）长春弃俗

重阳祖师居宁海锁庵日，文人有风痹之疾，叩门求治，愿侍几杖为弟子。列拒之，其请愈坚，遂留宿庵中。是日飞雪四郊，寒可堕指，令借海藻而卧。祖师伸一足，使抱之，若置身炊饮中，汗流浃肌。拂旦，命以盥水涤面，痼疾顿愈。遂□□□道，赐名处端，字通正，号长真子，师时年四十□。

（31）度太古

郝太古隐于卜筮。丁亥（1167）秋，祖师至宁海，游行于市，见太古言动不凡，思有以感发之。一日，至卜肆，背肆而坐。太古曰："先生回头。"祖师曰："君何不回头耶？"太古悚然惊异。至马氏全真庵中，谒祖师受教。

（32）太古传衣

大定丁亥（1167）秋，太古真人郝君，货卜于宁海市。祖师设□背坐于卦肆，太古唤回头来，祖师曰："自不回头，更呼谁耶？"太古言下开悟，以亲老无代奉者，未即从□。明年亲丧卒，哭诣烟霞洞，往拜焉。祖师赐名曰"璘"，号"恬然子"。受之微言，复以无袖衲衣畀之。□自成就去，时年二十有九。后名大通，字太古，自言此名壬辰秋游秦凤时路中偶得耳。

（33）太古传衣（与上重）

（34）开烟霞洞

重阳祖师以大定八年（1168）戊子二月晦日，自宁海挈丹阳、长真、长春、玉阳等南入昆仑石门口，开烟霞古洞。与附山居民十氏自后发之，果得一洞，壁有三字，曰"烟霞洞"。得识□一枚，余器腐朽者尚在。师谓丹阳子曰："□□□汝修行于此□师居洞□□鐥过时长真对以水□□□师□涧底古□□□□八旱□。"

（35）叱昆仑石

画面绘祖师穿白袍站立庭院中，右手上扬，用食指和中指指向屋脊上方一块滚落的巨石，巨石被白云所托，未降落屋脊。当时见之者皆交口称奇（图5-2-27）。榜题为：祖师居石门，率诸师于北岭取石砌基。忽巨石幌落，声震岩谷，将碎所居之庵。祖师厉声叱之，其石屹然而止。山间樵采，见者欢沸作礼，叹服其异。

（36）立会三州

重阳祖师大定戊子（1168）秋，徙居文登。顺舆情之请，立七宝会于文城。明年立金莲会于宁海，又立三光、玉华、平等于福山登莱等处。《磻溪集》云"五会轩轩立五名"是也。今图唯画三光，居五会之中，积金山之上，其会虽五，其约束规矩则一也。

（37）咒卤井

图 5-2-27 叱昆仑石，元，位于山西芮城县永乐宫重阳殿西壁

重阳祖师在牟平日，金莲堂西有旧井，水味极苦，曾不可食。祖师怜其会众艰于远汲，临井咒之，一变而甘，可给斋粥之用。壬寅（1182）夏，丹阳西来，有故山之游，会众以井水再苦之诉。公祝之，其甘如故。会人构亭于上，榜曰“灵液”。

（38）发蒙四子

祖师以神功妙训，启发四子之蒙蔽。四子谓默然子刘君、长清子严君、使风子公密、迴阳子于君，时俱称入室，亦丘、刘、谭、马之亚也。及乎茅塞法而真心虚，医膜除而道明明，差肩万圣，接武千真，岂非发蒙之力者欤？

（39）投冠蓬海

重阳祖师挈丹阳等三子，再过登州，游蓬莱阁，俯看洪涛，忽大风偃发，见师随风堕海，众皆惊骇。有顷，跃身而出，唯失簪冠，寻亦泛泛达岸。州东门外有望仙桥，祖师云：“此桥他年逢何必坏。”人或诮之曰：“桥跨河上，为河所坏，理之常也。”后一纪，太守何邦彦，以桥势雄峻，不利车马，遂命改作，其逆知类如此。

（40）散神光

画面为祖师在庭院树旁站立，身上发出万道神光。榜题称：大定九年（1169）己丑四月终，宁海道友周伯通，邀祖师作金莲堂。忽一夜有光如昼，州人聚观，见师行于庭，而光随之。祖师自写其神，仍题颂于其上曰：“来自何方？去由何路？一脚不移，回头即悟。”

（41）钓小张哥

重阳祖师居昆仑山日，文登信士张道全送小子张哥入道，居月余，俾还家省亲。不至，师与其父母书，并画一事理，决其可否，终或退败。其子雅知夙有仙分，然犹欲混世俗耳。

（42）掷盖龙泉

大定九年（1169）己丑夏四月，重阳祖师领丹阳、长真、长春等，自文登如宁海，取道龙泉。祖师偶执伞在后，其伞腾空而起。时玉阳公隐居查山，伞坠公之庵前。柄内得号曰“□阳子”。龙泉到查山一百八十里，伞起自辰，及肃（晡）而至。

（43）化长生子

大定九年（1169）己丑春，或于长生师所居屋壁，人莫及处书二颂。比见，墨迹未干。至九月甲戌，祖师挈丘、谭、马三师至莱，师年二十三，从其母俱往参谒。祖师曰：“汝壁间语解得否？”师与三子，相视而笑。及化出家，母以师尝有学仙之志，遂许之。训名“处玄”，字“通妙”，号“长生子”，复赠以“见鳌”之什，是后丘、刘、谭、马之名满天下。

图 5-2-28　却介官人局部，元，位于山西芮城县永乐宫重阳殿西壁

（44）却介官人

画面绘祖师坐于堂屋门前的台子上，其台子左右站立五位弟子，对面跪立一人，正乞求祖师纳其为徒，祖师拒不接受。除此之外，院门内外另有三人；其中院内两人为童子模样，一人执扇，一人捧物。院外门口一马伫立，马旁一年轻男子正坐于地上整理鞋带。此三人应为跪地者侍从（图5-2-28）。榜题为：重阳祖师于大定己丑（1169）秋过登州，有介官人者，恳求入道，祖师辙拒之。盖善功未著，往行未植，未可遽学仙也。

（45）警丹阳子

重阳祖师自宁海至南京，自□□斤四鲤羊肉二斤，令煮熟，收月余。及鱼馁肉败，命弟子食之。命至三，皆不食。唯丹阳日食一钵，鱼尽，继令食羊。祖师使丹阳每晨买天蒸枣蜜弹子，自为饮食，以示玄旨。又令召匠者造独坐风车，功毕来呈。祖师曰：“可然灯遍照。”丹阳遂大悟。

（46）付史风仙

祖师未出关时，尝自画一三髻道者，与松鹤共为一图。付史风仙曰：“留此，待我他日擒得马来，以为勘同。”后丹阳入关，风仙以画像验之，毫发无异。

（47）然薪观节

祖师将归化，于四子极加锻炼。一日令买薪炭，大然于所寝之室。室甚隘，令丹阳、长真立于内，不任其热。长生、长春立于外，不胜其寒。长生不堪其苦，乃遁去。及祖师升化，三子立于床下。

（48）会纥石烈

画面绘着白衣的祖师携弟子与戴展脚幞头穿红袍的官员纥石烈郊外道别场景（图5-2-29）。榜题为：重阳祖师别登郡日，太守纥石烈公邀，出郊为饯。及别，问后会之

图 5-2-29　会纥石烈，元，位于山西芮城县永乐宫重阳殿西壁

地，师曰："在夷门。"己丑冬，公迁南京副留守。明年，祖师升化，躬为祭主，礼服心丧。又祖师在宁海时，登郡信士邀请，尝以桂树传香诗付之。

（49）三师勘符

祖师羽化，宾礼既终，嗣教丹阳先生，率丘、谭、刘三友入关，谒和玉蟾、李灵阳。史公密勘符松鹤图，参同道要。访祖师刘蒋故庵，公密亦出昔受之图，以示四友。

除以上49处榜题外，在重阳殿三清像两侧亦有榜题三幅，分别指称三个故事：

其一，四子捧柩：丹阳师以大定十二年（1172）壬辰，乞自然钱数十千于长安，与三师东抵夷门，取祖师灵柩。祖师现神，或为启途，或为备饭。秦魏之民，悉为敬信。

其二，秦渡论志：秦渡乃沣河之要津，居沣水之西，有镇曰秦渡镇。有真武庙，时四师憩于中，月夜各言其志。马曰志贫，谭曰志是，刘曰志闲，丘曰志志。其志既异，居亦不同。丹阳处于环堵，长真处于重水，长生居东洛瀍水之滨，长春居于岩谷。故知为道者殊途而同归，百虑而一致也。

其三，会葬祖庭：大朝龙兴，凡日月所照，霜露所坠，莫不臣妾而奔走之。太祖圣武皇帝，思得至人，以辅皇化，首诏长春大宗师。师应诏龙庭，启沃以道，大惬宸衷。由是玄风普彼道教之大总乎寔乎远，清和宗师嗣法之十年，又宗师位传真常李君。真常主教之四年，辛丑春，清和会四方道流，大藏祖师之仙柩于终南祖庭之白云殿，以尽师资之礼。时洞真于公、白云綦公、无欲李公实主宫事。若行台移剌实f总管田德燦，万户夹谷斜烈参省王辅臣辈，皆外护主盟者也[1]。

1 永乐宫纯阳殿、重阳殿榜题，多依据朱希元等人1963年8月刊于《文物》之上的《永乐宫壁画题记录文》而来。

第二节　山西平阳府壁画

一、平阳府壁画概况

现藏于加拿大多伦多市皇家安大略博物馆的平阳府壁画，是公元20世纪20年代末被日本人由山西平阳府一带秘密盗卖出国的道教壁画。壁画共两幅，其中东壁长10.22米，高3.1米；西壁长10.61米，高3.17米。壁画内容为道教常见的朝元模式，东西两壁共绘制神祇59位，其中东壁28位，西壁31位。神祇中既有佩戴帝王冕旒的地位显赫的大神，又有负责献礼的侍从，以及诸多文官武将。与永乐宫三清殿壁画东西两壁四位主神端坐椅中的组合方式不同，平阳府壁画中的主神共有六位，皆呈站立状态。除此之外，从总体面貌来看，平阳府壁画与永乐宫三清殿东西两壁构图较为相似，人物形象也有诸多雷同之处，如神祇的面貌造型和服饰，很可能源自同一粉本或同一师承。

二、平阳府壁画相关研究

由于平阳府壁画流失海外日久，长期以来国内没有可供研究的完整图像。图像的缺失导致了研究的不足。到目前为止，国内研究平阳府壁画的学者极为寥寥，相关研究主要集中于海外学者和有过海外访学经历的少数学者间，其中，比较有代表性的是加拿大皇家安大略博物馆的怀履光主教、曾嘉宝女士，美国的景安宁先生，以及故宫博物院的孟嗣徽女士。

怀履光主教是平阳府壁画的最早研究者。1940年，怀履光在《中国寺观壁画：三幅十三世纪壁画之研究》一书中首次表示经过处理的平阳府壁画保存状况令人满意，除切口处外，画面没有补绘，色彩也仍然鲜明。对于壁画绘制年代及神祇构成，他也作了细致而深入的探讨。怀履光的探讨奠定了平阳府壁画的研究基础，是自上个世纪40年代以来所有平阳府壁画研究者的探讨依据所在。后任职于皇家安大略博物馆的曾嘉宝女士在《飘洋过海别神州——记三幅元代山西壁画的揭取、复原和修护》一文中也对平阳府壁画有过进一步的讨论。

大陆学者对平阳府壁画的了解多来自美国学者景安宁先生的撰述。2002年，景安宁在北京大学出版社以《元代壁画——神仙赴会图》之名出版其专著，系统地介绍了平阳府壁画的保存及研究情况。景安宁的著作为大陆学者开启了研究平阳府壁画的大门，使平阳府壁画得以重新纳入道教研究者的视野。

2011年，故宫博物院的孟嗣徽女士出版新作《元代晋南寺观壁画群研究》，其中第三章第四节主要探讨了平阳府壁画与永乐宫三清殿壁画及稷山兴化寺壁画的相关性问题。她通过大量图像比对，向读者指出以上三处壁画所存在的粉本互用现象。

三、平阳府壁画的绘制年代

在以上四位学者的研讨中，平阳府壁画均被视作元代壁画。怀履光主教认为壁画绘制于13世纪中叶。景安宁认为怀履光仅仅依靠历史条件推测年代，而忽略了对壁画风格的分析，致使断代太早。他对现存的部分山西寺观壁画汇总后分析认为：《神仙赴会图》很可能绘制于1255年佛教徒反击全真教道士取得胜利之后，根据壁画的风格、图像和历史背景可以初步推测，壁画的年代可能是13世纪后期。但景安宁也指出，该壁画更接近宋代传统，并提出“平阳府壁画与雄伟壮丽的永乐宫三清殿壁画在风格和图像上都有惊人的相似之处。二者不但同出一个祖本，而且很有可能出自一个壁画作坊”[1]。景安宁的这一论断，对于平阳府壁画绘制年代的判定极为重要。曾嘉宝和孟嗣徽两位女士虽然也对平阳府壁画的绘制年代有所关注，但并未就此问题进行深入探讨，只提出平阳府壁画的绘制年代应早于永乐宫三清殿壁画这一议题。

在判断平阳府壁画绘制年代问题上，学术界普遍表现出一定的审慎精神。的确，在目前尚未发现元之前道教朝元壁画图像的情况下，这种谨慎无疑是正确的。而且，平阳府壁画与永乐宫壁画在东西二壁神祇构制方面所表现出的差异性，也提醒人们不可将平阳府壁画的绘制年代与永乐宫壁画等同视之。

鉴于目前专家学者对平阳府壁画的绘制年代未有较为一致的说法，若想更为合理地确定壁画的绘制年代，以下几个问题似乎不可不加以考量。

首先，需要关注永乐宫和平阳府两处朝元壁画在神祇构成和左右布局方面的问题。

正如景安宁等几位学者所探讨的，平阳府壁画和永乐宫壁画具有十分密切的渊源关系，它们很可能出自同一粉本，亦或出自同一壁画作坊。只不过，永乐宫《朝元图》壁画完成时间较晚。按壁画上的墨书题记，三清殿壁画完成于泰定二年（1325）。但其构思有可能早于这一时段，即与三清殿的落成时间不相上下。据史料记载，永乐宫的主体建构是由全真教著名道士潘德冲主持完成的。按照古建营造传统，但凡建筑落成，绘饰定会随后跟上。作为道教三大祖庭之一的永乐宫，其主殿的壁画布局亦应与建筑一样成为宫观筹划者完整构思的组成部分。所以，对于永乐宫三清殿内的《朝元图》，比较合理的认识应是将其视作三清殿兴建前后的构思成果。这一构思成果体现于在借用宋代道教朝元模式的基础上，重新建构一种全新的朝元模式，即将原来由左右两个队列组成的觐见模式，更换为四面八方满壁朝元的模式。而原来以两壁对称排列诸多神祇的朝元模式，在重庆大足南山道教石窟和陕西耀县南庵壁画中皆有体现，是宋代朝元壁画的常见构制方式。所以，就此点而论，平阳府壁画中的六御朝元模式应该是永乐宫三清殿四壁诸神朝元模式的祖本。

其次，假定平阳府壁画与永乐宫三清殿壁画皆为元代绘制，则平阳府壁画的尚左传统也表明其与宋、金传统更为接近，而离元代传统较远。因为，元代壁画遵循的多是尚右传统，这一规制与元代政治制度和官僚体制有关。

在我国古代，左右位置往往与人的尊卑地位有关。《史记》魏公子列传中，曾记载魏公子无忌“虚左，自迎夷门侯生”之事。在当时的乘车礼仪中，左为上位。虚左，以示公子对侯生的尊崇。同为《史记》内容的《廉颇蔺相如列传》在述及官职大小时则视右为上，有“以相如功大，拜为上卿，位在廉颇之右”之语。这表明秦汉之前，官阶和乘车位置已涉尊卑问题。到汉武帝之后，尚左渐成定制。之后，这一规定在官场上一直沿用到唐宋。只不过，在涉及具体问题时，尚左尚右含义又各有不同。如在喜庆环境下，一般以左为尊，而面对不幸事件时，则又以右为尊。比较明显的例子是唐代的左谪诗，凡遭遇被贬之难的时候皆称左迁。如白居易在其著名的《琵琶行》（并序）中，就称自己“左迁”。而柳宗元《送李渭赴京师序》也称：“过洞庭，上湘江，非有罪左迁者罕至。”韩愈也有相关诗作留存。到宋代，官职仍旧遵循以左为上的传统。如在宋代官制中，宰相一职的安排仍有左右之别，虽皆为正一品，但在排序上仍以左为先。辽金沿用宋制。这一

1 景安宁：《元代壁画——神仙赴会图》，北京：北京大学出版社，2002年，第119页。

情况到元代时有所改变。《元史》本纪第四记载，元世祖以“不花为中书右丞相，耶律铸为中书左丞相”，这种以右为先的安排，实际上系遵循了蒙古族的传统。此制至元文宗以后更甚，专任右相，左相时置时废。明代，又开始恢复尚左传统，如《明史》卷七十二记载：“甲辰正月，初置左、右相国，以李善长为右相国，徐达为左相国。吴元年命百官礼仪俱尚左，改右相国为左相国，左相国为右相国。洪武元年改为左、右丞相。”

由此可知，是元代统治者摒弃了汉人官职中尚左的传统。永乐宫作为元代建筑，其殿内壁画遵循的是蒙元制度，以右为上，正因为如此，壁画绘制者才会将北极四圣中地位较高的天蓬大元帅绘制于大殿西壁，而将地位较低的天猷副元帅绘制于大殿东壁。而平阳府壁画恰好相反，是将天蓬大元帅置于东壁，天猷副元帅置于西壁，其构制次序明显不同于永乐宫的尚右体系。

所以，从永乐宫与平阳府壁画对北极四圣所处墙壁位置的安排上，可以看出壁画设计者在壁画布局方面的确是经过了精心构思，体现的应该是不同时代对方位尊卑的不同理解。以此而论，平阳府壁画的尚左布局不应为蒙元掌控中原后的产物，而很可能是金朝灭亡前的遗产。蒙古大军公元1234年剪灭金朝，公元1271年建立大元朝。在金蒙共存的13世纪前三十年里，有二十年是蒙金交恶时期。以当时的情况看，金朝统治者根本无法在内忧外患相互夹击的状况下完成壁画的绘制任务。所以，如果平阳府壁画出自金朝，最有可能的时间段应该是13世纪之前，且很有可能绘于大定之治或明昌之治期间。因为此两个时段是金朝承袭汉文化最为彻底的时期，也是金朝相对安定平和的时期。靖康之变后，金朝掠走了原属北宋朝廷的大批官员、工匠，为其艺术的振兴储备了极好的资源。所以说，如果金朝统治者意欲绘制道教朝元壁画的话，其工匠和粉本应该直接来源于北宋。至于该粉本是出自宋代哪一位皇帝治下，则并不影响平阳府壁画作为道教朝元壁画的先行者地位。

而且，如果仔细比对平阳府朝元图和永乐宫朝元图，两处壁画绘制者的功力高下也极为明显。平阳府壁画在绘制技法上独树一帜，以铁线描、钉头鼠尾描、折芦描等多种技法示人，充分展示了壁画绘制者的纯熟技艺。而且，尽管两处壁画有诸多相似之处，但有些神祇图像，仍然存在较大差距，以两处壁画中的真武图像为例：平阳府壁画中的真武方脸，单眼睑，一袭黑衣，内罩金甲，凝神执剑，眉宇间透露出一股不怒自威的英气。据李心传《建炎以来朝野杂志》甲集卷二记载：淳熙三年（1176），曾以孝宗旧邸建佑圣观，以奉佑圣真武灵应真君，十二月落成。当时有人称佑圣观的真武像，是仿照孝宗御容而造。平阳府壁画中的真武像，与后世武当山等地流行的真武像，造型极为相似，是传承有序的一组图像。而永乐宫的真武像，虽衣着与平阳府真武一致，但其脸庞长圆，眼眶以线勾出，使眼睛呈暴突样，与平阳府壁画中俊朗的凤目造型极为不同，但与永乐宫三清殿东壁的翊圣黑煞样式则较为接近，很可能是当时画工对两幅图像加工整合的产物。可以说，平阳府壁画的人物面部造型比永乐宫壁画更加遵守造像法度，也更拥有宫廷绘画无可比拟的高雅之气。

除以上所提到的等级制度和绘制技巧外，平阳府壁画中还有其他一些信息也暗示着其绘制年代有可能早于永乐宫壁画。如壁画中有一处题字，该题字位于东壁中央男主神红色袍服的衣褶里，系一行小字：“大宋治平二年重修特此达知即请。”[1]该文字现已磨灭殆尽，如果不是景安宁在其著作中有所记载，单从画面上已很难识别其具体字形。大宋治平二年（1065），实乃英宗年号。英宗在位四年，治平三年（1066）十月不豫，治平四年（1067）正月薨。对于壁画上这一行题字，景安宁和最早研究该壁画的怀履光都

1 景安宁：《元代壁画——神仙赴会图》，北京：北京大学出版社，2002年，第15页。

图 5-3-1 平阳府壁画东壁，元，现藏加拿大多伦多市皇家安大略博物馆

认为很有可能是奸商倒卖壁画时为谋取利润而伪造。对此，景安宁给出的理由是："重修"不适于壁画，似乎指大殿重修。但事实上，在宋《益州名画录》卷中"蒲师训"及《广川画跋》卷五"武宗元画天王图"条均有将"重修"二字用于绘画的记载，表明宋时这一词语并不局限于建筑领域，亦适用于绘画。而且，景安宁及怀履光等人之所以将这一行小字视作画商伪造，很可能是受平阳府壁画上其他一些题字的影响。因为除以上那行小字外，平阳府壁画中还留有大量墨书题记，那些题记有的工整，有的潦草，但大多数看上去就像村童的信笔涂抹或拙劣的模仿。如壁画中多次出现的刘姓、赵姓、原姓题记，从这些题记的粗糙情况看，应该可以排除画商伪造的可能。在以上诸多题记中有一处"上官口"的题名有遮盖痕迹，说明壁画曾经历过后世修复。而这一修复过程应该早于壁画被加拿大收藏之时。

所以，以平阳府壁画所体现的这些特质分析，该画绝不是壁画最初绘制者随心所欲的恣意行为，而是封建等级制度在宋元时期的具体体现，它从最大程度上表明了平阳府壁画的绘制年代早于永乐宫壁画这一事实。

四、平阳府壁画神祇身份

1. 平阳府东壁主尊身份

对于平阳府壁画中的神祇身份，怀履光和景安宁均做过细致论证。但由于平阳府壁画出处不明，所以在探讨其壁画构成时，研究者只能按常理假定该图像来源于一坐北朝南的庙宇之中。那么，按照建筑朝向，平阳府的两幅壁画即分别绘制于东西二壁。平阳府壁画东西二壁的诸神排列有序，每壁均以三位身躯高大、地位显贵的主尊为核心。据怀履光主教的研究，平阳府东壁（图5-3-1）位于中间位置的三位秉圭主神分别为天皇、黄帝和后土。对于后土（图5-3-2），因其头冠中绘有坤卦标识，所以，争议不大。按怀履光的考证："后土是大地之后，她被绘成女神是因为地属阴性，而天属阳性。"[1]而且他还指出，女神风冠前方正中圆光内的坤卦符号，是代表大地。对于怀履光主教的判断，景安宁持赞同态度，并提出"永乐宫三清殿西壁女主神风冠圆光内也有坤卦符号，应是后土，但一直被误认作西王母"[2]。

---

1 William Charles White, Chinese Temple Frescoes, P182.转引自景安宁：《元代壁画——神仙赴会图》，北京：北京大学出版社，2002年，第20页。

2 景安宁：《元代壁画——神仙赴会图》，北京：北京大学出版社，2002年，第20页。

图 5-3-2 平阳府壁画东壁后土，元，现藏加拿大多伦多市皇家安大略博物馆

图 5-3-3 平阳府壁画东壁玉皇，元，现藏加拿大多伦多市皇家安大略博物馆

对于怀履光将东壁三位主神中的两位男性神祇视作天皇、黄帝的做法，景安宁提出了不同意见。他认为怀履光所说的“天皇是皇家之首，他继承第一个被创造出来并且开始从混沌中开天辟地的盘古”过于笼统，未对此作进一步说明，也没有注出依据，因此依据不足。至于黄帝，景安宁认为在宋元道教神系中，黄帝不在主神之列。所以，怀履光将黄帝列为道教主神之一亦欠妥当。他认为东壁两位男性主神应该是玉皇（图5-3-3）和北极紫微大帝（图5-3-4）。

为此，景安宁探讨了壁画中的四帝二后系统，认为平阳府壁画所呈现的六御朝元模式隶属宋代官方道教体系，与之密切相关的四圣真君亦是宋代官方道教的重要武将。而对于四圣真君身份的识别，其实又为确立东西壁的主神地位高下做好了铺垫。因为在道教朝元图中，各位神祇之间具有明确的上下级关系。以此而论，如果平阳府东壁的辅神地位高于西壁辅神，也就意味着平阳府东壁主神地位应高于西壁主神。在道教信仰中，等级较

图 5-3-4 平阳府壁画东壁北极紫微大帝，元，现藏加拿大多伦多市皇家安大略博物馆

高且为对偶神的一组神祇是玉皇和后土。玉皇大帝，自宋真宗大中祥符八年（1015）被上圣号“太上开天执符御历含真体道玉皇大天帝”之后，其地位便已等同于昊天上帝。至宋徽宗政和六年（1117），又被加号为“太上开天执符御历含真体道昊天玉皇上帝”，从而最终与国家祭祀系统内原有的天帝信仰合二为一，成为执掌大道的总神。北极紫微大帝系玉皇属下，负责协助其管理天地经纬、日月星辰以及四时气候等事宜。后土皇地祇作为玉皇大帝的配偶也荣登道教神仙谱系前列，被列为四御之一。从平阳府壁画东壁三位主神的排列情况看，位于中间位置的神祇地位最高，他站立的位置与左右两位主神并非处于同一水平线上，而是略微靠前，这一小小的差异表明了其身份的尊贵。在昊天玉皇上帝和后土、紫微三位神祇中，按其级别应以昊天玉帝的地位最高，所以，平阳府壁画东壁位于中心位置的神祇应为玉帝，两侧为紫微大帝与后土。而有关北极紫微大帝的身份，亦可通过其所率部众判定出来。

图 5-3-5　平阳府壁画东壁两位武将，元，现藏加拿大多伦多市皇家安大略博物馆

2. 平阳府东壁辅神身份

平阳府东壁三位主尊前面作为前导的两位武将（图5-3-5），按怀履光的解释，他们是真武与真武副将，紧随其后的黑袍神祇为北斗七星神（图5-3-6）。至于三位主尊身后的十位神祇，怀履光认为是五星与部分天干神（图5-3-7）。

对此，景安宁提出了不同看法。首先，他并不认同怀履光将东壁三头六臂神祇视作真武副将的做法，指出该神祇的真实身份为天蓬大元帅。天蓬大元帅与真武在道教中的地位高过天猷副元帅和黑煞。

对于怀履光所认定的五星神，景安宁持赞同态度，但对于五星身后的五位神祇，他不同意怀履光将其与五

图 5-3-6　平阳府壁画东壁北斗七星神，元，现藏加拿大多伦多市皇家安大略博物馆

星一一配对的做法，认为他们没有明显特征，不必牵强附会地寻找依据以确定其身份。景安宁的论证对平阳府壁画的研究起到极大的推动作用，为后来的研究者提供了新的思路。

在平阳府东壁诸多辅神中，五星、七元等皆为紫微部众。宋代李廌在《德隅斋画品》一书中记录了紫微部属，称朱梁时张图将军曾绘《紫微朝会图》，图中紫微大帝“被衮执圭，五星、七曜、七元、四圣左右执侍，十二宫神、二十八舍星各居其次。乘云来下，其容色皆端敬；其服章皆严谨。道家谓玉皇大帝为众仙天子，紫微大天帝为众星天子。观此图者，知君臣之义虽九天之上亦未尝废也”[1]。由此可见，五星、七曜、北斗七星、北方四圣以及十二宫神、二十八宿等均为紫微部属，这与平阳府壁画东部所列神祇大致相同。而平阳府东壁前端以北斗七星君作前导，后面金（图5-3-8）、木（图5-3-9）、水（图5-3-10）、火（图5-3-11）、土（图5-3-12）五星殿后的模式，也与永乐宫北壁紫微大帝部分的神祇构成极为一致，亦与紫微大帝的神格相符。只不过，由于平阳府壁画分为东西两壁，所以，《紫微朝会图》中的众神祇也被分离开来，与紫微“众星天子”身份密切相关的五星、七元及四圣中的两位主要神祇天蓬大元帅及真武仍被安排在紫微大帝周围，与之神格较远的十二元神则被安排至对面墙壁。

与七元、五星同列一壁的天蓬，本为星宿神名。按《道法会元》卷一七二记载：“北斗九宸，应化分精，而为九神也。九神者，天蓬、天任、天衡、天辅、天英、天内、天柱、天心、天禽也。谓顺支辰，总御阴阳，契合天地，主张造化，乘三明以应四时，随月

图 5-3-7 平阳府壁画东壁五星等星曜众，元，现藏加拿大多伦多市皇家安大略博物馆

图 5-3-8 平阳府壁画东壁金星，元，现藏加拿大多伦多市皇家安大略博物馆

1 文渊阁《四库全书》（电子版），［宋］李廌《德隅斋画品》，第704页。

图 5-3-9　平阳府壁画东壁木星，元，现藏加拿大多伦多市皇家安大略博物馆

图 5-3-10　平阳府壁画东壁水星，元，现藏加拿大多伦多市皇家安大略博物馆

图 5-3-11　平阳府壁画东壁火星，元，现藏加拿大多伦多市皇家安大略博物馆

建以定八节，历九宫也。”[1]在此，天蓬不但是北斗九宸的首辅，而且是总御阴阳、契合天地的大神。平阳府壁画将其与北斗七星神、紫微大帝、玉皇大帝、后土皇地祇置于一壁，其用意恐怕也在于此。

而且，按道书记载，天蓬大元帅和紫微大帝有直接隶属关系。《道法会元》卷一百六十九《混天飞捉四圣伏魔大法》之《斗罡四圣法序》中称天蓬、天猷、翊圣保德、灵应佑圣（真武）为北极四圣，并赞其为：“妙德贯于三界，威灵建乎八弦，为斗罡之大帅，实北帝之雄神，部辖四天丁，考召诸魔鬼……”[2]如果说这里的“北帝”在概念上还有些模糊的话，那么，同书卷一百七十《四部神王风雷水火咒》所载的北极紫微大帝玉敕主帅天蓬，急急奉北帝敕四圣令，统率天将、天兵、雷将、雷兵、神符兵诸司捉拿鬼魅魍魉之事[3]，则不但突出了天蓬在四圣中的首席地位，而且进一步明确了四圣归属的问题。

图 5-3-12 平阳府壁画东壁土星，元，现藏加拿大多伦多市皇家安大略博物馆

除天蓬、真武、北斗七星外，平阳府东壁与五星同组的五位神祇身份还需进一步推敲。按怀履光、景安宁二位先生的判断，五星身后的五位神祇应为十天干神中的“辛、乙、己、癸、丁”神，它们与五星一起共同组成十天干神。这一判断的依据是东西二壁对等原则以及道经中有关“五星分布十干”[4]的记载。

平阳府壁画中五星之外的五位神祇均为男性，且其服饰颜色严格按五行而来，分别为红、黄、黑、白、青五色。所以，若探寻这五位神祇的身份，可能要从具备五行方色特征的神祇入手。

在道经中与五行相关的天神众多，但有图像流传且与五行相关的主要有五帝、五岳、五老、五仙、五湖龙王等。其中五帝的身份较高，位在五星之上，不可能列于五星之后。而五老、五仙在壁画中多以老者姿态出现，也不符合平阳府壁画中的神祇形象。五岳、五湖龙王皆属特质明显的神祇，主要负责降雨，并非星曜神一类。另外，道经中还有五雷、五斗的记载，此两组神祇皆为天神，但其图像较为少见。所以，尽管《无上九霄玉清大梵紫微玄都雷霆玉经》（元代）等道经中有关于五雷的记载，称其为“雷大、雷二、

1《道藏》，北京：文物出版社、上海：上海书店、天津：天津古籍出版社，1988年，第30册，第108页。
2《道藏》，北京：文物出版社、上海：上海书店、天津：天津古籍出版社，1988年，第30册，第85页。
3《道藏》，北京：文物出版社、上海：上海书店、天津：天津古籍出版社，1988年，第30册，第97页。
4《道藏》，北京：文物出版社、上海：上海书店、天津：天津古籍出版社，1988年，第25册，第877页。

雷三、雷四、雷五”[1]。或为天雷、地雷、水雷、神雷、社雷，[2]或天雷、地雷、水雷、神雷、妖雷，[3]但由于现存壁画中没有相关图像可供比对，所以，暂时无法将平阳府壁画东壁五星身后的五位神祇确定为五雷神。

同样，关于五斗神的记载亦仅限于文字，现存壁画中并没有以五行方色为特征的五斗神形象，而只有南斗、北斗、东斗、中斗、西斗神的组合，且多以北斗七宫（星）、南斗六宫、东斗五宫、西斗四宫、中斗三宫的数目呈现。

最后，综观现存的壁画图像，与十二元神对应最多的乃是以五星为主的星曜神。其对应方式既有七曜，又有九曜，还有十一大曜。如永乐宫北壁东侧便绘有十一大曜，即五星与日、月二神及紫气、月孛、罗睺、计都等星君。同样，河北毗卢寺所存明代壁画也绘有五星，五星的性别、年龄及所执物品和平阳府壁画极为一致。尽管图中只绘有五星和日神六位神祇，但其榜题却标为“十一大曜等众”。而山西公主寺亦绘有两组星曜神，共十位神祇，题榜却为“九曜星君众”。山西右玉宝宁寺画轴中也有两幅星曜神画像，其主要神祇为十三位，但所标名称仍为太阳、木星、火星、金星、水星、土星、太阴、罗睺、计都、紫气、月孛等十一位星曜神的名字。与永乐宫和平阳府壁画同为道教朝元图的陕西耀县南庵壁画中也绘有星曜神，现在可以识别的主要为金星，因为该神怀抱琵琶，与平阳府壁画、永乐宫壁画及毗卢寺等壁画中的金星所执标志物一致，故而可以据此确定其身份。而依照惯例，金星往往与其他四星同在，这就说明金星身边的神祇中至少有四位是木星、火星、土星和水星。但由于壁面毁损严重，各位神祇现无法一一识别，只能隐约看出十一位神祇的轮廓，结合其他壁画神祇构置分析，这十一位神祇也应该为星曜神。以上情况说明，在我国古代寺观壁画中，存在着将星曜神作为一个或两个小组共同绘制的传统，并且，在绘制星曜神的时候，都无一例外地会将五星纳入其中。所以，尽管平阳府壁画中的十位神祇数目与十一大曜之名并不相符，但由于现存的寺观壁画中有以少代多或以多代少的现象存在，又鉴于各个时代壁画间普遍存在的传承与借鉴关系，所以，平阳府壁画中与五星同时出现的那些神祇很有可能就是星曜神。所以，有关平阳府壁画中五星之外五位神祇的身份，可以姑且以星曜神命之。

而且，既然在现存图像中未有具有五行方色的天神可以与五星相配，那么，若在壁画中表现星宿图像，其用意可能更多的是指五星分野，即用来表示天上神灵与地上神祇的对应关系。鉴于平阳府壁画中的五星拥有明确的身份标志物，所以，以五星为首的此组神祇代表星宿神对应十二地支神较为可信。虽然另外五位神祇并未配备可以区分其身份的标志物，但由于在其他壁画中，能够表明星曜神身份的标志物也并非随时存在。如太阳神有时会带有标明其身份的红色圆球（如毗卢寺壁画），有时则只以红色袍服表示（公主寺、宝宁寺）。而且，有时太阳、太阴还会作为星曜神与日宫天子、月宫天子同时出现，如宝宁寺明代水陆画就既绘制了日宫天子、月宫天子图像，又绘制了太阳、太阴等十一大曜，除此之外还绘制了普天列曜星众。所以，平阳府壁画东壁最末五位神祇作为星曜神的可能性最大。

3. 平阳府西壁主尊身份

对于平阳府壁画西壁（图5-3-13）的主尊身份，研究者一直众说纷纭，争议较大。按怀履光主教的判断，平阳府壁画西壁主尊分别为玉皇、老子与天后（即黄帝之女）。怀

1《道藏》，北京：文物出版社、上海：上海书店、天津：天津古籍出版社，1988年，第1册，第751页。

2 马书田：《中国道教诸神》，北京：团结出版社，1996年，第365页。

3 宗力、刘群：《中国民间诸神》，石家庄：河北人民出版社，1986年，第152页。

图 5-3-13　平阳府壁画西壁，元，现藏加拿大多伦多市皇家安大略博物馆

履光认为，天后即为皇帝的女儿，早期作为旱神受人崇拜，天后的身份与丰收有关，在生活中的地位，与后土对应。

对于西壁三位主神，景安宁认同怀履光将戴道冠的神祇（图5-3-14）视为老子的做法，并声称此处的老子是天皇大帝的替代品，是元代佛道之争、道教失利的产物。对于另两位主神，他否定了怀履光将他们视为玉帝和黄帝女儿的做法，而是认定这两位神祇为圣祖和圣祖母。

关于平阳府西壁主尊，怀履光主教的判断缺乏可靠证据，无法令人信服。景安宁关于一帝一后为圣祖和圣祖母的说法，颇有一定道理，但他对壁画中老子身份的认定仍值得继续探讨。如果按记载考证，此人并不具备老子特征。因为老子之所以被称作老子，“白首”是其从出生就有的特征。按晋末宋初所出的《三天内解经》载：“空洞之中，生乎太无。太无变化，玄气、元气、始气，三气混沌相因而化生玄妙玉女。玉女生后，混气凝结化生老子，从玄妙玉女左腋而生，生而白首，故号为老子。老子者，老君也……殷武丁时又反胎于李母，在胎中诵经八十一年，剖左腋而生，生而白首，又号为老子。”[1]后世流传的老子形象多秉承此意。今就现存宋元图像资料看，老子多以白发形象示人。而平阳府壁画中戴

图 5-3-14　平阳府壁画西壁戴道冠主尊，元，现藏加拿大多伦多市皇家安大略博物馆

1《道藏》，北京：文物出版社、上海：上海书店、天津：天津古籍出版社，1988年，第28册，第413页。

道冠的主尊，在形象上与记载中的老子差距较大，该人眉毛、胡子、头发皆为黑色，完全是一位中年人的样子，所以，如将其直接命名为老子，似乎过于牵强。而且，景安宁关于这一神祇身份的认定乃源自其将该壁画视作道教神祇集体朝拜佛祖的推测，这一认知方式值得怀疑。因为，到目前为止还没有任何材料能够证明元代出现过这一题材的绘画，在现存的佛教石窟及壁画中，没有一例释迦牟尼佛孤身一人接受道教徒朝拜的图像，佛典中也未有相关记载。

对于道教徒是否会集体朝拜佛祖一事，明代保存下来的一些以道释题材为主题的壁画似可作为参考。如云南丽江白沙大宝积宫留存的明代道释画，即是描绘佛道两教圣众朝拜释迦牟尼佛的图像。该画将释迦牟尼佛置于中间，两侧站立佛道神众，其中道教神祇有五岳大帝、玄母元君、文武仙官等。从佛道神祇布局可以很明显地看出壁画崇佛抑道倾向，即便如此，该画也并没有将释迦牟尼独自放置于道众之中，而是排列了两教部众，以此来突显佛教主尊作为两教之主的至高无上的地位。所以，如果元代佛教徒想通过以道教徒朝拜佛祖的形式打击或羞辱道教徒的话，云南大宝积壁画的这种安排方式应该更符合其用意，也更容易被时人接受。而且，云南道教壁画源于四川地区，有些壁画还继承了全真教的影响。大宝积的这些壁画虽绘制年代晚于宋元，但其布局仍可体现宋元传统，所以，云南的这处壁画应该可以作为道释混融壁画题材的有效例证。

对于平阳府西壁的帝后形象，景安宁先生曾引用《宋史》中的材料，以说明圣祖位于西壁的可能性。但对于老子，《宋史》及相关史籍中并没有任何他与圣祖同列西壁的记录。更何况，景安宁有关道教徒参拜佛陀的结论乃来自对老子身份的假定，他是先把壁画中的戴道冠者确定为老子之后，才推理出壁画中的六位主尊所要朝拜的对象不可能是三清，否则，就会出现老子自己朝拜自己的尴尬场面。但是，假如西壁戴道冠者不是老子的话，便不会存在这一矛盾，平阳府壁画也就仍可能为道教题材。

那么，如果这位戴道冠的中年男子不是老子的话，又会是谁呢？按《宋史》记载，赵氏圣祖出现之前，负责传言的是一位头戴星冠的道教神人。圣祖降临时，该神人再次出现，先是传玉皇之命，之后又传天尊之言，向真宗传授设座礼仪，自称："吾坐西，斜设六位以候。"真宗按天尊意于延恩殿设立道场，后果然得见灵仙仪卫天尊至。该天尊即为赵氏圣祖赵玄朗。从《宋史》对赵玄朗的记载看，他是以道教天尊装束出场的。宋人杨仲良所撰的《皇宋通鉴长编纪事本末》（第一册）也对他的装束有所记载，称："大中祥符五年十月戊午，九天司命上卿保生天尊降于延恩殿……天尊至，冠服如元始天尊。"[1]虽然同年稍晚时候，宋真宗开始"制九天司命保生天尊号曰圣祖上灵高道九天司命保生天尊大帝"，从而使其由原来的道教天尊形象转变为封建帝王形象，但道尊装束的圣祖像在升号之前有可能已经传播。所以，宋代有可能存在两种图式的圣祖像，一种是帝王装的圣祖像，一种是天尊装的帝王像。如大足南山道教石窟中的圣祖便是以帝王形象出现的。但这并不能排除北宋四帝二后朝元图像中还存在着天尊装的圣祖像。所以，平阳府西壁所列的三位主尊中，道尊模样的人很可能是圣祖，而位于其身边，也即中间位置的帝王装神祇，则有可能为天皇大帝（图5-3-15）。

对于圣祖的地位问题，宋代有过激烈的争论。真宗时，曾将圣祖和圣祖母的地位安排得极高，这种情况在哲宗时期的道经中仍有所体现。如在宋代哲宗朝道士贾善翔的《太上出家传度仪》中，三清之下的六位主神分别为玉皇大天帝、紫微天皇大帝、紫微北极大帝、后土皇地祇、圣祖天尊大帝、元天大圣后。在南宋道士吕元素编定的《道门定制》卷五《安土地神咒》中，圣祖则名列六御之二，即三清之下诸神排列顺序为：昊

1 ［宋］杨仲良撰：《皇宋通鉴长编纪事本末》（第一册），哈尔滨：黑龙江人民出版社，2006年，第299页。

图 5-3-15　平阳府壁画西壁天皇大帝，元，现藏加拿大多伦多市皇家安大略博物馆

图 5-3-16　平阳府壁画西壁元天大圣后，元，现藏加拿大多伦多市皇家安大略博物馆

天玉皇上帝、圣祖保生天尊、上宫天皇大帝、中天北极大帝、后土皇地祇、元天大圣后等。虽然这种将圣祖排列在北极之上的做法在仁宗朝已饱受非议，但其影响并没有彻底消除。如南宋赵彦卫的《云麓漫抄》便记载，景佑年间皇帝曾与宰臣讨论阴阳不顺、卦气乖舛之事，认为出现这种现象应与天道未合天心有关，后臣僚上言，早岁陈彭年等勘定中外醮仪时，将圣祖天尊列于北极之上，故而，认定这种僭越行为系导致天下郡县多灾多难的原因。之后规定，为圣祖举行的斋醮仪式要设于圣祖本殿，供献圣祖天尊及六位仙官，而与众真各无相妨，仍别用青词奏告。没有圣祖殿的地方则别设醮位为便。后道士欲得圣祖杂于其间以重其教，复合之。自渡江，朝廷作醮亦从其说[1]。以上记载说明北宋真宗朝已将圣祖列入斋醮仪式，并曾一度位列北极大帝之上。所以，仁宗时的这些争议，有可能会影响朝廷的斋醮活动，至于道教及民间祭祀，则影响甚微。今从保存的道经及大足遗存造像可知，圣祖为北宋朝廷所认可并进入国家祀典至迟在南宋时已浸渍民间。现重庆大足南山第四号窟“三清古洞”留存的南宋三清六御造像，似可作为圣祖、圣祖母进入道教六御朝元体系且在民间推广的证据[2]。

因此，从两宋史料所载及现今道教艺术遗存情况看，平阳府壁画中的六御神祇构

1 景安宁：《元代壁画——神仙赴会图》，北京：北京大学出版社，2002年，第82—83页。
2 胡文和：《中国道教石刻艺术史》（下册），北京：高等教育出版社，2004年，第99—106页。

成很可能遵循着宋代的六御体系，即东西两壁的六位主神分别为昊天玉皇上帝、中天北极紫微大帝、后土皇地祇、上宫天皇大帝、圣祖保生天尊、元天大圣后（图5-3-16）。而且，从平阳府壁画六位主神的排列情况看，其布局似乎与北宋贾善翔的《太上出家传度仪》中的六御排列方式更为吻合，即平阳府东壁中心位置绘制的是六御中地位较高的昊天玉皇上帝、北极紫微大帝和后土皇地祇。西壁中心位置绘制的是六御中地位较低的上宫天皇大帝、圣祖保生天尊和元天大圣后。

4. 平阳府壁画西壁辅神身份

怀履光主教认为列于平阳府西壁前端的两位武将（图5-3-17）为南斗星君及密宗副将，并将密宗副将视为南斗星君副手，以此与东壁的北斗星君等神对应。两个武将之后的九位文官装扮的神祇（图5-3-18）则被认作九天帝，分别为中天帝，色黄；东天帝，色绿；北天帝，色白；西天帝，色红；南天帝，色紫；东北天帝，色白；西北天帝，色白；西南天帝，色黑；东南天帝，色绿。从怀履光的叙述可知，在其指定的九位天帝中，很多天帝的服饰颜色与所属方位并不一致。九天帝之后，是三位主神。西壁三位主神后面的十二位神祇因带有可以表明其身份的动物标志，而被识作十二地支神（图5-3-19）。

对于怀履光认定的西壁辅神，景安宁首先纠正了被他错识的天猷副元帅和黑煞真君。之后，又对天猷后面的九位文官模样的神祇进行了论证，认为这九位神祇并非如怀履光所说的是九天帝，而是南斗六星与三台星君。尽管这一数目与图中神祇数目相符，但这些神祇的服饰颜色却与史料所载和留存图像不合。南斗，位居南方，应以红色调为其服饰。在现存的元明时期寺观壁画中，留存有众多的南斗六星图像，其服饰多为红或与红色比较接近的暖色，如土黄色。像平阳府壁画那样把青、白、红、黄都归为南斗星君的处理方式在元明图像中并未出现。而对于三台星君的袍服色彩，连景安宁自己也认为与史料记载并不一致。如此看来，此九位神祇的身份仍有进一步探讨的可能。

此组神祇位列西壁，与它们同列一壁的还有十二元神，也即怀履光所说的十二地支神。按怀履光的研究，十二地支系黄帝所立。黄帝将“子丑十二辰以名月，

图 5-3-17　平阳府壁画西壁天猷副元帅和黑煞真君，元，现藏加拿大多伦多市皇家安大略博物馆

图 5-3-18　平阳府壁画西壁五岳四渎，元，现藏加拿大多伦多市皇家安大略博物馆

图 5-3-19　平阳府壁画西壁十二元神局部，元，现藏加拿大多伦多市皇家安大略博物馆

又以十二名兽属之”[1]。在道教壁画中，十二属相是极为普遍的题材，尤其在明清水陆画中，几乎无处不在。

另外，这组神祇对面便是东壁的北斗七星。所以，要探讨此九位神祇的身份，除了要考虑东西壁之间神祇的高低神格关系外，还需考虑二者之间的对应因素。在道教典籍中，地位较低，且又能与北斗七元相对应、数目为九的神祇，最符合要求的应是五岳四渎。

五岳四渎虽为地祇，但具有沟通天地的职能，并且还可以代表地上疆域，以对应天上分野。道教曾倡导过多种分野说，其中之一便为五星分野。据《太清金阙玉华仙叔八极神张三皇内秘文序》载：“……天皇王生地皇王，地皇王生人皇王，是有三皇内秘之法，乃斯文也。然后布列五方，成五岳之神，为五行之主也。在天为五星，在地为五行、五岳……”[2]《华岳志》卷六《敕赐西岳庙乳香碑》也称：“粤若太极剖判，非三才无以孕百神之灵；一气周流，非五行不能储万物之秀。是则五行于三才百神一气，万物无所不在矣。故在天为五星，在地为五岳，在人为五藏（脏），在物为五色。……”[3]《新唐书》也称：“天有五星，运而为四时；地有五岳，流而为四渎。”[4]

除五星分野之外，还有七元分野[5]。《史记》曾讲“璇、玑、玉衡，以齐七政”。所谓七政，按索隐的解释，谓“春、秋、冬、夏、天文、地理、人道，所以为政也”[6]。而马融在为《尚书》作注时也认为北斗七星各有所主，这就为后人据此划分天地各个区域提供了可能。而《史记》对北斗运转情况的记载也为七元分野提供了例证。如《史记》直接称：

1 文渊阁《四库全书》（电子版），子部，类书类，［宋］高承《事物纪原》卷一，第252页。

2《道藏》，北京：文物出版社、上海：上海书店、天津：天津古籍出版社，1988年，第18册，第563页。

3《华岳志》（全8册），国图本，第4册，卷六，第51页。

4《新唐书》，卷二二三，列传第一四八上，北京：中华书局，1975年，第6337页。

5 七元指北斗七星，即天空北方排列成勺形的七颗亮星，其名称为天枢、天璇、天玑、天权、玉衡、开阳、摇光。

6［汉］司马迁：《史记》，北京：中华书局，1962年，第1291页。

“杓携龙角，衡殷南斗；魁枕参首。用昏建者杓；杓，自华以西南。夜半建者衡；衡，殷中州河、济之间。平旦建者魁；魁，海岱以东北也。斗为帝车，运于中央，临制四乡。分阴阳，建四时，均五行，移节度，定诸纪，皆系于斗。”[1]这样，通过北斗的运转把中央、四方、四时、五行的关系都容纳到一起，从而为七元分野说奠定了基础。

在《重修纬书集成》卷二的《尚书纬》中，有“北斗居天之中，当昆仑之上，运转所指，随二十四气，正十二辰，建十二月。又州国分野年命，莫不政之”的记载[2]。

到宋时，七元分野之说更为明确。据《能改斋漫录》载：“《东皋杂录》云：‘余尝至泰山，见其峰峦岿然独出。而衡山七十二峰皆平，谓之衡盖取此。’此说大误。晋《天文志》：北斗魁四星，为璇玑杓，三星为玉衡。湖南衡山，盖上承玉衡分野以得名耳。故《荆州记》云：‘南岳衡山，朱陵之灵台，太虚之宝洞。上承冥宿铨德钧物，故名衡山；下据离宫，摄位火乡，赤帝馆其岭，祝融托其阳，故号南岳。’以此推之，南岳当玉衡分野可知矣。”[3]由此可知，衡山之名在宋人眼中即根据七元分野而来，且此观念很可能在晋时就已存在。因五岳自古以来就具有疆域含义，所以，七元分野对应的地上分野，实际上就是对帝王所辖疆域的划分，这与古代帝王巡守五岳之意一致，其实质都是帝王假上天之命对疆域实行管制。对此，唐元宗的《西岳太华山碑》曾称：“天有四序，星辰列其份；地有五方，山岳镇其域。”[4]尽管该文没有明确天上星宿是否指北斗七元，但地上五岳与天上星宿对应之意极为明确。而北岳庙现存唐代碑刻中亦有诗云：“二仪分四序，五岳分九州。”[5]直接指出五岳与九州的关系。所以，就平阳府壁画而言，不论是五星分野还是七元分野，都是以天上星宿分野来对应地上分野，而地上的分野又常常为五岳四渎所代替。

以上这种以五岳四渎体现地上分野的方式所遵循的是汉以来的儒教传统。据汉代大儒董仲舒《春秋繁露》言：“为人君者，其法取象于天。”[6]宋代李昉也在《众星拱北极赋》中说：“天道恒象，人事或遵，北极足以比圣，众星足以喻臣。……故得肃清黄道利贞，紫宸岂唯大邦是控，临朝御众而已……仰观其动静，旁畅其影形，然后为政同乎北极，来方类乎众星。”[7]正是在此观念下，人们才把天上的紫微垣与地上的帝王宫殿对应起来，并把北斗七元随季节运转看成是上帝巡守四方，其含义直指地上帝王巡守五岳。所以，平阳府壁画中的五岳四渎可能是作为天上星宿的对应物出现的，其意义等同于地上九宫、九州岛。至今，道教中仍流行设七斗坛的传统，由九人按九宫八卦形式演法，其实质也是为了用地上的九宫对应天上七元[8]。

除以上所言七元分野对应五岳四渎的史料记载外，平阳府壁画中九位神祇服饰也与壁画中常见的五岳四渎神祇方色与属性相应，尤其是站在外围的五位神祇，分别服黑、青、黄、红、白袍服，与五行之色完全相合。另外，据景安宁的考察，该五位神祇中有三位佩玉具剑，景安宁认为这三位系三台星，但其服色与三台星不合。其实，此三位佩玉具剑的神祇很可能与其在道教中的职能及当时的社会现实有关。因为根据服色推断，

1［汉］司马迁：《史记》，北京：中华书局，1962年，第1291页。

2 宗力、刘群：《中国民间诸神》，石家庄：河北人民出版社，1986年，第117页。

3 文渊阁《四库全书》（电子版），子部，杂家类，《能改斋漫录》卷九，第142页。

4《华岳志》（全8册），国图本，第4册，卷六，第47页。

5 薛增福、王丽敏主编：《曲阳北岳庙》，石家庄：河北美术出版社，2000年，第50页。

6 赖炎元注释：《春秋繁露今注今译》，卷第十七，天地之行第七十八，台北：台湾商务印书馆，1984年，第429页。

7 文渊阁《四库全书》（电子版），集部，《文苑英华》卷八，第578页。

8 除五星分野、七元分野外，古人还信奉二十八宿分野。因此幅壁画中无二十八宿，故不予讨论。

这三位神祇应该是身着白色袍服的西岳（图5-3-20）、身着红色袍服的南岳和身着黑色袍服的北岳。在道教中西岳主兵事，而南岳也可发阴兵。所以，让这两位神祇佩玉具剑完全符合其职能。而北岳所处方位战乱不断，宋代朝廷曾为此隆重推崇北极四圣。不过，依北岳的御敌能力应不次于它们。早在大宋开国之初，赐紫金鱼袋大臣王禹偁便在其撰文的《大宋重修北岳安天王庙碑铭》中再三强调北岳神在却敌方面的神威，将“匈奴之犯塞也，来诣祠宇，卜其吉凶，不从猾夏之心”的情况看成是北岳神对大宋王朝的庇护。以此而论，平阳府壁画让北岳神佩玉具剑有可能系宋时社会状况使然。至于另外四位神祇，应为四渎。它们正处于五岳包围之中，代表着帝王疆土中奔流的四条重要淡水河。该四位神祇除一位服红色袍服外，其余三位皆衣白。关于四渎服饰色彩，史料中没有明确记载。现存道教壁画中虽有四渎神图像，但所服之色并不一致。如永乐宫壁画中的四渎分别服黑、白、蓝、黄四色；毗卢寺四渎为红、黑、绿、黄四色；耀县南庵四渎为二红二绿；宝宁寺卷轴画中的四渎分别服红、蓝、黄、黑；青龙寺则二青、二白；北岳庙四渎皆服白。所以，单从衣着色彩看，很难断定其身份。倒是当年王逊先生在判断永乐宫壁画中四渎身份时的说法，比较值得借鉴。他认为五岳四渎之间存在着一种紧密相连的关系，故此，“四渎：长江、黄河、淮河、济水，在形象上都无明显的特征可寻。但在五岳之旁，可以认为是四渎”[1]。王逊先生的说法并非言而无据，在现存的文献和图像资料中，五岳四渎多被视为一个整体。如托名蜀地画家石恪绘制的《玉皇朝会图》，便将“岳渎君长”列入其中。宋代王钦若在其编写的《翊圣保德真君传》中，也把五岳四渎看作一个整体，称翊圣可以驱使这些神祇。而平阳府壁画中的这九位神祇也的确与翊圣绘制于同壁，且位于翊圣身后，所以，其关系不言自明。

图 5-3-20 平阳府壁画西壁佩玉具剑的西岳神，元，现藏加拿大多伦多市皇家安大略博物馆

平阳府壁画中的五岳四渎在服饰上没有明显的地位高下之别，这与永乐宫、耀县南庵等处壁画不同。在元明壁画中，五岳神祇大都为头戴冕旒的帝王形象，而四渎神则多戴通天冠。之所以出现这种差异，可能与宋元帝王敕封五岳帝号有关。大中祥符四年（1011），宋真宗曾为五岳加封帝号，封东岳为天齐仁圣帝，南岳为司天昭圣帝，西岳为金天顺圣帝，北岳为安天元圣帝，中岳为中天崇圣帝。之后，元世祖至元二十八年（1291）春二月，又加封东岳为天齐大生仁圣帝，南岳司天大化昭圣帝，西岳金天大利顺

1 王逊：《永乐宫三清殿壁画题材试探》，《文物》1963年第8期，第29页。

圣帝，北岳安天大贞玄圣帝，中岳中天大宁崇圣帝。根据这些加封，后世壁画中的五岳多为帝王装扮，即便在明太祖下令恢复岳镇海渎原有封号后，戴冕旒的帝王装五岳图像仍未断绝。如现存的明代水陆画中，五岳山神均头戴冕旒，这一情况说明在我国古代寺观壁画中，有些图像样式并不完全与时代同步。平阳府壁画中的五岳图像也系如此，尽管宋真宗已经为五岳加封帝号，但后世图像仍可能沿袭早期壁画中的岳渎形象。因为在唐、五代乃至宋及元初绘画中，五岳四渎一直是作为“岳渎君长”被崇奉的，并没有按国家奉神体系被视为公侯。所以，早期的五岳四渎并没有明显的冠饰上的区别。对此，元代青龙寺壁画和北岳庙壁画中的五岳形象可为明证。

第四节　河北曲阳北岳庙壁画

一、北岳庙壁画概况

在现存的具有国家祭祀性质的五岳庙宇中，河北曲阳北岳庙与山东泰安岱庙以其丰富的壁画图像独树一帜，尤其是北岳庙壁画，因其绘制年代较早，构图独特而备受关注。

河北曲阳北岳庙壁画位于主体建筑德宁殿内，构图精练，色彩艳丽。壁画分别绘制于大殿东西两壁和扇面墙背部。东西两壁各高8米，长18米，壁画内容为人物、山水。其中，人物部分绘制于墙壁南部靠近窗户的位置，光线绝佳，便于人们观赏。所画人物、动物造型极为饱满、生动，具有很强的写实性。壁画中天神地祇共计80人，神态各异。壁画构图方式采用横向排列与小组布局相结合的方式，主要人物位于最下层前排中心位置，形体高大，身长大多在3米左右，比例适度，造型准确。东壁中间位置的一条巨龙长达6米以上，既是人物与山水的分界线，又从某种程度上预示了画面的主题。整幅壁画用笔流畅，所绘人物衣带飘飘若举，给人满壁风动之感。

北岳庙壁画山水部分的绘制具有特殊性，它不似大多数壁画那样只是作为人物的陪衬，而是整幅画面必不可少的部分。在东西两壁上，山水均占有半壁江山，没有和人物搅在一起，有其独立性。在国家祭祀的主要建筑中如此大面积地绘制山水壁画，当为北岳庙所独有。画中所绘山水云石，气势磅礴，生动形象，使人犹如置身真实场景之中，具有极强的震撼力。尤其是云的画法，用笔奔放，突出了风云变幻莫测的特点。云头画法多样，色彩绚丽，升腾的云雾与画面中静止的树石形成鲜明的对比，同时又与飞奔的鬼神、摆动的巨龙、流淌的河水以及倾泻的瀑布彼此呼应，相得益彰。

扇面墙背部壁画于1981年德宁殿落架重修时被发现，当时画面被红色胶泥覆盖，后有局部清理。现清理出来的画面，已绘制有临摹稿。画面主神是一位头戴帝王冠、身穿绣龙袍的帝王式人物，他端坐于华盖下，身后还有两个侍女。按其衣服样式，特别是从肩部及胸前的绣龙来看，与明代帝王服饰相仿。

二、北岳庙壁画相关研究

北岳庙壁画上没有榜题，史料中也未见有关壁画的详细记载。兼之北岳庙壁画图片一直未集结出版，故而研究者寥寥。从新中国成立前后至今涉及北岳庙壁画研究的主要有：

（1）1949年4月，胡蛮先生曾到北岳庙考察壁画，后在《吴道子的真迹》一文中对北岳庙壁画有约略500字的描写，认为“笔法苍老，气派雄厚……人物姿态表情，活泼生动，衣带的背向转折，飘飘然”，系吴道子中年的作品。胡蛮做出这一判断的主要依据是吴道子的活动年代在开元、天宝年间，兼之唐碑撰文者韦虚心开元九年（721）“奉敕重修北岳庙”这一事实，故而认定庙里的壁画是唐明皇下令派吴道子去画的，称“开元九年作此壁画的时候，吴道子正当壮年，约在三十到四十之间，他在中年‘行笔拓落’，曲阳北岳庙壁画风格正可以作为印证”。在胡蛮的文章中，北岳庙壁画被称为《天宫图》，他指出“东壁飞龙，经过后代画工用焦墨重描，两壁下层等身人物之天官、武士、侍女，似亦为后代画工所润色”。对于西壁上层的“飞神”左下方的一组天神，则认为画面完整无损，可以略见《天宫图》壁画之一斑。

（2）祁英涛先生在考察古代建筑时亦关注过北岳庙壁画。在其所写的《河北省南部几处古建筑的现状介绍》一文中有几句话提到过北岳庙壁画，称“相传是吴道子所画，而实际可能是1270年（元至元七年）重建时的作品”。祁英涛的文章发表于《文物参考资料》1953年第3期之上。

（3）在祁英涛有关壁画为元代绘制这一推测的基础上，李长瑞、周月姿撰写了《曲阳北岳庙壁画》一文，该文1985年4月发表于《美术研究》，全文3000多字，对壁画的绘制年代和具体内容进行了阐述。李长瑞、周月姿认为北岳庙现存壁画是元代绘制。在给出这一结论前，他们引用了一些史料，为北岳庙壁画系元人所绘找到一些证据。如他们认为，北岳庙中宋代王禹偁碑曾言：淳化二年（991）奉勒重建（考之碑文，“勒”当为“敕”字），百堵皆作，复堂于以俨像，设之晬容，乃兴廊庑，油漆彩绘……可以证明现存壁画不是唐人所为。而大殿建筑样式颇具时代特征，从大殿榜额到大殿结构，他们均认定是元代风格，故此推断壁画为元人绘制。但实际上，建筑物的时代特征最多可以为壁画的断代提供一个上限指标，而不能将其作为壁画的时代标志。在壁画题材认定方面，李长瑞、周月姿对各组人物和动物的衣着或形态进行了较为细致的描述，如称东壁巨龙“体态崎曲蜿蜒，有吞云吐雾之势，气势凶猛”，对水官的描述是“身穿绿袍，腰扎丝带，面部狰狞，猪嘴人身”，但并未展开细致考证，尤其是图像学上的论证。

（4）另一位关注过北岳庙壁画的研究者是黄苗子先生。他在《吴道子事辑》一文中，旁征博引，将所有与吴道子相关的信息大都集录于一起，其中亦包括胡蛮及祁英涛二位先生关于北岳庙壁画的文章。《吴道子事辑》对北岳庙壁画研究具有一定的借鉴意义，该文连载于20世纪80年代发行的《中国画研究》之上。

（5）对北岳庙壁画用力较多的是北岳庙文管所的薛增福和王丽敏。二人主编了《曲阳北岳庙》一书，该书于2000年4月由河北美术出版社出版。《曲阳北岳庙》是截至目前对北岳庙介绍最为详尽的著作，其中有专门章节探讨壁画的风格、内容及绘制者身份。该书认定北岳庙壁画的绘制时间为唐代，绘制者为吴道子。

（6）另外两位研究者均来自高校。一位是荷兰莱顿大学的葛思康（Lennert Gesterkamp），一位是中央美术学院的赵伟。他们二人均就北岳庙壁画相关内容展开探讨，并依此完成了各自的硕士论文。

除此之外，近年又有一些研究者相继发表过一些有关北岳庙壁画的论文，其讨论的范围亦多限定在以上研究框架之内。

三、北岳庙壁画的绘制年代

在有关北岳庙壁画的研究中，争论的焦点之一是壁画的绘制年代。在历史上，有关北岳庙壁画的绘制年代有多种说法，其中最为盛行的是唐代吴道子绘画说。北岳庙壁画为吴道子所绘的传说由来已久，民间一直有“曲阳鬼，赵州水”的说法。新中国成立以后，以胡蛮、张仃为代表的部分研究者也认为北岳庙壁画系吴道子所为。在北岳庙内，明代万历年间刊刻的“曲阳鬼”画像石上亦有“吴道子笔”之语。同时，《曲阳县志》中也辑有类似记载，如《京畿金石考》（清代）载：“吴道子画像在岳庙。”《寰宇访碑录》（清代）云：“吴道子画鬼正书九仟月，直隶曲阳。”胡蛮先生也认为北岳庙壁画系吴道子所为，其主要依据系唐代开元九年（721）三月二十六日所立的《大唐北岳府君之碑》。该碑现藏于北岳庙，碑中载有“藻绘丹青，侯亦城之霞起，图写精异，疑缑河之仙集”的文字。通过对以上碑文的解读，胡蛮认为现存北岳庙壁画系唐御史中丞韦虚心奉敕重修北岳庙时由吴道子绘制，他说：“奉敕重修北岳庙，这在当时是很隆重的。庙里的壁画，当然是由唐明皇下令派吴道子去画的。”

如果从北岳庙作为国家祭祀场所这一情况出发，皇帝派宫廷画师到国家祭祀场所画壁似乎合情合理。北岳庙的唐碑多由达官显贵撰书，如其中一块唐碑就是张彦远的高祖开国侯张嘉贞所撰。考察吴道子的活动时间，又恰好在开元、天宝年间。而且单就画面分组式布局和人物造型而言，北岳庙壁画与相传吴道子的《天王送子图》确有相似之处。在技法上，北岳庙壁画笔法娴熟、恣意，衣纹圆转飘逸，长线一勾到底，兼有粗细变化，所有这些特征都与画论对吴道子画风的描述相吻合。如宋代郭若虚《图画见闻志》论曹吴体法时称吴道子用笔“其势圆转，而衣服飘举”；朱景玄的《唐朝名画录》记载吴道子画兴善寺壁画时“观者如堵，其圆光立笔挥扫，势若旋风”。吴道子作画速度快，曾为唐明皇画嘉陵江山水，一日而毕，但其气势不输李思训的三月之功。吴道子中年行笔拓落，似莼菜条。以上这些特征在北岳庙壁画中都展现毕尽。正因为如此，许多具有丰富经验的画家大都将北岳庙壁画视为吴道子的手笔。

但是，需要注意的是，如果现存北岳庙壁画果真为吴道子所绘，那么壁画本身所展现出的诸多唐以后的时代痕迹就无法解释。如人物衣饰：我国汉文化传统重视以衣冠别礼仪，尤其是祭祀冠服，自当“辨其名物，与其用事”，即按礼仪的性质与规格，搭配相应的衣冠。在古人眼里，这是与社稷否泰、王室兴衰、国民命运密切相关的大事，容不得半点疏忽，冠服已不仅仅是一个人的身份的象征。北岳庙壁画中人物的冠服，就是礼制服装的一种体现，从宽大的袍袖到高贵的梁冠都显示了画中人物的与众不同，是秦汉以降，历代国家冠服制度不断演变过程中的一环，具有时代特征。如果现存壁画为吴道子所绘，那么壁画所反映的服装特征毫无疑问就应该具有唐代或唐代以前的服装特征，而不是唐代以后的服装样式。但从北岳庙壁画所展现的服装样式与现存的唐代作品比较，可以发现它们的差别很大。以开衽为例，自汉代以来，中原人的袍式服装就以右衽为主，与少数民族（主要指北方少数民族）的左衽服装有所区别，这一习俗一直维持至宋。宋初，严格的礼仪制度使服饰更趋规范化。但到了宋末，随着大宋政权的不断衰落，辽金势力的增强，那些生存于辽金占领地区的汉族平民已潜移默化地学穿对方的服装，尤其是契丹人的左衽服装。北岳庙所属的曲阳地区位处淮北，属于燕云十六州之一，早在石敬瑭统治时期就已归属辽邦，到靖康之变前，已处于金人控制之中，这样直到蒙古政权的建立，曲阳地区一直由少数民族政权管辖，各方面受其影响的程度很深。北岳庙壁画中的侍卫，很明显也是左衽袍服。所以，由此可以断定壁画绘制的最早年代不会超过宋。

还有，壁画中主要人物所佩带的方心曲领尽管兴起于隋唐，但仅限于史料记载，在唐代图像中并未出现。目前发现的最早出土实物是莫高窟石室所藏的五代绢画《五方五帝图》。到宋时，方心曲领才渐被应用到大臣画像及宗教绘画中。

另外，从唐代碑文对壁画内容的描述看，现存壁画与唐碑所称的画面并不相符。如《大唐北岳府君之碑》（唐代韦虚心撰文）在述及画面时曾提到“朱鸟拂栋，玉女窥窗”之语。其中“玉女窥窗”本源于王延寿的《鲁灵光殿赋》，系借此说明壁画中绘有仙人题材，不足以印证现存的壁画内容。

而且，就吴道子个人而言，唐开元九年（721）正值其画技鼎盛时期，以他当时的名望，无论在两都（长安、洛阳）还是外埠都是炙手可热的人物。如果当时他真的奉敕来北岳庙画壁，纵使唐代画论不提，北岳庙的唐代碑刻及地方志也不可能只字不录。而且，据记载，宋代大文豪苏东坡见过吴道子真迹，并曾在多首诗中大加赞赏。如《王维、吴道子画》中就有“何处访吴画，普门与开元”之语。《书吴道子画后》中也有“游刃有余，运斤成风，盖古今一人而已”的论述。宋代邵博的《闻见后录》中亦有“凤翔府开元寺，大殿九间，后壁吴道子画”的著录，正可与苏轼所言相互印证，说明苏轼之语并非虚妄。而苏东坡本人又曾在定州做过地方官，绍圣元年（1094）三月，他还曾上书朝廷，奏请降度牒筹款以便整修北岳庙。奏折中有对北岳庙的描述，但只字未提庙内壁画。以苏的修养和其以前对吴画的热衷表现，如果当时北岳庙壁画确系吴道子真迹，他不可能无动于衷。

还需注意一点的是，最早记录“吴道子笔”字迹的那块石刻，是明代万历年间曲阳知县赵岱所为，但石刻的确切用意到底是吴道子亲笔绘制还是吴道子的笔法，尚有待考证。而且，县志所列几个有关“吴道子画壁”的记载，俱是石刻之后之事，如果吴道子真的来此画壁，为什么要到700年后才被人们提起？明代尤其是嘉靖、万历时期，皇帝宠信道士，沉迷于一些荒诞之事。当时，地方官吏为求迁升或自保，往往会编造一些耸人听闻的事情以博得皇帝的欢心，如负责刊刻“吴道子笔”石碑的知县赵岱就曾上奏称曲阳北岳庙长有灵芝，现北岳庙中还有他当年记录此事的碑文存在，其求悦皇帝的用意是极为明显的。所以，所谓北岳庙壁画为吴道子所绘并非历史事实，极有可能是明中后期被人误传的。当时北岳庙中可能确有前人绘制的壁画，但未必是唐代的，更未必是吴道子的，只是经过一些人的臆度或故意改造，再加上我国历来就有崇拜能工巧匠的传统，便把那些壁画说成吴道子的。之后，以讹传讹，才有了后来吴道子画北岳庙壁画的话题。

其实，壁画中具体的动物造型，也体现了明显的时代特征。如北岳庙东壁所绘巨龙，不似宋元笔法，而是颇具明代龙之特征。该龙位于东壁正中位置，头下尾上，呈降龙样，龙身长6.4米，体态灵活，极具崎岖蜿蜒之势，肉质感很强。该龙的龙身较为粗壮，遍布鳞纹。颈部相对较细，与蛇相似。身有五爪，尖劲有力，呈半月型。龙嘴则稍稍开启，露出了尖利的牙齿，上下唇已经收齐，下颌部有密集的刺状物。龙眼圆睁，眼上部有眉，身上带有背鳍，龙发分为小绺向上飞扬。按其样式，颇似明代龙的样式。因为只有到了明代中期，龙的上嘴唇和下嘴唇才开始收齐。并且，明代早、中、晚期的龙发也各有特点。早期，龙发喜整束由后向前飘飞，一般从两只龙角间飘过，因此，常常仅见一角完整。中期前后，龙发多喜分为小绺，比较稀疏地从双角后向前或向上倒飘，常可见双角。中晚期，特别是明万历前后的龙发，呈整绺或两束自双角后部向前倒飘，外形饱满。这时的鼻须，位置也明显前移，于鼻后生出，形较粗短。万历年间的龙嘴开启，常作戏珠状。北岳庙东壁巨龙形象与明代中期龙形较为吻合，所以，此龙很有可能绘制于明代中期。

而且，北岳庙历代的修建记录亦可作为判断壁画绘制年代的有力佐证。北岳庙从北魏时移至今址，至今已有1500年的历史。在千年的历史长河中，北岳庙历经了无数次重修和扩建。按《曲阳县志》载：“自后魏移治今城（见《一统志》）始改建今庙……唐贞观中修之。”北岳庙现存的郑子春碑也记载了唐开元时，定州刺史段崇简的一次增拓活动。五代后唐天佑十三年（916），在定州节度使王处直的关照下，北岳庙又得以重新修葺。

北宋淳化二年（991），对北岳庙有过一次非常重要的修建。有关这次修建，据北岳庙现存的由宋代王禹偁撰文的《大宋重修北岳安天王庙之碑》记载，其起因是匈奴（契丹人）犯塞时，曾至岳祠占卜吉凶，但占卜的结果“不从猾夏之心”，于是，“遂纵燎原之火”。“匈奴犯塞”后造成的火灾，对北岳庙的破坏最为严重，到宋太宗命有司恢复殿堂时，受命大臣已经无法凭借简单的修葺达到目的，而只能是“百堵皆作”了。不但如此，负责工程的官员为了把北岳庙建得比以前更有气势，以迎合宋帝“鼎新大壮”的主旨，于是开始了“乃复堂殿，于以俨像设之睟容。乃兴廊庑，于以列徒御之绘事。门阙有赫，阶陛斯隆。绣桷云楣，丹雘烟霞之色；旋题藻井，交宫日月之光”的彻底重建。碑文中有关“旋题藻井”的描绘，表明当时新建的北岳庙内绘有彩绘，尽管未必与现在彩绘一致，但足以说明宋时北岳庙的状况。宋皇祐二年（1050），资政殿大学士、光禄大夫韩琦因北岳庙年久失修，以致每岁致祭时守臣和执事者都升降于颓檐坏屋之间，对神灵极为不敬，故而再次修葺。此次修葺使“敝陋朽桡之迹焕然一新”，神像也得到重新润色，但未涉及壁画的重绘。

金与蒙元对抗期间，约有20年，作为战场的华北地区一片荒芜。到元世祖忽必烈建立统治时，地处北方的五岳庙宇多已破败，以至世祖皇帝不得不下令“肇新祠宇”。现今留存的曲阳北岳庙便是这一时期所建，至今，北岳庙德宁殿的牌匾上尚有“特旨重修真定路转运使司经历李庭奉诚明真人命书”的题字，题字末尾所记录的时间为：大朝至元七年（1270）正月一日建。

诚明真人，即张志敬，是元代全真教的掌教，其师李志常是追随丘处机远赴西域觐见成吉思汗的十八高徒之一。李志常执掌全真教时对其极为爱惜，使之享有博览群书的权利，到后来，更把掌教大任交付于他。张志敬不负厚望，执教期间兢兢业业，做了许多名垂千古的大事，最后殚精竭虑，于至元七年（1270）十一月十七日不幸谢世，享年51岁。张志敬执教期间最大的贡献莫过于对道教庙宇的建造和维护。《诚明真人道行碑》中有他派人整修五岳四渎的记载，称：岳渎多在金季兵火中摧毁，内府出元宝钞十万缗，让他雇工修缮，北岳庙德宁殿榜题当是他派人修缮岳庙后所为。除此之外，众所周知的永乐宫也是在其掌教期间修建的。对于北岳庙元代至元年间的这次重修是否涉及壁画，碑文未有记述。但按常规，建筑完工之后应该绘有壁画。所以，北岳庙现存壁画最早应该是元至元年间绘制，只不过后期又有所补绘甚或局部重绘。

从北岳庙现存碑刻、《曲阳县志》、《古今图书集成》以及国家图书馆所藏的万历年间刊印的《北岳庙》卷来看，北岳庙在明代共经历了五次修建，其中有两次重修极为重要。嘉靖丙申年（1536）中秋所立的《题名记碑》曾提到嘉靖十四年（1535）的重修信息，称：“仰瞻庙制，倾者圮之，颓者修之，缺者补之，旧者新之，栋楹梁桷之腐黑挠折者皆已坚饬，善瓦级砖之破缺者皆已完固，赤白之漫漶不鲜者皆已光洁……”此处“赤白之漫漶不鲜者”，似指壁画。

明代嘉靖十六年（1537）的重修在《曲阳县重修北岳庙碑》中有详细记录。这次重修由一批吏部、户部、兵部的朝廷命官主持，碑刻由真定府知府张宜所立，现北岳庙中尚有宋官碑楼，楼内石碑保存完好。《曲阳县重修北岳庙碑》体裁系祭告文格式，前面为文，后面为颂。在告文部分，有“紫盖黄旗，风雨倏其前后；翠虬降节，雷电俨其西东”之语，与现存壁画所展示的场景极为相似，当是对壁画画面的一种描绘。在颂的部分，除了颂扬重修后的庙貌“焕然其辉，巍然其威”外，还对诸神下界的情景进行了描绘，说：“牲醴其香，钟鼓其镗，神其来尝。昭昭朔令，万物咸定，各正性命。朱草瑶英，庆云景星，百顺皆名。电旗雷车，日精月华，震耀无涯……”通过考察嘉靖十五年及十六年的重修碑文，可以看出嘉靖年的重修与现存北岳庙壁画的关系最为密切，也是北岳庙元代以后比较彻底的一次重修，重修规模很大。所以，综合壁画中出现的重修或重绘痕迹看，现存北岳庙壁画应该是元至元年间初绘，明嘉靖年间重新补绘的结果。

图 5-4-1　河北曲阳北岳庙德宁殿东壁（临摹稿），元，位于河北曲阳县

作为国家祭祀场所，北岳庙是现存五岳庙宇中壁画与庙治保存年代最早的一个，比较能够反映五岳信仰在历代国家祭祀与民众信仰中的地位和功能，也更能为后人提供古代社会历史文化研究的宝贵资料。但由于壁画中既无绘制年代及绘制者的相关记录，又无人物榜题，所以，长期以来，壁画的名称一直未有确定，只能以《天宫图》或者是《云行雨施》、《万国咸宁》、《起跸图》等代之。至于壁画中的人物身份，更是多以“骑龙老者”、“老君”等称号称之。鉴于“这些神祇的名目是研究其历史价值和艺术价值所必须首先解决的问题”，故此，北岳庙壁画中的主要神祇身份需要认真辨识。

四、北岳庙壁画神祇身份

由于北岳庙壁画中的五岳神祇服饰遵循着中国传统信仰中的五行观念，所以，五岳神的身份可按袍服颜色划分，其中东岳服青袍，位于东壁；中岳服黄袍，亦位于东壁；北岳服黑袍，位于西壁；西岳和南岳分服白袍和红袍，亦位于西壁。至于其他神祇，则可按东西二壁逐次探讨。

首先是东壁神祇（图5-4-1）身份：东壁下层共绘有神祇17位，其中两位主像尺寸较大，在构图上占据主要位置，按其袍服色调应为五岳中的东岳和中岳山神。

东岳泰山神（图5-4-2）。北岳庙中的泰山神头戴七梁碧色通天冠，身穿青绿袍，手中斜握笏板，站在众神中间，其身旁有一露出头颈的青龙，这与《云笈七签》（宋代）中“泰山君服青袍，戴苍碧七称之冠，佩通阳太平之印，乘青龙”的描述相符。东岳面容凝重，神情专注，从其满腮的花白胡须可以看出他应是五岳之中年纪最长者。按《风俗通义·正失》［东汉］讲，封禅之所以必于岱宗者，是因为“宗者，长也，万物之宗”。北岳庙壁画将其塑造成长者模样恐怕也是出于这个原因。但如此安排也仅限于此地，在其他地方的壁画中，尚未发现东岳形象的这一差异。《古今图书集成·神异典》卷二十二引《岱史》称：“五岳之神，分掌世界人物，各有攸属。岱泰山乃天帝之孙，群灵之府，主世界人民官职生死贵贱等事。”泰山神从古至今，一直处于比较受重视的地位，宋时，东岳大帝的庙宇已遍布全国，其地位较其他四岳为重。北岳庙壁画把他放在极为显著的位置，可能也是基于以上原因。

中岳嵩山神（图5-4-3）。他头戴通天冠，身穿黄袍，手执笏板，身体微侧向东岳，似有所待。《云笈七签》（宋代）载：“中岳嵩高君，领仙官玉女三万人。中岳君服黄素之

图 5-4-2 河北曲阳北岳庙德宁殿东壁东岳神，元，位于河北曲阳县

图 5-4-3 河北曲阳北岳庙德宁殿东壁中岳神，元，位于河北曲阳县

图 5-4-4 河北曲阳北岳庙德宁殿东壁九天应元雷声普化真王、雨师、电母等众（临摹稿），元，位于河北曲阳县

袍，戴黄玉太乙之冠，佩神宗阳和之印，乘黄龙，从群官。中岳五土之主，太上常用三大真人有德望者以居之。”《无上秘要》（引自正统《道藏》）云：“中岳嵩山君，姓角讳普生。头建中元黄农玉冠，衣黄锦飞裙，披光黄文裘，带黄神中皇之章。常以四季月干支俱土日，乘黄霞飞轮，奏真仙名录，上言于帝。”从以上种种记载看，中岳服黄袍，与壁画中（2）号神祇的服饰同，故可认其为中岳。

东岳和中岳身边的两位执笏神祇应为四渎中的两位。河流崇拜同山岳崇拜一样，在我国有着悠久的历史。汉宣帝时，曾诏书太常：“夫江海，百川之大者也，今阙焉无祠。其令祠官以礼为岁事，以四时祠江海洛水，祈为天下丰年焉。”自是，五岳四渎皆有常礼，并成为国家祀典中山川神的代表。在历代庙宇中，江、河、淮、济这四条大河的形象经常与五岳绘制在一起，且四渎的身份在明代以前一直要比五岳略低，直到明太祖朱元璋下令去除诸山川神先前的封号，改称某某神时，四渎的冠服才与五岳相近，但由于他们长期处于五岳的陪衬地位，故在形体等方面较五岳而言仍处于弱势。北岳庙壁画中四渎的形体与五岳神相比较为弱小。在国家致祭活动中，五岳四渎一般会被放置在一起共同尚飨。四渎与北岳还有一种特殊的渊源。按《恒岳志》（清代）言，北岳恒山主世界江河淮济，兼四足负荷之类。由此可见，壁画绘制者将四渎绘于五岳之旁确有一定道理。

东壁最下层除了以上四位主要人物外，还有一群随从，分别为：执掌仪式的武士侍卫共8人，负责献礼的玉女2人、仙童2人，夜叉1人。武士侍卫、仙童、玉女，在形象上没有一定之规，只是作为尊者的侍从身份出现，多为执器具和供物者。壁画中还有一形象是北魏以来佛教造像中夜叉造型的遗存，其卷发后梳，如怒发冲冠状，此形象类似段玉明在《中国寺庙文化》中对夜叉的描述，该文称："夜叉像：卷发后梳，类如怒发冲冠。颈下有项圈，上身袒露，天带飘扬，下着牛鼻裈。"北岳庙壁画中多处出现上述图像，但大多只绘头脸及颈下部分，无法窥见全貌，其形制与鬼卒的造型相映成辉。

东壁上层左首神祇身份：这一部分绘有13个人物，以持笏板的两位神祇为主，而二人中又以头戴通天冠侧坐者为尊，立于侧坐者右边的是一头戴黑帽，白发、白胡子的老者，他手持笏板作拱揖状，似乎正毕恭毕敬地向主神请示什么。他们的右后方，是以六连鼓为背景的诸神，中间一神身躯庞大，头脸呈动物状，右手握鼓锤正准备击鼓。按《论衡》［东汉］言："图画之工，图雷之状，累累如连鼓之形。又图一人，若力士之容，谓之雷公，使之左手引连鼓，右手椎之。"

从以上神祇形象和所执法器分析，这组人物的身份与天宫雷部诸神（图5-4-4）有关。具体到每位神祇的身份，李长瑞、周月姿二位称侧坐的主神为五福太乙。至于主神旁边的白发老者，他们未能识别出其身份。

五福太乙，是宋代推崇的大神。按《宋中太乙宫碑铭》载，熙宁四年（1071），司天监曾建言："太乙五福之神，以七年关逢，摄提格之岁，行临中宫。其名为真室，其分为京师之野，其祥为民康物阜，太平之应，请立祠如故事。天子可其奏，命将作监即国中之南而建宫焉。经始于四年之冬，而成于六年（1073）之春。凡为三门七殿，分祠十太一与太岁之神，而五福居其中。"

宋敏求的《春明退朝录》亦载：宋太宗时，曾建东太乙宫于苏邸，列有十殿。其中五福、君綦二太乙处前殿。尽管文中并未明确太乙数目，但从十殿布局可知，东太乙宫所祀神祇应为十太乙。《宋东太乙宫碑铭》中的"十神以之咸秩"也表明当时东太乙宫所祀之神为十太乙。在东太乙宫的十太乙中，尤以五福及君綦二神地位最高，不但位列前殿，而且冠通天，服绛纱，其余太乙则为道冠霓衣。而在天圣年间（1023—1032）所建的西太乙宫中，占据重要位置且得以冠通天、服绛纱的神祇共有三位，除五福、君綦外，另增加了大游太乙。其余太乙皆道冠霓衣，地位低于以上三位神祇。如此状态一直延续至熙宁五年（1072），至中太乙宫筹建时，当时负责主持塑像的内侍向下礼院提请商议十太乙的冠服。礼院提出两个方案，一个是仍依东西二宫之制，一个便是尽服通天、绛纱。后来宋神宗派人考察了亳州太清宫唐代太乙塑像样式，决定遵循唐制，使十太乙尽服王者衣冠。

按《春明退朝录》的记载，在宋神宗统一太乙冠服之前，五福太乙并不是唯一一位受重视的神祇，和他拥有同等待遇的神祇还有一两位，而且，《春明退朝录》等史料也没有留下五福太乙的具体特征，使后人难以从图像上对其身份加以区分。所以，尽管在南宋金允中编写的《上清灵宝大法》卷十一中记录了十神太乙的排列顺序，即五福太乙真君、君綦太乙真君、大游太乙真君、小游太乙真君、天一太乙真君、地一太乙真君、四神太乙真君、直符太乙真君、臣綦太乙真君、民綦太乙真君，以五福太乙真君作为首席，但如果仅凭这一排名就将其视作北岳庙东壁雷部侧坐主尊仍过于牵强。

除五福太乙外，在道教诸神中还有一位神祇有可能与北岳庙东壁的侧坐神有关。该神名为"九天应元雷声普化真王"，亦即轩辕黄帝，其职能主要负责雷部众神。据《明史·礼志四》载："（弘治元年）尚书周洪谟等言：'雷声普化天尊者'，道家以为总司五雷，又以六月二十四日为天尊现示之日，故岁以是日遣官诣显灵宫致祭。"对于天尊的来历，有几种不同说法，与本壁画中形象比较贴切的是轩辕黄帝说。按《重修纬书集成》之《河图始开图》载："黄帝名轩辕，北斗神也，以雷精起。"同书之《春秋合诚图》亦称："轩辕星，主雷雨之神。"《九天应元雷声普化天尊玉枢宝经》（宋编）说普化天尊为神，雷府九宸之一，是总司五雷，普化众生，赏罚善恶之神。《历代神仙通鉴》亦称："（黄帝）封号为'九天应元雷声普化真王'，所居神霄玉府，在碧霄梵气之中，去雷城二千三百里。雷城高八十一丈，左有玉枢五雷使院，右有玉府五雷使院。真王之前有雷鼓三十六面，三十六神司之。凡行雷之时，真王亲击本部雷鼓一下，即时雷公雷师兴发雷声也。雷公即入雷泽而为神者也。力牧敕为雷师皓翁。"此处所言的力牧，本为黄帝时期的大臣。据《史记》记载，黄帝曾举"风后、力牧、常先、大鸿以治民"。可能正是因为黄帝与力牧在历史上曾经拥有的良好关系，当黄帝被任命为九天应元雷声普化真王时，力牧也被敕封为雷师皓翁。

由此而论，北岳庙这组以雷公电母为主的神祇中侧身就坐的王者有可能是九天应元雷声普化真王，其身边秉笏躬身拜见的白发老者，则可能为雷师皓翁力牧。与民间流传的九天应元雷声普化天尊图像有所不同的是，此处的九天应元雷声普化真王并未采取常见的道人装扮，而是头戴通天冠，似一王者。鉴于"九天应元雷声普化天尊"与"九天应元雷声普化真王"虽为同一神祇，但有可能装扮不同，即当时也许存在着两种版本的九天应元雷声普化真王像，一种为天尊样式，一种为帝王样式。

至于六连鼓前面的人物，因有比较明显的标志物，其身份应该是雷公、电母、风伯、雨师。其中风伯正弯腰作背风袋姿势，雨师则作儒生打扮，一手拿盛雨器，一手正在播雨。雷公旁边的女性神祇，手中隐约执一闪电镜，其身份应为电母。《元史·舆服制》云："电母旗，画神人为女人形，纁衣朱裳白裤，两手运光。"《集说诠真》[清]也云："今俗又塑电神母，其容如女，貌端雅，两手各执镜，号曰电母秀天君。"北岳庙壁画中的电母双手只捧一镜，不同于以上记录中的双手运光电母。除此之外，还有两位随行雷声普化真王的玉女，她们每人手中均持有不同的器物。

东壁上层右端绘有7个人物，以中间穿紫衣、持笏板的神祇为主。其身旁另外两位神祇均红发怪面，手持笏板，其中一位身穿绿袍，另一位身穿红袍。二人旁边跟着一名侍者和一个横枪回望的鬼卒。

从该组人物形象及史料记载看，此三位持笏板者应为天地水三官。三官信仰由来已久，从现存的永乐宫三清殿壁画以及众多的水陆壁画中均可见三官造型。据《三教源流搜神大全》言：三元（三官）大帝乃是元受真仙之骨，受化更生，再苏为人。天尊见有神通广法，显现无穷，即封为上元一品九气天官紫微大帝，总主上官诸天帝王、上圣高真、三罗万象星君；中元二品七气地官清虚大帝，总主五岳并二十四治山、九地土皇、四维八极神君；下元三品五气水官洞阴大帝，总主九江水帝、四渎神君、十二溪真、三河四海神君。《历代神仙通鉴》云：三元在三界中，上至诸天大神升临之籍，星宿照临国土分野之簿，中至人品考限之期，下至鱼龙变化飞走潜动生化之目，并俟三官集圣之时，分别录奏。《陔余丛考》也称：道家以天、地、水为三元，能为人赐福、赦罪、解厄。三官中天官地位最高，故此，在壁画中，天官往往居于中心位置或前列。

图 5-4-5 河北曲阳北岳庙德宁殿西壁（临摹稿），元，位于河北曲阳县

北岳庙壁画以地官、水官持笏向天官致意的形式表示了他们之间地位的不同，可谓匠心独运。北岳庙壁画中三官的形象具有早期信仰的特征，三人奇特的面部形象可以使人们将其与“主鬼神升转”的职责联系起来。尽管后来三官中的天官被道教封为赐福紫微帝君，尤其是近代，更将其变为福神，与寿、禄二神并列，使之丧失了原有的意义，但北岳庙壁画中的三官造型应该是秉承宋元体系而来，与永乐宫壁画中的三官图像同属一个类别。

除了三官以外，这组人物中还有多位侍者。其中，天官旁边的白衣执扇者，从其面目表情看，颇似一女官，后面托盘者也具有女性特征。最后一位侍者因图片不够清晰，暂且无法识别，从临摹稿上可以看出此人身负一物。据李长瑞文载，其背负的是一个插珊瑚的宝瓶。三官旁边还有一位鬼卒，神态造型与西壁上的“曲阳鬼”极为相似，应为三官部众。

除以上神祇外，在三官和雷部众神下方、岳渎神上方之祥云缭绕间还有三位神祇，

图 5-4-6 河北曲阳北岳庙德宁殿西壁北岳山神，元，位于河北曲阳县

图 5-4-7 河北曲阳北岳庙德宁殿西壁西岳山神，元，位于河北曲阳县

正回头张望。他们的手中均执有珊瑚、象牙类珍宝，其中一人的装束类似渡海的达摩。

北岳庙西壁绘有41位神祇，亦按小组形式排列（图5-4-5）。

西壁下层人物身份：北岳庙西壁下层绘制了16位神祇形象，其中主要人物形象三个，均体形高大，位置显赫。北岳山神（图5-4-6），高3米多。他面色黝黑，双目直视，头上戴卷云冠，冠上饰冥灵头像，身穿黑袍，手执笏板，极为威严地站在众人前面，似乎正在等待仪式的开始。按《云笈七签》载：北岳衡山君，领仙人玉女七千人。北岳君服元流之袍，戴太真冥灵之冠，佩长津悟真之印，乘黑龙。壁画中除“印”和“黑龙”未绘制外，其他部分均与记载吻合。

西岳山神（图5－4－7），服白袍。史载“西岳华山君，领仙官玉女四千一百人。华山君服白素之袍，戴太初九流之冠，佩开天通真之印，乘白龙”。北岳庙壁画中（42）号神祇袍服之色亦与此同，其身份当为西岳之神无疑。

图5-4-8a 河北曲阳北岳庙德宁殿西壁南岳山神，元，位于河北曲阳县

图5-4-8b 河北曲阳北岳庙德宁殿西壁南岳山神局部，元，位于河北曲阳县

南岳山神（图5-4-8a），服红袍。据《道藏》之《云笈七签》载：南岳衡山君领仙七万七百人。南岳君服朱光之袍，九丹日精之冠，佩夜光天真之印，乘赤龙，从群官；《衡岳志》亦记载明太祖曾经夜梦一人，伟貌修髯，自称衡岳神。北岳庙壁画中的衡岳神身材伟岸，身穿红袍，面如重枣，脸颊上长有浓密的胡须，气度不凡。他头戴云冠，冠上饰一青龙，正执笏扭头回望，似乎正等待某人。南岳山神的面相（图5-4-8b）较为特别，与一些动物化神灵造型接近，尤其是口鼻部分，同其他岳神相比有一定的差异性，这可能与他主管世界分野之地，兼督鳞甲水族变化的职能有关。

与三位岳神同列西壁的还有四渎中的两位以及负责护卫或献礼的武士、夜叉和玉女。北岳和西岳身边负责献礼的两位夜叉，面目丑陋，头发皆向后飞扬。与之相临的一位武士神态俊朗，但手中未拿武器而是捧着一个礼盘。武士前面有一位手举笏板、胸前佩方心曲领的臣子状神祇。按装扮其神职地位较高，不应是侍从之属，但因图像不清，暂无法考证其出处。除此之外，在西壁下层最后一位人物是一位扛树枝的年轻仙童。

西壁上层第一组人物仍以风伯、雨师、电母等神祇为代表（图5-4-9）。其中雨师正一手拿盛雨器，一手拿柳枝。在此，标志性的器具成为判断其身份的重要依据。风伯的身份则可通过其所背负的大口袋得出。风伯身后是四位负责执掌仪仗的神祇。再之后，则为手拿电光镜的电母。执礼侍从前面尚有两位神祇，其中一位武士打扮，从体态和穿着上无法猜度其身份，可初步定为护卫武士。另一位是一个负责献礼的仙童。西壁此组众人之后还有一位神祇，其造型与东壁雷公相似，二者身份应该一致。另有一形体较小神祇，目前尚无法判断其身份。

图 5-4-9　河北曲阳北岳庙德宁殿西壁风伯、雨师、电母等神祇，元，位于河北曲阳县

西壁上层第二组人物中位处核心位置的是一头戴通天冠的老者，其胯下骑一黄龙。该神祇身边共有八个侍从，跑在最前边的就是著名的“曲阳鬼”（图5-4-10），“曲阳鬼”斜后方是两位执幡侍女，侍女后面即黄龙的左右为一位负责献礼的夜叉和两位执仪仗侍卫，最后两位分别为一执笏男子和一穿绿袍的鬼卒。

图 5-4-10　河北曲阳北岳庙德宁殿西壁曲阳鬼，元，位于河北曲阳县

乘黄龙的老者被李长瑞、周月姿二人识作东海龙王敖广。在宋元时期，传统壁画中未有龙王乘龙出行的惯例。因其特性所致，龙王根本无需再借助其他龙体飞行。另外，如果按照诸神所辖方位，北岳位处北方，即便需要龙王兴云降雨，也理应由管理北方的龙王敖顺履行其职责，而不应打乱各位龙王权限，改由东海龙王敖广执行北方的降水任务。

所以，北岳庙壁画上的骑龙者应该不是龙王，而是另有其人。考虑到北岳庙东西两壁均以兴云布雨为主题，且两次出现风伯、雨师、雷公、电母等雷部诸神，所以，骑龙老者应该可以同样考虑雷部诸神的上司九天应元雷声普化真王，也即轩辕黄帝。而且，按照史料记载，轩辕黄帝也确有乘龙飞升的经历。所以，西壁骑龙老者很有可能为“九天应元雷声普化真王”。

西壁上层第三组人物以奉香者为首（图5-4-11），共7个人物。因图像绘制在高处，兼之年代久远，图像极不清晰，尤其是香炉的造型，只有一个大概的轮廓，曾被误认为婴儿。壁画中的奉香者头戴一顶改良后的鞑帽，该帽如除去上面的兽尾注顶和缘沿的装饰，看上去与后世的瓜皮帽样式极为接近。奉香者手执一长柄香炉，弯腰前行，正在进香。对于此位神祇的身份，目前尚无较为明确的意见。从其随行人物看，多为鬼族形象，所以，此人有可能与天曹类神祇有关。奉香者的前面还有一武士，身上佩弓。其旁边是一类似“曲阳鬼”的飞天，再后面是四位负责执掌仪仗和捧奉献礼的侍从。

图 5-4-11　河北曲阳北岳庙德宁殿西壁奉香人众（临摹稿），元，位于河北曲阳县

北岳庙壁画构思巧妙，布局合理，其绘制手法恣意洒脱，颇具吴带当风之神韵，是国内外公认的最具吴道子画风的一处壁画，一直以来备受世人的重视。其壁画中大幅的山水构图，为后人研究元代的道教壁画和山水画提供了宝贵资料。

第五节　山西洪洞水神庙壁画

一、水神庙概况

洪洞水神庙，亦称明应王庙或大郎庙，位于山西洪洞县东北十余公里的广胜寺侧旁。广胜寺，分为上寺和下寺。上寺建于霍山南麓山巅空地之上，寺内有著名的飞虹琉璃塔。下寺建于霍山脚下，坐北朝南，面临霍泉。水神庙即位于下寺西侧，二者仅一墙之隔，且中隔小门。以致人们常常将水神庙视为广胜寺的一部分，其实不然。广胜寺是佛教寺院，水神庙乃道教殿宇。虽然水神庙的营建、重修乃至壁画绘制中都或多或少地涉及佛教因素，但改变不了其作为道教神祇殿堂的特性。

水神庙的主体建筑是位于庭院中心的明应王殿，殿宇面宽五间，进深亦五间，四周有围廊，殿上为重檐歇山顶，整个大殿无窗，只在前檐明间设板门一道用于通行和采光。该殿主尊被认为是霍泉水神。其实，在最早的建制中，此处供奉的应该是霍山神。霍山，在国家祭祀系统中，位列四镇之一。按《尚书要义》载：“四镇，山之重大者。谓扬州之会稽山，青州之沂山，幽州医无闾山，冀州之霍山。是五岳之外名山也。”[1]后来

1 文渊阁《四库全书》（电子版），经部，书类，《尚书要义》，卷二。

四镇扩充至五镇，今山西霍山，一直被视为五镇中的中镇，与五岳、四渎一起，接受国家祭祀。国家祭祀霍山神的地点在霍山之下的霍山庙，据《太平寰宇记》载，早在北魏郦道元的《水经注》中便对该庙有所记述，称：（赵城）“县南三十里有霍山庙，甚灵。乌雀不栖其林，猛兽常守其庙，有灵泉，以供祭祀。鼓动则泉流，声绝则泉涸。唐贞观五年（631）重修，更名霍山神。”[1]

霍山神之所以在唐世得到重视，与唐高祖起兵时得到霍山神的援助故事有关。该故事称：高祖自太原起兵，西赴关中，途经霍邑时，隋将宋老生陈兵拒险。义师不得进，乃屯于贾胡堡。会霖雨积旬，馈运不给，高祖患之。忽白衣老人诣军门请见，自称霍山神使遗语大唐皇帝：“若向霍山东南傍山取路，八日雨止，我当助尔破之。”[2]后果然应验，高祖大悦，以太牢祭其山。这则故事透露出唐王朝与霍山神信仰之间的一丝关联，该记录可与历代敕修或重修霍山神祠碑文及相关史料相互印证。

按较早记录敕修事宜的《全唐文》卷六一四载，开成二年（837）郑瀚和李执方曾奉敕撰书《敕修应圣公祠堂碑》，该碑对大唐的兴起缘由有过简单的阐述，从中可以看出霍山与大唐王朝的亲密关系。另据宋乾德五年（967）所立的《重修应圣公庙记》石碑载，此处庙宇原为霍山之神所立，称：“霍岳之神，幽赞而起，荡清捕役，引导王师，破宋老生霍邑县。……天宝中，伸祀典行册，命四渎齿诸侯之秩，五岳符三公之位，冀州镇霍山神封为应圣公，盖显幽赞答灵贶也。”[3]碑中对霍山神被朝廷赐予应圣公封号的前因后果叙述得较为清楚。《宋会要辑稿》“霍山神祠”条亦载有宋徽宗为霍山神祠御赐庙额的事例，称：徽宗崇宁五年（1106）十二月，赐庙额明应[4]。

唐宋兴建的霍山神祠经后世兵燹，“是庙煨尽，居民遑遑”，以致“涂绘神像，倾颓瓦砾间，玉砌瑶陛，埋没于荆榛之下”。如此，直到元至元二十年（1283），水神庙才得以重修。又过了二十年，一场摧枯拉朽的大地震，使水神庙遭到严重破坏。再经十余年的筹备，至元延佑六年（1319），水神庙终于得以重生。据延佑六年的《重修明应王殿之碑》记载：大德九年（1305）秋，本路万僧都宣差祀香省会渠长史珪并本县官，将殿即便重盖。县委主簿申公提调珪与南霍杜玉、胡福渠长鸠工，各量使水村分计置修造，富有者施财，贫薄者出力。创起正殿木装始经营之也。时有寺僧聚提点亦偿施工，继而刘思直塑像结辰，郭景信造门成趣。至延佑六年渠长高忠信募工，殿内砌石沙壁完备。南霍渠长王显、许亨同心津助，及山之僧妙潜添力，赞成其事，焕然为之一新[5]。现今留存的水神庙建筑及壁画，便系当时人们协力所建。

二、水神庙壁画相关研究

早在20世纪30年代，建筑学家梁思成和林徽因夫妇就曾对水神庙进行过考察。在二人合著的《晋汾古建筑预查纪略》中，给予水神庙壁画极高的评价：“明应王殿的壁画，和上下寺的梁架，都是极罕贵的遗物，都是我们所未见过的独例。由美术史上看来，都是绝端重要的史料。”[6]

山西古建专家柴泽俊亦有多篇文章探讨水神庙壁画。在其专著《山西寺观壁画》一

1 文渊阁《四库全书》（电子版），史部，地理类，总志之属，《太平寰宇记》卷四十三。

2 ［北宋］王钦若等编：《册府元龟》（卷二十一），北京：中华书局，1960年，第226页。

3 力空：《霍山志》，太原：山西人民出版社，1986年，第65页。

4 冯俊杰：《山西神庙剧场考》，北京：中华书局，2006年，第114页。

5 山西省考古研究所：《山西碑碣》，太原：山西人民出版社，1997年，第277页。

6 梁思成：《中国古建筑调查报告（下）》，北京：生活·读书·新知三联书店，2012年，第334页。

书中，及与朱希元合作的《广胜寺水神庙壁画初探》一文中都涉及水神庙的壁画问题。对于水神庙壁画，人们最多关注的是壁画中所描绘的戏曲部分。周贻白先生的遗著《周贻白戏剧论文选》中有一文名为《元代壁画中元剧演出形式》，就是对水神庙壁画中元《杂剧图》进行的探讨。李歆的《从山西洪洞明应王殿壁画浅析元杂剧的演出形式》和周同能的《山西洪洞明应王殿戏曲壁画新探》，李大生的《也谈明应王殿元代戏剧壁画》，董国炎的《大行散乐作场图探讨》，宋燕燕的《洪洞广胜寺元代壁画中的戏曲人物》，戚世隽的《明应王殿元代戏剧壁画新探》等，亦皆是对水神庙壁画中戏曲部分的考证。除此之外，也有部分研究者从水神信仰角度对水神庙展开研究。如袁钰在其《历史时期洪洞水神信仰问题初探》一文中指出，在漫长的历史时期，霍泉对于同属平阳府的洪洞、赵城两县极为重要，当地群众对水神崇拜具有一定的现实意义，不仅可以传承民间水神信仰，同时也可构建社会和谐秩序。海外学界也有部分研究水神庙的成果呈现，如美国密歇根州立大学的景安宁便著有一书专门讨论水神庙壁画问题。该书将水神庙壁画视作当地群众对水神的祭祀活动，认为祈雨是整幅壁画的主要线索，其他壁画均围绕这一内容展开[1]。

三、水神庙壁画绘制内容

洪洞水神庙壁画绘于大殿四壁，面积达222.59平方米。其中，前廊板门外两侧各有一幅门神图。门神高达3.85米，体态健硕，身着盔甲，手执剑矛，武士装扮，被人们视为神荼、郁垒。大殿内部东西两壁分别绘有壁画58.53平方米和58.86平方米，绘制内容为《行雨图》和《祈雨图》。

《祈雨图》（图5-5-1）绘制于大殿西壁中部，画面正中为端坐于宝座之上的明应王，两旁为执笏而立的官吏。明应王面色绯红，双目圆睁，唇间及颌下留有胡须。其头戴王冠，冠上写有“王”字。身穿红色袍服，腰间围有玉带。左手抚膝，右手执笏，正一脚微曲，一脚下垂，凛然而坐。其身后的宝座靠背上饰有龙纹。明应王左右两侧汇集有众多的宫女、侍卫和官员。宫女们有的执壶，有的捧盏，还有的执扇。侍卫们多手执兵刃，十分警觉地关注着周围环境。官员们则执笏而立，似正听候明应王的旨意。明应王殿下台阶处跪一身着青袍的官员，正手捧长长的祈雨文书向明应王汇报。该官员身体两侧各站一鬼卒，一拖狼牙棒，一扛斧。此组人物两侧又各有一干人等，左侧为首的系一头戴黑冠，身穿黄袍，

图5-5-1　祈雨图局部，高327厘米，宽716厘米，元，位于山西洪洞县水神庙明应王殿西壁中部

1 Anning Jing, The Water God's Temple of the Guangsheng Monastery: Cosmic Function of Art, Ritual and Theater, Leiden: Brill, 2002.

图 5-5-2 敕建兴唐寺图，元，位于山西洪洞县水神庙明应王殿西壁南部

手中执扇者，旁边还站立众多身穿各色袍服的臣僚以及一些负责献礼的侍者。右侧为首的是一头戴通天冠，身穿红色袍服的秉笏神祇，其身边为众多的侍女、护卫及前来朝觐的龙族。明应王头顶上方还有一组佛教人物，共计四人。站立在最前面者为佛陀，佛陀身后为二菩萨。佛陀的头顶有一道白汽向上升腾，并慢慢化为两股分散开来。佛的左侧地上跪着一头顶托盘的夜叉，盘中宝物散发着道道光芒。

水神庙西壁南侧上隅，绘有《敕建兴唐寺》（图5-5-2）。画面上绘一组人物，或骑马，或步行，正于山中行进。前面负责开路的将士中有一人负责执掌大旗，大旗迎风而立，上书“大唐”二字。执旗队伍后面有一匹骏马，马背上负载一座亭子，亭子正散发着万道霞光。亭子顶上有一缕白气袅袅升起，后幻化成美丽的祥云。亭子的后面，跟随两位僧人。从兴唐寺相关记载看，亭子内盛放的发光物体有可能为佛之舍利。僧人旁边为一戴通天冠、骑花马的红袍帝王，正望向画面。其周围围绕数位护卫及捧印、执仗者。与红袍帝王平行向前的还有一位骑黑马的执笏官员，该人头戴展脚幞头，正扭转身子面向红袍帝王，似正与之商议事情。从画面中出现的“大唐”旗帜和放光亭子等图像可以看出，这幅画面应

图 5-5-3 对弈图，元，位于山西洪洞县水神庙明应王殿西壁北部上层

图 5-5-4　捶丸图，元，位于山西洪洞县水神庙明应王殿西壁北部

与唐王朝敕建兴唐寺有关。按《霍山志》和《赵城县志》记载，李氏王朝曾敕建兴唐寺，“名为兴唐，殆谓唐之兴基于此也”。

水神庙西壁北端绘一幅《对弈图》（图5-5-3）。在群山峡谷中，两位官员装扮者正在下棋，他们身旁站立着四位侍者。棋盘上的棋子分黑红两色，从棋盘样式看，中间有分界，似为古代象棋，只是其具体格局与现在流传的象棋并不一致。两位对弈者均直视棋盘，其中穿红袍者面带微笑，正二指撮子欲行，对面男子则紧张地注视着对手。

西壁北端上隅，还绘有一幅《捶丸图》（图5-5-4）。捶丸，按《说郛》之《丸经》载，乃战国时遗留下来的一种军事技能，后世尚习，宋徽宗及金章宗皆爱玩之。丸，意为小球。《丸经》对该项运动有着极为细致的介绍，内容涉及比赛时间和比赛场地的选定、器材准备、竞赛人数、比赛方法、裁判规则以及竞赛作风等多个方面。如关于捶丸时节和场地的选择，《丸经》称时令要选在“芳春永昼、长夏留荫、秋朗气清、冬晴雪霁”之“天朗气清、惠风和畅”之时，风雨阴晦、大寒大暑之时不宜捶丸。场地则要“视土燥坚坌而安基。择地平峻凹凸以制胜”[1]。要“平者勿失，凸者有取，凹者有行，峻者欲缓，仰者欲及，阻者欲越、妨者欲巧、迎者勿及、里者里之、外者外之”。水神庙壁画中的捶丸场地位于深山峡谷之间的一块平地之上，虽场地规模不大，但环境优美，周围山峦叠嶂，溪流淙淙，绿树和灌木郁郁葱葱。球场上，两位身着朱袍的官员正手执球杖，进行比赛。其中一人躬身下俯，正看向一球。比赛场地另一端的对手，则右手执杖，单腿半蹲，看[illegible]球窝。对于二人的[illegible]姿势，《丸经》亦有记载，称捶丸时“蹲者，[illegible]以脚也。杓棒鹰嘴当蹲”。行者以撺棒、扑棒者不减膝。由此可知，正在捶丸的两人所执球棒均为杓棒。《丸经》还规定，球在远处时捶丸者须立，球在近处时须蹲。至于比赛所用的球窝，在《丸经》中被称为“窝”或“家”。《丸经》中没有明确记载一场球应该有多少个球窝，从留存下来的图像看，窝数不等。像水神庙壁画，只绘一窝。明代的《宣宗捶丸图》仅左侧场地便绘有五个球窝。

对于击球工具，《丸经》称之为“杖”，即球棒。《丸经》所载的捶丸球棒共三种，一种名为“扑棒”，盛于革囊之中。另两种为“撺棒”和“杓棒”，盛于提篮内。水神庙壁画《捶丸图》中除绘有手执杓棒的捶丸官员外，还有两位穿蓝衣的青年侍从，亦各执一

1 文渊阁《四库全书》（电子版），子部，杂家类，《说郛》卷一百一上。

图 5-5-5　行雨图，元，位于山西洪洞县水神庙明应王殿东壁中部

棒。从二人装束看，应是为捶丸官员执掌工具的“伴当”或“徒”。两位侍从所执棒具一端为瓜状，应为扑棒或撺棒之一。

《说郛》还记载了丸和球棒的制作工艺及比赛流程，称丸的制作多以坚固耐用的赘木而成。捶丸的球棒亦须精工细作。好的球棒选自秋冬木植，取其津气在内，质地坚牢。然后，用牛筋胶加固。竹子需取劲干，以求其刚柔。具体比赛时，双方需各备一色球，“倘有同班，一球在左，一球在右”。这说明，捶丸是多球竞技，每次场上最少要有两粒球存在。

《丸经》还对捶丸运动中的不良行为有所评介，称：“有等人场上引着十余伴当，将一般颜色球打在死处，却放一个在好处做活球。”另外，凡赢即矜能逞语，输即发怒便走或至骂仆嗔朋抛球掷棒者，皆被视为非闲雅君子，乃真小人耳。并称俚语云：“废球棒，磨靴底，眼睛饱，肚里饥，桦皮脸，拖狗皮，输便怒，赢便喜，吃别人，不回礼，此之谓也。”从而将这类既无人品又无球品的捶丸者丑态活脱脱地公布于世人面前。

水神庙东壁的主要图像为《行雨图》（图5-5-5）。该图位于东壁中部位置，画面主尊明应王头戴通天冠，身穿绛纱袍，手执笏板，双脚下垂，正端坐于龙椅中。神情肃穆，威严有加。明应王身边为众多文武大臣及侍从。明应王的上方是一组《雷部诸神兴云布雨图》（图5-5-6），位于前端的是风伯，正指挥几个鬼卒打开虎皮口袋放风。风伯之后是正在击鼓的雷公，其身前为一巨大的火圈，火圈上可见六个燃着火苗的大鼓，尖嘴雷公正手执双槌击打。雷公旁边是身穿红衣的电母，其天带飞扬，飘过头顶，正双手各运电光镜激起闪电。他们的身后为一组武士，正护从雷部最高首领九天应元雷声普化真王监督行雨过程。九天应元雷声普化真王头戴梁冠，身着红色袍服，正左手挽辔缓行。其身边左侧身着蓝袍的年轻侍从双手捧一红布包裹，似为官印。九天应元雷声普化真王右侧为一身负长剑手搭凉棚正往远处张望的鬼卒，其身体健硕，黑发飞扬，张开的血盆大口中，露着两排白白的牙齿。九天应元雷声普化真王身后，是一组持账簿的鬼卒及

图5-5-6　雷部诸神兴云布雨图，元，位于山西洪洞县水神庙明应王殿东壁上层

水府官员，皆青面獠牙，长相怪异。

东壁《行雨图》的北侧上隅是一幅《庭院梳妆图》（图5-5-7），画面绘五位女子，立于假山竹林间，有的一手托盘，一手执壶，有的双手捧盒，有的正双手上扬，整理云鬓，似乎是向人供应食物前所作的必要准备。有的则单手托盘匆匆赶来，盘上放置有一摞物品，柴泽俊等人认为是化妆用的胭脂粉盒，但实际上，该女子所托之物很可能亦为供人享用的食品。位于画面正中的女子，虽然其手部被其他人遮挡，但从其目视一壶的专注神态，可知其任务所在。

图5-5-7　庭院梳妆图，元，位于山西洪洞县水神庙明应王殿东壁北部

东壁北侧下隅为《售鱼图》（图5-5-8），图中几位食客正向一位渔夫模样的人买鱼。渔夫头戴黑色软巾，身穿黄色短袍，腰系一绳，后腰部位别一长勾。其身后是盛鱼的篮子及一个挑篮用的长杆。渔夫右手提两尾鱼，左手向上，食指、中指伸出，正满面笑容地看着对面男子。其对面男子头戴软脚幞头，身穿暗绿色长袍，正身体前倾，右手提秤，左手滑动秤砣，称量三条鱼的重量。买鱼男子的身侧还有四位与之同样装束的男子。其中两人一人着青袍，一人着红袍正看向买鱼男子，着青袍的男子的双手还捧着方桌上的一盘新鲜的桃子，似乎正要将其放下或端起。穿红袍的男子右手指向买鱼者，左手握一白色袋子。他们身后为两位相对而坐的男子，年岁较大的男子留有浓密的胡须，面带微笑，正左手上扬，右手执壶，似向身旁的年轻人诉说着什么。年轻男子身着青袍，双手捧一盘，盘上有一直口容器。此组人物除卖鱼老者外，其他人物服饰相同，表明他们似乎拥有相同的身份。众人环绕的桌子上还放有多个容器，桌子下方另置一箱，箱子里面堆放着满满的各色瓜果，此地似为王府庖厨。

东壁北部上隅还有一处壁画，面积不大，绘制的是古广胜寺上寺图。现该寺已不存在，但从此幅壁画中，仍可寻见当初寺院的影子。壁画中的广胜寺上寺由三处建筑构建而成，其一为山门，之后为高大的宝塔，再最后是巨大的主体建筑。

水神庙大殿北壁明应王神龛左右两侧墙壁之上亦绘有壁画，分别为《尚食图》和《尚宝图》。其中神龛东侧的《尚食图》（图5-5-9）描绘了明应王宫御膳房一角。画面正中为一宽阔的案子，上置鼎、壶、罐、盘类，下置巨大的瓮、缸。其中一缸外壁还标有坎卦标志，似乎要告知人们里面所盛之物为水。围绕案子站立七位女子，均手中执物，或端食盘，或双手执壶，或捧茶盏，或捧果盘，还有一位礼官装束者负责执扇。众人似乎正在为宴会而忙碌。在画面的一角，还有两位女童也参与其中，其中一个正蹲在一个煤炉前用一段树枝疏通火炉，意欲使炉火旺盛。另一女童则一边用手扶着火炉上的水壶把手，一边用袍袖遮盖头顶，似怕飞起的炉灰弄脏自己的头发。整个屋子由黄色的窗帘和围幔与外界隔开，形成一个独立的空间。

《尚宝图》（图5-5-10）位于神龛西侧，其房屋结构与《尚食图》类似，亦有黄色的窗帘与围幔遮挡室内外。室内桌案周围站立侍女七人，两位位于桌子最后方，一人腋下夹一古琴，一人手执一朵莲花。桌子侧面的二位侍女，一人手托一盘，盘上置一酒杯。其身后侍女手抚巾帛，正向后观看。桌子前方亦站立三人，其中一人着官服，戴软脚幞头，正手捧一盘桃子，桃子样式与《售鱼图》中的桃子类似。其身体两侧各立一女，一女身穿蓝色袍服，双手捧着插满花卉的花瓶，一女穿戴严整，双手捧一壶。此处桌案下亦有一箱，与《售鱼图》中的斗状木箱类似，里面亦堆满瓜果，瓜果间还掺杂一巨大的白色物体，似为冰块。

大殿南壁西侧上隅，还有一幅描绘自然山水的作品，被称之为《玉渊亭图》。玉渊亭是宋元时期

图5-5-8　售鱼图，元，位于山西洪洞县水神庙明应王殿东壁北部

图5-5-9　尚食图，元，位于山西洪洞县水神庙明应王殿北壁东次间

霍山脚下著名的景点，按《霍山志》记载，至迟在宋时便已有此亭记录。画面中的玉渊亭处于泉水边，景色宜人。亭内，一持扇老人正与一老僧交谈，旁有一小僧前往挑水。亭子一侧有柳堤，堤旁有一老者正于垂钓中怡然自乐。

在南壁西侧下方，绘有一幅名为《太宗千里行径图》（图5–5–11）的壁画。画面亦是以山水为背景，山峦高叠，松柳茂盛。淙淙的溪流之上架一座拱形小桥，桥上一扶杖老人右手持一长方形册子，正回头张望。其身后为送行的武士与戴展脚幞头的官员以及抱拳和牵羊鬼卒。送行武士顶盔贯甲，双手抱拳，其武器横置于胳膊之上。送行官员则双手捧笏，朝向老者，亦似致礼。二人神情皆为期待状。过去人们对这一画面的解释多是唐太宗千里出行，经过土桥，文武官员在此送行。但从画面分析，该图描绘的似乎是地方神祇觐见明应王的故事。小桥上行进的老者与其他壁画中经常出现的土地神极为相似，均老态龙钟、衣着朴素，其后面的送行者则为地府或城隍之类官员，他们携带鬼卒为前去觐见明应王的土地神送行，期许其汇报顺利并得到明应王对本地区的关照。

图 5–5–10 尚宝图，元，位于山西洪洞县水神庙明应王殿北壁西次间

图 5–5–11 太宗千里行径图，元，位于山西洪洞县水神庙明应王殿南壁西侧下层

水神庙最引人热议的图画是位于南壁东侧的《杂剧图》（图5–5–12），该图描绘了一正在登台表演的散乐班子。画面上端的舞台前额上悬挂一横幅，首端有"尧都见爱"四小字，其后横书"大行散乐忠都秀在此作场"十一个大字，再最后竖置"泰定元年四月"六个小字，似为剧组演出时间。横幅下面是舞台幕布，幕布处有两幅垂下来的画作，左侧画一条张牙舞爪的黑龙；右侧为苍松下站立的一人，正左手外张，右手舞剑，面对黑龙方向。关于此两幅挂图，有人认为描绘的是"周处斩蛟"故事，有人则认为是"灌口二郎斩蛟"故事，莫衷一是。幕布右侧被掀起一角，一位女子正由此向台下偷偷张望。幕布前面是一组负责演奏的乐师与一执扇女子。其中，执扇女子位于最左侧，其次为一执长牙拍板的女子，再次为三位男子。紧挨执长牙拍板者的男子戴蒙古帽，浓眉阔髯，身着绿袍，从画面上无法看清其是否正在演奏乐器。虽然有人称其腹前挎有杖鼓，并以此将其归入乐队人员，但从其画过浓妆的脸部，似可将其视为剧中临时

角色。绿袍男子的身体右侧为一戴蒙古帽穿白袍的男子，正在敲击身边的大鼓。二人身后立一男子，头戴白帽，手握横笛，正在吹奏。

此组人物的前面即舞台最前端还有五人，最两端为两位分执长刀和扇子的侍从。其中位于左侧的侍从身穿圆领淡黄袍，袍上胸、腹、臂部位均绣有云鹤，腰束红色带子，正用双手执一柄长刀，其右手缩于袖中，正以腕力压住刀柄。最右侧的侍从身穿圆领蓝袍，胸、肩部绣有云龙，胸前云龙为金色。其左手揪左侧衣襟，露出右侧小腿及足上皂靴，右手执宫扇。两位侍者的身边分别站立两位戴面具的演员，姿态生动，似正在表演。左侧戴面具者穿淡青色镶边长袍，着乌皮靴，面上戴三绺髯口，正侧身而立，施叉手礼。右侧戴面具者穿土黄色镶边开襟长袍，绣花搭膊，脚蹬黄色单梁鞋，

图 5-5-12　杂剧图，元，位于山西洪洞县水神庙明应王殿南壁东次间

袒胸，正以左手指向中间穿红袍者。该演员面部绘有浓眉，并戴一黑色连鬓假须。中间一位是身穿圆领红袍头戴展脚幞头的女扮男装者忠都秀，其面相饱满，耳着珠环，正双手秉笏傲然而立。从前排五人所着鞋子尺寸看，似乎只有主角忠都秀两边戴面具者为男子，其他三位均为女性。

元代是戏曲极为发达的时期，元曲与汉赋、唐诗、宋词一样，都是“后世莫能继焉”的“一代之文学”。山西作为元曲的重要产出地，在元曲四大家中，隶属山西籍的就有关汉卿、白朴、郑德辉三人。所以，王国维在《宋元戏曲史》中说元曲作家“北人之中，大都之外，以平阳为最多，其数当大都之五分之二。……则元初除大都外，此为文化最盛之地，宜杂剧家之多也”[1]。而水神庙杂剧画面中题写的“尧都见爱”之尧都，即指平阳。由此可见，晋南地区是元代前期杂剧活动的中心，曾涌现过大量的古戏台及碑刻资料。洪洞县明应王殿“尧都见爱大行散乐忠都秀在此作场”壁画，便是山西地区杂剧繁荣的见证之一。

水神庙壁画绘制于泰定元年（1324），是由南、北霍渠分别组织画工班子精心制作的一处颇能反映当地生活和风俗的优秀宗教壁画。大殿东半部壁画由北霍渠诸村落集体布施绘制，画师为绘画待诏王彦达及其子王小、待诏胡天祥、马文远、待诏□□□、元彦才、元小待诏、席待诏、藉受益门人郝善等。大殿西半部壁画由南霍渠诸村落集体布施而成，参与绘制的画师有：绘画待诏东安村的赵国祥、周村之商君赐、南样村之景彦政等。此三位画师所在村落至今仍然存在，在当时的布施碑刻中，亦可找到这些村落的名字。虽然东壁画师未载其籍贯，但水神庙壁画以山西本地画师参与的可能性最大。正是由于画师们拥有丰富的社会生活经历，水神庙壁画才显得极具生活情趣，别具一格，从而成为后人研究山西元代民间风俗文化的重要阵地。

1 王国维：《宋元戏曲史》，北京：东方出版社，1996年，第77页。

第六节　稷山县青龙寺、兴化寺及其他元代壁画

一、青龙寺壁画概况

稷山县青龙寺位于县城西四公里的马村土岗上，现寺内塑像早已不存，唯在腰殿、后殿和伽蓝殿留有壁画若干。据青龙寺内所存古唐龙朔三年（663）石碑，且碑阴刻有“敕赐青龙之寺，工部尚书王敬旨”等字迹，表明青龙寺建寺的年代大约在唐龙朔年间。后值多次兵乱，尤其是金末战火，青龙寺殿宇尽毁，直到元至元二十六年（1289），庙宇才得以重新修建。之后又经元大德七年（1303）、元至正十一年（1351）的增建，青龙寺渐成规模。20世纪20年代末期，一些不法分子试图将青龙寺壁画倒卖出国，后被当地村民追回并重新上墙。虽然现如今的青龙寺壁画已残缺不全，但从其保留下来的部分内容看，青龙寺壁画仍不失为我国古代寺观壁画中的一颗璀璨明珠，尤其是腰殿所存的水陆画部分，是我国目前所存最早的寺观水陆壁画，其价值不言而喻。

二、青龙寺壁画的绘制年代

有关青龙寺壁画的研究，比较有代表性的是柴泽俊等人[1]。柴泽俊在《山西寺观壁画》一书中对青龙寺建筑及壁画有过较为详细的介绍，认为青龙寺壁画的制作年代存有三种观点：其一，为祁英涛等人的看法。他们依据1954年对腰殿始建时所留木牌题字和壁画特点的考察，将壁画定为元代作品。同时，又根据北壁明间所留题记，将北壁定为明代补绘。其二，有些研究者根据北壁明间“绘画水陆大殿一座……大明丙戌年孟夏……”题记，将整个大殿壁画皆视为明代作品。其三，鉴于以上两种说法皆有依据，又有研究者将两种说法合一，认为青龙寺壁画跨越元、明两个时期。柴泽俊通过对青龙寺内所留题记和建筑结构的调研，认为腰殿和后殿的明代题记均为后人补绘壁画时的遗存，不能作为殿内壁画为明代绘制的证据。他认为如果按现存腰殿东、西、南三壁题记检视，其上施主姓名与北壁明间的洪武年间题记中所出现的功德主点惠庵、体自然等人毫无关系。所以，腰殿的水陆画最早应该是由数十位信士在建殿之初布施绘制而成，点惠庵、体自然等人只不过是在地震损毁腰殿北墙后补绘了北壁部分。而后殿与垛殿壁画，亦应为同一时期作品，具体绘制时间当为垛殿栱眼壁画题记所载的元至正五年（1344）。

三、青龙寺壁画绘制内容

稷山县青龙寺现存壁画主要分布在腰殿四壁和后殿东西山墙之上。后殿作为寺院主体殿堂，壁画未被盗卖。其东壁绘《释迦牟尼说法图》，西壁绘《弥勒经变图》。

东壁的《释迦牟尼说法图》构图为一佛二菩萨。释迦牟尼居中，面相圆润，眼睛稍向下视，充满慈悲情怀。其身上穿红色袈裟，袒胸，左手施触地印，右手施说法印。释迦牟尼佛的左右两侧分别为文殊菩萨和普贤菩萨，文殊菩萨双手执如意，面露笑意。普贤菩萨左手执经卷，右手施禅定印。佛与菩萨皆结跏趺坐于束腰六边形的须弥座上，须弥

1 除柴泽俊外，潘洁兹、龚森浩、王泽庆、孙博等皆有专文探讨青龙寺壁画。

座遍绘长方形和壶门状装饰，以及花卉等物。佛座前迦叶、阿难二弟子侍立，迦叶体态瘦削，脸部皱纹堆积，双眉紧锁，正躬身抱拳侧立，其眼神较为凝重，似在沉思；阿难正面直立，双手合掌，神情肃然。佛像背光左右为二飞天，正手托果盘，飞身而下。释迦牟尼三尊像的左右，还配有护法金刚和听经大帝各五尊，皆手执法器。

青龙寺西壁的《弥勒经变图》布局与东壁类似，亦为一佛二菩萨构图。其中，主尊弥勒佛居中，垂足而坐，身着红色袈裟，正一手上举施无畏印，一手下伸施与愿印。弥勒佛头光左右有两身人首鸟身的迦陵频伽，正手捧荷叶散花。弥勒两侧为二菩萨，皆头戴宝冠，项饰璎珞，身着白色袍服，体态端严，唇间还留有蝌蚪状胡须，手中执经卷半跏趺坐于莲台之上。其中，左侧菩萨已残损，左臂及左膝皆不可见，仅剩身体右半部分。佛与菩萨之间稍前位置还立有二供养菩萨，一菩萨手托莲花，一菩萨手擎镶有金边的小钵，钵内有供物。青龙寺西壁南端绘制的是女剃度场景。画面正中侧身而坐的剃度女子，身着华服，面相丰腴，眼睛微睁。因眼睛处残损，看上去似闭目状。其身后是参与剃度的天人和侍女，以及前来观礼的菩萨等众。剃度者的右侧站立一侍女，头戴宝冠，手捧托盘，盘上是剃度女子曾经佩戴的宝冠。剃度者的左侧置一桌，桌上放一盛放落发的盘子。青龙寺后殿西壁的这铺《弥勒变》与现藏加拿大多伦多皇家安大略博物馆的《弥勒变》极为相似，似源于同一粉本，二者可互为参考。

青龙寺后殿南壁及栱眼壁亦绘有壁画，但绘制年代不甚明确。南门两侧各有护法一身，门楣上方有一人首鱼身童子，背生双翼，正手捧装有仙桃的托盘。著名的《唐僧取经图》也位于南壁，画面为二僧、一马、一侍者构图。二僧目视前上方，正双手合十，其身后为一白马，马背上驮有宝函，宝函正向外放射着万道光芒。马的旁边为一人身猴头的侍者，正牵引马匹行进。青龙寺后殿侧旁的伽蓝殿亦有壁画两块，在祁英涛等人的调查中，该壁画位于前檐的栱眼壁处，一处为题记，一处为功德主像，现仅存题记。

青龙寺腰殿绘有水陆壁画。水陆画，是寺院在举办水陆法会时供奉的神祇绘画。水陆法会全称法界圣凡水陆普度大斋盛会，又称法界圣凡水陆大斋普利道场、无遮水陆大斋，略称水陆大斋、水陆大会、水陆道场、水陆斋仪、悲济会等。之所以以水陆为名，按《水陆仪轨会本》的解释：六凡所依，其处有三，谓水陆空者皆受报处。今言水陆，必摄于空。又此二处，其苦重故。《释门正统》卷四则认为，水陆法会所邀诸仙鬼取食场地不同，“诸仙致食于流水，鬼致食于净地”。以水陆为名，为的是表明仙众、饿鬼等可于水陆两处得到斋施。总而言之，水陆法会实际上是为了诏请仙众，超度亡灵，拔救幽冥，普济水陆一切鬼神而举行的一种法事活动。

对于水陆法会的缘起，大唐三藏法师实叉难陀在其所译的《救拔焰口饿鬼陀罗尼经》中有较为详尽的描述，称：阿难独居静处，中夜忽见一名曰面然的饿鬼立于面前，面然身形羸瘦，枯焦极丑，面上火燃，其咽如针，头发蓬乱，毛爪长利，身如负重，极为可怜。面然告诉阿难，三日后阿难将命尽，生于饿鬼之中。阿难听了极为惶怖，便向面然询问应对之方。面然称如果阿难能够布施百千那由他恒河沙数饿鬼，并百千婆罗门仙等，以摩伽陀国所用之斛，各施一斛饮食，并为面然供养三宝，便可得以增寿。同时，面然亦可脱离饿鬼之苦，得生天上。后阿难将此事告知佛陀，佛陀为其传受解脱之道。在佛陀的授意下，阿难受持《陀罗尼经》护身，得以延长福德寿命，同时，无数饿鬼及婆罗门仙等，亦得上妙饮食，待七七斛食后，彼众亦得以解脱苦身，得生天上。

以上故事被认为是水陆因缘最初根本，只不过当时并无水陆之名。后天监初，南朝梁武帝于二月十五日梦一神僧告之，称：六道四生，受大苦恼，何不作水陆大斋而救拔之。帝问沙门，未有知晓此事者，唯志公劝帝广寻经典，认为其中必有因缘。帝乃取藏经置法云殿，躬自披览，创造仪文，三年乃成。……天监四年（505）二月十五日，就金山寺依仪文修设。帝亲临地席，诏祐（僧祐）律师宣文。后来，周隋两代此文不传，至唐咸亨中，西京法海寺英禅师才在异人指导下找到大觉寺吴僧义济，求得仪文，并于二月十五日于山北寺如法修设。修设既毕，其日曛暮，曾经面见英禅师的异人与十数人一起来谢英公，自称是秦庄襄王，又指其徒说是范雎、穰侯、白起、王翦、张仪、陈轸等，皆为秦时大臣。他们被幽囚阴府，大夜冥冥，无能救护。昔梁武帝于金山寺设此斋时，前代纣王之臣皆免所苦。这次亦蒙英禅师设斋，亦使其师徒并列国诸侯众人得乘此力将生人间。自此以后，英禅师所用仪文得以布行天下。

咸亨水陆仪轨有可能影响到四川一带。据《蜀中广记》卷一百六载：唐僖宗自蜀地回京之后，府主陈太师于宝历寺置水陆院，邀请张南本画天神地祇、三官五帝、雷公电母、岳渎神仙及古帝王于蜀中诸庙，百二十余帧，千怪万异，神鬼龙兽，魍魉魑魅，错杂其间，时称大手笔。至孟蜀时，被人模拓窃换真本，鬻之荆湖。高氏当时所存赝本，亦于淳化年间遭劫散失。虽然张南本所绘水陆壁画宋初便已损毁，但其流传之广直至后世仍可见其端绪，如当时位列天神地祇的三官五帝、雷公电母、岳渎神仙及古帝王等，在元明清各个时期的水陆画中依然悉数存在。而且，从以上神祇构成看，当时蜀地所设的水陆系统，似更侧重道家斋醮所需，而非佛教体系。

至北宋苏轼、佛印时代，水陆仪轨仍在流布。苏轼曾作《水陆法像赞》称颂上下两堂所供奉的十六位神灵。从其所载的十六位神灵名号看，与唐末蜀地张南本时的敬奉体系明显不同，应属佛家序列。苏轼所倡导的十六位神灵水陆仪轨被后人命名为眉山水陆。元丰间，佛印主持的金山水陆较为驰名。后四明人史浩施田百亩，于四明东湖月波山建立四时水陆，并亲制疏辞，撰集仪文。至咸淳年间（1265—1274），众人更力请志磐法师续成新仪六卷，推广斋法，并劝十方伽蓝，视此为法，大兴普度之道。当时与志磐新仪同时流行的还有绘像二十六轴。

自宋至明，又历五百余年。云栖大师依旧仪稍事改削，行之古杭。云栖大师修改后的水陆仪文，具择法眼，故不从北从南，每设供，结界密护，除主坛一人，表白二人，斋主一人，香灯五人外，余人例于幔外瞻礼，不得入内坛。坛内人出入，必皆易衣澡浴，所以得名如法供养。后世流行的水陆斋仪，亦多遵循此法度。水陆法会之上所供奉的各路神祇图像，即按地位高下分堂悬挂。那些绘于壁间的水陆壁画，亦遵循一定的仪轨，各有取舍。青龙寺腰殿壁画，便是现存最早的寺观水陆壁画。

腰殿西壁（图5–6–1）最上方绘三佛，并列结跏趺坐。中间主尊为法身毗卢遮那佛，左侧主尊为报身卢舍那佛，右侧主尊为化身亦称应身释迦牟尼佛。《维摩玄疏》卷五对三身佛有所解释，称：“三种法身者，一法身佛，而报身佛，三应身佛。真性解脱即是法身，毗卢遮那佛性净法身；实慧解脱即是报身，卢舍那佛净满法身；方便解脱即是应身，释迦牟尼应化法身。”青龙寺的毗卢遮那佛头戴宝冠，身穿白袍，双手结法界定印。两旁的二佛皆身穿红色袍服，右手施说法印。二佛身光之间的空隙处立有二阿罗汉，佛座前面当心处为三弟子，一弟子居中，正面向毗卢遮那佛俯首敛拜，另外二弟子面向画外。左侧弟子年纪较小，侧身而立，双手合十。右侧弟子年长，正面直立，其左手执一镶有金边的小钵。三弟子两侧为趺坐的弥勒菩萨和地藏菩萨。其中弥勒菩萨右手执扇，左手施禅定印。三弟子下方为对称分布的帝释圣众和梵天圣众。帝释左手执长柄香炉，右手正从随侍者所托的金盘中捻取香丸（图5–6–2）。梵天圣众榜题缺失，按其构图补之。梵天着菩萨装，正双手合十侧立，身边侍从环立。帝释和梵天身前各有一执莲童子，这种执莲童子图像乃宋代民间节庆时的流行模式。帝释、梵天众人稍下方位为相向而立的日宫天子和月宫天子等众，日宫天子头冠之红色圆环中立有金乌。月宫天子榜题缺失，按其与日宫天子所对位置及头冠中白色圆环等标志物，可确定其身份为月宫天子。日宫天子和月宫天子两侧另有神王、天王、元君圣母及南斗星君等众。西壁的最下层中间部位为两组护法善神，护法善神左右两侧分别为鬼子母众（图5–6–3）、诸天药义（叉）众、

图 5-6-1　帝释、梵天等众礼佛图，元，位于山西稷山县青龙寺腰殿西壁

普天列曜星君、十二元神众、诸大罗义（叉）将众、三曹等众、五方五帝神众、婆罗门仙（众）、五通仙人众、四海龙王众。

青龙寺腰殿东壁损毁较为严重，最上端与西壁构图类似，亦为三尊佛像。其两侧稍下方可辨图像为菩萨、文官及四禅九天众等。东壁佛座下方中心位置亦有弟子礼敬，以及紫微大帝和诸菩萨像。东壁最下方绘众多佛道神祇，分别为后土圣母众、矩畔拏神（众）、青除金刚众、真武帝君众、辟毒金刚众、五岳帝君众、坚牢地神众、主水（大）神众、（玉）仙圣母众、主火大神众、散支（迦大将）、主昼大神众、天猷副元帅、真文大真君神众、（主夜大神）众、江河淮济神众、主苗主药神众、

图 5-6-2　帝释众，元，位于山西稷山县青龙寺腰殿西壁

旷野大将军众、主土主林神众、散支迦大将众、主雨大神众等。

青龙寺腰殿北壁主要为地府神祇。其东侧有阎罗泰山平都市王众、初江宋帝转轮王、冥府六曹众、八寒地狱众、山神土地孤魂像以及六道轮回、十六大罗汉众、现定业菩萨和除盖障菩萨等。西侧主要为功德主黠慧庵像、众鬼飨食图像、菩萨像以及起教大士、面然鬼王（图5-6-4）等众。

图 5-6-3 鬼子母众，元，位于山西稷山县青龙寺腰殿西壁

青龙寺腰殿南壁主要绘十大明王、十二宫神众、四值使者、往古人物以及五方行雨龙王、金银铜铁龙王、大罗义（叉）女、水居飞空众、地居飞空众、城隍伽蓝神众、护斋护戒神众、五瘟使者众。按《十忿怒明王经》载，十大明王“各有三面，面各三目，皆头上顶佛，以虎皮为衣，髑髅为冠，发髻竖立。持明之者依法观想，一切行愿无不成就”。青龙寺的十大明王皆呈愤怒状，均多头多臂，正面现三目，头上毛发飞扬，气势凶悍。身体以各色火焰纹隔开。按榜题分别为：大轮明王、降三世明王、不动尊明王、大威德明王、大小明王、马首明王、焰鬘得伽明王、大笑明王、步掷明王、无能胜明王等。明王身边伴有金刚心菩萨、般若心菩萨等。

图 5-6-4 起教大士和面然鬼王，元，位于山西稷山县青龙寺腰殿北壁

图 5-6-5　七佛图，高 320 厘米，宽 1810 厘米，元，处于山西稷山县兴化寺中殿南壁

腰殿扇面墙南壁主像为千手观音，其身前立婆薮仙与吉祥天女以及护法神。婆薮仙为老者模样，右手托罐，内装灵芝。吉祥天女为年轻女子，其左手托有一盛放香花的盘子。二护法神皆为六臂怒像，手臂中均执有法器。腰殿扇面墙前原有立佛一尊，据称为接引佛。

四、兴化寺概况

兴化寺，与青龙寺一样，亦位于稷山县境内，只不过，这一建筑早已不存。[illegible]及怀履光学生的调查，兴化寺位于县西南三十里的小宁村，隋开皇十二年（592）所建。原为三进院落，沿中轴线由南往北分布着山门、金刚殿、地藏殿、大悲殿（亦称中殿）、文法殿（亦称后殿）以及东西两侧的钟楼和鼓楼。按他们的调查，兴化寺壁画主要集中于中殿和后殿，也即大悲殿及文法殿内。兴化寺壁画之所以能够引起人们的注意，缘于20世纪20年代国内外古董商的疯狂盗卖活动。当时，位于兴化寺的《七佛说法图》被切割后运往北京，就在其即将被倒卖出国的时候，北京大学的马衡先生获悉此事，以4000元的价格将其买下，使之免于流失海外。当时，马衡先生还致电山西当局，令其注意保护兴化寺及残存壁画。

五、兴化寺壁画题材

兴化寺的《七佛说法图》（图5-6-5）高约3.2米，长约18.1米，共画坐佛七尊及胁侍菩萨、供养菩萨六身，弟子二身，飞天二身，迦陵频伽二身。其中七佛俱着红色通肩式袈裟，结跏趺坐于束腰须弥台仰莲宝座之上，所施手印各不相同。位于中央的是毗婆尸佛，施说法印，仰莲座前有圆光，光内为供养用的宝瓶及香花。毗婆尸佛的左侧为尸弃佛，右侧为毗舍浮佛。此二佛装束与毗婆尸佛类似，佛座前各供一薰香炉。三佛之间为迦叶和阿难，迦叶位于毗婆尸佛左侧，面色凝重，双手合十，其苦行特征比较明显。毗婆尸佛的右侧为阿难，神情俊朗，面相饱满，衣袍颜色亦不同于迦叶的灰暗色调，而是以红绿为主，色彩较为明快。迦叶和阿难头顶上方还有两身迦陵频伽，皆为人首鸟身状，其一双手上举，另一则飞身合掌而下，负责散花撒露的二飞天位于和迦陵频伽毗邻的二佛头光侧旁。尸弃佛和毗舍浮佛的外侧各立一供养菩萨，左侧菩萨残，仅剩一佛头。右侧菩萨保存完好，高髻，项饰瓔珞，腕上饰钏，身上巾帛缠绕，赤足立于莲花之上，双手执一茎蔓细长的莲花。二供养菩萨外侧分别为位于左方的俱留孙佛和位于右方的俱那含牟尼佛。俱留孙佛坐于八角形须弥台仰莲座上，座前供奉着牛头旃檀，该样式旃檀在永乐宫三清殿道教壁画中也曾出现，不唯佛教壁画所独有。俱那含牟尼佛亦结跏趺坐于八角形须弥台仰莲座上，佛座前供奉有鲜花。在二佛的身体外侧前方分别跪坐一菩萨，俱留孙佛左侧菩萨单膝跪地，左手执巾帛，右手托一小段透明薄纱，薄纱之上为一小型牛头旃檀（图5-6-6）。俱那含牟尼佛右侧菩萨双膝跪地，两手托一长长的透明薄纱，纱上供养着宝物。七佛的最左首佛为迦叶波佛，正一手施禅定印，一手施说法印。其所坐的八角形须弥台莲座前面摆放着插于瓶中的珊瑚。迦叶波佛的左侧为一侧身而立的供养菩萨，正手执莲花赤足而立。七佛最右首为释迦牟尼佛，其所坐八角形须弥台仰莲座前亦有珊瑚供养。释迦牟尼的右侧侍立一供养菩萨，供养菩萨的左手擎一托盘，盘内亦盛放牛头旃檀，右手执衣角。

《七佛说法图》是佛教壁画中的常见题材，其图像配置有单向顺序排列和对称分布两种。在河西走廊出土的北凉石塔中，七佛多呈单向顺序排列，佛像造型亦常作结跏趺坐的禅定造型。如甘肃省博物馆所藏的北凉承玄元年（428）的《高善穆造塔》，塔身上便依次雕刻着过去七佛名号。对称式布局的七佛图像多出现于石窟中，如庆阳北石窟寺的165窟和南石窟寺的第1窟，均雕有七身佛像[1]。

有关七佛的来源，按《佛说七佛经》载：释迦牟尼佛出世之前，在过去九十一劫时有毗婆尸佛出现世间，三十一劫时有尸弃佛、毗舍浮佛出现世间，贤劫中第六劫时有俱留孙佛出现世间，第七劫时有俱那含牟尼佛出现世间，第八劫时有迦叶波佛出现世间。现兴化寺的《七佛说法图》藏于故宫博物院保和殿西庑。

图 5-6-6　供养菩萨，高 172 厘米，宽 128 厘米，元，处于山西稷山县兴化寺中殿南壁

对于兴化寺的《七佛说法图》，除马衡外，叶瀚、黄文弼、易培基、沈兼士等亦有所关注[2]。另，时在清华大学任教的李济先生也曾亲自到兴化寺进行实地考察，并为后世留下了珍贵的调查记录。

在李济先生前往调查时，兴化寺后殿东西二壁和中殿南壁的壁画已经被盗走。马衡先生所购的《七佛说法图》便来自中殿南壁，而现藏加拿大多伦多皇家安大略博物馆的《弥勒说法图》则来自后殿的东壁或西壁。

《弥勒说法图》长11.11米，高约5.22米（图5-6-7），画面构图与稷山青龙寺后殿西壁的《弥勒说法图》极为相似，亦为一佛二菩萨布局。其中，弥勒佛（图5-6-8）坐于中间的须弥宝座之上，双足下垂，踏于莲台之上，其佛座前供养的牡丹花，为圆光所笼罩。弥勒佛面相饱满，身着暗红色通肩式袈裟，袒露胸腹，正一手施与愿印，一手施无畏印。弥勒佛的左右各有一半跏趺坐菩萨，左侧为文殊菩萨（图5-6-9），手托经书，右侧为普贤菩萨（图5-6-10），举手说法。弥勒佛与二菩萨之间又各立一供养菩萨，左侧供养菩萨（图5-6-11）手执盛有水果的小钵，右侧供养菩萨手执鲜花。两身供养菩萨的身后为二弟子，迦叶在左，阿难在右。迦叶为中年阿罗汉模样，双手抱拢，似在施礼。阿难面貌清秀，为年轻弟子形象，手执麈尾。迦叶、阿难的头顶上方为两身迦陵频伽，正飞身上下。一佛二菩萨的两侧为《剃度图》，左侧男剃度（图5-6-12），右侧女剃度（图

1 有关兴化寺《七佛说法图》详情可参见孟嗣徽《兴化寺壁画〈七佛说法图〉》，《紫禁城》，1998年8月。

2 有关山西兴化寺壁画的研究文章，最早见于1926年10月出版的《北京大学研究所国学门月刊·考古学专号》。该期载有叶瀚的《山西壁画七佛像题辞》、黄文弼的《山西兴化寺壁画名相考》和马衡的《壁画考语跋》。

图 5-6-7 弥勒说法图，高 521.6 厘米，宽 1111 厘米，元，出于山西稷山县兴化寺后殿，现藏加拿大多伦多市皇家安大略博物馆

图 5-6-8 弥勒佛，元，出于山西稷山县兴化寺后殿，现藏加拿大多伦多市皇家安大略博物馆

图 5-6-9 文殊菩萨，元，出于山西稷山县兴化寺后殿，现藏加拿大多伦多市皇家安大略博物馆

5-6-13)。按《增一阿含经》卷四十四记载，弥勒降生于法王蠰佉的亲信大臣修梵摩家。修梵摩妻名为梵摩越，乃天女中最为殊妙者，如天帝妃。弥勒于兜率天下降后从其右胁生，如释迦牟尼右胁生无异。弥勒降生后，修梵摩即与子立字，名曰弥勒。弥勒在家未几便出家证道，先后四次各度八万四千人出家，这其中就包括法王蠰佉以及弥勒的父母修梵摩和梵摩越。所以，兴化寺的《弥勒说法图》中正在剃度的男子应为法王蠰佉，其旁边牵衣而哭的当为法王留于世俗中的王子(图5-6-14)，正在剃度的女子则为弥勒之母梵摩越。

图 5-6-10　普贤菩萨，元，出于山西稷山县兴化寺后殿，现藏加拿大多伦多市皇家安大略博物馆

图 5-6-11　供养菩萨，元，出于山西稷山县兴化寺后殿，现藏加拿大多伦多市皇家安大略博物馆

图 5-6-12　男剃度，元，出于山西稷山县兴化寺后殿，现藏加拿大多伦多市皇家安大略博物馆

图 5-6-13　女剃度，元，出于山西稷山县兴化寺后殿，现藏加拿大多伦多市皇家安大略博物馆

六、兴化寺壁画绘制年代及绘制者

对于兴化寺的《弥勒说法图》，任职于加拿大皇家安大略博物馆的曾嘉宝女士曾有过细致研究。她在《山西兴化寺元代壁画〈弥勒说法图〉浅释》一文中披露了《弥勒说法图》流失海外的经过，称该图是在1928年11月份，由加拿大的怀履光主教委托他人以

银洋5000元的价格买下的。当时，这幅壁画被切割成63块分别装箱，由太原运往正定，再由正定转运至天津港，后经美国波士顿最终抵达加拿大的多伦多[1]。现今，兴化寺的《弥勒说法图》与传言出自山西平阳府的道教朝元图一起被安置在加拿大皇家安大略博物馆内，其中的《弥勒说法图》位于中间墙壁之上，平阳府道教朝元壁画分列东西二壁，从而构成了一个奇特的佛道共容空间。

图 5-6-14 王子，元，出于山西稷山县兴化寺后殿，现藏加拿大多伦多市皇家安大略博物馆

当初，为探求《弥勒说法图》的真相，怀履光主教曾委托他的两个学生专门到兴化寺进行实地考察。按二人的考察记录，当时后殿壁画大部分被盗走，唯留两壁殿角的一些残片。南壁和北壁尚存佛像若干，其中南壁上方绘佛十尊，北壁亦绘有佛像。对于北壁所绘佛像，他们的调查与李济略有不同。李济认为：北壁绘制的是“八大恶神像，手执器物，诸怪围绕”。两个学生的调查则认为，“北壁上部亦为十尊，然为风雨所毁，仅存五尊”，并称这些佛像有“西域佛画作风”。另外，两位学生也对寺庙中的题记作了较为详细的记录，尽管其中不乏错字，但仍是迄今为止研究兴化寺壁画绘制年代及绘制者的最为重要的资料。在他们的记录中，详细记述了壁画功德主和绘制者以及绘制年代等信息，称：“当院贿绘画大雄殿主/讲经沙门安和尚施地/讲经沙门宁和尚施地/宁和尚又施地壹拾式亩/襄陵县绘画特（待）诏朱好古门徒张伯渊/大元国岁次庆（庚）申仲秋蓂生十四叶。”

两位学生记录的兴化寺壁画绘制时间，与李济的调查记录亦有些出入。按李济的调查，兴化寺的绘画时间为大元国戊戌年，而怀履光的学生则记为大元国庚申年。后来的研究者多依据这两条记录展开讨论，最终形成了1238年、1298年、1320年、1358年等四种不同意见[2]。1238年、1298年、1358年绘制说基本上是以李济先生的调查为依据。李济先生作为从美国学成归来的专业人才，其调查结果自然受到后人的更多重视。如黄文弼在其文章中便称李济教授曾于是年往兴化寺调查佛像：“见所绘壁画，尚有未剥离者。后院北墙并题有：‘时大元国岁次戊戌中秋蓂生十四叶□工毕’诸字。”由此而对壁画日期作如下推论：“按元有三戊戌，一为太宗十年（1238）。一为大德二年（1298）。一为至正十八年（1358）。太宗时尚无国号，此直提大元国岁次戊戌，疑为太宗时所绘

1 曾嘉宝：《山西兴化寺元代壁画〈弥勒说法图〉浅释》，《文物》1990年第3期，第87—95页。

2 相关研究可参见李济、黄文弼、马衡、怀履光、路德维希·巴赫霍夫（Ludwig Bachhofer）、利珀（Aschwin Lippes）、夏南悉（Nancy Shatzman Steinhardt）、曾嘉宝、孟嗣徽等人的成果。

也。”[1]后又进一步补充说：“该寺有三院，前院无壁画。后院东西墙壁画已剥离。北墙壁画尚存……墙东隅题绘画年号及绘画人名……中院南墙已剥离……本所所购佛像，即此墙之物……”[2]

1960年出版的《中国壁画艺术》，其编者秦岭云，始将李济所载的戊戌年号认定为元大德二年（1298）。自此，故宫博物院即以大德二年作为《七佛说法图》的成画日期。而远在加拿大的藏品在经过诸多专家的论证后最终也以大德二年作为《弥勒说法图》的绘制时间。在此前后仍有壁画绘于延祐庚申（1320）[3]或至正十八年戊戌[4]的两种说法。

支持庚申（1320）说的学者大多更重视怀履光学生的调查信息。故宫博物院的孟嗣徽女士在其《元代晋南寺观壁画群研究》一书中便曾细致分析双方资料，认为学生的记录更为可信。同时，她还指出了大德七年（1303）地震对壁画可能产生的严重后果，认为1320年即庚申年才是兴化寺壁画绘制的确切时间。

至于壁画的绘制者朱好古，孟嗣徽也有专门研究。她汇集了《襄陵县志》、《平阳府志》、《山西通志》、《太平县志》中有关朱好古的所有信息，为人们勾画出一位元代晋南地区杰出民间画工的大概轮廓。朱好古，山西禽昌（今襄陵）人。善画山水、人物，为晋地画工杰出首领，门徒众多，现壁间留名的有：兴化寺画工张伯渊，永乐宫混成殿画工张遵礼、李弘宜、王椿等。以朱好古为首的晋南画工群体为后世留下的丰厚文化遗产，成为后人研讨壁画技法、工匠流派和作坊文化的重要资料。

七、其他元代壁画

除稷山青龙寺和兴化寺元代壁画外，山西洪洞广胜寺也经历了壁画被盗卖的苦痛。现藏美国纽约大都会博物馆的《药师佛佛会图》和藏于堪萨斯纳尔逊-阿特金斯艺术博物馆的《炽盛光佛佛会图》均出自广胜寺。另外，还有两铺原属广胜寺的明代壁画现藏于费城宾夕法尼亚大学博物馆。

《炽盛光佛佛会图》，原位于广胜寺下寺大雄宝殿东壁，1932年被纳尔逊-阿特金斯艺术博物馆收藏。1954年，另一件原藏广胜寺下寺大雄宝殿西壁的《药师佛佛会图》亦被纽约大都会博物馆购得。以上两铺佛会图均绘制于元至大二年（1309）之后，构图形式与青龙寺及兴化寺壁画大同小异，亦为一佛二菩萨布局，所不同的是广胜寺佛会图的场面较青龙寺和兴化寺更为宏阔。

按照纳尔逊-阿特金斯艺术博物馆的史克门先生的研究，《炽盛光佛佛会图》中左侧菩萨头上的红色圆环中饰有金乌，右侧菩萨头上所饰则为白色圆环状月轮。所以，他认为佛左侧菩萨为日光遍照菩萨，右侧菩萨为月光遍照菩萨。鉴于日光遍照菩萨和月光遍照菩萨原为药师佛的两大胁侍菩萨，所以，他由此推断位于两位菩萨中间的佛应该是药师佛，壁画内容为《药师净土变相》。

纽约大都会博物馆的利珀先生否定了史克门先生的说法，他通过壁画中出现的诸星神形象，认定该壁画应为《炽盛光佛佛会图》。孟嗣徽女士在其《炽盛光佛变相图像研究》一文中肯定了利珀的研究，从而将该幅壁画定为描述炽盛光佛及其部属十一曜

1 引文见《北京大学研究所国学门月刊·考古学专号》1926年10月，第2页。

2 《北京大学研究所国学门月刊·考古学专号》，1926年10月，第3页。

3 参阅Ludwig Bachhofer, Maitreya in Ketumati by ChuHao-Ku, India Antiqua, Leiden, 1947。该文认为壁画日期应为“庚申”，“庆”字乃“庚”字的笔误。

4 曾嘉宝：《永乐宫纯阳殿壁画题记释义》，《美术研究》1989年第3期，第45—46页。

星神等聚会的场景。在该幅壁画中，主尊炽盛光佛结跏趺坐于中间的仰莲须弥座上，左手持金轮，右手施说法印。日光遍照菩萨与月光遍照菩萨分列左右，除此之外，还有八大胁侍菩萨列于三尊像身边。在诸位胁侍菩萨的外侧为十一曜星神等众，日、月二星左右相对，为帝后装扮，其头冠中分别标有日月装饰物。左侧的日星旁边还有罗睺、计都、紫气、月孛等五位星神，右侧月星旁边则为金、木、水、火、土五星。金星，女性装扮，头上饰鸡冠，怀抱琵琶，琵琶上似有织锦类布料。木星身着官服，手持一盘，盘上有桃数枚，木星的头上饰一猪冠。水星，亦为女相，头饰猴冠，手持纸笔。土星，为一老者形象，头饰牛冠，手中持物。火星图像损毁严重，但手中所执宝剑及毛发向上的整体形象仍隐约可见。

与《炽盛光佛佛会图》同属广胜寺的《药师佛佛会图》1964年于大都会艺术博物馆赛克勒展厅展出时，利珀先生认为位于中间主尊两侧的胁侍菩萨为文殊和普贤，并由此认定壁画的主尊为释迦牟尼佛。1991年，景安宁对此提出了不同意见。他辨识出壁画主尊后侧的两位胁侍菩萨分别为举着日轮的日光遍照菩萨和举着月轮的月光遍照菩萨，以及主尊前侧手中分别持有药师佛锡杖和药钵的药王菩萨与药上菩萨。在景安宁的研究中，壁画主尊左右两位胁侍被定为圣观音和如意轮观音，另有十二神将象征着药师佛的十二大誓愿。其实，藏于大都会艺术博物馆的佛会图中共有十位菩萨。按孟嗣徽的研究，除了景安宁所辨识出的日光遍照菩萨、月光遍照菩萨、药王菩萨、药上菩萨外，还有得大势菩萨、无尽意菩萨、宝坛华菩萨、弥勒菩萨，而位于主尊左右的两大菩萨则为文殊菩萨和观音菩萨[1]。

另外两幅藏于宾夕法尼亚大学的明代壁画《炽盛光佛佛会图》与《药师佛佛会图》构图较为简洁。其中，《炽盛光佛佛会图》中的右胁侍菩萨手执经卷，卷名《佛说消灾经》。曾经考证过此幅壁画题材的利珀指出，《佛说消灾经》是解释炽盛光佛法的一部重要经典，其全名为《佛说炽盛光大威德消灾吉祥陀罗尼经》。另外，壁画主尊手中所执金轮以及图中出现的九大星曜神，也表明了壁画主尊应为炽盛光佛。当然，对于此幅壁画中的人物身份也有不同说法，有人认为主尊左右胁侍为弥勒和观音，也有人认为是普贤和文殊，还有一种观点认为是文殊和观音。宾夕法尼亚大学博物馆所藏的《药师佛佛会图》主尊为药师佛，两侧胁侍为日光遍照菩萨和月光遍照菩萨。右侧为十二神将中的六位，左侧残损，仅剩两位神将。按孟嗣徽女士的调查，法国吉美博物馆所藏的三块壁画残片应与之同属一铺。

位处山西的元代寺观壁画还有汾阳的五岳庙和高平的万寿宫。五岳庙位于汾阳县城西南20公里处的北榆苑村，庙内有三进院落，其中五岳殿和水仙殿绘有元代壁画。五岳庙的始建年代不详，元大德年间的地震曾将庙宇损毁。现五岳殿西次间后平槫下侧留有墨书题记一则，称："五岳圣帝庙者，自天德三年重建，至大德七年（1303）八月初六日夜戌时地震倒塌，功德维那再建。"五岳殿明间后平槫下亦存有墨书题记一则，称："峕大元大德十年（1306）岁次丙午十月己亥二十二日己未庚午时重建志。"水仙殿梁架上也有墨书题记称："峕大元大德四年（1300）岁次庚子三月壬申朔初十日辛巳甲午时创建。"以上种种迹象表明现存五岳庙应是大德七年（1303）地震前后的产物。

明清时期，五岳庙又历经多次重修。明嘉靖六年（1527）、清顺治十五年（1658）、清雍正八年（1730）、清乾隆六年（1741）、清乾隆九年（1744）、清嘉庆十九年（1814）此庙屡有修葺。清乾隆六年（1741），还营建了龙王殿，清乾隆九年（1744）又建有圣母殿。

五岳庙各殿原来均绘有壁画。其主殿五岳殿的壁画绘于东西山墙和南壁板门两侧，

1 孟嗣徽：《元代晋南寺观壁画群研究》，北京：故宫出版社，2012年，第101页。

内容为五岳神祇等众。东壁绘五岳出行，西壁绘五岳回归。两壁的五岳神均骑于各具方色的马背之上，其袍服色调未遵循常见的五行之色，如南岳所属的红色在此变为粉色，其他四岳也与元明壁画中的服饰色调有所不同，较为艳丽，似经过了清代重描（图5–6–15）。五岳殿板门两侧绘两身门神，分列左右，极为威武。五岳殿的东西两壁上隅留有墨书题记三则，西壁题记为："都维那孙子和，旹大元泰定三年（1326）岁次丙寅七月中浣望日工毕，乡老任仲良谨记。"以及"都维那珪、副都维那田邦彦、乡老天润、丹青待诏本县王仲实、当里宋君德，旹大元泰定三年（1326）岁次丙寅八月望日谨记"；东壁上的题记为："都副维那天润、梁子安……泰定三年九月……"

图 5–6–15　五岳出行，高 231 厘米，宽 173 厘米，元，位于山西汾阳市五岳庙五岳殿东壁南部

五岳庙水仙殿壁画曾被黄粉覆盖，后经清理，画面细节得以显露。按柴泽俊的研究，壁画主尊分别为水仙和龙君（图5–6–16）[1]。东壁，水仙和龙君居中，水仙位于画面前面部分，龙君位于稍后位置。水仙着朱袍，骑白马，龙君着朱袍，骑黑马，周围环绕部众。西壁与东壁大致相同，但画面远端绘制了殿堂楼阁，以及演奏的伎乐等众。水仙庙也留有墨书题记数则，如殿内梁枋间及东西二壁上隅各有题记一则，其中梁枋间的题记称："画待诏汾州同节坊郭从礼，琉璃待诏六院庄任廿宗。"东壁右上隅题记："丹青待诏汾州众乡里贾从政、男朝延，靳同里原可道、男庭安、庭玉、庭钧、庭秀笔。"西壁左上隅的题记为："丹青待诏汾州在市王继宗笔。"[2]

图 5–6–16　水仙和龙君，高 236 厘米，宽 206 厘米，元，位于山西汾阳市五岳庙水仙殿东壁中部

高平万寿宫的元代壁画已经残破，仅余数平方米保存于三清殿

1 柴泽俊：《山西寺观壁画》，北京：文物出版社，1997年，第77页。

2 以上题记均采自柴泽俊先生的《山西寺观壁画》一书。

图 5-6-17　朝元图西壁全图，高 239 厘米，宽 517 厘米，元，位于陕西铜川市耀州区南庵四帝殿西壁

图 5-6-18　朝元图西壁七元等众，元，位于陕西铜川市耀州区南庵四帝殿西壁

图 5-6-19　朝元图西壁五星等众，元，位于陕西铜川市耀州区南庵四帝殿西壁

之内，内容似为星君、神将类，均作朝拜状，有可能与永乐宫三清殿壁画题材一致。但因壁画残损严重，无法就其遗存进行更为细致的稽考。

另外，陕西耀县南庵亦存有壁画，其神祇构图与永乐宫三清殿及现藏加拿大的平阳府壁画较为相似，属于道教朝元体系。但由于学界对壁画的绘制时代尚无定论，既有元画说，亦有明画说。故此，本卷未将其列入探讨范围，而只对东西二壁的神祇构成进行简单的认定。西壁神祇（图5-6-17）以玉帝、后土和紫微大帝为主尊，辅以七元（图5-6-18）、五星（图5-6-19）及二十八宿（部分）等众。东壁（图5-6-20）以勾陈大帝、木公、金母为主尊，辅以南斗六星（图5-6-21）、五岳四渎及二十八宿（部分）（图5-6-22）等众神祇。

图 5-6-20 朝元图东壁全图，元，位于陕西铜川市耀州区南庵四帝殿东壁

图 5-6-21 南斗六星，元，位于陕西铜川市耀州区南庵四帝殿东壁

图 5-6-22 朝元图东壁二十八宿（部分），元，位于陕西铜川市耀州区南庵四帝殿东壁

参考书目

古 籍

文渊阁《四库全书》（电子版），上海：上海人民出版社；香港：迪志文化出版有限公司合作出版，1999年。

《道藏》，北京：文物出版社、上海书店、天津古籍出版社出版，1988年。

《藏外道书》，成都：巴蜀书社，1992年。

《大正藏》（电子版），中华电子佛典协会，2014年。

《大正新修大藏经》（电子版），中华电子佛典协会（CBETA），2009年。

《卍新续藏》（电子版），中华电子佛典协会（CBETA），2009年。

耿相新、康华：《标点本二十五史》，郑州：中州古籍出版社，1996年。

［北齐］魏收撰：《魏书》，北京：中华书局，1974年。

［东汉］王充著，陈蒲清点校：《论衡》，长沙：岳麓书社，1991年。

［唐］释道世著，周叔迦、苏晋仁校注：《法苑珠林校注》（第一册），北京：中华书局，2003年。

［唐］道宣：《释迦方志》，北京：中华书局，1983年。

于安澜：《画史丛书》，上海：上海人民美术出版社，1982年。

［唐］慧立、彦悰：《大慈恩寺三藏法师传》，北京：中华书局，1983年。

［日］圆仁撰：《入唐求法巡礼行记》，顾承甫、何泉达点校，上海：上海古籍出版社1986年。

《清凉山志》（民国22年排印本）。

［清］董诰等编：《全唐文》，北京：中华书局，1983年。

［春秋］左丘明：《左传今注》，南京：凤凰出版社，2008年。

史延庭编著：《国语》，长春：吉林人民出版社，1996年。

［元］脱脱：《宋史》，北京：中华书局，1977年。

［宋］杨仲良撰：《皇宋通鉴长编纪事本末》，哈尔滨：黑龙江人民出版社，2006年。

《新唐书》，北京：中华书局，1975年。

［汉］司马迁：《史记》，北京：中华书局，1962年。

《华岳志》（全8册），国图版。

赖炎元注释：《春秋繁露今注今译》，台北：台湾商务印书馆，1984年。

［北宋］王钦若等编：《册府元龟》，北京：中华书局，1960年。

力空：《霍山志》，太原：山西人民出版社，1986年。

《曲阳县志》清代影印版。

专 著

柳诒徵：《中国文化史》（上、下卷），北京：中国大百科全书出版社，1988年。

郑午昌：《中国画学全史》，长春：时代文艺出版社，2009年。

贺灵编：《新疆宗教古籍资料辑注》，乌鲁木齐：新疆人民出版社，2006年。

刘殿爵，陈方正主编：《先秦两汉古籍逐字索引丛刊·说苑逐字索引》，香港：商务印书馆，1992年。

薛安勤，靳明春译注：《孔子家语今注今译》，大连：大连海运学院出版社，1993年。

杜斗城：《正史佛教资料类编》，兰州：甘肃文化出版社，2006年。

陈长琦：《战国秦汉六朝史研究》，广州：广东人民出版社，1997年。

麻天祥、姚彬彬、沈庭：《中国宗教史》，武汉：武汉大学出版社，2012年。

李小荣：《〈弘明集〉〈广弘明集〉述论稿》，成都：巴蜀书社，2005年。

汤用彤：《隋唐佛教史稿》，北京：中华书局，1982年。

李芳民：《唐五代佛寺辑考》，北京：商务印书馆，2006年。

刘长东：《宋代佛教政策论稿》，成都：巴蜀书社，2005年。

新疆维吾尔自治区文物局编著：《新疆古城遗址》（下册），北京：科学出版社，2011年。

新疆维吾尔自治区文物局编：《新疆维吾尔自治区第三次全国文物普查成果集成》（和田地区卷），北京：科学出版社，2011年。

李吟屏：《佛国于阗》，乌鲁木齐：新疆人民出版社，1991年。

柴泽俊：《山西寺观壁画》，北京：文物出版社，1997年。

杨富学：《回鹘文献与回鹘文化》，北京：民族出版社，2003年。

陈伯超主编：《沈阳城市建筑图说》，北京：机械工业出版社，2011年。

孙进己、冯永谦、苏天钧主编：《中国考古集成》（东北卷），北京：北京出版社，1997年。

向南：《辽代石刻文编》，石家庄：河北教育出版社，1995年。

傅熹年：《中国古代市规划、建筑群布局及建筑设计方法研究》（上册），北京：中国建筑工业出版社，2001年。

罗福颐：《满洲金石志》卷三，台北：台湾新文丰出版社，1982年。

黑龙江省地方志编纂委员会：《黑龙江省志·文物志》，哈尔滨：黑龙江人民出版社，1994年。

柴泽俊：《朔州崇福寺》，北京：文物出版社，1996年。

傅熹年：《山西省繁峙县的岩山寺南殿金代壁画中所绘建筑的初步分析》，选自《中国古代建筑十论》，上海：复旦大学出版社，2004年。

雷润泽：《宁夏佛塔的构造特征及其传承关系》，选自《西夏佛塔》，北京：文物出版社，1995年。

金维诺、罗世平：《中国宗教美术史》，南昌：江西美术出版社，1995年。

史金波：《西夏社会》（下册），上海：上海人民出版社，2007年。

陈育宁、汤晓芳：《西夏艺术史》，上海：上海三联书店，2010年。

中国国家博物馆、宁夏回族自治区文化厅编：《大夏寻踪：西夏文物辑萃》，北京：中国社会科学出版社，2004年。

赵伟：《道教壁画五岳神祇图像谱系研究》，北京：文化艺术出版社，2013年。

卿希泰主编：《中国道教》（全四册），上海：东方出版中心，1994年。

陈垣编纂：《道教金石略》，北京：文物出版社，1988年6月。

王其亨：《风水理论研究》，天津：天津大学出版社，1992年。

孟嗣徽：《元代晋南寺观壁画群研究》，北京：故宫出版社，2012年。

王国维：《宋元戏曲史》，北京：东方出版社，1996年。
李淞：《中国道教美术史》，长沙：湖南美术出版社，2012年。
景安宁：《元代壁画——神仙赴会图》，北京：北京大学出版社，2002年。
马书田：《中国道教诸神》，北京：团结出版社，1996年。
宗力、刘群：《中国民间诸神》，石家庄：河北人民出版社，1986年。
胡文和：《中国道教石刻艺术史》（下册），北京：高等教育出版社，2004年。
薛增福、王丽敏主编：《曲阳北岳庙》，石家庄：河北美术出版社，2000年。
冯俊杰：《山西神庙剧场考》，北京：中华书局，2006年。
山西省考古研究所：《山西碑碣》，太原：山西人民出版社，1997年。
梁思成：《中国古建筑调查报告（下）》，北京：生活·读书·新知三联书店，2012年。
品丰、苏庆编著：《历代寺观壁画艺术》第1辑，重庆：重庆出版社，2001年。
金维诺主编：《中国美术全集·殿堂壁画卷》，合肥：黄山书社，2010年。
金维诺主编：《永乐宫壁画全集》，天津：天津人民美术出版社，2007年。
常乐主编：《岩山寺详释》，太原：山西出版传媒集团三晋出版社，2013年。
［法］烈维著，冯承钧译：《西洋汉学家佛学论集》，台北：华宇出版社，佛历2529年。
［俄］彼·库·柯兹洛夫著，王希隆、丁淑琴译：《蒙古、安多和死城哈喇浩特》，兰州：兰州大学出版社，2002年。
［瑞典］多桑著，冯承钧译：《多桑蒙古史》（上册），北京：中华书局，1962年。
［日］上野日文译：《西域美术》，东京：讲谈社，1984年。
J.Williams, The Iconography of Khotanese Painting, East and West, new series, vol.23.1–2, Rome.
G. Gropp, Archaologisches Funde aus Khotan, Chinesisch–Ostturkestan. Die Trinkler–Sammlung im Ubersee–Museum, Bremen, 1974.
Christoph Baumer, Dandan Oilik Revisited: New Findings a Century Later, Oriental Art, xlv.2, 1999.
William Charles White, Chinese Temple Frescoes.
Anning Jing, The Water God' s Temple of the Guangsheng Monastery: Cosmic Function of Art, Ritual and Theater, Leiden: Brill, 2002.
Ludwig Bachhofer, Maitreya in Ketumati by Chu Hao–Ku, India Antiqua, Leiden, 1947.

期 刊

辽宁省文物考古研究所：《辽宁牛河梁红山文化“女神庙”与积石冢群发掘简报》，《文物》1986年第8期。
《新疆和田地区策勒县达玛沟佛寺遗址发掘报告》，《考古学报》2007年第4期。
赵康民：《临潼唐庆山寺舍利塔基精室清理记》，《文博》1985年10月。
庞烬：《唐庆山寺舍利塔碑文校注全译》，《文博》1988年4月。
田中华：《唐庆山寺舍利塔精室壁画乐舞初探》，《文博》1988年6月。
杨效俊：《临潼庆山寺舍利地宫壁画试析》，《文博》2011年6月。
谷东方：《高平开化寺北宋大方便佛报恩经变壁画内容考释》，《故宫博物院院刊》2009年第2期。
隗芾：《觉山寺辽碑的发现和初步研究》，《汕头大学学报》（人文科学版）1990年第1期。
柴泽俊：《岩山寺文殊殿壁画》，《五台山研究》1990年第4期。
潘絜兹：《灵岩彩壁动心魄——岩上寺金代壁画小记》，《文物》1979年第2期。

徐自强：《房山云居寺〈公法师灵塔铭〉》，《文物》1979年第1期。
杜先洲：《永乐宫的建筑》，《文物》1963年第8期。
王逊：《永乐宫三清殿壁画题材试探》，《文物》1963年第8期。
任宜敏：《元代宗教政策略论》，《文史哲》2007年第4期。
曾嘉宝：《永乐宫纯阳殿壁画题记释义》，《美术研究》1989年第3期。
孟嗣徽：《兴化寺壁画〈七佛说法图〉》，《紫禁城》1998年8月。
宿白：《永乐宫调查日记——附永乐宫大事年表》，《文物》1963年第8期。
朱希元等：《永乐宫壁画题记录文》，《文物》1963年第8期。
叶瀚：《山西壁画七佛像题辞》，《北京大学研究所国学门月刊·考古学专号》，1926年10月。
黄文弼：《山西兴化寺壁画名相考》，《北京大学研究所国学门月刊·考古学专号》，1926年10月。
马衡：《壁画考语跋》，《北京大学研究所国学门月刊·考古学专号》，1926年10月。
曾嘉宝：《山西兴化寺元代壁画〈弥勒说法图〉浅释》，《文物》1990年第3期。
白鸟库吉：《佛教东渐的传说》，《西北论坛》1948年第1卷第4期。
郝建文：《定州开元寺塔宋代壁画》，《当代人》2010年6月。
张国庆：《辽代佛教题材壁画考论》，《东北史地》2010年第1期。

后 记

2012年9月，当我被告知需要参与《中国古代物质文化史》的写作任务时人尚在美国，当时并不清楚写作所要涉及的具体内容，只知道与寺观壁画有关。于是借地利之便我开始着手考察散落在北美大陆的中国古代壁画，从离我居所最近的华盛顿的弗利尔和赛克勒博物馆开始到费城的宾夕法尼亚大学博物院，再到纽约大都会博物馆、波士顿美术博物馆，均进行过多次的考察。回国前，我又冒着签证过期的危险赴加拿大多伦多皇家安大略博物馆考察了保存在那里的山西兴化寺的《弥勒变》壁画和平阳府道教壁画，拍回一些宝贵的图像资料。

2013年回国后，我开始与开明出版社的朋友们接触，并明晓了写作范围与写作任务。虽然，十几年来，我一直致力于寺观壁画的研究，但仅限于宋元时期的道教壁画，并未过多地涉足佛教部分。此次接受任务后，有两个比较大的问题困扰了我许久：一个是如何真实地再现缺乏实物遗存的唐宋之前的寺观壁画；另一个是如何恰当地解读以前并不熟悉的佛教壁画。对于第一个问题，本人花费了很多时间用于爬梳文献资料，希望通过对两汉及魏晋以来的寺观状况以及手工艺人的历时性梳理，探寻当年寺观壁画的蛛丝马迹。对于第二个问题，本人采用了借鉴前人研究成果的方式，在大量搜集和分析前人研究成果的基础上针对具体问题进行深入探查。

作为一部描述寺观壁画艺术的书籍，我希望本书能够涵盖明代以前大多数寺观壁画艺术，尤其是对于前人较少研究但价值极高的道教壁画给予足够的重视。为此，本人在北岳庙壁画、平阳府壁画以及永乐宫壁画部分倾注了大量的笔墨，目的是为后人尽可能多地提供一些研究资料和研究方法，以弥补以往相关著作对道教寺观壁画研究的不足。

鉴于本人学识浅薄，兼之写作时间仓促，错讹之处在所难免，在此呈请方家批评指正。

赵 伟

2015 年 6 月

图书在版编目（CIP）数据

中国古代物质文化史 . 绘画 . 寺观壁画 . 上 / 赵伟著 . -- 北京：
开明出版社，2015.6
ISBN 978-7-5131-2056-2
Ⅰ . ①中… Ⅱ . ①赵… Ⅲ . ①物质文化—文化史—中国—古代 ②寺庙壁画—中国—古代
Ⅳ . ①K880.0 ②K879.41

中国版本图书馆 CIP 数据核字 (2015) 第 138052 号

出 版 人：陈滨滨

责任编辑：魏红岩　董晓君　温尔虹　高英东
美术编辑：周怡君
装帧设计：羽人·高伟

出　版：开明出版社（北京市海淀区西三环北路 25 号青政大厦 6 层）
印　制：北京华联印刷有限公司
开　本：889×1194　1/16
印　张：19.75
字　数：300 千
版　次：2015 年 7 月 北京第 1 版
印　次：2015 年 7 月 北京第 1 次印刷
定　价：150.00 元

ISBN 978-7-5131-2056-2